文化大革命的文化 – 毛泽东时代中国的个人崇拜与红色印记

DIE KULTUR DER KULTURREVOLUTION – PERSONENKULT UND POLITISCHES DESIGN IM CHINA VON MAO ZEDONG

Eine Ausstellung des Museums für Völkerkunde Wien – Kunsthistorisches Museum

HERAUSGEGEBEN VON HELMUT OPLETAL

DIE KULTUR DER KULTURREVOLUTION

PERSONENKULT UND POLITISCHES DESIGN IM CHINA VON MAO ZEDONG

Museum für Völkerkunde Wien
18. Februar bis 19. September 2011

UITGEVERIJ
snoeck
EDITIONS/PUBLISHERS

IMPRESSUM DES KATALOGS

Redaktion:
Helmut Opletal

Fotoredaktion:
Tina Maria Seyfried

Lektorat:
Elisabeth Herrmann
Wolfgang Astelbauer

Übersetzungen:
Patrice Gruber
Christian Leitner
Helmut Opletal
Susanne Weigelin-Schwiedrzik

Grafische Gestaltung:
Thomas Soete, Gent

Art-Direktor KHM:
Stefan Zeisler

Verleger:
Snoeck Publishers,
Rudy Vercruysse, Gent

Lithographie:
Grafisch Buro Lefevre, Kortrijk

Druck: in der
Europäischen Union

ISBN 978-94-616-1010-2
Legal Deposit:
D/2011/0012/01
Alle Rechte vorbehalten.

Kurztitel:
Helmut Opletal (Hg.)
Die Kultur der Kulturrevolution
Personenkult und politisches
Design im China von Mao Zedong
Ausstellungskatalog des
Museums für Völkerkunde Wien
Wien 2011

© Snoeck Publishers,
Gent/Kortrijk 2011

© Kunsthistorisches Museum
mit MVK und ÖTM, 2011

Die Redaktion war bemüht,
alle Inhaber von Repro-Rechten
ausfindig zu machen. Falls dies
dennoch nicht in allen Fällen
gelungen ist, wird gebeten,
sich an die Redaktion zu wenden.

Abbildung 1 (Cover):
Weckuhr (H. 18 cm), Rotgardistin
schwenkt *Mao-Bibel*,
Uhrenfabrik Peking, um 1970.
Sammlung Opletal

Abbildung 2 (Cover-Rückseite):
Porzellanskulptur (H. 35 cm),
Rotgardisten-Gruppe, in den
90er Jahren kreiertes Motiv.
Slg. Jörg-M. Rudolph

Abbildung 3 (Seite 2):
Plattenspieler, Modell *Der Osten
ist Rot*, Mao-Zitate, um 1970.
Museum für Völkerkunde Wien,
Inv.-Nr. 183.373

Abbildung 4 (Seiten 6 und 7):
Mao-Abzeichen. Slg. Opletal

Abbildung 5 (Seite 8):
Teekanne, *Rote Garden* mit
Mao-Büchern, um 1969.
Slg. Opletal

Abbildung 6 (Seite 10):
Metallbild (33 x 24 cm),
Mao inspiziert ein Getreidefeld
(1958), Aufschrift (tibetisch):
„Lang lebe der Große Lehrer und
Führer, Vorsitzender Mao! […]".
Museum für Völkerkunde Wien

Abbildung 7 (Seite 12):
Rote Garden zerstören die
Residenz der Familie Kong
(Konfuzius-Nachfahren) in
Qufu (Shandong), 1966. Nach
Yang Kelin (Hg.), *Wenhua Da
Geming Bowuguan*. Hongkong:
Oriental Publishing House und
Cosmos Books, Ltd., 1995

Abbildung 8 (Seiten 14 und 15):
Briefumschläge. Slg. Opletal

Fotos von Objekten des
Museums für Völkerkunde Wien:
© KHM mit MVK und ÖTM
Fotos:
Alexander Rosoli
Georg Molterer
Bildbearbeitung:
Thomas Ritter

AUSSTELLUNG

Konzept und wissen-
schaftliche Leitung:
Helmut Opletal

Ausstellungsmanagement:
Christian Hölzl
Ausstellungsorganisation:
Marianne Hergovich

Ausstellungsgestaltung:
spurwien Arno Grünberger/
Tilo Perkmann

Ausstellungsgraphik:
Angela Hartenstein

Konservierung /
Restaurierung:
Barbara Pönighaus-Matuella
Florian Rainer
Klaus Rubitzko
Elisabeth Tarawneh
Roswitha Zobl

Registrar:
Reinhard Maurer

Ausstellungsaufbau:
Artex, Wien

Kommunikation
und Marketing:
Nina Auinger-Sutterlüty
Ruth Strondl
Sarah Aistleitner
Gudrun Hatvagner
Angelika Kronreif

Vermittlung:
Christine Kaufmann

Audio Guide:
Andreas Zimmermann
Natalie Lettner
Alexander Smith

Übersetzungen:
Nick Somers
John Winbigler

Leihgeber:
Annecy, Paul Philippe
Bad Homburg, Jörg-M. Rudolph
Berlin, Helga Hütter-Lux
Berlin, Claudia Lux
Klosterneuburg / Wien,
Essl Museum
Mulhouse, Julien Blandin
Peking, Johnny Erling
Peking, Wang Mingxian
Rödinghausen, Ingo Nentwig
Schweiz, Sammlung Sigg
Tübingen, Andreas Seifert
Wien, Thomas Lösch
Wien, John Marshall
Wien, Österreichische
Gesellschaft für Chinaforschung
Wien, Emanuel Ringhoffer

Ausstellung und Katalog entstanden in Zusammenarbeit mit dem

Institut für Ostasien-
wissenschaften/
Sinologie der
Universität Wien

INHALT

9 Sabine Haag
Vorwort

11 Helmut Opletal
Vorwort

13 Susanne Weigelin-Schwiedrzik
Traum und Terror

BEITRÄGE

17 Christian Feest
Ethnologie und Kulturrevolution – Glaubensdinge und Ansichtssachen

23 Helmut Opletal
Mein Mao im Museum

43 Susanne Weigelin-Schwiedrzik
Eine Revolution frisst ihre Ideale

59 Xu Youyu
Wagen wir es, der Geschichte ins Gesicht zu sehen?

69 Ein Gespräch mit dem früheren Vizebürgermeister von Shantou, Peng Qi'an
„Ich habe mein Todesurteil schon vierzig Jahre überlebt"

81 Jörg-M. Rudolph
Was wollte Mao Zedong?

93 Stefan R. Landsberger
Die Vergötterung Maos: Bilder und Praktiken in der Kulturrevolution und darüber hinaus

105 Ein Gespräch mit der ehemaligen Rotgardistin Gudrun Alber
Eine Österreicherin in der Kulturrevolution

115 Elisabeth Slavkoff
Von der Propaganda zur modernen Avantgarde: Chinas Revolutionskunst und ihre Symbole

135 Helmut Opletal
Maos Mangos – Reliquienkult auf Chinesisch

141 Helmut Opletal
Kleinode aus Aluminium – nur das Beste ist für Mao gut genug

153 Feng Jicai
Das Mao-Abzeichen

169 Andreas Seifert
Lianhuanhua: Chinesische Comics zwischen Propaganda und Unterhaltung

177 Ingo Nentwig
Die Mao-Bibel – das Kleine Rote Buch der Zitate

183 Iris Hopf
Der „Mao-Anzug": Kleidung in der Kulturrevolution

195 Wang Mingxian
Für ein „Kunstmuseum der Kulturrevolution"

211 Michael Gissenwehrer
Klassenkampf auf der Bühne – Jiang Qings Revolutionstheater

221 Ein Gespräch mit der ehemaligen Primaballerina Ling Ping
„Ich tanzte für die Revolution"

229 Johnny Erling
Sammeln statt Vergangenheitsbewältigung: „Rote Kunst" als Chinas neues Millionengeschäft

239 Ein Gespräch mit dem Museumsgründer Fan Jianchuan
„Sammeln, um Lehren für die Zukunft zu ziehen"

247 Karl-Peter Schwarz
Schiffbruch mit Großem Steuermann: Maoismus im Westen

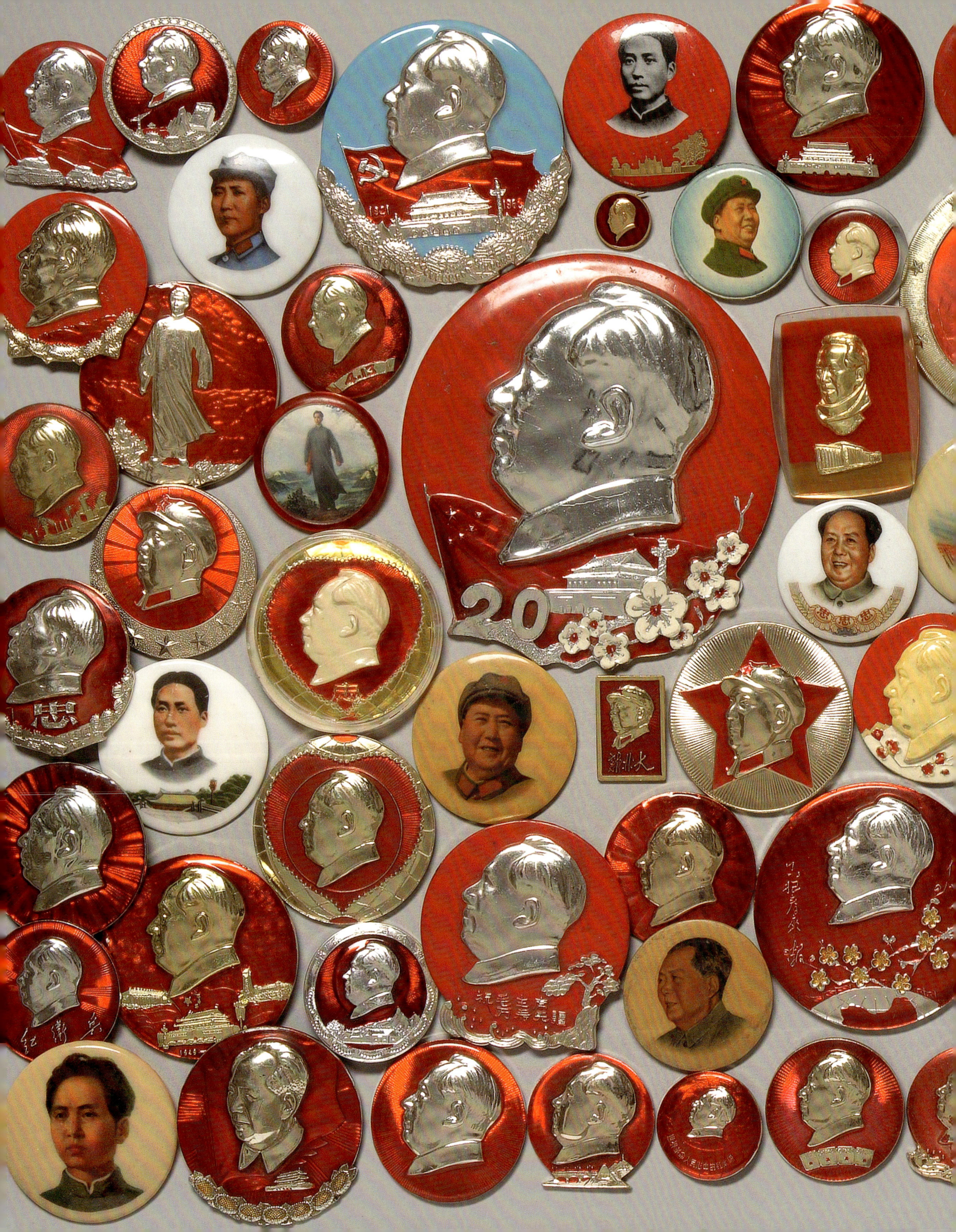
20

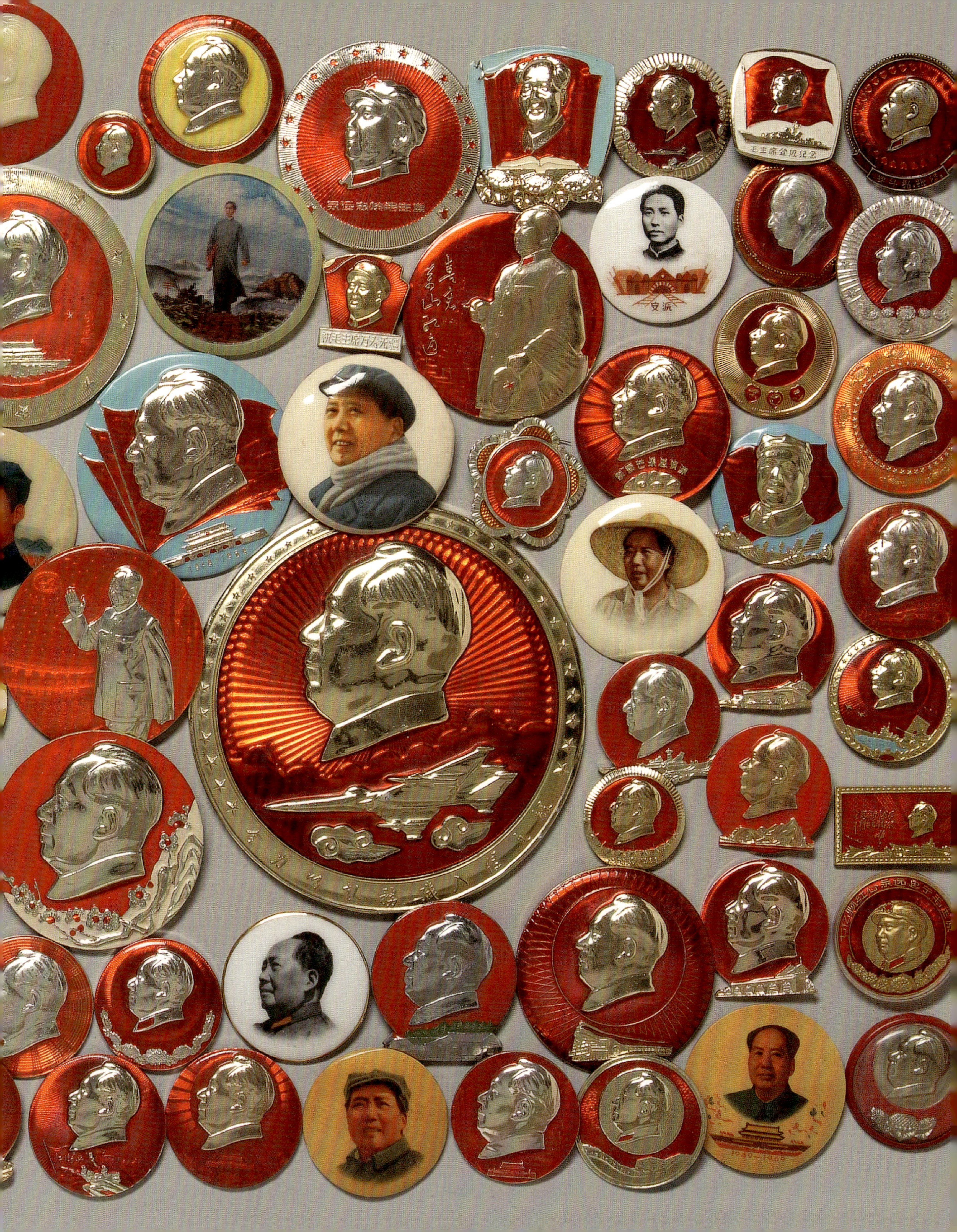
安源
1949—1969

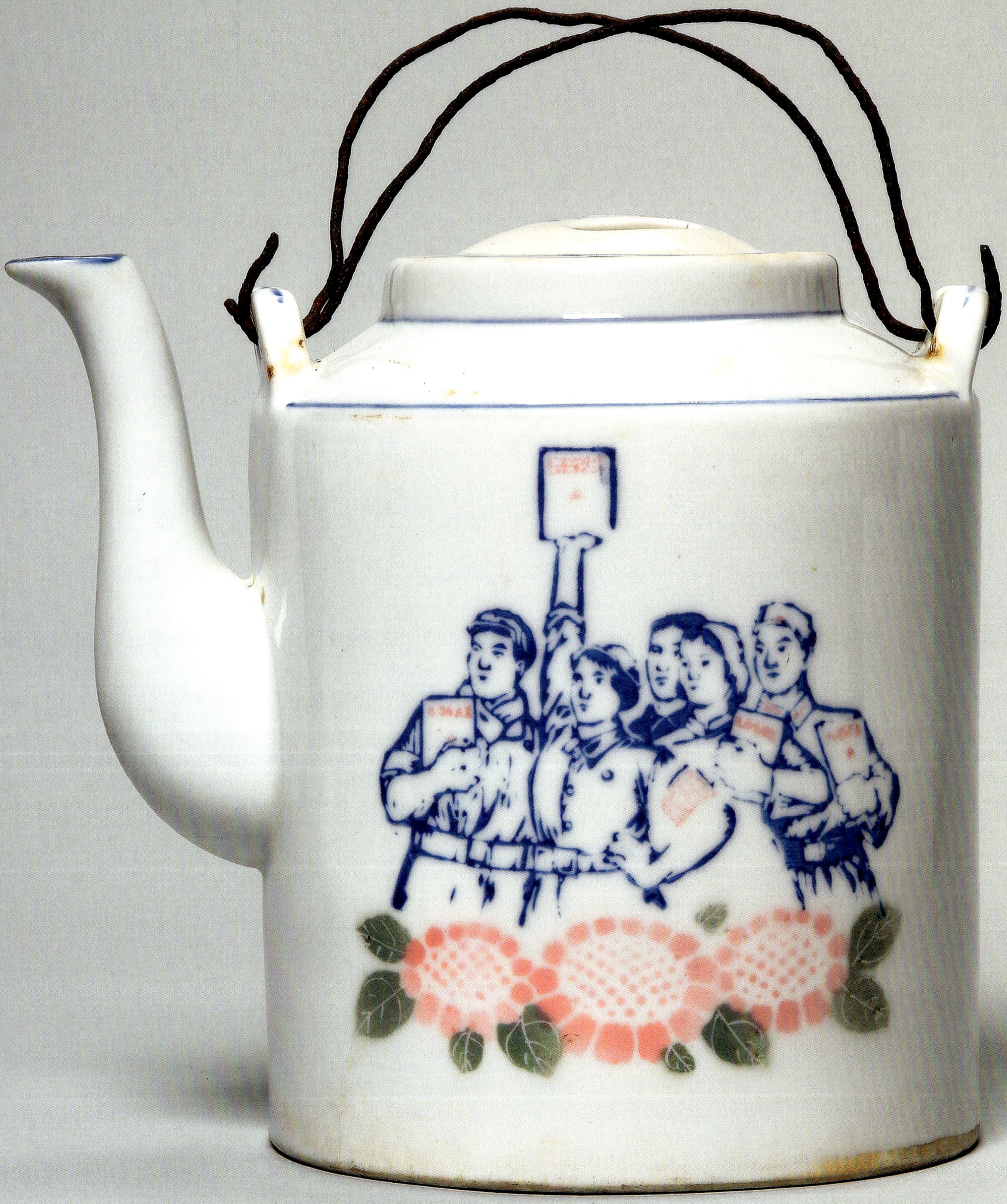

VORWORT

Seit Jahrhunderten schon blicken wir Europäer fasziniert in den Fernen Osten, insbesondere nach China. Immerhin beruft man sich auch dort – ähnlich wie in Europa – auf eine fast ungebrochene Kontinuität von einer Hochkultur der Antike bis in die Gegenwart. In der jüngeren Vergangenheit hat dieser Blick noch eine Dimension hinzugewonnen: China ist drauf und dran, zu einer neuen Weltmacht aufzusteigen, die zumindest ebenbürtig neben den bisher dominierenden Mächten dies- und jenseits des Atlantik stehen will.

Man kann wohl davon ausgehen, dass das 21. Jahrhundert ein Jahrhundert Asiens sein wird. China ist – nicht pro Kopf, sondern in absoluten Zahlen – zur zweitgrößten Wirtschaftsmacht der Welt hinter den USA aufgestiegen, nimmt immer mehr am globalen Geschehen teil und bestimmt dieses mit. Längst ist China auch zu einer kulturellen Weltmacht geworden, denken wir nur an den chinesischen Film, der einen internationalen Preis nach dem anderen gewinnt, an Mode, Architektur oder die zeitgenössische bildende Kunst aus China, die übrigens auch in dieser Ausstellung mit einigen beeindruckenden Exponaten vertreten ist.

Gerade deshalb ist es interessant, ein paar Jahrzehnte zurückzublicken, in eine Zeit, in der China einerseits isoliert und mit sich selbst beschäftigt war, andererseits schon damals weltweit Aufmerksamkeit erregt und heftige Debatten ausgelöst hat. Es war, vor noch nicht einmal 40 Jahren, die Zeit der „Kulturrevolution", der Ära von Mao Zedong, die auch einen Ausgangspunkt der aktuellen Entwicklungen in China darstellt.

Bis heute haben die Historiker und Politologen über diese Ereignisse noch kein einhelliges Urteil gefällt. Die Ausstellung „Die Kultur der Kulturrevolution" im Museum für Völkerkunde will nun einen Beitrag dazu liefern, dieses China der sechziger und siebziger Jahre aus unserer heutigen Sicht und mit unserem heutigen Wissen besser zu verstehen. Wir unternehmen diese Analyse natürlich aus unserer europäischen Perspektive, und wir tun es in erster Linie für westliche, österreichische Besucher, die nur in wenigen Fällen die chinesische Sprache beherrschen oder intensiven Kontakt mit der Geschichte und Kultur des Landes hatten. Daher geht es in dieser Ausstellung auch darum, die Objekte und Dokumente dieser Zeit aufzubereiten und zu entschlüsseln, zugänglich und verständlich zu machen für Menschen, die sich nicht nur für China, sondern auch für Phänomene wie Personenkult, Massenbewegungen, politische Utopien, für Alltagskultur, totalitäre Propaganda oder auch die 1968er-Bewegung in Europa interessieren.

All das wird in dieser Ausstellung angesprochen, die sich in erster Linie auf Sammlungen stützt, welche das Museum für Völkerkunde in den letzten Jahren erworben und zusammengetragen hat, aber auch auf einige außergewöhnliche Leihgaben von Fachleuten und Personen, die diese Zeit in China selbst miterlebt haben.

Ich bedanke mich an erster Stelle beim Kurator der Ausstellung, Herrn Dr. Helmut Opletal, der als großer Kenner der politischen und kulturellen Situation Chinas diese Schau im Museum für Völkerkunde initiiert hat. Allen Leihgebern, die diese Ausstellung großzügig unterstützt haben, gilt ebenso mein Dank wie den Katalogautoren, die wertvolle Beiträge geliefert haben. Das Lektorat lag wie immer in den bewährten Händen von Dr. Elisabeth Herrmann.

Möge diese Ausstellung über eine faszinierende Periode in der langen Geschichte Chinas das Interesse unserer Besucher und Besucherinnen finden.

Dr. Sabine Haag, Generaldirektorin des Kunsthistorischen Museums mit Museum für Völkerkunde und Österreichischem Theatermuseum

རྣམས་ཆེན་སློབ་དཔོན་དང་རྣམས་ཆེན་གཙོ་འཛིན་མའོ་ཡུལ་གྱི་ཞི་བདེ་བཀྲ་ཤིས!
ཞི་བདེ་བཀྲ་ཤིས! ཞི་བོ་ནས་ཞི་བདེ་བཀྲ་ཤིས!

VORWORT

Es müssen rund dreißig bis fünfzig Jahre vergehen, heißt es, bis nach einem wichtigen gesellschaftlichen oder politischen Geschehen die Emotionen soweit abgekühlt sind, dass darüber jenseits persönlicher Betroffenheit sachlich und „wissenschaftlich" debattiert werden kann, bis das Ereignis also Teil der „Zeitgeschichte" geworden ist.

Auch für die chinesische *Kulturrevolution* ist dies zunehmend der Fall. Ob Opfer, Täter, Mitläufer, Bewunderer, Kritiker oder sonstwie Interessierte und Eingebundene, viele beschäftigen sich nun aus der gewonnenen Distanz mit dem Geschehen. Dies betrifft natürlich vor allem die Menschen in China, doch daneben auch viele im „Westen", die sich damals um das Jahr 1968 von den Ereignissen in der Ferne – positiv oder negativ – beeindrucken ließen.

Es kam also nicht von ungefähr, dass sich das Wiener *Museum für Völkerkunde* vor einigen Jahren für das Phänomen der politisch geprägten Alltagskultur im China der 60er und 70er Jahre zu interessieren begann und auch schon Objekte für die Sammlungen des Museums erwarb. Ich selbst wurde zum ersten Mal 2004, anlässlich der Vietnam-Ausstellung in Leoben, angesprochen, ob ich interessiert wäre, meine Kulturrevolutions-Objekte, die ich über viele Jahre zusammengetragen hatte, zur Verfügung zu stellen. Der Erwerb dieser Sammlung durch das *Museum für Völkerkunde* ein Jahr später wurde dann der Ausgangspunkt für diese Ausstellung, die man zunächst für den vierzigsten Jahrestag des Beginns der *Kulturrevolution* im Jahr 2006 ins Auge gefasst hatte.

Doch es sollten noch fünf weitere Jahre vergehen, bis das Projekt realisiert werden konnte. Ich freute mich jedenfalls, als mich das Museum schließlich gebeten hat, diese Ausstellung selbst vorzubereiten und zu kuratieren. Immerhin spiegeln viele der Objekte auch meine persönliche Verbindung mit China wider, meine Aufenthalte als Austauschstudent und als Radio- und Zeitungskorrespondent, meine zahlreichen Reisen, meine wissenschaftliche Befassung mit der chinesischen Zeitgeschichte, aber auch Freundschaften und Kontakte zu Chinesen, die diese Zeit der *Kulturrevolution* selbst – und meist sehr emotional – miterlebt haben. So gesehen ist die „Kultur der Kulturrevolution" Teil meiner eigenen Geschichte.

Ich möchte daher zuallererst jenen danken, die anfangs die Idee für diese Ausstellung hatten, mich bestärkten und das Projekt mit einer gewissen Zähigkeit verfolgten. Es waren aber schließlich die Mitarbeiterinnen und Mitarbeiter des *Museums für Völkerkunde,* die es mir, dem von außen Kommenden, ermöglicht haben, diese Ausstellungsidee umzusetzen und mich in den Labyrinthen der Depots, der musealen Gepflogenheiten, der Bürokratie und vielfältigen Vorbereitungsschritte nicht allzu sehr zu verfangen.

Ein ganz herzliches Dankeschön sei daher all jenen ausgesprochen, die für dieses Vorhaben archiviert, konserviert, restauriert, fotografiert, aufgebaut und lektoriert, korrespondiert und administriert haben, die sich um Öffentlichkeitsarbeit, künstlerische, architektonische und graphische Gestaltung kümmerten. Ganz besonders danken will ich allen Autoren und Übersetzern des Katalogs und denen, die ohne viel Aufhebens bereit waren, Leihgaben zur Verfügung zu stellen. Dies gilt nicht nur für die Sammlung moderner chinesischer Kunst von Uli Sigg in der Schweiz und das *Essl Museum* in Klosterneuburg, sondern auch für all die privaten Leihgeber zwischen Wien, Berlin und Peking, die wichtige zusätzliche Perspektiven in die Ausstellung eingebracht haben.

„Die Kultur der Kulturrevolution" ist sicher nicht das letzte, ultimative Wort zu diesem komplexen Thema der chinesischen und internationalen Zeitgeschichte. Doch vielleicht vermögen die Ausstellung und dieser Katalog zumindest ein wenig den Blick zu schärfen für das Verhältnis zwischen Politik und Alltag, zwischen Mächtigen und einfachen Bürgern, zwischen Massenwahn und Verantwortung des Einzelnen, zwischen Utopie und gesellschaftlicher Realität – sei es in China oder anderswo.

Dr. Helmut Opletal, Kurator der Ausstellung

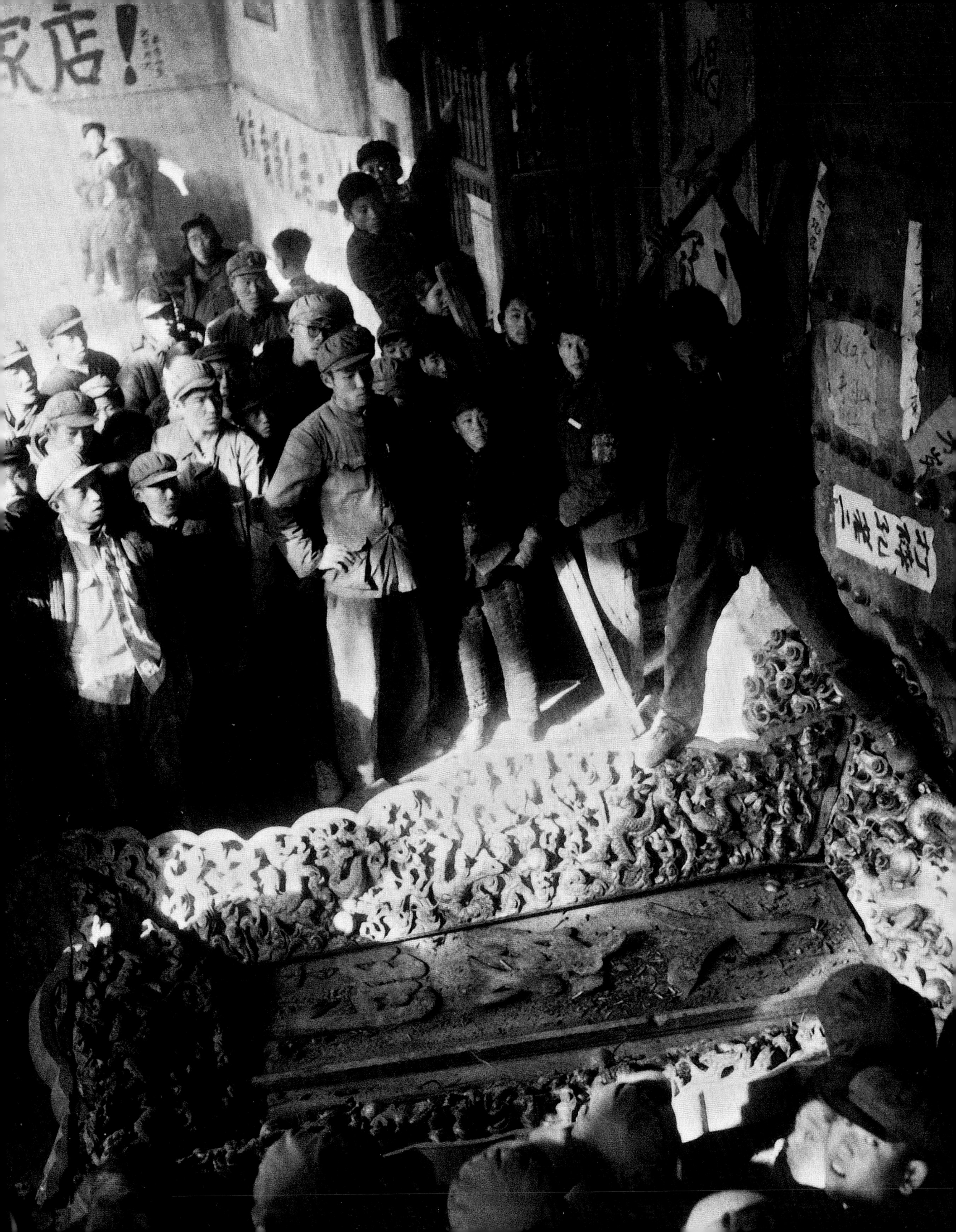
家店！

TRAUM UND TERROR

Mehr als vierzig Jahre sind vergangen, seit nach dem Tod Mao Zedongs im Jahr 1976 die *Kulturrevolution* in der Volksrepublik China offiziell für beendet erklärt wurde. Und doch ist sie bis heute das Ereignis in der chinesischen Geschichte des 20. Jahrhunderts, das die chinesische Gesellschaft im 21. Jahrhundert am stärksten prägt. Zwar gibt es viele Chinesinnen und Chinesen, die erst nach der *Kulturrevolution* geboren wurden und von den Ereignissen zwischen 1966 und 1976 nicht viel wissen. Doch wer immer in den stürmischen Jahren dabei war, trägt seine Erinnerung mit sich herum. Auch wenn Partei und Gesellschaft sich darauf geeinigt haben, die Ereignisse der *Kulturrevolution* nicht zum Gegenstand öffentlicher Debatte zu machen, durchzieht die Erinnerung an sie die Strukturen der chinesischen Gesellschaft wie ein roter Faden.

Traum und Terror sind dabei untrennbar miteinander verbunden. Mao Zedong lenkte den Enthusiasmus der Jugend gegen die bürokratischen Strukturen der Partei und entfesselte damit eine Orgie von Selbstsucht, Machtbesessenheit und Mordlust. Er suchte einen Nachfolger für sich selbst und sah sich am Schluss nur verraten. Die Gewinner der ersten Stunden wurden die Verlierer in der Nachfolgefrage. Maos Frau Jiang Qing, sicherlich eine der bestimmenden Figuren in diesem Spektakel, wurde 1980 zum Tode verurteilt. Das Urteil wurde ausgesetzt, bis sie sich selbst 1991 das Leben nahm. Deng Xiaoping, neben Liu Shaoqi der wichtigste Gegner Mao Zedongs, stieg nach dem Ende der *Kulturrevolution* zum Architekten von Reform und Öffnung in der VR China auf. Über Opfer und Täter wird in China jedoch nicht öffentlich gesprochen. Zu schwierig ist es, der persönlichen Verantwortung von Menschen nachzugehen, wenn ehemalige Rotgardisten in führenden Ämtern von Partei und Staat sitzen, wenn alle meinen, in die Bewegung nur „hineingerissen" worden zu sein und wenn sich auch diejenigen in die Rolle des Opfers retten, die andere Menschen erschlagen oder in den Tod getrieben haben.

Doch das Faszinosum bleibt. In den sechziger Jahren hat China weltweit mit der *Kulturrevolution* Aufsehen erregt, auch wenn außerhalb ihrer Grenzen kaum jemand durchschaute, was eigentlich vor Ort geschah. Die Wiedereingliederung der Volksrepublik China in die Weltgemeinschaft, die mit dem Einzug in die UNO im Jahr 1971 begann, ist ohne die von der *Kulturrevolution* ausgehende Faszination nicht zu verstehen. Sie diente als Plattform für unerfüllte Wünsche und verwehrte sich schon deshalb jeglicher Realitätsüberprüfung. Bis heute wirkt sie in diesem Sinne weiter. Wo die Marktwirtschaft mit aller Härte zuschlägt, erscheint die *Kulturrevolution* als eine Alternative zur Erzielung von Partizipation, Verteilungsgerechtigkeit, Selbsttätigkeit und Erneuerungswillen, eine Hoffnung, die nicht nur in China bis heute nicht verwirklicht wurde.

Die *Kulturrevolution* als Wunschbild und als blutige Realität lässt sich nicht einfach zu einem Bild zusammenfügen. Deshalb wird entweder das eine verdrängt oder das andere bejubelt. Eine allseits in der Forschung akzeptierte Sichtweise zur *Kulturrevolution* gibt es ebenso wenig wie einen Grundkonsens innerhalb der chinesischen Gesellschaft. Doch gerade weil das Phänomen *Kulturrevolution* bis heute in China und anderswo Blüten treibt, ist eine kritische Sichtung des Phänomens mehr als vierzig Jahre danach äußerst angebracht.

Univ.-Prof. Dr. Susanne Weigelin-Schwiedrzik,
Institut für Ostasienwissenschaften/Sinologie
der Universität Wien

毛主席語錄

没有一个人民的军队，便没有人民的一切。

眞正的銅墻鐵壁是什么？是羣衆，是千百万眞心实意地擁护革命的羣衆。

邮 陕西省
北连大队
刘

邮 北京市宣武区广内
槐柏树街粮店
梁明之大人收
山东临沂县一角写枝 峰方村

邮 淄博縣武裝部
王振刚同志收
临沂县高各庄

北京：749信箱38号箱
王光 晓启
67.10.31

1080 WIEN
AUSTRIA
EUROPE

航空 PAR AVION

毛主席万岁

毛主席去安源

中国人民邮政 8分

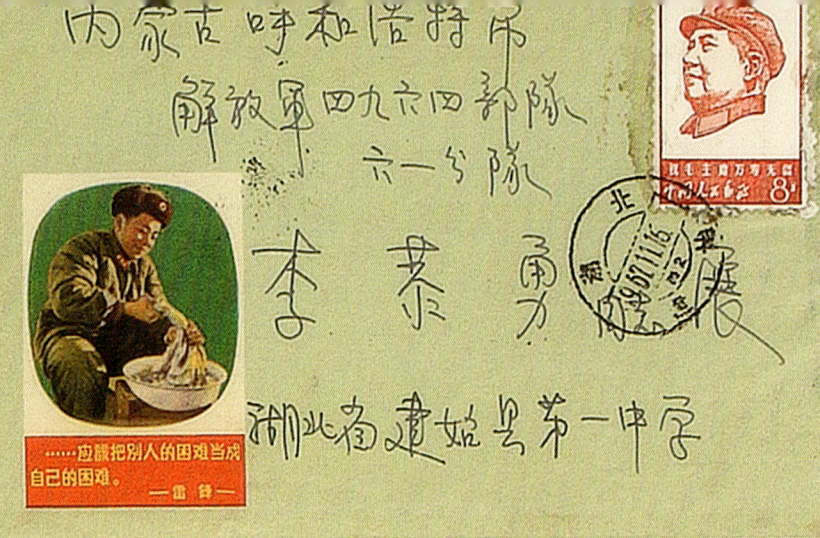

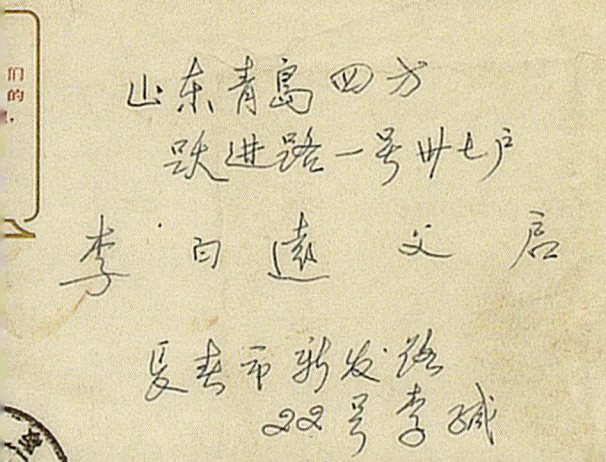

BEITRÄGE

> 知识青年到农村去，接受贫下中农的再教育，很有必要。要说服城里干部和其他人，把自己初中、高中、大学毕业的子女，送到乡下去，来一个动员。各地农村的同志应当欢迎他们去。
>
> 毛泽东

CHRISTIAN FEEST

ETHNOLOGIE UND KULTURREVOLUTION – GLAUBENSDINGE UND ANSICHTSSACHEN

„Wir müssen alle früher gemachten Fehler schonungslos aufdecken und alles, was in der Vergangenheit schlecht war, wissenschaftlich analysieren und kritisieren, um künftighin umsichtiger und besser arbeiten zu können. Eben darin liegt der Sinn des Satzes: ‚Aus früheren Fehlern lernen, um künftige zu vermeiden. Doch wenn wir Fehler aufdecken und Mängel kritisieren, besteht unser Ziel, ebenso wie das des Arztes, der eine Krankheit bekämpft, einzig und allein darin, den Patienten zu retten, nicht aber ihn zu Tode zu kurieren."
„Den Arbeitsstil der Partei ausrichten!" (1. Februar 1942), *Ausgewählte Werke Mao Tse-tungs, Bd. III*

Es ist noch nicht so lange her, da galten Museen für Völkerkunde gemeinhin als Orte, in denen man neben den obligatorischen Indianern vergessene Völker aus entlegenen Bergtälern oder noch nicht vom Bazillus des Tourismus verseuchten Inselparadiesen bestaunen durfte. Die Konfrontation mit der kultureller Vielfalt unserer Welt, wenngleich in der Fiktion zeitloser Entrücktheit, bot den Besuchern unbeschadet möglicher Absichten der Betreiber dieser Museen die Möglichkeit zur selbständigen Reflexion über sich selbst auf der Grundlage des Vergleichs mit „den anderen". Das konnte unbeabsichtigte und ungeahnte Auswirkungen haben, wie die Entdeckung der „primitiven Kunst" durch die Moderne, führte aber in Zeiten, in denen die Möglichkeiten, etwas über die Welt zu erfahren, noch beschränkt waren, ganz allgemein sowohl zur Vertiefung stereotyper Ansichten als auch zu ihrer Hinterfragung.

Die Zeiten haben sich schneller geändert als behäbige Institutionen wie die Museen, und so vertiefte sich die Kluft zwischen der für jedermann sichtbaren Realität und der musealen Schaustellung eines ihrer Aspekte immer weiter. Diese Kluft hat zwar immer schon existiert, weil alle Museen – selbst solche für moderne Kunst – notgedrungen Ausschnitte aus der Vergangenheit repräsentieren, die nicht mit den Lebenserfahrungen der Gegenwart übereinstimmen. Aber sie ist für ein Publikum unübersehbar geworden, das sich täglich mit den Folgen einer immer rascher voranschreitenden Globalisierung konfrontiert sieht, im Museum die erhoffte Wegleitung durch das Labyrinth der kulturellen Vielfalt jedoch immer weniger findet.

Bis in die zweite Hälfte des 20. Jahrhunderts haben Ethnologen (in weitgehender Übereinstimmung mit vielen der von ihnen studierten Bevölkerungen) die liebenswerte Illusion gepflegt, die „kalte" Welt traditionaler Gesellschaften außerhalb der „heißen" Zentren der Zivilisation habe mangels eines Geschichtsbewusstseins auch keine Geschichte und repräsentiere daher einen Zustand weitgehend urtümlicher Tradition. Die auch von den Wissenschaftlern beobachteten Veränderungen in der Folge der immer intensiveren Kontakte zwischen dem expandierenden Abendland und jenen „Völkern ohne Geschichte" wurden folglich als Verfall oder gar Tod der authentischen Lebensweisen registriert und als peinlicher Betriebsunfall nicht weiter thematisiert.

Viele Museen fanden die Spiegelung insbesondere von „indigener Modernität" in ihren Sammlungen suspekt und dokumentierten selbst die Anpassungen der Tradition an die Bedingungen der jeweiligen Gegenwart oft nur zögerlich. Mangelnde Ankaufsmittel mögen in manchen Fällen ein Grund dafür gewesen sein, dass die Bestände auf Produkte einer vormodernen Epoche beschränkt blieben, aber selbst wenn Mittel vorhanden waren, beschaffte man im Handel meist lieber Werke traditionalen Gepräges anstatt sich mit den Veränderungen der Welt auseinander zu setzen. Dies war auch einer der Gründe, warum heutige Vertreter der in den Museen repräsentierten Bevölkerungen zunehmend Schwierigkeiten hatten, sich in der musealen Darstellung wiederzuerkennen.

Die Krise der ethnologischen Museen, die hier nicht weiter ausgeführt zu werden braucht, ist nicht erst gestern über sie hereingebrochen (vgl. Feest 2007). Eine frühe Diagnose von Teilaspekten der Krankheit lieferte vor vierzig Jahren der frühere Hamburger Museumsdirektor Hans Fischer (1971; vgl. Feest 1999), der freilich als Radikalkur die weitgehende Entsorgung der vorhandenen (und als irrelevant bezeichneten) Sammlungen empfahl, um in den Schausälen statt dessen dem Publikum mit Hilfe ausgeschnittener Pappfiguren die neueren Erkenntnisse der sozialanthropologischen

Abb. 9: Zeitungsillustration *„Alle mobilisieren" (ein modernes Alltagsbild). Wenhui Bao* [Wenhui-Zeitung]. Shanghai, 20.1.1969, S. 4. Museum für Völkerkunde Wien

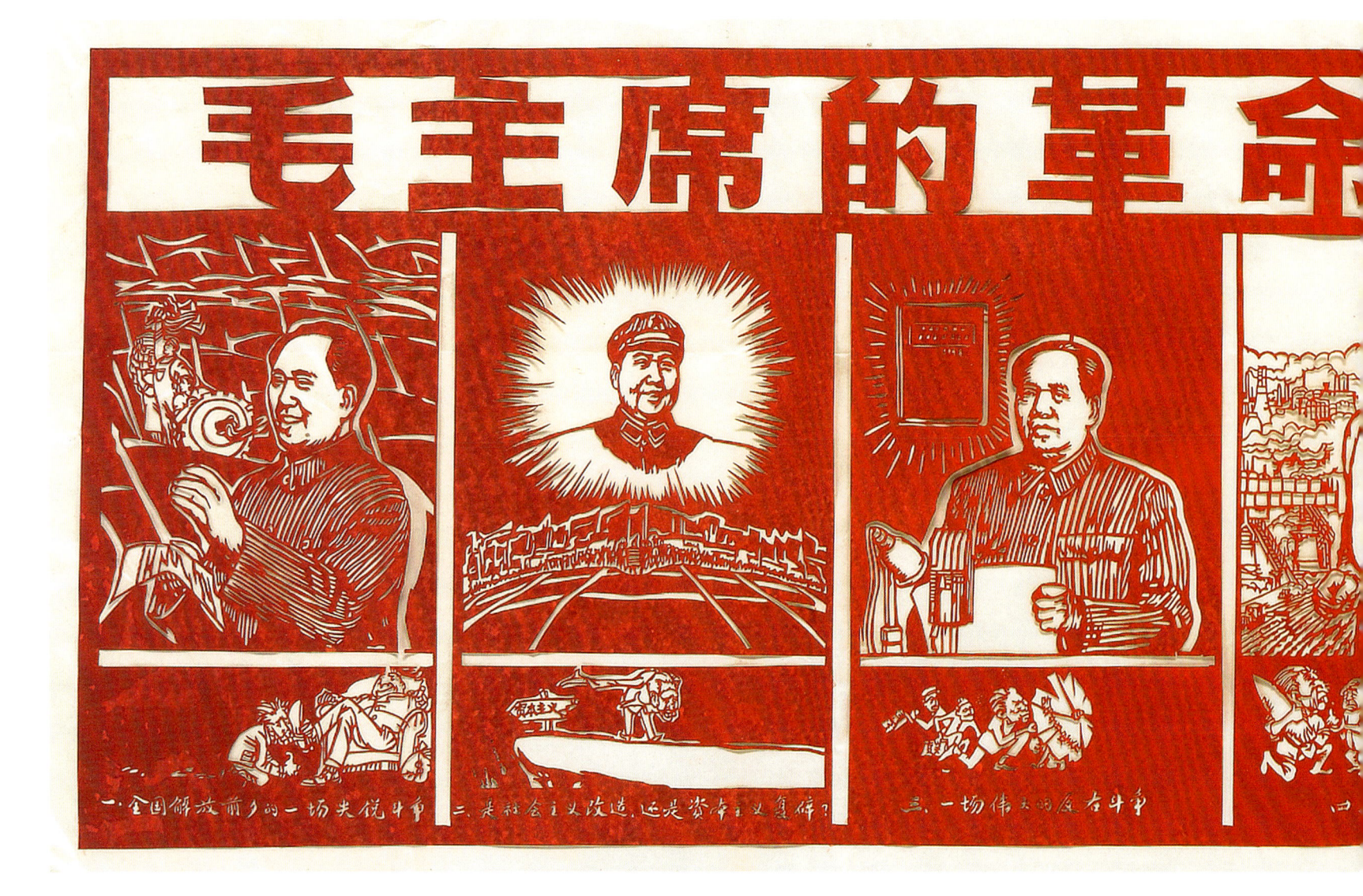

Verwandtschaftsforschung näher zu bringen. Hier wäre allerdings ein Blick in das damals auch in Deutschland sehr populäre *Kleine Rote Buch*, die sogenannte „Mao-Bibel", hilfreich gewesen, aus dem man folgendes lernen konnte: „[…] unser Ziel [besteht], ebenso wie das des Arztes, der eine Krankheit bekämpft, einzig und allein darin, den Patienten zu retten, nicht aber ihn zu Tode zu kurieren". Zum Glück stieß Fischers Vorschlag damals auch ohne Maos Zutun auf taube Ohren, und zur Bewältigung der anhaltenden Krise mussten neue Lösungsmöglichkeiten gesucht werden.

Kann uns Mao, fast vierzig Jahre danach, auch noch auf andere Weise als durch gute Ratschläge helfen? Allein die Tatsache, dass eine Ausstellung wie „Die Kultur der Kulturrevolution" im *Museum für Völkerkunde* angekommen ist, legt nahe, dass ethnologische Museen begriffen haben, dass es nicht die Gegenstände waren, die das Problem verursacht hatten, sondern die vielfach überholten Fragestellungen und Zugangsweisen. In der Vergangenheit wäre eine solche Ausstellung an einem solchen Ort als unpassend empfunden wurden, weil sie sich offensichtlich nicht mit der Bewahrung von Traditionen befasst, sondern (wenigstens an der Oberfläche) mit ihrer gezielten und radikalen Veränderung; sie wäre aus dem Rahmen gefallen, weil sie Dinge nicht weitgehend isoliert vom kolonialen oder postkolonialen Umfeld ihrer Entstehung zeigt, sondern gar nicht anders kann, als sie im engen Zusammenhang mit der Ereignisgeschichte zu präsentieren; und sie wäre vielleicht auch als zu „politisch" empfunden worden.

Die Kultur- und Sozialanthropologie, wie sich die ehemalige Völkerkunde oder Ethnologie mittlerweile auf akademischem Boden nennt, nimmt für sich in Anspruch, einen Beitrag zum besseren Verständnis unserer Welt zu leisten – einen Beitrag, der dank der wachsenden Bedeutung und persönlichen Konfrontation mit kultureller Vielfalt im Zuge der Globalisierung von zentraler kultur- und gesellschaftspolitischer Bedeutung geworden ist. Die entsprechenden Museen, die sich richtigerweise heute immer mehr als Museen für Kultur und Gesellschaft verstehen, verleihen diesem Verständnis historische Tiefe und größere Anschaulichkeit. Sie haben dazu zwei komplementäre Zugangsweisen zur Verfügung: die Erklärung des Einzelfalls und den Kulturvergleich.

So kann und muss man die chinesische *Kulturrevolution* als ein historisch-spezifisches Phänomen sehen, das in der Volksrepublik China in den letzten zehn Lebensjahren Mao Zedongs verortet ist. Gerade die in der Ausstellung gezeig-

Abb. 10: Scherenschnitt „Lang lebe der Sieg der revolutionären Linie des Vorsitzenden Mao", mit Mao-Darstellungen aus der *Kulturrevolution* (obere Reihe) und Karikaturen von politischen Widersachern (untere Reihe). Nachahmung von Motiven der späten 60er Jahre, um 2009. Museum für Völkerkunde Wien

ten Gegenstände sind, wenn sie nicht mangels Einbettung in die gesellschaftlichen und kulturellen Bedingungen ihres Ursprungsortes und ihrer Epoche lediglich zu Beispielen eines „ethnographischen Surrealismus" (des Gebrauchs des Fremden zur Verfremdung des Vertrauten) werden sollen, in hohem Maß erklärungsbedürftig, um das Fremde durch ein besseres Verständnis seines sinnstiftenden Umfelds zu entfremden.

All die Büsten und Buttons mit dem Abbild des Großen Vorsitzenden entbehren als „autonome" Werke nicht jener Absurdität, die wir dem Exotischen immer schon zugemutet haben. Erst die Einsicht in ihre Rolle in der *Kulturrevolution* macht sie zu Dokumenten der Alltagskultur einer Epoche. Und es ist die Betrachtung der Alltagskultur in ihrer Artikulation unter spezifischen historischen Bedingungen, die „Die Kultur der Kulturrevolution" zu einer kulturanthropologisch lehrreichen Ausstellung macht.

Gleichzeitig kann die „Große Proletarische Kulturrevolution" als ein Beispiel für eine Modernisierungsbewegung, für den damit verbundenen Versuch der totalitären Mobilisierung des Volks und seiner Instrumentalisierung in einem politischen Richtungsstreit und für den Personenkult dienen. Der Vergleich mit ähnlichen Phänomenen an anderen Orten und zu anderen Zeiten lässt gewisse Gemeinsamkeiten erkennen, die man dem Inventar möglicher gesellschaftlicher und kultureller Praktiken zuordnen kann, macht aber auch die Unterschiede zwischen den Beispielfällen deutlich.

In einer schon vor vierzig Jahren global vernetzten Welt blieben die Ereignisse in China nicht ohne Auswirkungen auf andere Weltregionen. Wie Ideen und Praktiken der *Kulturrevolution* in verschiedenen Teilen Europas und Amerikas unter gänzlich anderen Rahmenbedingungen aufgegriffen und an diese angepasst wurden, ist allerdings nur ein weiterer Beleg für die These, dass Globalisierung, neben ihren nivellierenden Effekten, in ihren lokalen Artikulationen die anhaltende Bedeutung der kulturellen Vielfalt bestätigt. In Abwandlung von Maos Aussagen über den Widerspruch zwischen Proletariat und Kapitalismus könnte die These lauten: „Der Widerspruch zwischen Globalisierung und Vielfalt, zwischen kultureller Annäherung und Differenzierung, ist derzeit zweifellos der Hauptwiderspruch in der Entwicklung unserer Welt."

Abb. 11: Mao-Büsten (Porzellan, Gips, Kunststoff, H. 14 – 45 cm), um 1967/72. Museum für Völkerkunde Wien

Abb. 12: Mao-Statuen (Porzellan, Kunststoff, H. 23 – 45 cm). Museum für Völkerkunde Wien

Da nun also Mao Zedong endlich im Völkerkundemuseum angekommen ist, liegt es nahe, dass sich diese Einrichtung auch seiner Richtlinie von 1957 befleißigt, „hundert Blumen blühen" zu lassen. Es würde, so Mao, *„für die Entfaltung von Kunst und Wissenschaft schädlich sein, wenn durch administrativen Zwang ein bestimmter Kunststil oder eine bestimmte Schule durchgesetzt wird und andere verboten werden. Was in Kunst und Wissenschaft richtig oder falsch ist, soll durch freie Diskussion unter Künstlern und Wissenschaftlern und in der praktischen künstlerischen und wissenschaftlichen Arbeit entschieden werden. Es darf nicht auf simple Weise geregelt werden"* („Über die richtige Behandlung der Widersprüche im Volke", 27. Februar 1957; in Mao Zedong 1967). Jenseits des erkennbaren Widerspruchs zwischen der Richtlinie und der Praxis der *Roten Garden* ist in diesem Sinn „Die Kultur der Kulturrevolution" für Völkerkundemuseen als Museen für Kultur und Gesellschaft ein wichtiger Schritt im Zuge ihrer eigenen Modernisierung in einer pluralistischen und durch kulturelle Vielfalt geprägten Welt.

Weiterführende Literatur

- Feest, Christian F.
  1999 Ethnologische Museen. In: Waltraud Kokot und Dorle Drackĺe (Hg.), *Festschrift für Hans Fischer* (Berlin 1999: Reimer), 199–213.
  2007 The Future of Ethnological Museums. In: Manuela Fischer; Peter Bolz; Susan Kamel (Hg.), *Adolf Bastian and the „Universal Archive of Humanity". The Origins of German Anthropology* (Hildesheim: Olms), 259–266.
- Fischer, Hans
  1971 Völkerkunde-Museen. *Mitteilungen aus dem Museum für Völkerkunde Hamburg,* N. F. 1: 9–51.
- Mao Zedong
  1967 *Worte des Vorsitzenden Mao Tse-tung.* Peking: Verlag für fremdsprachige Literatur. Zitiert nach: http://www.infopartisan.net/archive/maobibel/maobibel.html

Univ.-Prof. Dr. Christian Feest, geb. 1945, österreichischer Ethnologe und Experte für indigene Völker Nordamerikas. Professor am *Institut für Historische Ethnologie* an der *Goethe-Universität Frankfurt am Main.* 2004 bis 2010 Direktor des *Museums für Völkerkunde* in Wien.

Abb. 13: Teetasse mit Deckel (Porzellan, H. 14 cm), Postbotin, um 1973. Museum für Völkerkunde Wien, Inv.-Nr. 183.546 a, b

Abb. 14: Teetasse mit Deckel (Porzellan, H. 14 cm), aufs Land verschickte Jugendliche, um 1973. Museum für Völkerkunde Wien, Inv.-Nr. 183.547 a, b

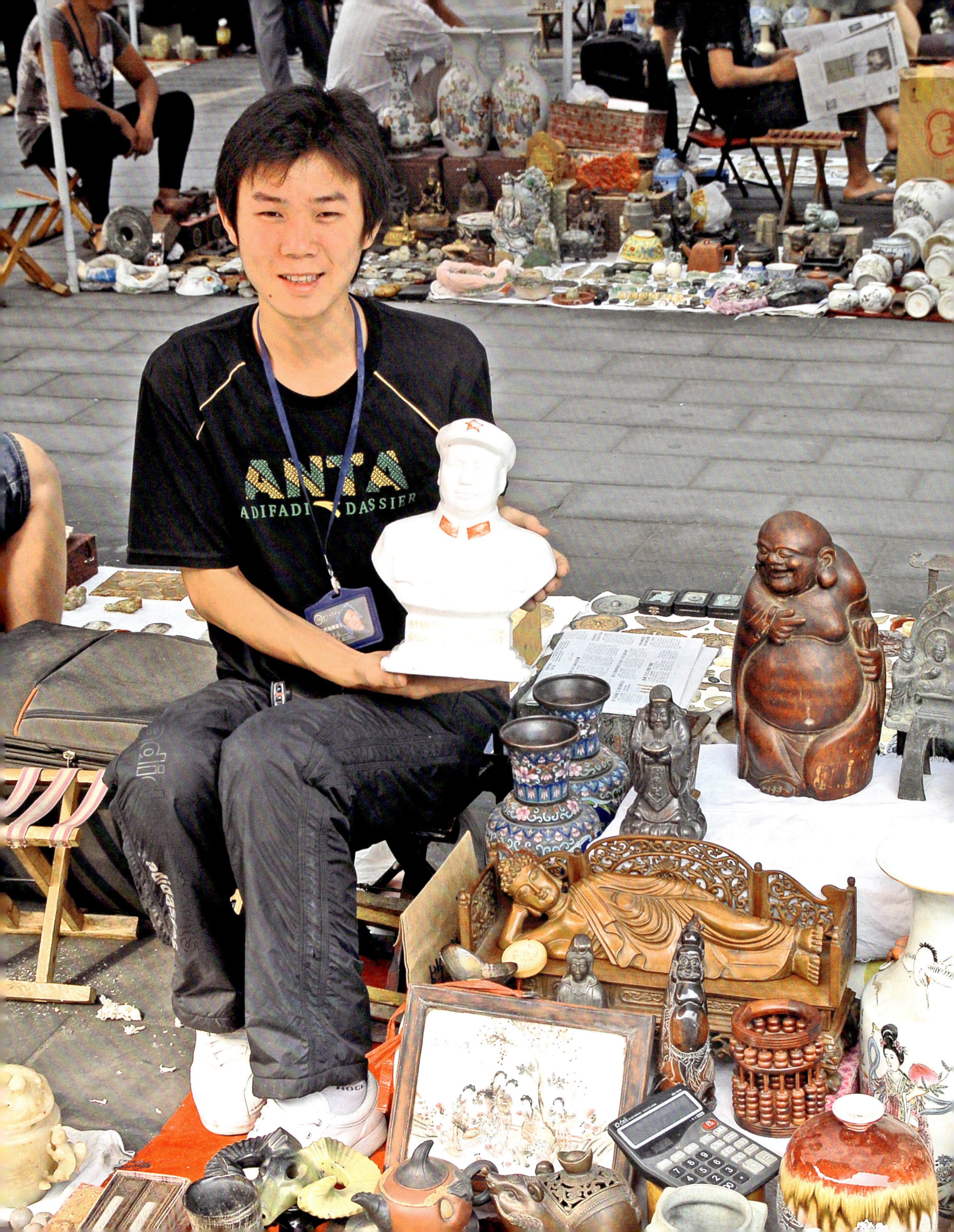
ANTA
ADIFADI DASSIER

HELMUT OPLETAL

MEIN MAO IM MUSEUM

Am Nachmittag des 3. April 2005, an einem Sonntag, war es so weit. Es klingelte bei mir an der Wohnungstür. Die damals für den Fernen Osten zuständige Kustodin der Wiener *Museums für Völkerkunde* stand mit zwei Konservatoren davor. Sie hatten einen großen Stapel Übersiedlungskartons mitgebracht und viel Seidenpapier und Plastikfolie. Ich hatte das meiste schon vorbereitet, zusammengehörige Objekte jeweils in einer Schachtel. Die wertvollen Einzelstücke standen auf dem Wohnzimmertisch, die Massenware lag vorsortiert auf dem Fußboden.

Punkt für Punkt gingen wir die Packliste durch: Ess- und Küchenutensilien mit Revolutionsmotiven, ca. 30 Teile; 8–10 Teetassen aus Email; Busfahrscheine, Rationierungskupons, Schulzeugnisse, Urkunden, alle mit Mao-Zitaten und Revolutionsdarstellungen; weiters Spiegel, Hochzeitskästchen, Plattenspieler, Stäbchenbehälter mit Kulturrevolutionsdekor; 10 kleinere und größere Mao-Büsten aus Porzellan, Kunststoff und Gips; ca. 60 *Mao-Bibeln* und andere zeitgenössische Druckwerke; mehr als 1500 Mao-Abzeichen, dazu Plakate, Mao-Bilder in Seide gestickt, zwei Wecker mit dem Rotgardisten-Ziffernblatt, eine Tonfigur *Rote Garden,* usw. usw. Nach drei Stunden war alles sorgfältig verpackt und in den unten bereitstehenden Lieferwagen verfrachtet.

Auf gewisse Weise war das Kapitel „chinesischer Revolutionskitsch" für mich abgeschlossen. Ziemlich genau 30 Jahre lang hatte ich die Stücke zusammengetragen, die eine ganze Periode chinesischer Zeitgeschichte dokumentieren – und irgendwie auch meine persönliche Geschichte, wenngleich meine Beziehung zu Mao und seinem China die Jahre hindurch zwiespältig geblieben ist. Sie begann mit einer Faszination, ging durch Enttäuschungen und Hoffnungen und endet mit einem Urteil, das heute sehr kritisch ausfällt.

Auch das Sammeln von Mao-Erinnerungsstücken musste ich einmal sehr kritisch hinterfragen. Für österreichische Freunde war es immer faszinierend gewesen, bei mir zu Hause die skurrilen Propagandaobjekte zu betrachten: den kleinen Gummi-Mao *(Abb. 16),* der an eine Spielzeugente für die Badewanne erinnert; das chinesische Brettspiel über den Vietnam-Krieg, ähnlich dem „Mensch ärgere dich nicht", nur dass man Minen legen und Amerikaner in die Luft fliegen lassen kann *(Abb. 17)*; die große Porzellanbüste Maos, die ich in meinem Wohnzimmer aufgestellt hatte *(Abb. 18 a und b)*. Mitte der Neunzigerjahre gestand mir allerdings meine damalige chinesische Lebensgefährtin in Wien, dass sie sich mit all diesen Erinnerungsstücken aus der *Kulturrevolution* in meiner Wohnung überhaupt nicht wohl fühlte. Als sie mir die Geschichte ihrer Familie erzählte, verstand ich, warum.

Ihr Name, *Qingqing,* heißt wörtlich übersetzt „doppelter Festtag". Ihre Eltern hatten sie so genannt, weil sie am 1. Oktober, dem chinesischen Nationalfeiertag, zur Welt gekommen war, auf den Tag genau vier Jahre nachdem Mao 1949 die kommunistische *Volksrepublik* ausgerufen hatte. Qingqings Eltern hatten sich in den 40er Jahren Maos Revolution angeschlossen, der Vater wurde später Vizekulturminister, auch die Mutter war eine hohe Funktionärin.

Abb. 15: Junger Antiquitätenhändler auf dem Panjiayuan-Markt in Peking. Foto: Helmut Opletal, 2010

Abb. 16: Mao-Büste (Gummi, H. 12 cm), um 1970. Museum für Völkerkunde Wien, Inv.-Nr. 183.243

Abb. 17: „Anti-Imperialismus-Spiel" mit Mao-Zitat „Völker der ganzen Welt, erhebt euch, schlagt die US-Invasoren und alle ihre Lakaien [...]" und Aufschrift (unten): „Die US-Imperialisten im unendlichen Ozean des Volkskrieges versenken". Kartonschachtel (8 x 8 cm), Papierspielbrett (30 x 50 cm), Spielsteine aus Holz. Wuxi (Provinz Jiangsu), um 1970. Museum für Völkerkunde Wien, Inv.-Nr. 183.435

Als jedoch Mao Zedong Ende der 60er Jahre gegen „bürgerliche Elemente" in der KP mobilisierte, wurde Qingqings Vater zu einem der ersten Geächteten der *Kulturrevolution*. Erst zehn Jahre später, nach Maos Tod, kam er aus seinem Gefängnis frei, als gebrochener Mann, der kurz darauf freiwillig aus dem Leben schied.

Meine Freundin litt auch darunter, dass sie zu jener Generation zählte, die wegen der revolutionären Wirren nie einen ordentlichen Schulabschluss machen konnte. Auch deshalb riefen all die Mao-Objekte in meiner Wohnung eher schlimme Erinnerungen in ihr wach. Sie selbst hat den Vergleich nie gebracht, aber dennoch ging mir der Gedanke nicht aus dem Kopf, wie Nazi-Opfer empfinden müssen, wenn sie einem Sammler von Hitler-Memorabilia und NS-Propaganda begegnen. So wollte ich eigentlich nicht verstanden werden, und so habe ich meine eigene Wohnung daher nicht mehr mit Mao-Stücken ausgeschmückt. Dennoch habe ich weiterhin Objekte als Dokumente der Zeitgeschichte, eines Lebensstils und eines chinesischen Kulturphänomens zusammengetragen.

Begonnen hatte meine Begegnung mit Maos China mehr als 30 Jahre davor. Es war ein kalter Tag im Dezember 1973,

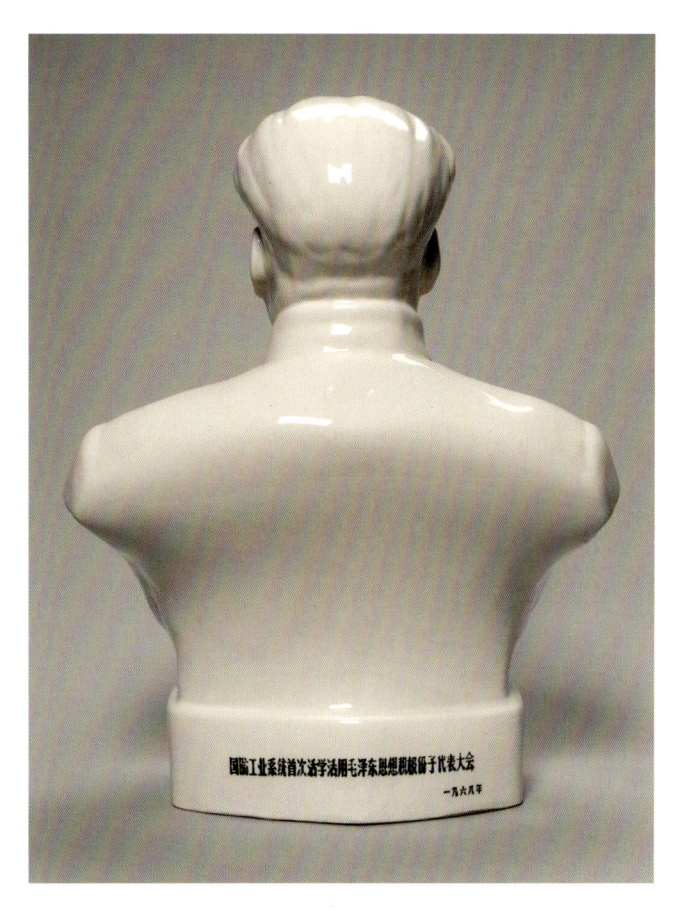

Abb. 18 a und b: Mao-Büste (Porzellan, H. 60 cm) mit Aufschrift (Vorderseite) „Lang lebe der Große Führer, Große Lehrer, Große Kommandant und Große Steuermann, der Vorsitzende Mao! Er lebe lang! Lang, lang!" bzw. „Erste Delegiertenkonferenz der Aktivisten für das lebendige Lernen und die lebendige Anwendung der Maozedongideen aus der Landesverteidigungsindustrie, 1968". Porzellanmanufaktur Tangshan. Museum für Völkerkunde Wien, Inv.-Nr. 183.230

als ich, 21 Jahre alt, am Wiener Ostbahnhof in den Schlafwagen nach Moskau stieg, um dort mit dem *Transsibirien-Express* nach Peking weiterzureisen. Ich war voll gespannter Erwartungen, aber auch ziemlich unsicher, weil ich nicht wusste, was alles auf mich zukommen würde.

Am Vormittag hatte ich im Verkehrsbüro noch die Fahrkarte Wien – Peking abgeholt, für rund 3000 Schilling (220 Euro) damals. Ein Flugticket via Moskau (andere Flugverbindungen nach China gab es nicht) hätte noch ein Mehrfaches gekostet, mehr jedenfalls, als das Unterrichtsministerium bereit war, für mein Stipendium zuzuschießen.

Erst Ende September war mir der neue Studentenaustausch mit China zu Ohren gekommen, und ich war sofort wie elektrisiert. Seit 1970 hatte ich, neben meinem Publizistikstudium, Chinesischkurse an der Wiener Uni besucht. Mein Interesse für China stammte schon aus der Mittelschulzeit, und es war – neben dem linguistischen – ein durchaus politisches. Ich hatte nicht nur Hugo Portischs Bestseller *So sah ich China* mit seinen Schilderungen aus dem geheimnisvollen Land Mao Zedongs verschlungen, sondern auch jeden erreichbaren Zeitungsartikel über Chinas *Kulturrevolution* aufgehoben. Ich war fasziniert von der egalitären Gesellschaft

Abb. 19: Porzellanschälchen (ø 9 cm) mit Deckel. Goldfischdesign und Aufschrift „Der Fisch kann das Wasser nicht verlassen" (Anspielung auf Maos Forderung, der Revolutionär müsse sich im Volk bewegen „wie ein Fisch im Wasser"), um 1975. Museum für Völkerkunde Wien

Abb. 20: Teekanne mit Deckel (Porzellan, H. 16 cm) und Teetasse (Porzellan, H. 10 cm), mit Mao-Zitaten „Nur wer die Massen vertritt, kann auch die Massen belehren, und nur ein Schüler der Massen kann auch ein Lehrer der Massen sein […]" bzw. „Die Arbeiter und Bauern sind die Basis der revolutionären Kräfte, die führende Klasse einer Revolution ist die Arbeiterklasse […]", um 1972. Museum für Völkerkunde Wien, Inv.-Nrn. 183.534 a, b und 183.550

aus Arbeitern und Bauern, die im Entstehen schien, von den Massenkundgebungen der *Roten Garden,* vom *neuen Menschen,* der die Titelseiten von *China im Bild* (einer Propaganda-Illustrierten) schmückte, und dem Regime, das seine Gegner vorgeblich nicht bestrafte, sondern „umerzog".

An einem Straßenstand im Londoner *Hyde Park* hatte ich 1970 meine erste *Mao-Bibel* erstanden. Sie sollte einmal der Beginn meiner Mao-Sammlung werden. Sätze daraus, wie „Alle Reaktionäre sind Papiertiger" oder „Revolutionäre bewegen sich im Volk wie ein Fisch im Wasser" *(Abb. 19),* waren mir durchaus schon geläufig. Auch die Texte meiner Chinesisch-Lehrbücher hatten so nebenbei Grundideen des maoistischen China vermittelt: das tägliche Ringen um die Produktion, die Einteilung der Gesellschaft in Gut und Böse (vulgo *Klassenkampf*), die Vorbereitung für den Krieg gegen einen Feind von außen (das war damals vor allem die Sowjetunion). Auch wenn ich mich keinesfalls als *Maoist* fühlte, schien mir dieses China durchaus plausibel und faszinierend.

So saß ich also zu Weihnachten 1973 im Zug Richtung Peking und grübelte, was mich im gelobten Land wirklich erwarten würde. Natürlich kannte ich die Klischees von den hart arbeitenden *Blauen Ameisen,* ich wusste, dass China arm war. Aber Mao, so war auch ich überzeugt, hatte allen Chinesen genug zum Essen und zum Anziehen gegeben, ein Dach über dem Kopf, Bildung und medizinische Versorgung.

Revolutionsmusik schallte aus den Lautsprechern, als der Zug aus Moskau im Pekinger Hauptbahnhof einrollte. Der Repräsentationsbau aus den 1960er Jahren war, wie viele öffentliche Gebäude, damals noch mit einem riesigen Mao-Bild geschmückt. Zum ersten Mal sah ich auch Menschen in blauen und grünen Baumwollanzügen mit Mao-Abzeichen an der Brust.

Der Alltag an meiner Hochschule erschien mir zunächst spartanisch. Das Zweibett-Studentenzimmer hatte einen Betonfußboden, in den Duschräumen gab es jeden Tag eine Stunde Warmwasser. Auf dem Schulareal luden Lastwagen Kohle ab, sodass die Lehrsäle zumindest einige Stunden am Tag beheizt werden konnten. Das, so merkte ich bald, waren Privilegien in einer Stadt, in der die durchschnittliche Wohnfläche pro Einwohner gerade vier Quadratmeter betrug und Heizmaterial genau so wie Lebensmittel und die meisten Bedarfsgüter nur mit Rationierungsmarken und Bezugsscheinen erhältlich waren.

Wir waren etwa 400 Austauschstudenten aus aller Welt am *Pekinger Sprachinstitut,* die ersten nach der *Kulturrevolution,* nach Jahren der Isolation und der politischen Wirren.

北京大学一九七五年外国留学生毕业结业合影留念 1975.7.15.

Abb. 21: „Gruppenfoto zur Erinnerung an den Studienabschluss der ausländischen Studenten 1975 an der Peking-Universität", Helmut Opletal (mit bedrucktem T-Shirt) steht in der hinteren Reihe, 2. links neben Mao. Foto: privat

Große, bis zu 20 Meter hohe Mao-Statuen wurden etwa ab 1968, auf dem Höhepunkt des Mao-Kultes, an vielen Hochschulen, in Kasernen und an öffentlichen Plätzen aufgestellt. Die Peking-Universität besaß sogar zwei von verschiedenen Rotgardisten-Fraktionen errichtete Standbilder. Im Zuge der „Entmaoisierung" ab 1980 wurden viele Statuen entfernt. Vor allem an Hochschulen, aber auch in mehreren Städten (z. B. in Chengdu und Kashgar) gibt es weiterhin Mao-Statuen, an manchen Orten wie Shaoshan (Maos Geburtsstätte) und Changsha wurden ab den 90er Jahren auch wieder neue Mao-Denkmäler errichtet.

Alle Hoch- und Mittelschulen waren mehrere Jahre lang geschlossen gewesen. Professoren und Intellektuelle, Künstler und missliebige Parteifunktionäre wurden allerdings nicht mehr, wie noch ein paar Jahre zuvor, in Kritikversammlungen misshandelt, manchmal auch zu Tode geprügelt oder in den Selbstmord getrieben. Aber viele politische Opfer saßen Ende 1973 noch in Gefängnissen und Lagern oder waren in entfernte *Volkskommunen* verbannt, um dort „körperliche Arbeit" zu verrichten. Doch das war ein Tabuthema in Gesprächen, das ganze Ausmaß des chinesischen *Gulag* wurde mir erst im längeren Verlauf des Aufenthaltes bewusst.

Von der *Kulturrevolution* zeugten auch noch die unzähligen Parolen an den Häuserwänden, die den Vorsitzenden Mao hochleben ließen, zum Klassenkampf „bis zum Ende" aufriefen oder die Forderung erhoben: „Grabt tiefe Tunnels, legt Getreidevorräte an, und wappnet euch für den Krieg". Auch ältere Slogans, in denen noch der verfemte, nach einem angeblichen Putschversuch 1971 ums Leben gekommene Mao-Stellvertreter Lin Biao gepriesen wurde, schimmerten gelegentlich durch die Tünche.

Doch die politischen Aktivitäten erschienen auch mir nur mehr als Rituale, die zwar alle mitmachten, aber nur wenige noch wirklich ernst nahmen. Es war dies die Spätphase der abklingenden *Kulturrevolution*. Die KP-Führung hatte schon

Abb. 22: Volksschulklasse in der chinesischen Provinz, um 1974. Foto: Helmut Opletal

eine Order erlassen, den Personenkult einzuschränken. In den Büchern musste allerdings noch jeder Mao zugeschriebene Satz in Fettdruck hervorgehoben werden, und Publikationen *ohne* Mao-Zitate kamen gar nicht in die Buchläden, nicht einmal solche zu vermeintlich unpolitischen Themen. Allerdings waren die extremsten Exzesse des Mao-Kults verschwunden. Die berühmte Weckuhr mit dem Ziffernblatt, auf dem eine Rotgardistin einmal pro Sekunde die *Mao-Bibel* hin und her schwenkte, wurde von den Behörden eingezogen. Briefmarken mit dem Mao-Bild durften nicht mehr aufgeklebt werden, es wäre ungehörig, hieß es, auf das Bildnis des *Großen Vorsitzenden* einen Poststempel zu knallen. So freute ich mich, als ich in einem Haushaltswarengeschäft noch eine chinesische Porzellantasse fand, auf der ein Mao-Spruch mahnte: „Nur wer die Massen vertritt, kann auch die

Abb. 23: Hymne „*Der Osten ist rot, die Sonne geht auf. China hat einen Mao Zedong hervorgebracht. Er strebt nach dem Glück für die Menschen, er ist der große Retter des Volkes.*" Mao Tse-tung, *Die Kultur der Kulturrevolution*. Berlin: edition galerie 1985, 14–15

Abb. 24: Mao-Porträts am Eingang zum alten Kaiserpalast. Das hintere Bild wurde um 1980 im Zuge der „Entmaoisierung" entfernt. Foto: Helmut Opletal, 1974

Massen belehren, und nur ein Schüler der Massen kann auch ein Lehrer der Massen sein" *(Abb. 20)*. Meine Sammlung nahm erstmals Gestalt an.

Unsere Lehrer und chinesischen Kommilitonen – einige Dutzend handverlesene *Arbeiter-Bauern-Soldaten-Studenten,* die an unserem Institut Fremdsprachen lernten – haben uns so gut wie nichts über die *Kulturrevolution* und die aktuellen politischen Auseinandersetzungen erzählt. Es wäre auch gefährlich gewesen, politische Gespräche abseits der offiziellen Rhetorik zu führen. Immer wieder bemerkten wir, dass Chinesen, die ein paar Worte mit einem Ausländer gewechselt hatten, nachher beiseite genommen wurden, um über die Begegnung befragt zu werden.

Der Slogan „Unsere Freunde sind überall in der Welt" hing an vielen öffentlichen Plätzen, doch waren wir wirklich Freunde? Selbst die zugewiesenen chinesischen Studenten, mit denen wir das Zimmer teilten, durften uns nicht ein einziges Mal zu ihren Familien nach Hause mitnehmen, auch Einladungen zu gemeinsamen Ausflügen oder einem Bier in der Kneipe nebenan wurden systematisch abgelehnt.

Nur als wir, nach dem Vorbild chinesischer Hochschulstudenten, jeweils ein paar Wochen in einem Dorf und in einer Lokomotivfabrik an der *produktiven Arbeit* teilnehmen durften, hatten wir für kurze Zeit engeren Kontakt mit dem chinesischen Alltag. Wir erlebten Bauern bei sich zu Hause und bei der abendlichen Kinovorführung unter freiem Himmel, tranken mit den Arbeitern in der Kantine hochprozentigen Reisschnaps. Zu großen politischen Gesprächen, die mich natürlich interessiert hätten, kam es auch dabei nicht.

1975 bauten wir für zwei Wochen in einer *Volkskommune* Gemüse an, schliefen auf einem *Kang* (einem gemauerten Ofenbett) und aßen unter dem obligatorischen Mao-Bild gemeinsam mit der Bauernfamilie – übrigens streng nach der herkömmlichen Familienhierarchie: zuerst die Gäste, das Familienoberhaupt und der ältere Sohn, zuletzt die Frauen und weiteren Angehörigen. Vor allem auf dem Land schienen jahrhundertealte Traditionen oft noch viel stärker zu wirken als die neuen politischen Lehren, und das, obwohl wir natürlich bei verdienten Parteimitgliedern im Dorf untergebracht waren.

In Peking selbst konnten wir uns übrigens per Fahrrad oder mit öffentlichen Verkehrsmitteln in der Stadt frei bewegen, für Reisen in andere Orte brauchten wir grundsätzlich eine Genehmigung der Fremdenpolizei. Gerade ein Dutzend Städte war für Ausländer überhaupt zugänglich, die Genehmigungen wurden jedes Mal auf den Bahnhöfen und Flugplätzen kontrolliert. Immerhin war so ein gewisser Einblick in den Alltag außerhalb der Hauptstadt möglich, auch wenn die politischen Kampagnen immer wieder suggerierten: Ausländer haben Schlechtes im Sinn, wenn sie nach China kommen, sie wollen das Land und seine Errungenschaften verunglimpfen.

Eine Kampagne richtete sich damals gegen westliche klassische Musik, ein Leitartikel trug die Überschrift *Auch Musikstücke ohne Titel haben Klassencharakter*. Hervorgehoben wurde darin, dass die meisten der berühmten Kompositionen, etwa von Mozart oder Beethoven, zur Unterhaltung der Bourgeoisie geschaffen wurden oder die Gefühlswelt der Adeligen und des Bürgertums widerspiegelten. Das müsse man in der Beurteilung eines Werkes immer mitdenken, *proletarische* oder *revolutionäre Kunst* konnte nur sein, was den Gefühlen der unterdrückten Klassen entsprungen war. Und so fanden sich in den wenigen Werken, die damals in China aufgeführt werden durften, immer wieder die gleichen Motive aus den Marschliedern der chinesischen Revolution oder den bekannten Hymnen für Mao *(Abb. 23)*. Mir erschien das als eine sehr reduzierte Interpretation proletarischen Klassencharakters.

Die Zügel des Kulturbetriebs fest in der Hand hielt jedenfalls Mitte der 70er Jahre noch die Mao-Gattin Jiang Qing, eine ehemalige Schauspielerin aus Shanghai, die Mao in den 30er Jahren in der Revolutionshochburg Yan'an kennengelernt hatte. Was öffentlich präsentiert und aufgeführt wurde, musste sie persönlich absegnen. So gab es statt klassischer chinesischer Bühnenkunst revolutionäres Ballett und *Modellopern,* die durchwegs Episoden aus dem Revolutionskrieg zum Thema hatten. Für Werke der Literatur galten die gleichen thematischen Einschränkungen. Die Schriften ausländischer Autoren waren damals überhaupt nicht zu bekommen, mit ganz wenigen Ausnahmen, die von Marx oder Engels irgendwann in einem positiven Zusammenhang zitiert worden waren.

Teuer waren Kulturprodukte hingegen nicht, sie waren auch für chinesische Durchschnittsbürger erschwinglich, eine Konzert- oder Kinokarte kostete einen Stundenlohn, ein Buch nicht viel mehr. So gab auch ich einen großen Teil meines Stipendiums für Druckerzeugnisse und die bunten Plastikschallplatten *(Abb. 25)* aus, die später natürlich auch einmal meine Sammlung bereichern sollten.

1976 war das Wendejahr. Am 9. September starb Mao (oder ging – in seinen eigenen Worten – *zu Marx*), wenig später wurden Jiang Qing und Maos radikale Mitstreiter, die sogenannte *Viererbande,* verhaftet. Ein Jahr später kehrte Deng Xiaoping in die Staats- und Parteiführung zurück, 1978 leitete er marktwirtschaftliche Reformen und eine vorsichtige Öffnung zur Außenwelt ein. Nach mehreren Generationen Bürgerkrieg und politischem Chaos taumelte das ganze Land nun in eine Euphorie des wirtschaftlichen Aufbruchs. Und sehr rasch wurde auch nach einer politischen Abrechnung mit der Mao-Ära verlangt.

Auch für mich persönlich war Maos Mythos ziemlich verblasst. Ich sympathisierte längst mit den Reformern, doch war Mao für mich immer noch der, der die Grundlagen des *neuen China* geschaffen hatte, zumindest die Utopie der Gleichheit und des Kampfes für eine bessere Gesellschaft repräsentierte, auch wenn mir seine Methoden immer zweifelhafter erschienen.

1976, noch während des Studiums, begann ich, in der außenpolitischen Redaktion des *ORF*-Fernsehens zu arbeiten. Im Frühjahr 1979 bereiste ich China erstmals als Journalist. Dabei konnte ich die Anfänge der chinesischen *Demokratiebewegung* miterleben, die ersten, meist vorsichtig formulierten Forderungen nach mehr Freiheit und einer Reform des kommunistischen Systems. Und junge Leute zeigten nicht nur den Mut, sich gegen ihre Autoritäten aufzulehnen, sondern verkehrten auf einmal auch ganz ungezwungen mit Ausländern, diskutierten nun gerne über ihre Ideen und Erfahrungen. Es war der Aufbruch einer neuen Generation, getragen von der Idee, Sozialismus (sprich ein hohes Maß an Gleichheit) mit persönlicher Freiheit und Demokratie zu verbinden. Doch anders als in Osteuropa wirkten solche liberal-demokratischen Gedanken in China außerhalb der Schicht der städtischen Intellektuellen eher fremd.

Abb. 25: Schallplatten aus Plastik (Single-Format), um 1970/76. Museum für Völkerkunde Wien, Inv.-Nr. 183.385_2

1980 erhielt ich die Chance, als China-Korrespondent des *ORF,* der *Frankfurter Rundschau* und weiterer deutschsprachiger Zeitungen nach Peking zu gehen. Nur wenige Jahre nach meiner Studienzeit sah ich nun ein ganz anderes China: Städtebau und Motorisierung begannen das Land zu verändern. Statt Mao priesen die Parolen auf den Plakatwenden nun die *Vier Modernisierungen* – Landwirtschaft, Industrie, Militär und Wissenschaft. Westliche Geschäftsleute wurden eingeladen zu investieren. China brauchte Know-how, die Firmenvertreter witterten das große Geld. Auch Touristengruppen durften jetzt ins Land, zusätzliche Regionen wurden für Ausländer geöffnet, die Kontrollen auf den Bahnhöfen und Flughäfen abgeschafft. Einen *Sozialismus mit chinesischem Charakter* nannte Deng Xiaoping das neue System eines aufgeklärten Einparteienstaates mit marktwirtschaftlichen Elementen.

Aus Schulen und Amtsstuben wurden Anfang 1981 die verbliebenen Mao-Porträts entfernt. Nur das große Bild auf dem *Tor zum Himmlischen Frieden,* von dem aus Mao 1949 die *Volksrepublik* ausgerufen hatte, sollte hängen bleiben *(Abb. 24).* Die politische *Entmaoisierung* blieb allerdings auf halbem Weg stecken. Mao bin ich übrigens damals zum ersten Mal persönlich „begegnet": Anfang 1991, kurz nach dem *Viererbande-*Prozess (also dem Verfahren gegen die ehemaligen radikalen Maoisten), wurde ernsthaft überlegt, das gerade erst fertig gestellte Mao-Mausoleum auf dem *Platz des Himmlischen Friedens* wieder abzureißen. Man sprach recht offen von einer *Fünferbande,* als fünfter Übeltäter galt Mao selbst. Das ging dem Politbüro aber dann doch zu weit, und so wurden wir Journalisten demonstrativ zu einer Besichtigung von Maos einbalsamiertem Leichnam im Glassarg gebeten.

Maos Prestige hatte allerdings spürbar abgenommen. Von chinesischen Freunden bekam ich ganze Schachteln voll mit Mao-Abzeichen geschenkt, die man in der *Kulturrevolution* gesammelt hatte und die nun in Schränken verstaubten. Auch von anderen Gegenständen mit revolutionären Sprüchen und Motiven wollten sich viele nun trennen. Ich bekam Emailtassen mit Politparolen *(Abb. 26)* oder ein altes Transistorradio mit einer roten Fackel darauf *(Abb. 27)*. „Es sind Erinnerungen an eine Zeit, die wir uns nicht mehr zurückwünschen", sagte ein Bekannter zu mir.

1985 kehrte ich wieder nach Wien zurück, reiste aber regelmäßig im Auftrag des *ORF* nach China, so auch im Mai 1989, als Michail Gorbatschow zum ersten sowjetischen Staatsbesuch seit dem Bruch zwischen den ehemaligen Bruderländern erwartet wurde. Doch nahmen die Dinge bekanntlich einen ganz unerwarteten Verlauf. Hunderttausende Pekinger Studenten rebellierten gegen das kommunistische Regime, forderten Freiheit und Mehrparteiendemokratie und besetzten schließlich den *Tian'anmen*-Platz. Es war aber nicht mehr der verbissene Fanatismus der *Roten Garden*, die neue Generation 18- bis 20-Jähriger versprühte Unbekümmertheit und Kreativität. Sie bekam Zuspruch aus weiten Teilen der Bevölkerung, selbst Vertreter aus zentralen Parteiorganisationen schlossen sich den demonstrierenden Studenten an. Aber dann spitzte sich die Lage zu. KP-Chef Zhao Ziyang, der im Politbüro die Studenten unterstützt hat, wurde abgesetzt, am Abend des 19. Mai wurde der Ausnahmezustand verkündet, in der Nacht vom 3. zum 4. Juni 1989 schoss sich die (immer noch so genannte) *Volksbefreiungsarmee* den Weg ins Pekinger Stadtzentrum frei.

Erst 1994 kam ich wieder für einen längeren Aufenthalt nach Peking zurück. Das Land hatte sich erneut dramatisch verändert. Ein Bauboom (oder besser: Abrissboom) hatte ganz China erfasst. Alte Stadtviertel wurden niedergewalzt, um für Durchzugsstraßen und Hochhäuser Platz zu machen. *Coca-Cola*, *Pizza Hut* und *McDonald's* hatten den Kampf um Werbeflächen und die besten Standplätze längst gewonnen. Überall piepsten Pager und Mobiltelefone, die auch bei uns in Österreich gerade erst auf den Markt gekommen waren.

Ein neuer Patriotismus – der Stolz auf ein erfolgreiches und starkes China, das auch in der Welt wieder etwas zu sagen hat – füllte nunmehr jenes ideologische Vakuum, das der Zusammenbruch des Kommunismus auch in China hinterlassen hatte. Offenbar interessierte sich die neue Generation von Studierenden mehr für Karriere und Geldverdienen als für Pressefreiheit und pluralistische Demokratie.

Die allgegenwärtige Kontrolle durch Staat und Partei hat nachgelassen. Im Alltag können die Menschen inzwischen mehr oder weniger tun und lassen, was sie wollen, solange

Abb. 26: Große Teetasse aus Email (ø 18 cm) zum „4. Gewerkschaftskongress der Provinz Yunnan, Juni 1973". Museum für Völkerkunde Wien, Inv.-Nr. 183.524 a, b

Abb. 27: Transistorradio (B. 15 cm) mit Mao-Spruch „Für Krieg und Katastrophen rüsten, für das Volk da sein", um 1972. Museum für Völkerkunde Wien, Inv.-Nr. 183.364

sie nicht die Grundfesten der Staatsordnung in Frage stellen. *Kommunistisch* oder *sozialistisch* ist diese Gesellschaft nur mehr dem Namen nach. Zwar bekennt sich der Staat noch zur Armutsbekämpfung und Entwicklung benachteiligter Regionen, doch wurde die soziale Kluft in diesen Jahren sichtbar tiefer, nur die Wachstumsraten von acht bis zehn Prozent im Jahr scheinen ein völliges soziales Auseinanderfallen zu verhindern.

Auch ich bin irritiert: Immerhin hat der Staat erstmals eine materielle Basis geschaffen, um mehr als eine Milliarde Chinesen nachhaltig zu ernähren, zu bekleiden und ihnen ein Obdach zu geben. War das nicht auch Maos Utopie? Darüber hinaus hat eine große Mehrheit der Chinesen die Chance erhalten, ihre persönliche Entwicklung selbst zu gestalten, ein Studium zu wählen, sich individuell zu entfalten. Gleichzeitig bleibt ihnen echte politische Mitbestimmung verwehrt. Die Meinungs- und Pressefreiheit, für die Intellektuelle und Studenten im Mai 1989 gekämpft haben, scheint in weite Ferne gerückt, das Regime verfeinert sogar die Methoden der Überwachung aller Medien bis hin zum Internet, das inzwischen auch China erobert hat.

Einen „sanften Aufstieg" zu einer Großmacht verspricht uns China. Aber meint es dabei nicht bloß, dass es sich nun selbst alle Unarten herausnehmen will, deren sich schon andere Supermächte bedient haben? Ich kann nur hoffen, dass dieses China keinem nationalen Größenwahn verfällt wie einst Hitler-Deutschland oder Japan. Und dass auch ein bisschen etwas übrig bleibt von der Utopie einer Gesellschaft, in der sowohl mehr Gleichheit als auch mehr individuelle Freiheit möglich ist, eine saubere Verwaltung und ein menschenwürdiges Dasein für alle.

Und wo ist Mao geblieben? Nach dem feierlich begangenen 100. Geburtstag am 26. Dezember 1993 sind – entsprechend den Anweisungen der Propagandabehörden – kritische Worte über sein Vermächtnis weitgehend verstummt. Eine schrittweise Verklärung hat eingesetzt, Biographien und zeitgeschichtliche Abhandlungen in den chinesischen Buchläden lassen Mao in einem sehr milden Licht erscheinen.

Die ältere Generation bleibt gespalten: Diejenigen, die selbst Opfer politischer Verfolgungen geworden sind, wollen am liebsten überhaupt nicht mehr über ihn reden. Andere beginnen Mao als eine Art Übervater der Nation zu sehen, er sei zu 70 Prozent gut und zu 30 Prozent schlecht gewesen, wie Deng Xiaoping einmal in einem Interview zur italienischen Journalistin Oriana Fallaci gesagt hat. Und diejenigen, für die sich die neuen Zeiten ein wenig zu schnell verändern, die mit den marktwirtschaftlichen Reformen,

Abb. 28: CD-Cover „Peking Rock", *Sound Sound Music Publishing Co., Ltd.*, 1994. Sammlung Opletal

dem Abriss alter Stadtviertel, mit der Privatisierung und den gestiegenen Preisen nicht mehr mitkommen, empfinden Mao als Symbol einer guten alten Zeit, auch wenn es diese kaum wirklich gegeben hat.

Auch für mich ist Mao längst entzaubert. In den 80er Jahren wurden Millionen Opfer politischer Verfolgungen zumindest auf dem Papier rehabilitiert. Ihre Geschichten fördern Erschreckendes zutage. Erstmals wagen es einige Akademiker, auch über die Terrorherrschaft gleich nach 1949 zu sprechen, als Millionen, die sich nicht freiwillig der Revolution angeschlossen hatten, in Straflager wanderten oder nach Schauprozessen erschossen wurden. Und man redet auch über die Kampagnen gegen Intellektuelle und Kulturschaffende in den 50er Jahren, über den *Großen Sprung nach vorn,* mit dem Mao sein China in einer Massenkampagne zur Wirtschaftsweltmacht aufputschen wollte, wobei er es in Wirklichkeit aber in die größte Hungersnot aller Zeiten mit bis zu 20 Millionen Toten trieb.

Die Jungen in China wissen nur mehr wenig davon. In den Schulen und großen chinesischen Medien werden die Kehrseiten der Mao-Ära kaum vermittelt. Die Generation, die nach der *Kulturrevolution* aufgewachsen ist, macht Mao sogar zu ihrem Popidol, in Diskotheken tanzt sie zu Rockversionen alter Revolutionslieder *(Abb. 28).* Seit der Mitte der Neunzigerjahre macht sich in China eine eigenartige Nostalgie breit, die angesichts der Millionen Opfer politischer Verfolgung manchmal auch ziemlich geschmacklos wirkt. Gaststätten und Bars werden mit Plakaten und Symbolen der Mao-Jahre dekoriert, in einem Themenrestaurant

Abb. 29: Werbung für Hochzeiten nach Tradition der *Roten Garden* im Pekinger Themenrestaurant „Rote Klassiker". Foto: Helmut Opletal, 2010

Abb. 30 und 31: Themenrestaurant „Rote Klassiker" *(Hongse Jingdian)* in Peking. Etwa ab 1993 (Maos 100. Geburtstag) entstanden in Peking und anderen Städten Nostalgie-Restaurants, die mit Parolen und Objekten aus der *Kulturrevolution* dekoriert sind. Das Personal trägt Rotgardisten-Kleidung, aus Lautsprechern tönen revolutionäre Lieder. Ehemalige Rotgardisten, aufs Land verschickte Jugendliche und Anhänger des klassischen Maoismus treffen sich gerne in solchen Lokalen, um Gedenkfeiern abzuhalten oder die Bräuche der *Roten Garden* zu pflegen. Foto: Helmut Opletal, 2010 in Peking *(Abb. 30 und 31)* schwenken die Gäste rote Fähnchen zu Mao-Hymnen, und junge Paare können sich nach dem Ritus der *Kulturrevolution* in Rotgardisten-Uniform trauen lassen *(Abb. 29)*.

Mao ist jedenfalls der Welt der Lebenden entrückt, findet sich nun im großen chinesischen Pantheon wieder. Chinesische Gottheiten sind bekanntlich sowohl gut als auch böse, sie können zürnen oder milde gestimmt sein. In jedem Fall zeigt man Ehrfurcht vor ihnen.

In Maos Geburtsort Shaoshan wird den Besuchern, die jeden Tag an die Kindheitsstätten des *Großen Lehrers* pilgern, ein ganzes Sortiment neuen Mao-Kitsches angeboten: Mao als Krawattennadel, als Springmesser *(Abb. 32 a und b)*, als Taschenuhr *(Abb. 37)*, als Kugelschreiber oder Schnapsglas *(Abb. 33)*. Entfernte Verwandte Maos kredenzen in den Touristengaststätten seine Lieblingsspeisen, *Rot gedünstetes Schweinefleisch* etwa, oder einen Mao-Schnaps *(Abb. 34)*. Nicht nur China hat sich dem Kapitalismus – pardon: der *sozialistischen Marktwirtschaft* – verschrieben, auch Mao ist endgültig zur Handelsware geworden.

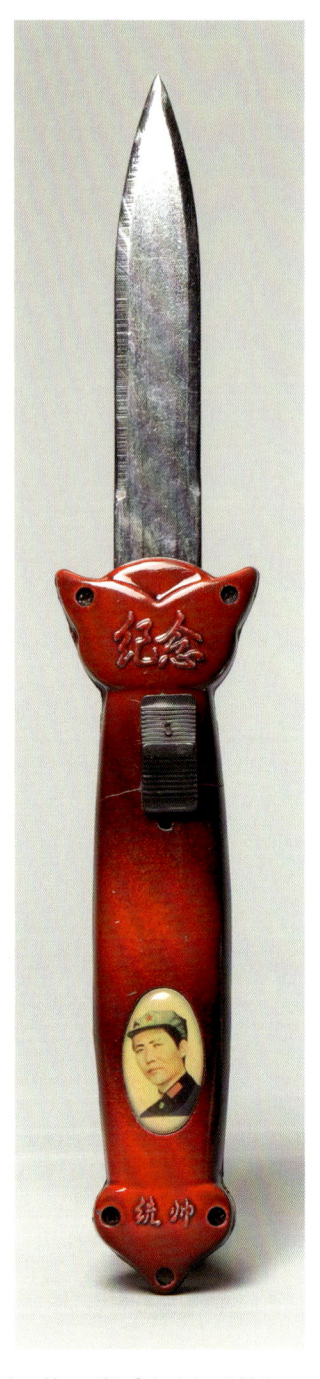

Abb. 32 a und b: Springmesser (L. 28 cm) zu Maos 101. Geburtstag (1994) aus Shaoshan, Marke „Großer Retter" – ein Attribut, das in der Hymne *Der Osten ist rot* für Mao benutzt wird. Aufschrift unten am Griff: „Im Gedenken an den Kommandanten". Museum für Völkerkunde Wien, Inv.-Nr. 183.322

Abb. 33: Glas für Reisschnaps mit Plastikdeckel (H. 10 cm). Aufschrift „Andenken an den 100. Geburtstag des Genossen Mao Zedong", erworben 1995 in Shaoshan. Museum für Völkerkunde Wien, Inv.-Nr. 183.316

Abb. 34: 50-prozentiger Getreideschnaps des „Herrn Mao" (Warenmarke), 118 ml-Flasche mit Verpackung und Geschenktasche, erworben 2010 in Shaoshan. Museum für Völkerkunde Wien

Im Geburtsort des Revolutionsführers ist „Mao" der bei weitem häufigste Familienname. Heute wird Shaoshan jedes Jahr von Millionen chinesischer Touristen besucht, überall gibt es „Mao"-Restaurants, „Mao"-Souvenirshops und „Mao"-Hotels, auch lokale Erzeugnisse werden unter diesem Namen vermarktet.

Abb. 35: Souvenirstand in Shaoshan. Foto: Helmut Opletal, 2010

Abb. 36: Auktionskatalog von *China Guardian* (Oktober 1996) mit Li Kerans berühmtem Bild von Maos Geburtshaus. Sammlung Opletal

Abb. 37: Taschenuhr (Metallgehäuse, ø 5 cm) zu Maos 100. Geburtstag, 1993. Museum für Völkerkunde Wien, Inv.-Nr. 178.681

Ich sehe das auch pragmatisch, denn für meine Mao-Sammlung eröffnen sich neue Möglichkeiten. Auf Flohmärkten und in den Souvenirgeschäften stapeln sich Mao-Abzeichen, kleine rote Bücher, Poster, Porzellanstatuen und andere Erinnerungsstücke aus der *Kulturrevolution (Abb. 38)*. Alles hat inzwischen seinen Preis, denn nicht nur Ausländer, auch Chinesen hat die Sammelwut gepackt. Man sucht nach Abzeichen, Postkarten, Briefmarken, Fahrscheinen oder auch Rationierungskupons mit Mao-Zitaten, Teekannen aus Porzellan mit einem Bildnis des Modellsoldaten Lei Feng oder Keksdosen mit Lin-Biao-Sprüchen. Die seltensten Mao-Briefmarken kosten heute weit über 10.000 Euro, bei einer Auktion im Oktober 1996 geht ein süßlich-kitschiges Bild des Mao-Geburtshauses in Shaoshan, gemalt 1974 von dem berühmten Künstler Li Keran, um 1,5 Millionen *Renminbi* (etwa 200.000 Euro) an einen neureichen chinesischen Geschäftsmann *(Abb. 36)*.

Ich gebe mich eher mit den vielen kleinen Erinnerungsstücken aus dem Alltag zufrieden: einem Handtuch, auf dem „Dem Volke dienen" in Maos Handschrift steht, oder mit einer grünen Schultasche aus Stoff, in die ihr kleiner Besitzer „Der Osten ist rot" eingestickt hat.

1985 und 1997 habe ich in Berlin und Wien gemeinsam mit Freunden schon zwei kleine Ausstellungen organisiert. Bei mir zu Hause war kaum mehr Platz für all die Statuen und Teekannen, Abzeichen und Plakate. Das Interesse des Wiener Völkerkundemuseums an der Sammlung kam daher auch mir sehr gelegen. Und so steht mein ganz persönlicher Mao heute im Museum, dort, wo er hingehört.

Weiterführende Literatur

- Edison, Victoria und James
  2006 *Cultural Revolution. Posters and Memorabilia*. Atglen, PA: Schiffer Publishing.
- Gallice, Guy und Hudelot, Claude
  2009 *Le Mao*. Rodez: Édition du Rouergue.
- Pan, Lynn
  o. D. *Mao Memorabilia. The Man and the Myth*. Hongkong: FormAsia.
- Tie Yuan
  2000 *Wenge yiwu shouzang yu jiage* [Sammeln und Preise von Andenken aus der Kulturrevolution]. Peking: *Hualing Chubanshe* [Hualing-Verlag].

Abb. 38: Laden für Kulturrevolutions-Andenken im Panjiayuan-Markt in Peking.
Foto: Helmut Opletal, 2010

Abb. 39: Teekanne (Porzellan, H. 17 cm), Aufschrift „Lang lebe der Große Lehrer, Große Führer, Große Kommandant und Große Steuermann, der Vorsitzende Mao", um 1968. Museum für Völkerkunde Wien, Inv.-Nr. 183.532 a, b

Abb. 40: Reisschale (Porzellan, ø 12 cm), Maos *Ausgewählte Werke* in vier Bänden, Parole „Die Maozedongideen erstrahlen", um 1968. Museum für Völkerkunde Wien, Inv.-Nr. 178.723

Abb. 41: Reisschale (Porzellan, ø 16 cm), Parole „Die Maozedongideen groß aufrichten", Zijiang (Provinz Hunan), datiert 1968. Museum für Völkerkunde Wien, Inv.-Nr. 183.556

Abb. 42: Reisschale (Porzellan, ø 19 cm), „Die Seefahrt vertraut auf den Steuermann", um 1969. Museum für Völkerkunde Wien, Inv.-Nr. 183.564

Abb. 43: Reisschale (Steinzeug, ø 17 cm), Umschrift „Höchste Weisung: Wir müssen uns um die wichtigen Angelegenheiten des Staates kümmern und die Kulturrevolution bis zum Ende führen", um 1966. Museum für Völkerkunde Wien, Inv.-Nr. 183.562

Abb. 44: Reisschale (Porzellan, ø 16 cm), Parole „Die Seefahrt vertraut auf den Steuermann, die Revolution auf die Maozedongideen", Zijiang (Provinz Hunan), datiert 1969. Museum für Völkerkunde Wien, Inv.-Nr. 183.557

Abb. 45: Kaffeekännchen (Porzellan, H. 11 cm), Aufschrift „Der Osten ist rot", um 1968. Museum für Völkerkunde Wien, Inv.-Nr. 183.553

Abb. 46: Kleiner Teller (Porzellan, ø 10 cm), mit Gewehr, Föhrenzweigen und *Mao-Bibel*, Aufschrift: „Die Revolution anpacken, die Produktion, die Arbeit und die Kriegsvorbereitungen fördern", um 1968. Museum für Völkerkunde Wien, Inv.-Nr. 183.571

Abb. 47: Teekanne im chinesischen Stil (Porzellan, H. 18 cm), „Milizionärin", um 1969. Museum für Völkerkunde Wien, Inv.-Nr. 183.529

Abb. 48: Teetasse (Porzellan, H. 11 cm), mit Mao-Parole „Seid geeint, wachsam, ernsthaft und rastlos", auf dem Deckel „Dem Volke dienen", um 1968. Museum für Völkerkunde Wien, Inv.-Nr. 183.548

Abb. 49: Sojasaucekännchen (Porzellan, H. 11 cm), Mao-Spruch „Gibt es keine Volksarmee, dann gibt es nichts für das Volk", auf dem Deckel „Hart arbeitend nach Erfolg streben", *Xinsheng*-Manufaktur, Liling (Provinz Hunan), datiert 1967. Museum für Völkerkunde Wien, Inv.-Nr. 183.545 a, b

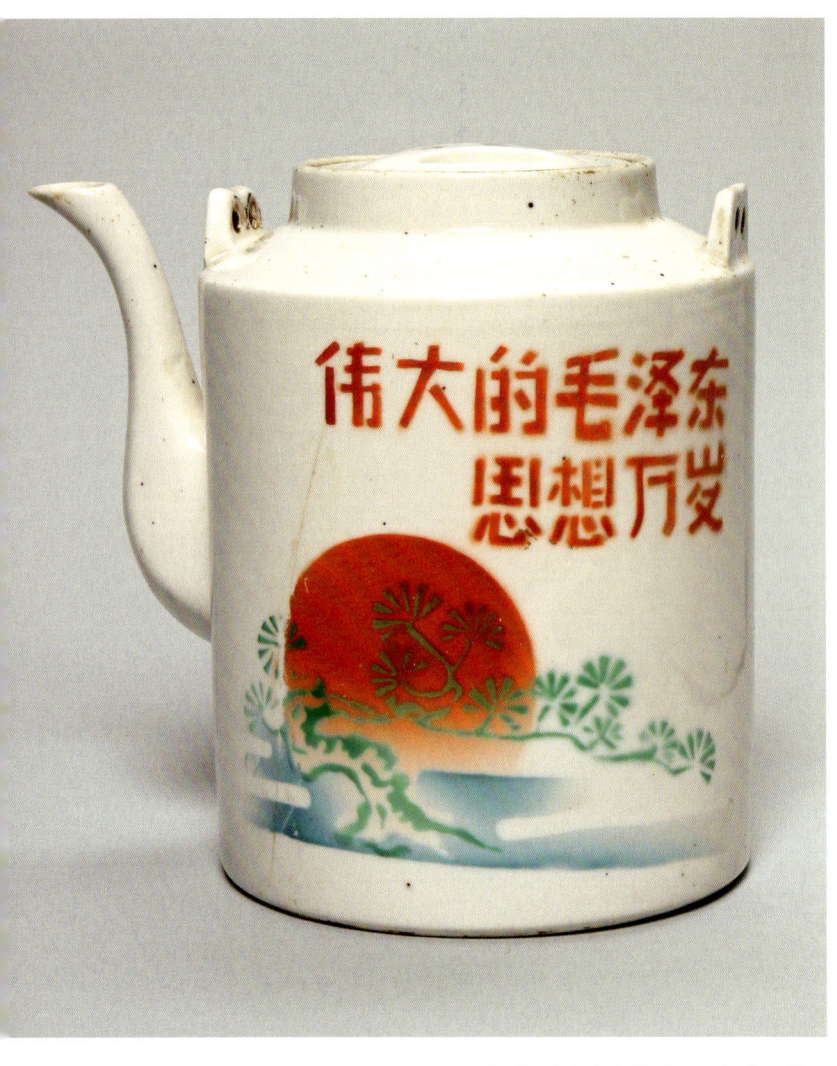

Abb. 50: Teekanne im chinesischen Stil (Porzellan, H. 18 cm), Aufschrift „Den großartigen Maozedongideen ein langes Leben!", um 1969. Museum für Völkerkunde Wien, Inv.-Nr. 183.530 a, b

Abb. 51: Teekanne im chinesischen Stil (Porzellan, H. 18 cm, Metallhenkel), stilisiertes *Tian'anmen*, Aufschrift „Lang lebe der Vorsitzende Mao", um 1969. Museum für Völkerkunde Wien, Inv.-Nr. 183.528 a, b

Abb. 52: Teekanne (Porzellan, H. 11 cm), Mao-Geburtshaus in Shaoshan, auf dem Deckel „Der Osten ist rot", *Lisheng*-Manufaktur, Liling (Provinz Hunan), datiert 1969. Museum für Völkerkunde Wien, Inv.-Nr. 183.539 a, b

Abb. 53: Teekanne (Porzellan, H. 12 cm), Mao-Spruch „Selbst anpacken, um warm gekleidet und gut ernährt zu sein", auf dem Deckel „Dem Volke dienen", *Lisheng*-Manufaktur, Liling (Provinz Hunan), datiert 1967. Museum für Völkerkunde Wien, Inv.-Nr. 183.538 a, b

Abb. 54: Teekanne (Porzellan, H. 11 cm), auf dem Deckel „Dem Volke dienen", *Lisheng*-Manufaktur, Liling (Provinz Hunan), datiert 1968. Museum für Völkerkunde Wien, Inv.-Nr. 183.543 a, b

Abb. 55: Teekanne (Porzellan, H. 12 cm), auf dem Deckel „Dem Volke dienen", *Xinghuo*-Manufaktur, Liling (Provinz Hunan), datiert 1970. Museum für Völkerkunde Wien, Inv.-Nr. 183.541 a, b

Abb. 56: Teekanne (Porzellan, H. 16 cm), auf dem Deckel „Dem Volke dienen", *Guoguang*-Manufaktur, Liling (Provinz Hunan), datiert 1971. Museum für Völkerkunde Wien, Inv.-Nr. 183.535 a, b

Abb. 57: Teekanne (Porzellan, H. 16 cm), auf dem Deckel „Dem Volke dienen", *Guoguang*-Manufaktur, Liling (Provinz Hunan), datiert 1971. Museum für Völkerkunde Wien, Inv.-Nr. 183.533 a, b

Abb. 58: Teekanne (Porzellan, H. 17 cm) mit Darstellungen revolutionärer Stätten und neun Sternen (Symbol für den 9. KP-Parteitag) über Mao-Porträt, 1969. Museum für Völkerkunde Wien, Inv.-Nr. 183.537 a, b

Abb. 59: Teekanne (Porzellan, H. 11 cm), Parole „Die Wachsamkeit erhöhen, das Vaterland verteidigen", auf dem Deckel „Dem Volke dienen", *Xinghuo*-Manufaktur, Liling (Provinz Hunan), datiert 1971. Museum für Völkerkunde Wien, Inv.-Nr. 183.540 a, b

1972

10

SUN / SO	1	15	29
MON / MO	2	16	30
TUE / DI	3	17	31
WED / MI	4	18	
THU / DO	5	19	
FRI / FR	6	20	
SAT / SA	7	21	
SUN / SO	8	22	
MON / MO	9	23	
TUE / DI	10	24	
WED / MI	11	25	
THU / DO	12	26	
FRI / FR	13	27	
SAT / SA	14	28	

National Day celebrations

Festlichkeiten am Nationalfeiertag

SUSANNE WEIGELIN-SCHWIEDRZIK

EINE REVOLUTION FRISST IHRE IDEALE

Die *Kulturrevolution* gehört zu den wichtigsten Ereignissen in der chinesischen Geschichte seit 1949. Auch wenn über sie bis heute in der chinesischen Gesellschaft wenig gesprochen wird, ist sie im Gedächtnis der Menschen doch tief verankert. Viele politische Entscheidungen werden eingedenk der Erinnerung an die in China heute meist „Zehn Jahre des Chaos" genannte Periode gefällt. Die überlebenden Opfer der *Kulturrevolution* fürchten, dass die damals üblichen Formen der politischen Auseinandersetzung wieder aufleben könnten; die Täter von damals schlagen sich mit einem schlechten Gewissen herum, versuchen sich unter die Opfer zu mischen und konsumieren, um zu vergessen. Die nachgeborene Generation wird in Unwissenheit gehalten. Wenn sie sich überhaupt für dieses Ereignis interessiert, dann neigt sie eher dazu, die *Kulturrevolution* zu verklären als der grausamen Realität einer Massenbewegung ins Gesicht zu schauen, die, von Idealismus und Zynismus geprägt, die Menschen dazu verleitete, ihre Träume mit Terror zugleich umzusetzen und zu vernichten.

Die *Kulturrevolution* hat mehrere Millionen Menschen in den Tod getrieben. Bis heute ist es nicht möglich, dieser Opfer öffentlich in Respekt und Empathie zu gedenken. Obwohl nach dem Ende der *Kulturrevolution* innerhalb der politischen Elite jene obsiegten, die zu Beginn von Mao Zedong und seiner Gefolgschaft zu Feinden erklärt worden waren, hat die *Kommunistische Partei Chinas* bisher davon abgesehen, Täter und Opfer dieser Bewegung zu benennen. Aus Angst vor erneut aufkeimenden Fraktionskämpfen und um die eigenen Nachkommen zu schützen, die als Rotgardisten Verbrechen begangen hatten oder zumindest indirekt an diesen beteiligt waren, hat das *Zentralkomitee* der *KPCh* zwar im Jahr 1981 eine Resolution verabschiedet, in welcher die *Kulturrevolution* kritisiert wurde, sie hat sich jedoch nie offiziell zum Terror der *Kulturrevolution* geäußert. Im Gegenteil: Die politische Führung der Volksrepublik China ist sich mit einer Mehrheit der Bevölkerung darüber einig, dass dieses dunkle Kapitel der Geschichte möglichst wenig thematisiert werden sollte.

Abb. 60: Wandkalender für Kunden des *Verlags für fremdsprachige Literatur*, Peking. Museum für Völkerkunde Wien, Inv.-Nr. 183.588

Nach heute in der Volksrepublik China üblicher Periodisierung dauerte die *Kulturrevolution* zehn Jahre. Sie begann im Frühsommer 1966 und endete mit dem Sturz der sogenannten *Viererbande* um die Mao-Witwe Jiang Qing im Oktober 1976. Eine allseits akzeptierte Darstellung und Interpretation der Ereignisse gibt es bis heute nicht. Konsens besteht allerdings darüber, dass die *Kulturrevolution* im Mai 1966 mit einem formellen Beschluss der Parteiführung, die der Auffassung Mao Zedongs folgte, in Gang gesetzt wurde. Sie schien zunächst dem Muster der Massenkampagnen zu folgen, derer sich die *KPCh* seit den 40er Jahren immer wieder bedient hatte, um den Parteimitgliedern und der Bevölkerung den Eindruck zu vermitteln, am politischen Prozess partizipieren zu können.

Allerdings zeigte sich bald, dass Mao nicht nur, wie anfänglich angenommen, die intellektuelle Elite des Landes erneut in ihre Schranken verweisen wollte. Es ging ihm vielmehr darum, die Parteistrukturen auf allen Ebenen zu zerschlagen und einer neuen Generation die Machtübernahme zu ermöglichen. Im Gegensatz zur Massenkampagne, in welcher stets die Partei das Konzept vorgab, entwickelte sich nun eine Bewegung, in der vor allem die Mitglieder der jüngeren Generation die Möglichkeit erhielten, gesellschaftliche Konflikte nach selbst festgelegten und für viele undurchschaubaren Regeln auszutragen.

Die *Kulturrevolution* als Massenbewegung dauerte jedoch nur zwei Jahre. Getragen wurde sie zunächst von Schülern und Studenten, die sich in Peking *Rote Garden* nannten und „Revolution" von einer privilegierten gesellschaftlichen Stellung aus machten. Ihnen ging es darum, die Reinheit des revolutionären Gedankens gegen die Realität einer Lebensweise zu verteidigen, welche die Revolution als Ursprung des Staatswesens der Volksrepublik China schon längst nicht mehr erkennen ließ. Zunächst richteten sie die Angriffe gegen Intellektuelle, wenig später aber schon gerieten Kader auf allen Ebenen der Partei ins Visier.

In diese Phase gehört die Entmachtung des damaligen Staatspräsidenten Liu Shaoqi und des späteren Reformpolitikers Deng Xiaoping sowie einer großen Zahl mehr oder weniger prominenter Parteifunktionäre. Indem Mao und die „Gruppe Kulturrevolution", welche anstelle des *Zentralkomitees* die Führung im Lande übernommen hatte, die Massen gegen die Partei lenkten, sahen sich die Rotgardisten

Abb. 61: Wandzeitungen an der *Peking-Universität* attackieren den Parteisekretär Lu Ping und andere Hochschulfunktionäre, Mai/Juni 1966. Nach Yang 1995: 138

Abb. 62: Fraktionskämpfe in einer Dieselmotorenfabrik in Shanghai, August 1967. Nach Yang 1995: 299

der ersten Stunde gezwungen, entweder gegen die eigenen Eltern vorzugehen oder sich aus dem Geschehen zurückzuziehen. In dieser Situation traten nun solche Jugendliche auf den Plan, die bis dahin von der Teilnahme an der Massenbewegung weitgehend ausgeschlossen gewesen waren, weil ihre Eltern nicht zu den Revolutionären der ersten Stunde gehörten. Die Auseinandersetzung innerhalb der Parteiführung wurde von ihnen als Stellvertreterkrieg der unterschiedlichen Rotgardisten-Organisationen geführt. Dementsprechend haben die ersten beiden Jahre viele Todesopfer gefordert.

Bereits ab Mitte 1967 wurde versucht, dem entstandenen Chaos Einhalt zu gebieten. Die Armee, zunächst am Rande der *Kulturrevolution* stehend, griff zum Teil unter Anwendung von Gewalt und mit erneuten Todesopfern in das Geschehen ein. Dennoch brauchte die Partei zu ihrer Regeneration acht weitere Jahre, obwohl der *Neunte Parteitag* im Jahr 1969 bereits das Ende der *Kulturrevolution* deklarierte. Zunächst wurden die politisierten Jugendlichen aus der Stadt zu körperlicher Arbeit aufs Land geschickt, mit der Perspektive, den Rest ihres Lebens dort verbringen zu müssen. Die neu entstandenen „Revolutionskomitees" versuchten, die Massenbewegung wieder in eine Massenkampagne unter ihrer Führung zurückzuführen. Dabei hielt die umfassende Politisierung der Bevölkerung an, sie gab den mobilisierten „Massen" jedoch nicht mehr die Freiheiten, welche sich die Rotgardisten der ersten Stunde genommen hatten.

Von der Zensur unbeaufsichtigte Zeitschriften und Wandzeitungen, wie es sie in den ersten Monaten nach Ausbruch der *Kulturrevolution* gegeben hatte, waren nicht mehr er-

Abb. 63: Schallplatten-Cover mit Liedern zur Verehrung Maos. Das Foto zeigt Mao Zedong bei einem Massenaufmarsch auf dem Tian'anmen-Platz. *China Record Company*, um 1972. Sammlung Opletal

Abb. 64: Ein zerstörter Stadtteil in Luzhou (Provinz Sichuan), Sommer 1968. Nach Yang 1995: 284–285

Abb. 65: Die Absturzstelle des Flugzeugs mit Lin Biao und seiner Familie an Bord bei Ondurhan (Mongolische Volksrepublik), September 1971. Nach Yang 1995: 430

laubt. Die öffentliche Demütigung und Drangsalierung von Menschen, die den Hass der Mehrheit auf sich gezogen hatten, machten wieder der gelenkten Maßregelung nach zuvor festgelegtem Masterplan Platz. Die meisten Intellektuellen und Kader, welche von den Rotgardisten zu Beginn der *Kulturrevolution* in die „Kuhställe" genannten Gefängnisse geschickt worden waren, wurden nach und nach freigelassen und nur noch zeitweilig in die so genannten *7. Mai-Kaderschulen* und damit in ländliche Gebiete versetzt. Zu Beginn der 70er Jahre wurden die Universitäten wieder geöffnet und „Studierende aus den Reihen der Arbeiter, Bauern und Soldaten" zugelassen.

In diese Phase der Regeneration fallen zwei Machtkämpfe in den höchsten Etagen der Partei. Nachdem der frühere Staatspräsident und stellvertretende Parteivorsitzende Liu Shaoqi 1968 all seiner Ämter enthoben worden war, rückte Verteidigungsminister Lin Biao in seine Position als Stellvertreter Maos nach. Der *Neunte Parteitag* kürte ihn zum designierten Nachfolger Mao Zedongs, dieser bot ihm an, auch Präsident der Volksrepublik zu werden, doch aus diesen Plänen wurde nichts. Lin Biao und sein Sohn Lin Liguo fielen in Ungnade. Es wurde ihnen vorgeworfen, einen Anschlag auf Mao geplant zu haben. Die Auseinandersetzung endete mit dem Tod der Familie Lin durch einen bis heute ungeklärten Flugzeugabsturz und der Inhaftierung der an diesem angeblichen Staatsstreich beteiligten Armeemitglieder. Aus ihr als Sieger ging die sogenannte *Viererbande* hervor, die aus den damals führenden Parteimitgliedern Jiang Qing, Zhang Chunqiao, Yao Wenyuan und Wang Hongwen bestand. Sie trachtete, sich bei der – durch die Erkrankung Maos immer dringlicher werdenden – Suche nach einem Nachfolger durchzusetzen. 1973 wurde auf dem *Zehnten Parteitag* Wang Hongwen zum Nachfolger Mao Zedongs auserkoren, doch hatten auch andere Kräfte in der Partei die durch den Tod Lin Biaos entstandene Gelegenheit genutzt. An ihrer Spitze stand der damalige Ministerpräsident Zhou Enlai, der sich Mao gegenüber auch während der turbulenten Phase der *Kulturrevolution* stets loyal verhalten hatte und nun die Zeit gekommen sah, die *Kulturrevolution* wirklich zu einem Ende zu bringen. Zhou war wie Mao schwer krank und holte Deng Xiaoping an seine Seite, um seinen Plan der Normalisierung der chinesischen Gesellschaft zu verwirklichen. Er starb im Januar 1976, bevor er noch wissen konnte, wer in dieser Auseinandersetzung obsiegen würde. Erst nach dem Tod Mao Zedongs im September 1976 setzte die politische Elite zu einem erneuten Machtkampf an, aus dem die so genannte *Viererbande* als Verlierer hervorging.

Die Komplexität des Phänomens *Kulturrevolution* ergibt sich aus dem Nebeneinander von Machtkämpfen in der politischen Elite des Landes und einer Massenbewegung, die einerseits von Mao Zedong ins Leben gerufen worden war, andererseits jedoch auch eine Eigendynamik entwickelte, der schwer Einhalt zu gebieten war. Chinesische Intellektuelle, die oft selbst in dieser Zeit aktiv waren und heute vom Exil aus publizieren, sprechen inzwischen von einer Parallelität zweier „Revolutionen".

An der Spitze von Partei und Staat habe Mao versucht, seine Gegner auszuschalten. Dazu habe er die Mobilisierung der Massen gebraucht, um die Machtstrukturen der Partei auszuhebeln. Die Massen wiederum hätten sich im Sinne

Abb. 66: Gesticktes Bild auf Baumwollstoff (ca. 200 x 300 cm) mit Darstellung Maos, seiner Gattin Jiang Qing und anderer Spitzenpolitiker. Aufschrift „Lang lebe die Große Proletarische Kulturrevolution. Kampftrupp Rote Fahne. August 1967". Sammlung Thomas Lösch, Wien

Mao Zedongs mobilisieren lassen, dabei jedoch andere als die von Mao intendierten Ziele verfolgt. Sie wollten ihren Unmut über die Bürokratisierung des Systems und den Verrat an den egalitären Idealen der Revolution zum Ausdruck bringen. Eine Zeitlang hätten sich Maos Interessen und die der Bevölkerung zusammenführen lassen, denn die Gegner, die Mao ausschalten wollte, waren genau die Bürokraten, welche den Unmut der „Massen" erregt hatten. Dabei wären manche so weit gegangen, die von Mao bewusst hergestellte Instabilität zu nutzen, um den Sturz des Regimes herbeizuführen. Mao wiederum habe dies bemerkt und die „Revolution der Massen" unmöglich gemacht.

Der von vielen Überlebenden bis heute als fast unerklärbar dargestellte Verrat Mao Zedongs an den Zielen der *Kulturrevolution,* der sich mit dem Eingreifen der Armee und der Unterdrückung der Massenbewegung verbindet, erhält in dieser Interpretation eine plausible Erklärung: Im Prinzip beruhte die Einheit von Führer und Massen auf einem doppelten Missverständnis. Mao überschätzte das Interesse der Massen an einer Aufrechterhaltung der sozialistischen Ordnung; die Massen überschätzten Maos Interesse an einer Entmachtung der Bürokratie. Nachdem sich dieses Missverständnis offenbart hatte, konnte Mao sich nur noch auf das Militär stützen, um seine Ziele zu erreichen. Die Jugend-

Abb. 67: Schülerinnen rezitieren aus dem *Kleinen Roten Buch*. Mao trägt auf dem Bild die Armschleife der *Roten Garden* (nach einem Kalender der *China National Textiles Import & Export Corp.*, Februar 1968). Museum für Völkerkunde Wien, Inv.-Nr. 148.478

lichen schickte er auf das Land, um Unruhepotential aus den Städten zu entfernen.

Der Mao-Kult, der die *Kulturrevolution* kennzeichnet, kann gleichfalls nach diesem Doppelmuster erklärt werden. Zum einen war er das einzige Mittel, das Mao einsetzen konnte, um in Zeiten, da die Parteistrukturen gelähmt waren, den Zusammenhalt des Landes und die Entstehung alternativer Machtzentren zu verhindern. Dabei vermochte Mao Zedong die Hingabe an den Führer auch in dem Sinne einzufordern, dass seine Anhängerschaft die Verwirklichung von Eigeninteressen unter dem Deckmantel ihrer Loyalität zu Mao verstecken konnte.

Die jungen Rotgardisten, die sich mit aller Macht gegen die „akademischen Autoritäten" und ihre Lehrer stellten, taten dies auch, um ihren Anspruch auf Kooptation in die Elite von Partei und Staat anmelden zu können; die Arbeiter, die in Shanghai auf die Barrikaden gingen, trugen Konflikte aus zwischen jenen, die das Privileg der „eisernen Reisschüssel" (der umfassenden staatlichen Fürsorge im Zusammenhang mit einem fixen Arbeitsplatz) genießen konnten und jenen, die nur kurzzeitige Verträge hatten und mit den anderen gleichgestellt werden wollten; auf dem Land nutzten die Clans in den Dörfern die Gunst der Stunde und versuchten, sich neu zu formieren. Dabei zeigte sich, dass das politische

Abb. 68 a und b: 1958 beteiligten sich Mao und der Pekinger Bürgermeister Peng Zhen gemeinsam am Bau eines Staudamms. In der *Kulturrevolution* fiel Peng in Ungnade, in *China im Bild* vom November 1976 fehlte Peng auf dem Foto (rechts). Nach *Ups and Downs of Red Empire*. 1977. Hongkong: The Continent Press

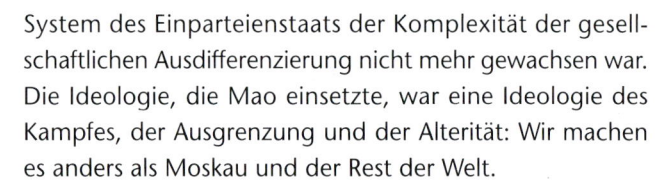

In den politischen Auseinandersetzungen der *Kulturrevolution* wurden die Namen und Porträts von entmachteten Politikern oft unkenntlich gemacht. Auf Kritikplakaten schrieb man ihre Namen gelegentlich auch mit liegenden oder kopfstehenden Schriftzeichen, aus Fotos wurden die Darstellungen verfemter Personen einfach wegretuschiert.

System des Einparteienstaats der Komplexität der gesellschaftlichen Ausdifferenzierung nicht mehr gewachsen war. Die Ideologie, die Mao einsetzte, war eine Ideologie des Kampfes, der Ausgrenzung und der Alterität: Wir machen es anders als Moskau und der Rest der Welt.

Zum anderen entsprach der Mao-Kult dem Bedürfnis der durch die revolutionären Ereignisse zutiefst verunsicherten Bevölkerung. In einer Situation, da keiner wusste, ob er nicht als nächstes der Konterrevolution bezichtigt würde, fungierte Mao als Tröster, Heiler und Symbol der möglichen Gerechtigkeit. Die vollkommene Unvorhersehbarkeit der Zukunft, das Gefühl einer unbezwingbaren Kontingenz und die Willkür, die allenthalben herrschte, konnten nur gebändigt werden durch jene immer wieder eingeforderte und zur Schau gestellte Loyalität gegenüber dem Großen Vorsitzenden, der man durch Ansteckenadeln, ritualisierte Lektüre aus dem *Kleinen Roten Buch,* aber auch durch Ausgrenzung Andersdenkender bis hin zur Anwendung von Gewalt Ausdruck verlieh.

Schließlich verweist der Mao-Kult auch auf ein Problem, das in der westlichen Debatte über die *Kulturrevolution* oftmals unterschätzt wird. Es handelt sich hierbei um die Bestimmung des Nachfolgers für den charismatischen Führer, der so hoch über Partei, Staat und Volk stand, dass es kein

Abb. 69: Mao Zedong am 27. Mai 1976, wenige Monate vor seinem Tod. *Renmin Huabao* [Volksillustrierte], Nr. 8, 1976. Nach *Ups and Downs of Red Empire*. 1977. Hongkong: The Continent Press

Abb. 70: *Mao-Bibel* und Propagandabildchen, auf denen das Gesicht des Mao-Stellvertreters Lin Biao nach dessen Entmachtung im September 1971 durchgestrichen wurde. Museum für Völkerkunde Wien, Inv.-Nr. 183.206

Mitglied der Führungselite hätte wagen können, seine Nachfolge anzutreten. Mao Zedong war sich dieses Problems und der Tatsache, dass es innerhalb des politischen Systems keine unanfechtbare Prozedur der Nachfolgebestimmung gab, sehr früh bewusst. Die Ereignisse in der Sowjetunion nach dem Tod Stalins, die Mao stets mit kritischem Blick beobachtete, hatten ihn dies gelehrt. Im Prinzip erdachte er eine Methode, die in der Tradition der politischen Kultur in China verwurzelt war, nur dass diese unter den Bedingungen einer künstlich erzeugten revolutionären Situation zur Anwendung kam: Er wollte, wie dies die Kaiser der Vergangenheit getan hatten, seine Autorität an seinen Nachfolger weitergeben, diesen jedoch zuerst in einer krisenhaften Situation auf die Probe stellen. Aus der Krise und deren Überwindung, so seine Auffassung, würde derjenige gestärkt hervorgehen, der am besten geeignet wäre, seine Nachfolge anzutreten. Zugleich würde sein Nachfolger als Überwinder der Krise das nötige Maß an Vertrauen unter der Bevölkerung gewinnen, das der Führer eines so großen Landes brauchte.

Abb. 71: Der ehemalige Verteidigungsminister Peng Dehuai und der frühere Vizeaußenminister Zhang Wentian werden in einer Versammlung vor ca. 100.000 Rotgardisten öffentlich gedemütigt. Peking, 26. Juli 1967. Nach Yang 1995: 177

Peng Dehuai und Zhang Wentian waren die einzigen Spitzenpolitiker, die es auf der *Lushan-Konferenz* 1959 gewagt hatten, Maos Wirtschaftspolitik (den desaströsen *Großen Sprung nach vorn*) zu kritisieren. Sie verloren ihre Ämter, wurden 1967 verhaftet und wiederholt misshandelt. Beide starben an den Spätfolgen der Verletzungen. Erst Ende der 70er Jahre wurden sie posthum rehabilitiert.

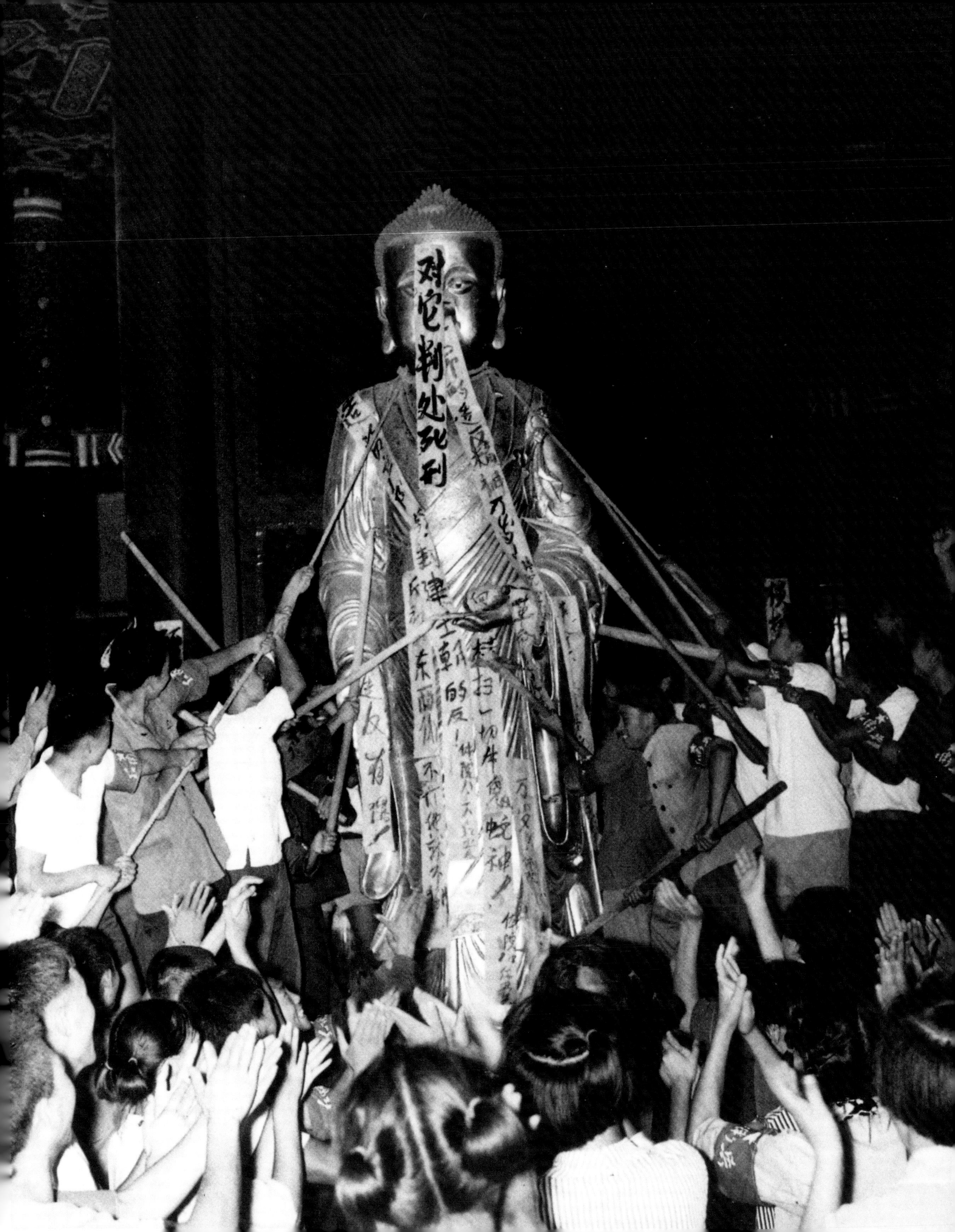
对它判处死刑
造反有理

DIE KULTURREVOLUTION 1966–1976

Mai 1966: Beschluss des Politbüros der KP Chinas über die *Kulturrevolution*, Veröffentlichung der *Direktive vom 16. Mai.* Ausschluss von sieben der zwölf Mitglieder des Ständigen Ausschusses des Politbüros. Die neu gegründete *Gruppe Kulturrevolution* unter der Führung von Mao-Gattin Jiang Qing wird faktisch zur Machtzentrale.

25. Mai 1966: Die Philosophie-Lektorin Nie Yuanzi veröffentlicht an der *Peking-Universität* die „Erste Wandzeitung". Sie attackiert darin die Universitätsführung und erhält die Unterstützung Maos.

29. Mai 1966: Gründung einer *Roten Garde* an der Mittelschule der Pekinger *Qinghua-Universität*. Kritik an „akademischen Autoritäten" und Lehrern im Zuge einer gelenkten Massenkampagne. Schließung von Schulen und Universitäten.

8. August 1966: Einstimmiger ZK-Beschluss über die *Kulturrevolution (16-Punkte-Dokument)*.

5. August 1966: Zum ersten Mal wird eine Lehrerin von Rotgardisten im Zuge einer Kritikkampagne erschlagen. Es folgen 1700 Todesfälle unter Lehrern und Universitätsangehörigen allein in Peking.

18. August 1966: Mao Zedong empfängt *Rote Garden* auf dem Tian'anmen-Platz. An ähnlichen Veranstaltungen nehmen elf Millionen Jugendliche teil.

20. August 1966: Beginn der Kampagne gegen die „Vier Alten". *Rote Garden* zerstören unzählige Kulturgüter.

August/September 1966: Mao ruft zum Kampf gegen die „Machthaber auf dem kapitalistischen Weg" mit Liu Shaoqi und Deng Xiaoping an der Spitze auf. Beginn der Fraktionskämpfe zwischen unterschiedlichen Rotgardisten- und „Rebellen"-Gruppen. Jugendliche reisen durchs Land, um die Idee der *Kulturrevolution* zu verbreiten.

Januar 1967: In Shanghai etabliert sich in Anlehnung an die *Pariser Kommune* ein neue Führung. In vielen Städten übernehmen Kräfte, die die *Kulturrevolution* unterstützen, die Macht. Die *Shanghaier Kommune* wird nach drei Monaten durch ein *Revolutionskomitee* ersetzt.

Juli 1967: Blutiger Höhepunkt der Fraktionskämpfe zwischen Verteidigern der örtlichen politischen Führung und „Rebellen".

August 1967: Die Armee erhält den Auftrag, Fraktionskämpfe zu beenden. Sie greift zum Teil mit Waffengewalt ein.

Juli 1968: Mao Zedong verfügt die Auflösung aller Organisationen der *Roten Garden*.

Oktober 1968: Der 1967 entmachtete Vize-Parteichef Liu Shaoqi wird in Kaifeng (Provinz Henan) unter Hausarrest gestellt. Dort stirbt er 1969. Deng Xiaoping wird nach Xinjian (Provinz Shanxi) verbannt.

Dezember 1968: Beginn der Verschickung von städtischen „gebildeten Jugendlichen" aufs Land. Bis zum Ende der *Kulturrevolution* werden zehn Millionen Menschen umgesiedelt.

April 1969: Der *Neunte Parteitag* der KPCh bestimmt Lin Biao als Nachfolger Maos und erklärt die *Kulturrevolution* für abgeschlossen.

13. September 1971: Lin Biao stirbt bei einem Flugzeugabsturz. Die Gruppe um Jiang Qing, Yao Wenyuan, Zhang Chunqiao und Wang Hongwen (die spätere *Viererbande*) will die Prinzipien der *Kulturrevolution* verteidigen. Unter dem Einfluss des Ministerpräsidenten Zhou Enlai werden erste Opfer der politischen Attacken der *Roten Garden* rehabilitiert.

August 1973: Der *Zehnte Parteitag* beschließt die Wiedereinsetzung Deng Xiaopings und designiert Wang Hongwen zum Nachfolger Maos.

Januar 1975: Zhou Enlai verkündet auf der Tagung des *Nationalen Volkskongresses* das Programm der *Vier Modernisierungen*.

Januar 1976: Hua Guofeng wird nach dem Tod Zhou Enlais Ministerpräsident.

April 1976: Unruhen auf dem Tian'anmen-Platz in Peking. Deng Xiaoping wird dafür verantwortlich gemacht und verliert erneut alle Ämter.

9. September 1976: Tod Mao Zedongs.

7. Oktober 1976: Entmachtung von Maos engsten politischen Mitstreitern, der sogenannten *Viererbande*.

9. Oktober 1976: Hua Guofeng wird Vorsitzender der KPCh und somit Maos Nachfolger.

22. Juli 1977: Rückkehr von Deng Xiaoping in politische Spitzenämter und Beginn einer Politik der „Reform und Öffnung".

Abb. 72: Jugendliche Rotgardisten zerstören eine Buddha-Statue in einem Tempel des kaiserlichen *Sommerpalasts*, 23. August 1966. Auf dem obersten Spruchband steht: „Er wird zum Tod verurteilt". Nach Yang 1995: 143

Abb. 73: Gerahmte Urkunde anlässlich der Entsendung eines Jugendlichen auf das Land, Tianjin 1969. Museum für Völkerkunde Wien, Inv.-Nr. 183.310

Der obere Text in Rot beinhaltet die Worte, mit denen Mao 1969 die Verschickung der Roten Garden in ländliche Gebiete angeordnet hat: „Höchste Weisung: Es ist sehr notwendig, dass die gebildete Jugend aufs Land zieht, um von den armen Bauern und unteren Mittelbauern umerzogen zu werden. Wir müssen die Funktionäre und Menschen in den Städten dazu bringen, dass sie ihre Söhne und Töchter mit Mittelschul- oder Hochschulabschluss aufs Land schicken, dass alle mobilisiert werden. Die Genossen auf dem Land sollen sie überall willkommen heißen." Im Text heißt es weiter: „Genosse Guan Shusen: Du folgst entschlossen dem großartigen Aufruf des Vorsitzenden Mao, auf das Land oder in die Grenzgebiete zu ziehen, dorthin, wo dich der Staat am meisten braucht, um neue Anstrengungen für das Volk zu unternehmen! Stadt Tianjin, Revolutionskomitee des Bezirks Hedong, 30. November 1969".

Die jungen Rotgardisten wussten am schnellsten, worum es Mao ging. Sie hatten sich in der Revolution zu beweisen, mit ein Grund, warum sie nicht vor der Anwendung von Gewalt zurückschreckten. Je revolutionärer sie sich in dieser künstlichen Revolution gebärdeten, umso eher würden sie in die neue Führungselite aufgenommen. Diejenigen, die nicht in dieser Logik zu denken gelernt hatten, dachten, es ginge um etwas anderes: um den Kampf gegen den Revisionismus, der die Ideale der Revolution verriet und den Unterschied zwischen Sozialismus und Kapitalismus verwischte. Auch sie wähnten sich in Übereinstimmung mit Mao, stellte er doch den Kampf gegen den Revisionismus und gegen die schleichende Restauration des Kapitalismus in den Mittelpunkt der ideologischen Debatte.

Mao hat sich in dieser Situation selbst überschätzt. Die Revolution brachte nicht den Nachfolger hervor, die künstliche herbeigeführte Krise gebar nicht den neuen Führer der Nation. Der *Große Vorsitzende* konnte dementsprechend nicht erkennen, wem die Nachfolge anzuvertrauen sei, weshalb er, je älter und kränker er wurde, seiner Umgebung gegenüber umso misstrauischer agierte. Damit verfiel er endgültig in das Muster der Palastintrigen, welche bereits die Zeiten des Übergangs im alten China charakterisierten. Die *Kulturrevolution*, die einmal angetreten war, die „Vier Alten" als Kennzeichen der chinesischen Tradition zu zerstören, führte das Land in eine politische Kultur zurück, die stärker in der Tradition verortet war als je zuvor im 20. Jahrhundert. Zugleich bereitete sie die Grundlage für einen

Modernisierungsschub, der kurz nach ihrem Ende im Jahr 1978 einsetzte und bis heute das Land beherrscht. Das entsprach nicht den Intentionen der von Mao inszenierten Revolution, wurde jedoch, wie wir heute wissen, von großen Teilen der Bevölkerung angenommen.

Weiterführende Literatur
- Chang Jung
  1991 *Wilde Schwäne. Die Geschichte einer Familie. Drei Frauen in China von der Kaiserzeit bis heute.* München: Knaur.
- Esherick, Joseph W.; Pickowicz, Paul G.; Walde, Andrew G. (Hg.)
  2006 *The Chinese cultural revolution as history.* Stanford, CA: Stanford University Press.
- Ken Ling; London, Miriam; Li Taling
  1974 *Maos Kleiner General. Die Geschichte des Rotgardisten Ken Ling.* München: Deutscher Taschenbuch Verlag.
- Law Kam-yee (Hg.)
  2003 *The Chinese Cultural Revolution Reconsidered. Beyond Purge and Holocaust.* New York: Palgrave Macmillan.
- Linhart, Sepp und Weigelin-Schwiedrzik, Susanne (Hg.)
  2006 *Ostasien im 20. Jahrhundert. Geschichte und Gesellschaft.* Wien: Promedia.
- MacFarquhar, Roderick und Schoenhals, Michael
  2006 *Mao's Last Revolution.* Harvard University Press.
- Wang Shaoguang
  1995 *The Failure of Charisma: the Cultural Revolution in Wuhan.* Hongkong und New York: Oxford University Press.
- Yang Kelin (Hg.)
  1995 *Wenhua Da Geming Bowuguan* [Ein Museum der Kulturrevolution] (1 und 2). Hongkong: Dongfang Chubanshe/Oriental Publishing House und Tiandi Tushu Youxian Gongsi/Cosmos Books, Ltd..

Univ.-Prof. Dr. Susanne Weigelin-Schwiedrzik, geb. 1955, Studium der Sinologie, Japanologie und Politologie in Bonn, Peking und Bochum, Dissertation über *Parteigeschichtsschreibung in der VR China.* Studien- und Forschungsaufenthalte u. a. in Berkeley, Kyoto und Hongkong. Universitätsprofessorin für Sinologie in Heidelberg und seit 2002 in Wien.

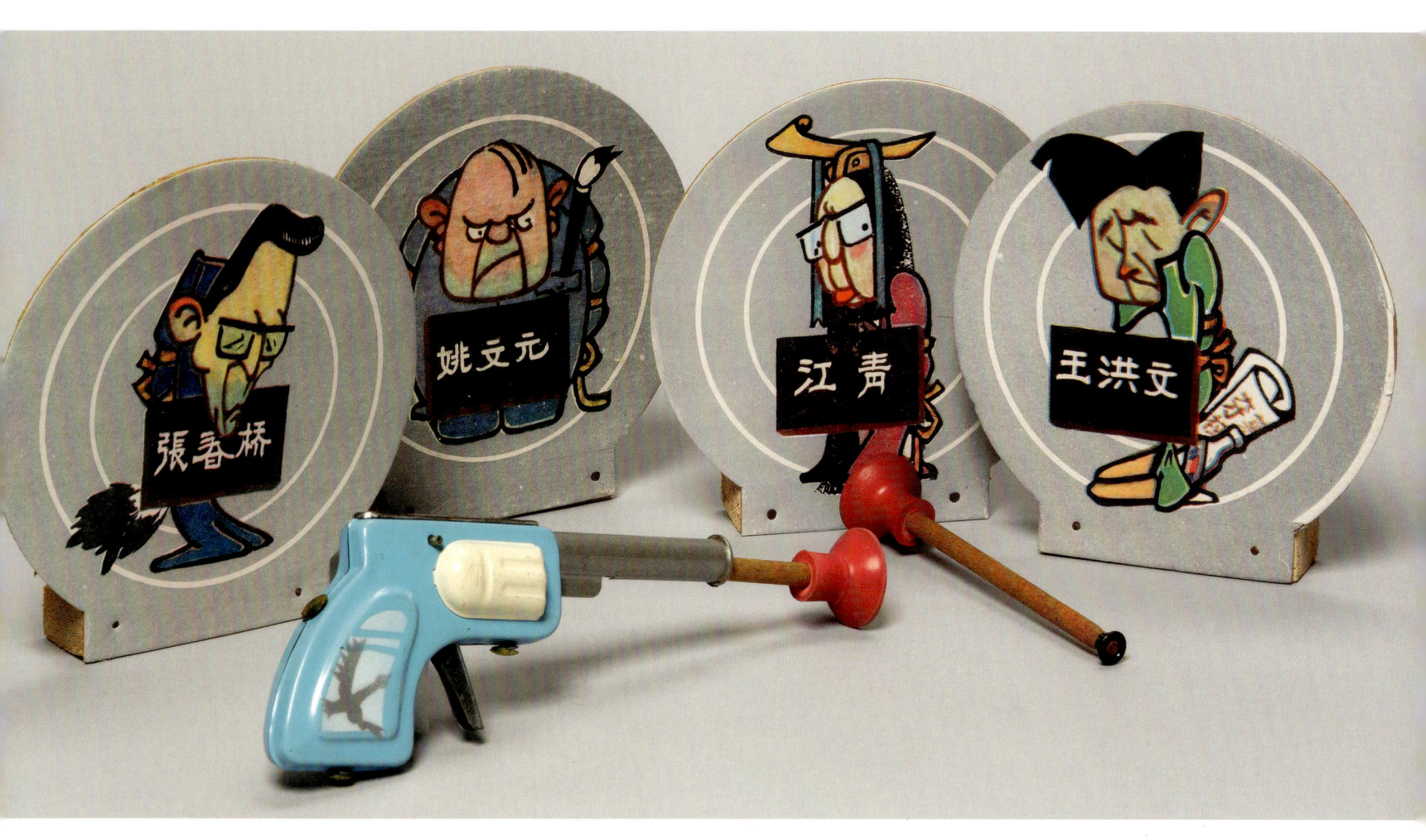

Abb. 74: „Viererbande-Spiel". Zielscheiben aus Pappkarton (H. 13 cm) mit Karikaturen der entmachteten Politbüromitglieder Zhang Chunqiao, Yao Wenyuan, Jiang Qing und Wang Hongwen. Spielzeugpistole mit zwei Saugnapf-„Pfeilen". Späte 70er Jahre, erworben 1979 in Nanking. Sammlung Opletal

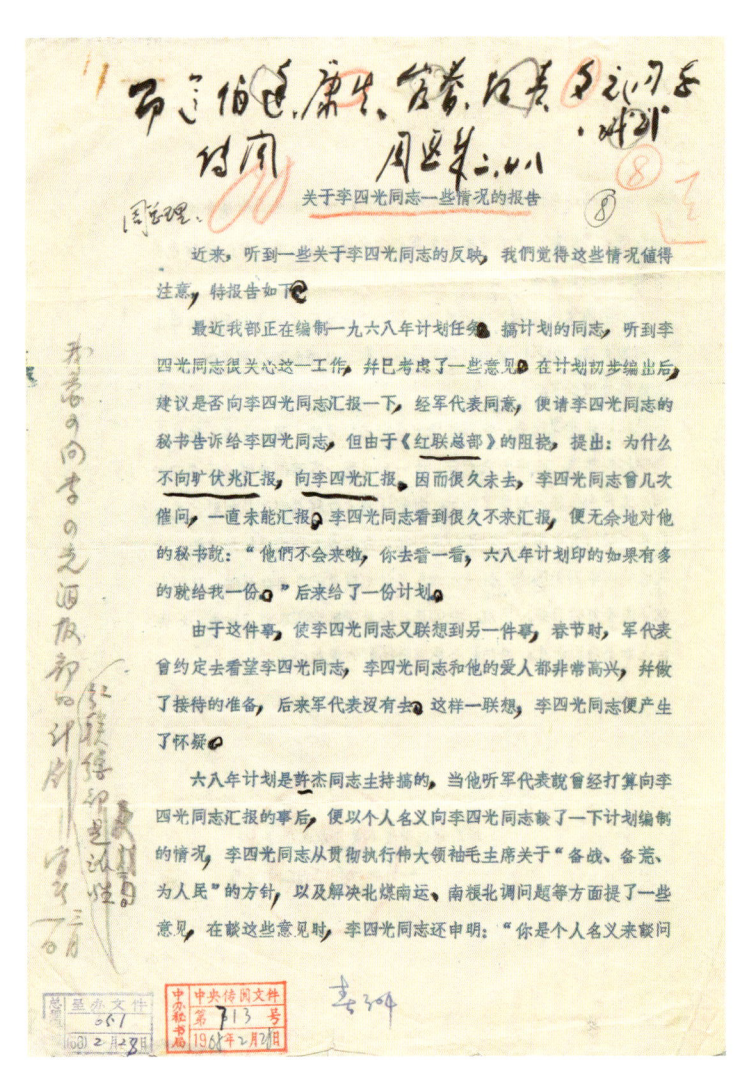

Abb. 75: Bericht an Ministerpräsident Zhou Enlai über den bekannten Wissenschafter und Geologieminister Li Siguang (1889–1971), mit handschriftlichen Anmerkungen von Zhou (oben) und Li Fuchun (Vizepremier, Leiter der staatlichen Planungskommission, links unten). 1968. Privatbesitz

In dem Schreiben einer Rotgardisten-Organisation an Zhou Enlai wird über Meinungsverschiedenheiten zwischen dem Geologieminister und dem Armeebeauftragten im Ministerium berichtet. Eine (mit dem Armeevertreter verbündete) andere Gruppe *Roter Garden* würde verhindern, dass der Minister seinen Planungsentwurf übermitteln könne. Zhou Enlai äußert sich nicht zu dem heiklen Disput, sondern leitet den Brief an Mitglieder der „Gruppe Kulturrevolution", darunter auch Mao-Gattin Jiang Qing, weiter. Diese nehmen das Dokument zur Kenntnis, indem sie es durch kleine Kreise um ihre Namen abzeichnen (ganz oben). Unten finden sich Stempel des ZK-Sekretariats und des Büros des Ministerpräsidenten vom Februar 1968.

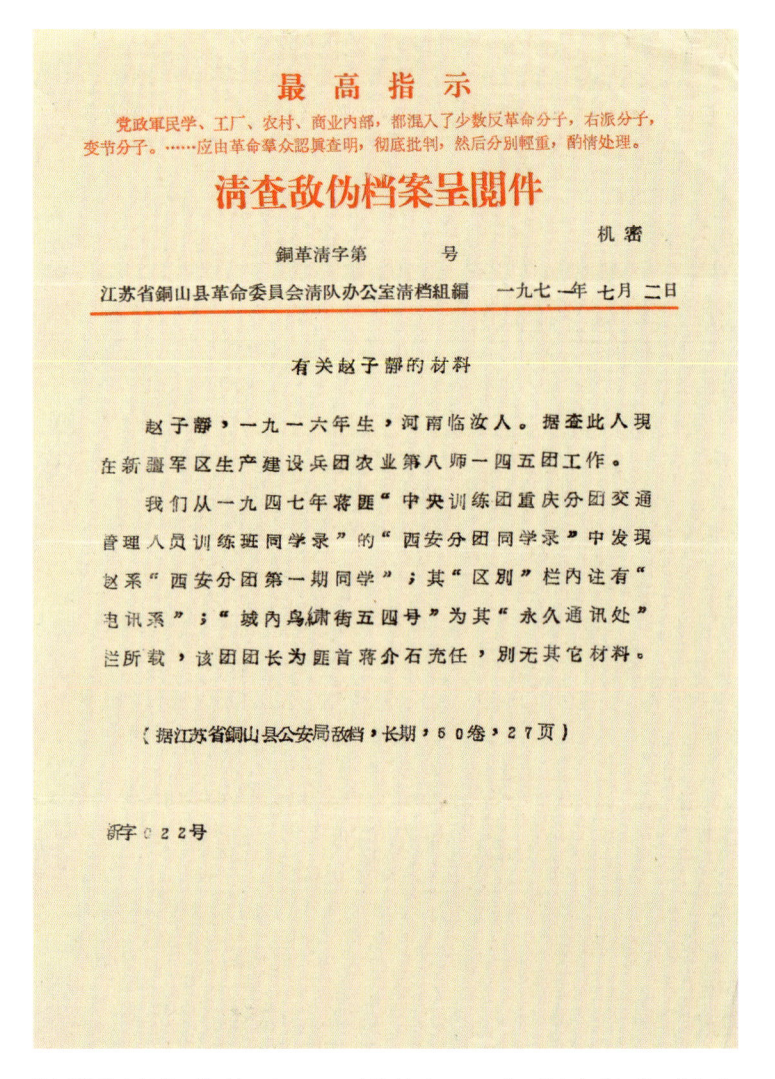

Abb. 76: Bericht über Nachforschungen nach Verbindungen zu den „Feinden" (nationalistische Regierung unter Tschiang Kaischek) und „Marionetten" (von den Japanern eingesetzte Verwaltung), Juli 1971. Sammlung Opletal

Ein Angehöriger der paramilitärischen Produktions- und Aufbaubrigade in Xinjiang, Zhao Zijing, wird beschuldigt, 1947 in einem Institut der „Tschiang-Banditen" in Verkehrsverwaltung ausgebildet worden zu sein. Solche Nachforschungen nach einer „politisch belasteten" Vergangenheit wurden damals millionenfach durchgeführt, den Betroffenen drohten schwere Konsequenzen, wie auch das oben stehende Mao-Zitat nahelegt: „*In Partei, Regierung und Armee, in der Verwaltung und in Schulen, in Fabriken, Dörfern und im Handel hat sich eine kleine Zahl von Konterrevolutionären, rechten Elementen und Wendehälsen eingeschlichen. […] Sie müssen von den revolutionären Massen gründlich ausgeforscht, umfassend kritisiert und je nach Schwere des Falls bestraft werden.*"

Abb. 77: Sparbuch der „Chinesischen Volksbank" aus der Provinz Henan, mit Mao-Zitat „Die den Kern bildende Kraft unseres Volkes ist die Kommunistische Partei Chinas, ohne sie könnte die Sache des Sozialismus nicht siegreich sein", 1976. Museum für Völkerkunde Wien, Inv.-Nr. 183.683

Abb. 78: Gebrauchsanleitung für ein Transistorradio der Marke *Sonnenblume*, der Name „Lin Biao" wurde unkenntlich gemacht, um 1969. Museum für Völkerkunde Wien, Inv.-Nr. 183.697

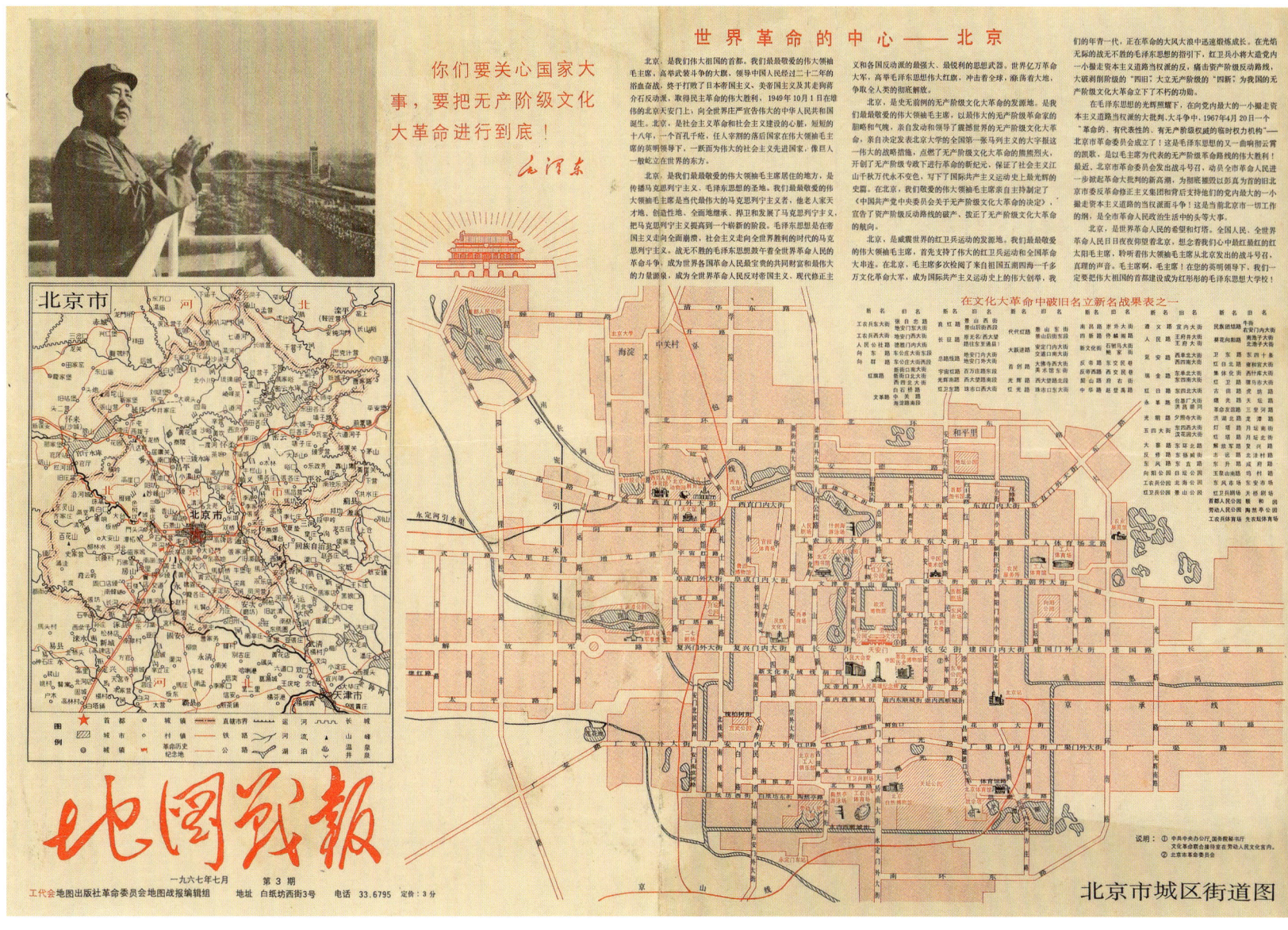

Abb. 79: Straßenplan von Peking als „Nummer 3" der „Kartographie-Kampfzeitung" (Juli 1967). Museum für Völkerkunde Wien, Inv.-Nr. 183.708

In der Einleitung wird Peking als „Zentrum der Weltrevolution" bezeichnet. Darunter steht eine Liste der in der Kulturrevolution umbenannten Straßen. So wurde z. B. die Hauptstraße des kaiserlichen Gesandtschaftsviertels in *Straße des Antiimperialismus* umbenannt, die Straße, in der sich die sowjetische Botschaft befand, in *Straße des Antirevisionismus*.

Abb. 80: Propagandaschild für Fahrräder (Metall, 8 x 13 cm) mit Mao-Spruch „Das gesellschaftliche Sein der Menschen bestimmt ihr Denken. Sobald die richtigen Ideen, die die fortschrittliche Klasse repräsentieren, von den Massen beherrscht werden, werden sie zur materiellen Gewalt, welche die Gesellschaft und die Welt umgestaltet", um 1967. Museum für Völkerkunde Wien, Inv.-Nr. 183.414

Abb. 81: Fahrrad Marke *Phönix* (am weitestem verbreitetes chinesisches Modell der 70er Jahre). *Shanghaier Fahrradfabrik Nr. 3,* erworben 1978 in Guilin (Provinz Guangxi). Privatbesitz Paul Philippe, Annecy

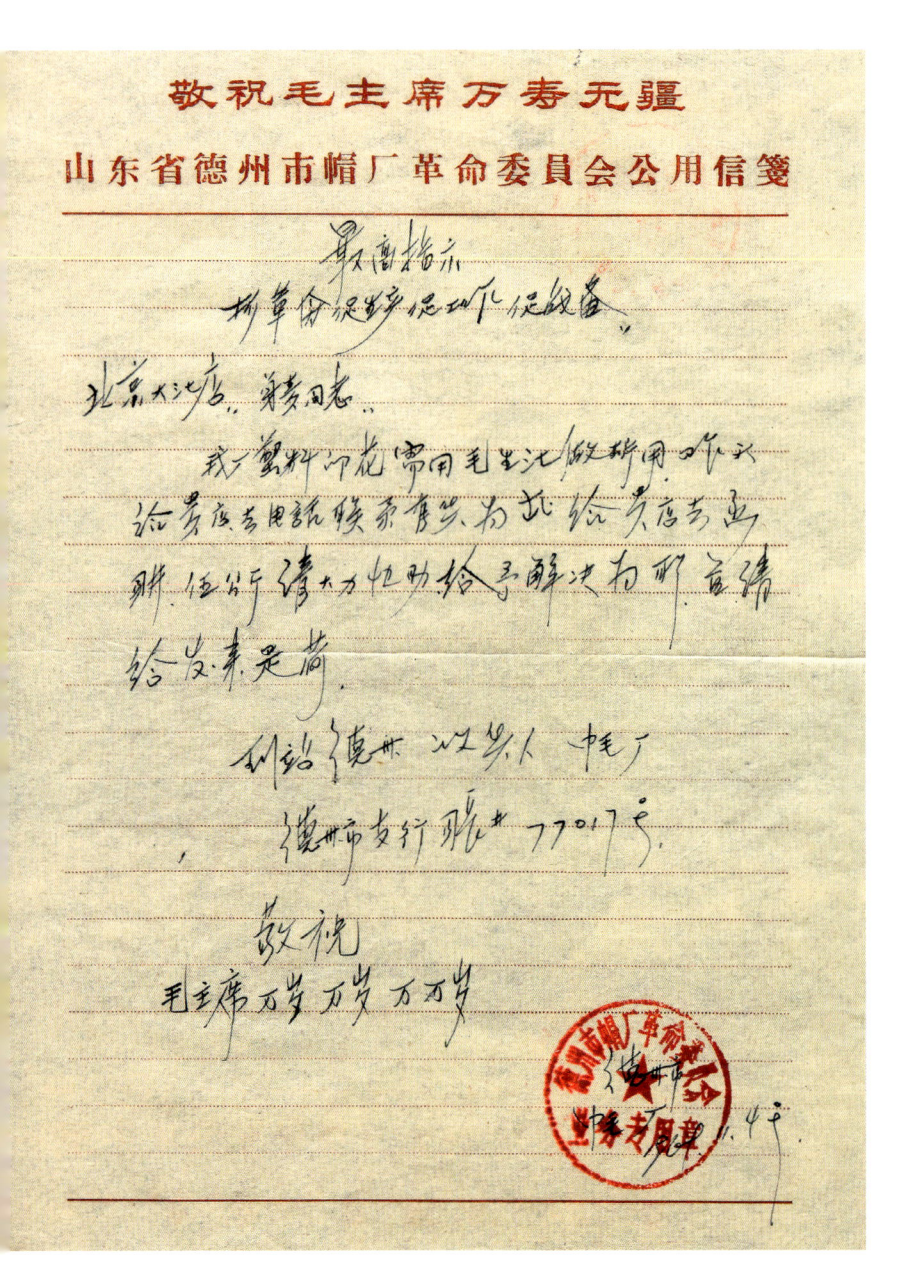

Abb. 82: Geschäftsbrief einer staatlichen Fabrik für Kopfbedeckungen in Dezhou (Provinz Shandong), im Briefkopf „Respektvoll wünschen wir dem Vorsitzenden Mao ein ewiges Leben", November 1969. Sammlung Opletal

Der eigentliche Text (eine Bestellung für rote Farbe) ist – so wie in der *Kulturrevolution* üblich – mit politischen Floskeln garniert, der handschriftliche Brief beginnt mit „Höchste Weisung: Die Revolution anpacken, die Produktion, die Arbeit und die Kriegsvorbereitungen fördern" und endet mit „Lang lebe der Vorsitzende Mao! Er lebe lang! Lang, lang!"

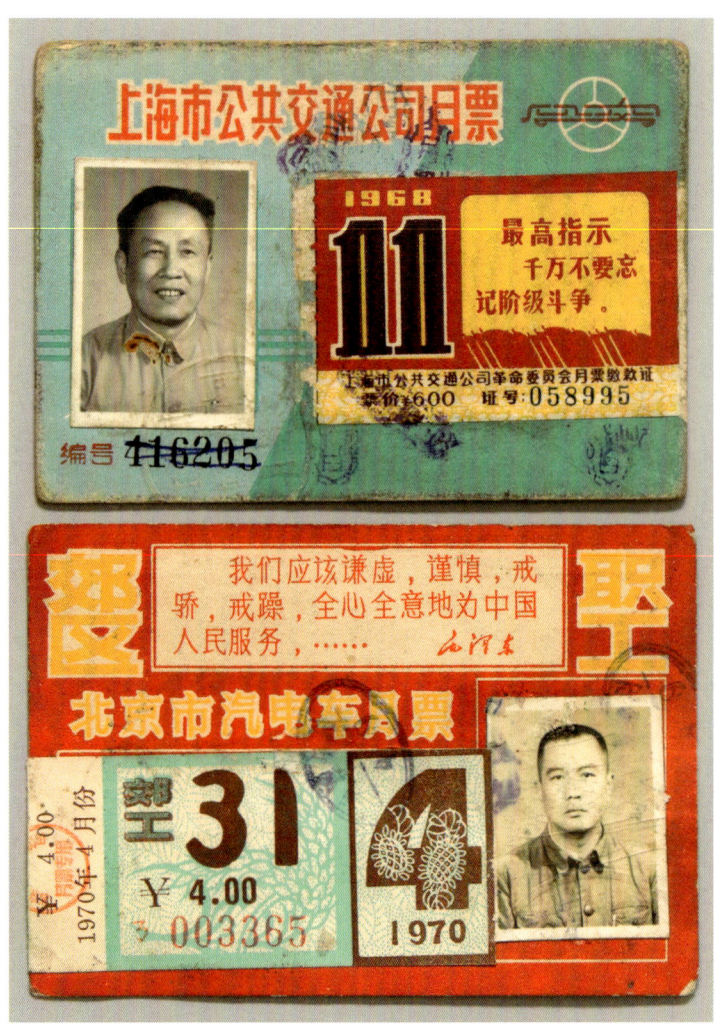

Abb. 83: Monatskarten für öffentliche Verkehrsmittel (Shanghai 1968, Peking 1970) mit Mao-Zitaten. Museum für Völkerkunde Wien, Inv.-Nrn. 178.710, 183.672_2

Abb. 84: „Schwimmausweis" zur Benutzung öffentlicher Becken, mit Mao-Zitat „Die Sportbewegung entwickeln, die körperliche Leistung der Bevölkerung erhöhen", um 1969. Museum für Völkerkunde Wien, Inv.-Nr. 183.654_1

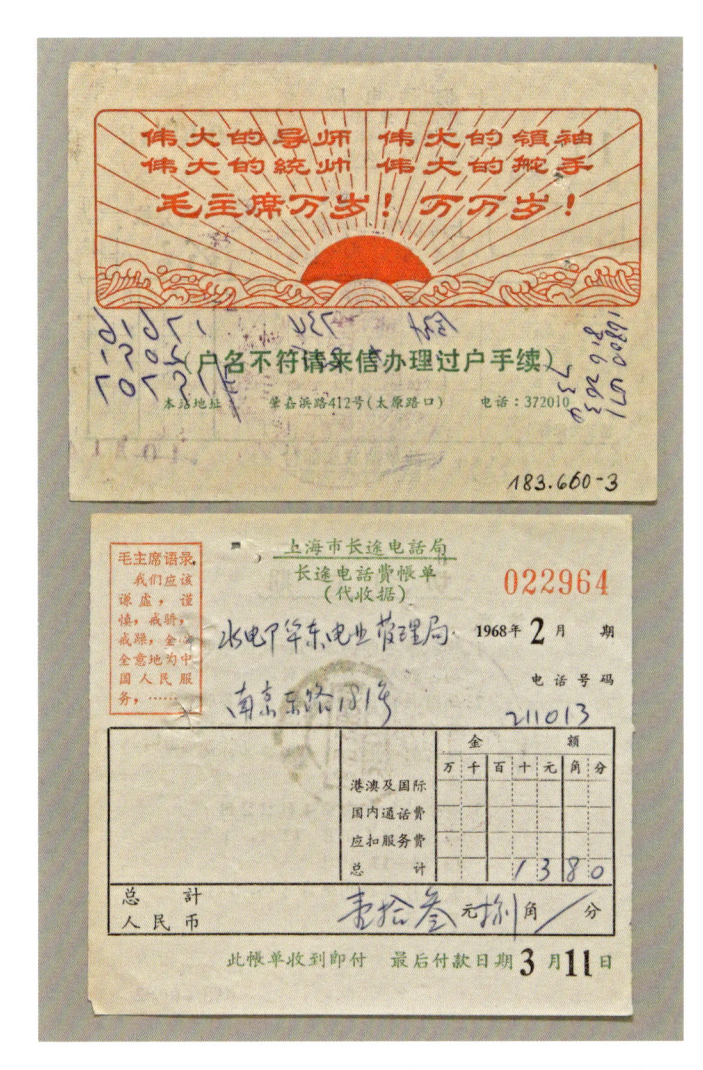

Abb. 85: Strom- und Telefonrechnungen mit Mao-Sprüchen, 1968. Museum für Völkerkunde Wien, Inv.-Nr. 183.660

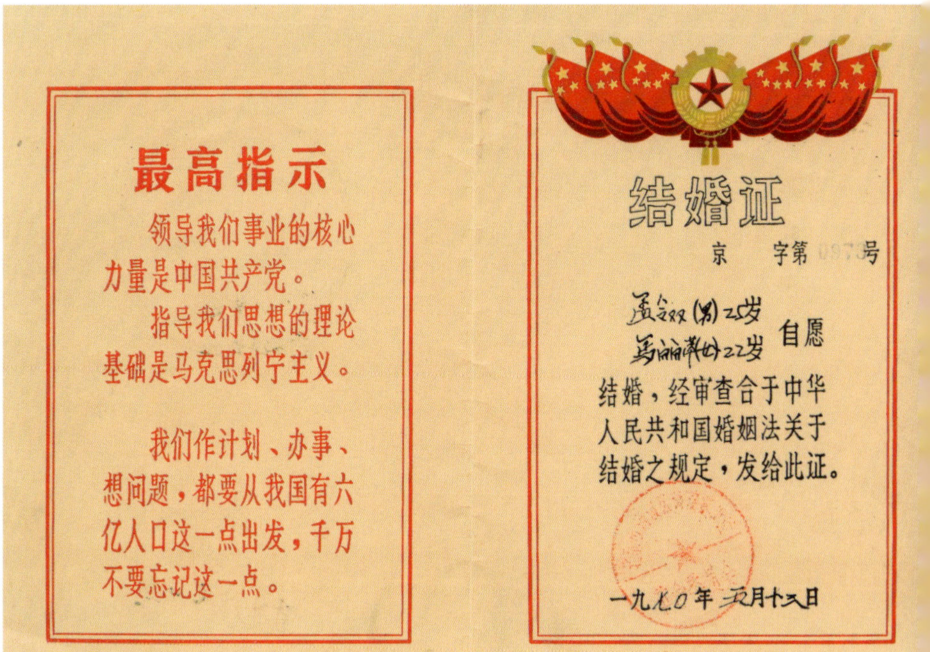

Abb. 86 a und b: Heiratsurkunde mit Lin Biao-Spruch „Lest die Werke des Vorsitzenden Mao […]" (außen) und „Höchster Weisung" (links innen), in der es u. a. heißt: „Wenn wir Pläne ausarbeiten, Angelegenheiten regeln und über Probleme nachdenken, müssen wir stets von der Tatsache ausgehen, dass China eine Bevölkerung von 600 Millionen hat" (Hinweis auf die Verpflichtung zur Geburtenplanung), Peking, 3. Mai 1970. Museum für Völkerkunde Wien, Inv.-Nr. 183.776

Abb. 87: Kennzeichen für ein „nichtmotorisiertes Boot" (Aluminium, 10 x 15 cm), Aufschrift „Die Seefahrt vertraut auf den Steuermann, die Revolution auf die Maozedongideen", Stadt Tianjin, 1969. Museum für Völkerkunde Wien, Inv.-Nr. 183.415

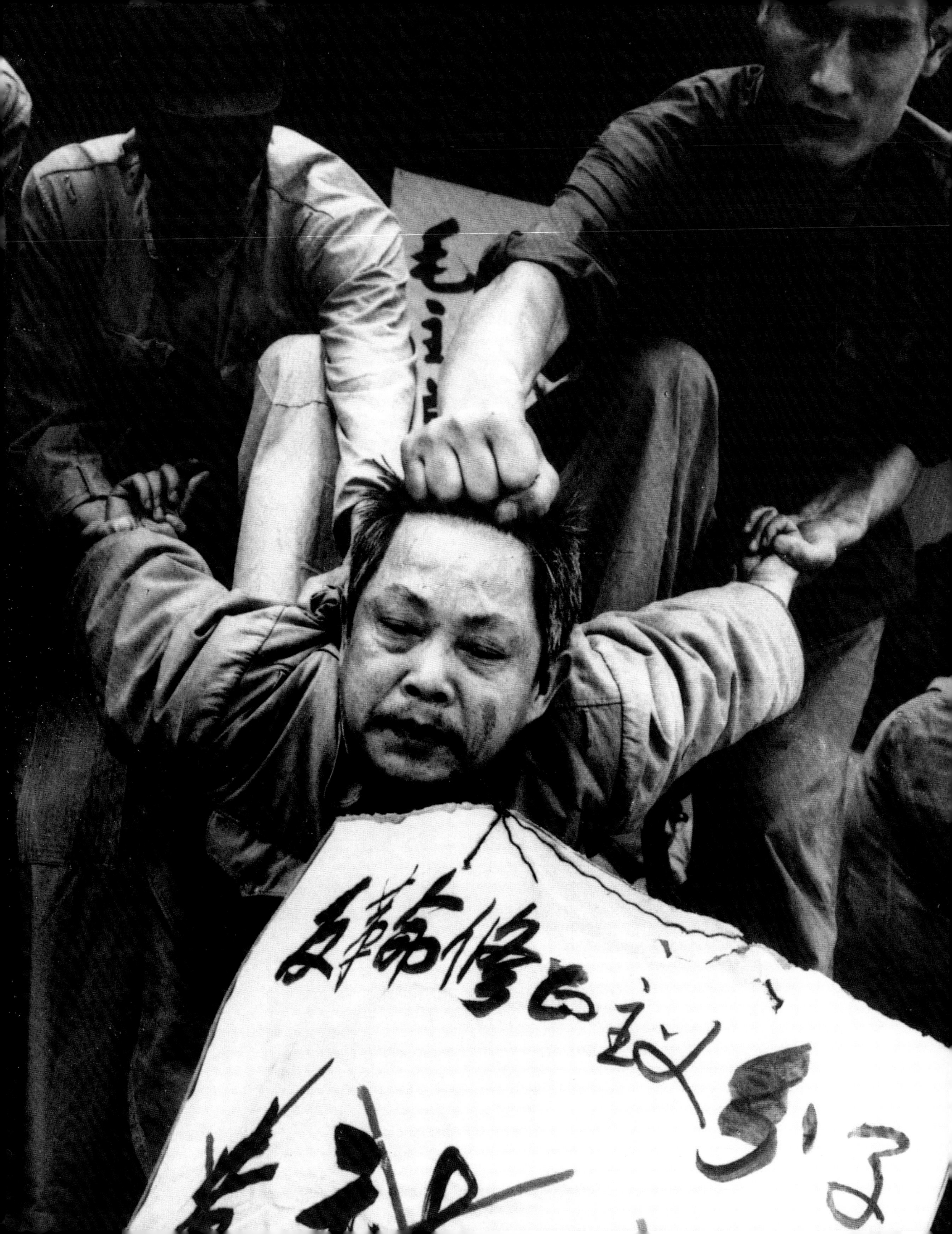

XU YOUYU

WAGEN WIR ES, DER GESCHICHTE INS GESICHT ZU SEHEN?

Die Geschichte der Volksrepublik China in den Jahren von 1949 bis 1989 scheint einigermaßen seltsam zu sein: Auf der einen Seite fanden ununterbrochen und in großem Umfang Säuberungen, Hinrichtungen und Morde statt, auf der anderen Seite haben diese realen Ereignisse in der kollektiven Erinnerung der Nation kaum Spuren hinterlassen. Die Beteiligten und Augenzeugen schweigen; in den Geschichtsbüchern werden die Geschehnisse oft mit keinem Wort erwähnt. Das einzige, was bleibt, ist die offizielle Propaganda, eine bis zur völligen Unkenntlichkeit verzerrte und manipulierte Geschichte.

Dass die Große Chinesische Kulturrevolution eine Katastrophe war, wird von der überwiegenden Mehrheit der Chinesen anerkannt. Viele wissen jedoch nicht, wie viele schreckliche Massaker sich während der Kulturrevolution tatsächlich ereignet haben, und die offizielle Geschichtsschreibung, die zwar mit recht scheinheiligen Worten zugibt, dass die Kulturrevolution eine Katastrophe war, will sich damit nicht auseinandersetzen. Dass in einer Situation, in der wir keinerlei Angriff von außen zu erleiden hatten, zehn Jahre hindurch Massenmorde bei uns überhandnahmen, ist eine Schande für die Nation; dass die Bevölkerung diesen Ereignissen gegenüber stumpf und mitleidslos blieb, ja ihnen kaum Beachtung schenkte, fügt der Schande eine weitere Ebene hinzu; der Schande nicht ins Gesicht zu sehen, sondern sie nach Möglichkeit zu verschleiern und mit Ausflüchten zu rechtfertigen, ist noch einmal eine weitere Ebene von Schande.

Es hat den Anschein, dass die chinesische Psyche sich nicht dazu eignet, über die Absolutheit und den Gegensatz von Gut und Böse nachzusinnen und sich selbst zu hinterfragen. Wir ziehen es vor, uns im faulen Frieden unseres unmittelbaren Alltagslebens zu wiegen und die Leiden der Vergangenheit zu verdrängen. Wo wir die wahren Sachverhalte klären müssten, wo wir zwischen Richtigem und Falschem deutlich unterscheiden und Verantwortung einfordern sollten, da blocken wir lieber ab, weil „es unerträglich ist zurückzublicken". Dennoch soll man die Schuld dafür, dass die Geschichte verdeckt und begraben wird, nicht im Nationalcharakter der Chinesen suchen, denn das Vergessen der Menschen kommt nicht allein von ihrem Unvermögen, die psychologische Last zu tragen, sondern auch daher, dass sie durch Unterdrückung und Drohungen verängstigt sind. In China ist es ungemein mühevoll und ungemein gefährlich, die Wahrheit auszusprechen.

Möglicherweise wird nun jemand sagen: „Wird denn die Kulturrevolution nicht auch von offizieller Seite umfassend verurteilt?" Dies ist schon richtig – es gibt eine solche Verurteilung von offizieller Seite, aber diese ist durch die Prämisse bedingt, dass man zwar „den linkslastigen Irrweg des Genossen Mao Zedong in seinen späten Jahren verurteilt", gleichzeitig aber „an den Maozedongideen als kollektiver Weisheit der Revolution festhält und sie verteidigt". Es ist wahr, auch die Volksrepublik hat die Kulturrevolution verurteilt. Allerdings hat sie dabei nie die wesentlichste Frage berührt, nämlich die Menschenrechte – das Recht auf Leben, das Recht zu denken und zu sprechen, die Würde des Individuums, das Recht auf privates Vermögen. All diese Rechte wurden in der Kulturrevolution mit Füßen getreten.

Die großen Massaker der Kulturrevolution waren kein Zufall, und sie passierten keineswegs bloß deshalb, weil die Führung die Kontrolle über ein komplett ins Chaos gestürztes Land verloren hatte. Mord ist keine beiläufige Angelegenheit; ohne ideologische und psychologische Rahmenbedingungen, ohne die entsprechenden materiellen Voraussetzungen und ohne Rückhalt durch das System wären die grausamen Morde, die Ausrottung ganzer Familien und die großen Massaker der Kulturrevolution keinesfalls möglich gewesen.

In der Zeit von den 1950er bis zu den 1970er Jahren war die Ideologie der Herrschenden zur Ideologie des gesamten Volks geworden, und eines ihrer wesentlichen Merkmale war die Geringschätzung des Menschenlebens. Mao Zedong sagte wiederholt, zum indischen Premier Nehru etwa oder auf dem Kongress der Kommunistischen Parteien und der Arbeiterparteien in Moskau, dass ein Nuklearkrieg überhaupt nichts Schreckliches wäre; dass es doch etwas Gutes wäre, wenn die Hälfte der über zwei Milliarden Erdenmenschen gemeinsam mit dem Kapitalismus begraben würden, solange danach eine sozialistische Welt übrig bliebe. Mao Zedong nannte die Kulturrevolution eine große politische Revolution, die eine neue Epoche einleiten würde. Bei der

Abb. 88: General Huang Xinting, Militärkommandant von Chengdu, wird als „Konterrevolutionäres Element" misshandelt, Peking 1968. Nach Yang 1995: 459

vorangegangenen Revolution unter seiner Führung wurde um den Preis von 30 Millionen Menschenleben eine neue Regierungsmacht erkauft. Um den Preis wie vieler tausend Leben beabsichtigte er diesmal, seinen Willen durchzusetzen und seine Ziele zu verwirklichen? Auch wenn wir Maos konkrete Pläne nicht kennen, gibt es doch nicht den geringsten Zweifel daran, dass er auch angesichts von abertausenden Toten nicht davor zurückschreckte, sich seinen Einfluss genau damit zu sichern, ebenso wie es ihn unberührt gelassen hatte, als wenige Jahre zuvor dutzende Millionen Menschen den Hungertod erlitten, nur weil ihm einige sonderbare Ideen gekommen waren. Und so wichen auch die von ihm angefeuerten Unterstützer und Teilnehmer der Kulturrevolution vor Blutvergießen und Leichenbergen nicht zurück.

In meinem Buch über die Kulturrevolution (1999) habe ich Folgendes geschrieben: *„Im Mai 1968 kam es in einem Landkreis der Provinz Shaanxi zur ersten größeren bewaffneten Kampfhandlung. Ein Verband von Rotgardisten besiegte mit Gewehren und Granatwerfern die gegnerische Gruppe, in der mehr als 50 Personen zu Tode kamen. Als die Sieger nach dem Ende der Kämpfe bemerkten, dass der Boden von Leichen übersät war, waren sie zutiefst geschockt und wussten mit ihrem Tabubruch – dem Töten – nicht umzugehen. Da ermunterte ein Erwachsener aus der Gruppe die Studenten: ‚Ihr habt gut gekämpft! Es war notwendig zu kämpfen, denn die neueste Weisung des Vorsitzenden Mao lautet: ‚Die Große Proletarische Kulturrevolution ist in ihrem Wesen eine große politische Revolution des Proletariats gegen die Kapitalistenklasse und alle Ausbeuter unter den Bedingungen des Sozialismus, sie ist die Fortsetzung des lange währenden Kampfes zwischen der KP China*

Abb. 90: Propagandakachel (Porzellan, 26 x 38 cm). Neben der aufgespießten Figur steht „Sowjetrevisionisten". Porzellanmanufaktur *Rote Kunst*, Jingdezhen (Provinz Jiangxi), frühe 70er Jahre. Museum für Völkerkunde Wien, Inv.-Nr. 183.268

und den unter ihrer Führung stehenden breiten Volksmassen und den Reaktionären der Guomindang.' Sowie die Studenten dies gehört hatten, verwandelten sich ihr Schreck und ihre Unsicherheit augenblicklich in Selbstgefälligkeit und Stolz, denn schließlich war es Teil des Kampfes gegen die Guomindang, dass sie Menschen totgeschlagen hatten! Daraufhin wurde eine Feier zur Beglückwünschung dieser Leistung veranstaltet, bei der Auszeichnungen verteilt und entgegengenommen wurden. Mein Interviewpartner erzählte mir, dass es, nachdem diese psychologische Schwelle einmal überschritten war, keine weiteren Skrupel mehr gab."

Mao Zedong hat für die großen Gemetzel der Kulturrevolution nicht nur die ideologische Legitimation geliefert, sondern auch der Armee den Befehl erteilt, „die Linke mit Waffengewalt zu unterstützen". Dass die Armee im Laufe der Kulturrevolution dann vielerorts auf die Bevölkerung das Feuer eröffnete, wurde mit eben dieser Weisung und Parole gerechtfertigt. Gleichzeitig befahl Mao Zedong der Armee, an die Verbände der einen Seite Waffen auszugeben (wodurch diese freie Hand für bewaffnete Angriffe gegen andere Gruppen hatte), sodass sich wiederum die anderen Gruppen gezwungen sahen, sich von anderen Armeeeinheiten oder aus Waffenfabriken Gewehre und Munition zu besorgen und so mit Totschlag auf Totschlag zu reagieren. All dies hat Mao Zedong leichtfertig, ja sogar mit Begeisterung, als „umfassenden Bürgerkrieg" bezeichnet.

Manche sagen, die Kulturrevolution sei ein Gesellschaftsexperiment gewesen, mit dem Mao Zedong sein Gleichheitsideal verwirklichen wollte; das Experiment sei zwar

Abb. 89: Abzeichen (H. 2 cm) zur Erinnerung an die Zündung der ersten chinesischen Wasserstoffbombe (14. Juni 1967), Aufschrift „Ein großartiger Sieg der Maozedongideen". Museum für Völkerkunde Wien, Inv.-Nr. 183.182_17

Abb. 91: Zeitschrift *Roter Kämpfer der Malerei* (Tianjin), Nr. 7, September 1967, mit Vorschlägen für die Gestaltung von Wandzeitungen und Publikationen. Sammlung Opletal

gescheitert, aber Maos ursprüngliche Ideen seien zu befürworten, und der Geist der Kulturrevolution werde für immer strahlen. Wieso sollte man jedoch glauben, dass Mao so hehre Ideale verfolgte? Die jugendlichen Linken beriefen sich auf Maos „Worte" oder auf Leitartikel und Artikel der Zeitschrift *Die rote Fahne* und der *Volkszeitung,* aber lassen sich die Toten und das vergossene Blut wirklich mit schönen und bewegenden Worten zudecken? Darf man sich bei der Bewertung der Geschichte, bei der Einschätzung historischer Persönlichkeiten etwa auf das Eigenlob und die Propaganda der Machthaber stützen? Wäre es tatsächlich so, dann waren doch Hitlers rhetorische Fähigkeiten und seine Begeisterungsfähigkeit jenen Mao Zedongs weit überlegen. Aber gehen wir einen Schritt zurück in der Argumentation: Wenn die Verwirklichung eines Gesellschaftsideals umfangreiche Massaker mit sich bringt, worin liegt dann der Wert eines solchen Ideals? Wenn es Menschen gibt, die bereit sind, für ein solch grausames Ideal ihr Leben zu opfern, ist das deren

Abb. 92: Aus der Rotgardisten-Zeitung *Der Osten ist rot* (Peking), 11. September 1967: 3. Sammlung Opletal

Vom „Klassenkampf auf Leben und Tod" hatte Mao einmal gesprochen. Dementsprechend legten die *Roten Garden* in ihrer verbalen und bildlichen Kritik, aber auch in den „Kampfversammlungen", in denen kritisierte Funktionäre misshandelt wurden, wenig Zurückhaltung an den Tag. Karikaturen zeigen „Feinde", die aufgespießt, zertreten oder von mächtigen Fäusten zermalmt werden. Auch in der Realität endeten solche Kritiksitzungen immer wieder mit schweren Verletzungen oder dem Tod der Kritisierten.

Abb. 93: Öffentliche Demütigung chinesischer und ausländischer Nonnen des *Maria-Franziska-Klosters* durch *Rote Garden* in Peking am 24. August 1966. Auf den Spruchbändern links hinten steht: „Nieder mit den Invasoren" und „Weg mit allen Rinderdämonen und Schlangengeistern". Nach Yang 1995: 144

eigene Sache; wenn man jedoch zehntausende Menschen zu seinen Schlachtopfern machen will, ist das wohl eine allzu große Verstiegenheit.

Manche sagen, dass man dann, wenn man die Kulturrevolution kritisiert und verurteilt, lediglich den Standpunkt der politischen und kulturellen Elite vertrete; die Kulturrevolution habe tatsächlich etlichen Menschen Leid zugefügt, doch sei die Mehrzahl der Angegriffenen gut situierte Bürokraten oder komfortabel lebende Intellektuelle gewesen, während die einfache Bevölkerung gar nicht in Mitleidenschaft gezogen worden sei.

Allerdings ist offenkundig, dass viele Menschen, die damals zu Opfern von Massakern oder anderen Formen grausamer Behandlung wurden, schon vor der Kulturrevolution ein elendes Leben geführt hatten und diskriminiert worden waren; dies gilt namentlich für die als Systemfeinde Gebrandmarkten und ihre Kinder. Die Mörder und Folterer hingegen rekrutierten sich (von den Soldaten einmal abgesehen) gerade aus dem Bereich der „politisch zuverlässigen" Volksmilizionäre, aus allen Kategorien von „roten Personen" und „positiven Elementen" und insbesondere aus der Gruppe der Söhne und Töchter der Machthaber. Tatsächlich sind die Menschen, die an der oben genannten Sichtweise festhalten, selbst Opfer ihres einseitigen Geschichtswissens – sie haben keine Ahnung von den großen Verbrechen der Kulturrevolution, wissen nicht, wer in Wirklichkeit die Mörder und Folterer, wer die Ermordeten und Gefolterten waren. Sie kennen nur die nachträglichen Reminiszenzen und die Anklagen der politischen und kulturellen Elite und betrachten diese Dinge mit einem zweifelnden und kritischen Blick. Das ist nicht falsch – der Fehler liegt jedoch darin, dies für die gesamte Wahrheit über die Kulturrevolution zu halten.

Ein junger linksgerichteter Intellektueller – er hat die Kulturrevolution nicht erlebt, hat in Amerika studiert und unterrichtet dort – veröffentlichte am 30. Jahrestag des Ausbruchs der Kulturrevolution einen Artikel, in dem es heißt: „Heute müssen wir das, was Mao Zedong das System einer ‚Wiederholung der Kulturrevolution alle sieben oder acht Jahre' genannt hat, in Form von regelmäßig stattfindenden, landesweiten, direkten und allgemeinen Wahlen umsetzen – nur so wäre das Wesen einer ‚demokratischen Diktatur des Volkes' oder einer ‚Diktatur des Proletariats' verwirklicht". Ich wünsche mir, dass er gründlich über all das nachdenkt, was sich während der Kulturrevolution unter der Parole „Diktatur des Proletariats" ereignet hat, und sich dann noch einmal überlegt, ob er an der Hoffnung auf eine „Wiederholung der Kulturrevolution alle sieben oder acht Jahre" festhalten will. Unwissenheit und Wunschdenken machen naiv, und Naivität wirkt manchmal durchaus liebenswürdig, doch wenn die Naivität so weit geht, dass man eine solche Katastrophe rechtfertigt und sich den Kopf zerbricht, um nach ihren „rationalen Faktoren" zu suchen, dann weiß ich nicht, welche Absicht dahinter stecken könnte.

Vor mehr als vierzig Jahren haben knapp 10 Millionen Studenten und Jugendliche, die Roten Garden, die sich selbst als Avantgarde der Revolution bezeichneten (oder zu einer solchen ernannt wurden), das riesige Territorium Chinas in ein rauchendes Flammenmeer verwandelt und seine prachtvolle Landschaft in Tumult und Chaos gestürzt. Zuerst möchte ich meine eigene Identität klarstellen: Ich bin einer von diesen zehn Millionen – ich teile den Stolz und

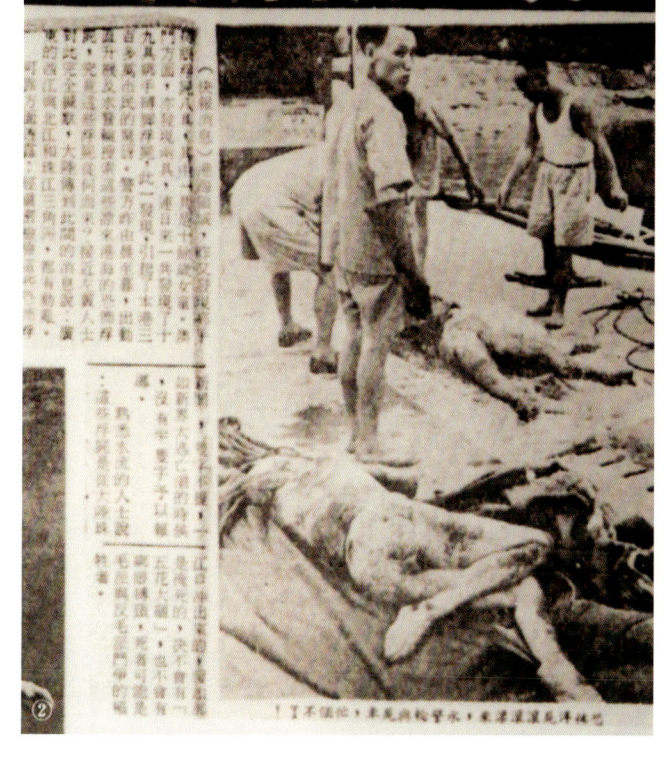

Abb. 94: Zeitungsbericht aus Hongkong über Opfer bewaffneter Kämpfe, die im Perlfluss-Delta angeschwemmt wurden, um 1968. Nach Yang 1995: 307

Abb. 95: Yang Xiguang, der Stv. Parteisekretär von Shanghai, wird von *Roten Garden* durch die Stadt geführt. Auf dem Schild steht „Konterrevolutionäres revisionistisches Element Yang Xiguang", auf dem Transparent über der Straße „Lang lebe die großartige Diktatur des Proletariats". Nach Yang 1995: 179

die bittere Reue dieser Generation; ich teile ihre Abneigung gegen die Einsamkeit und ihren fortdauernden Ehrgeiz, die Geschichte in die eigenen Hände zu nehmen. Ein viel dringenderes Bedürfnis ist mir jedoch die Selbstreflexion, die diese Generation bei weitem nicht in ausreichendem Maße betrieben hat.

Jedes Jahr am Gedenktag des Sieges im Zweiten Weltkrieg ruft der jeweils unterschiedliche Umgang der Kriegsverliererstaaten mit ihrer Vergangenheit zwei völlig verschiedene Reaktionen in uns wach. Sympathie und Antipathie sind dabei klar verteilt: Als der deutsche Kanzler Willy Brandt, obwohl persönlich unbelastet, vor dem Opferdenkmal in Warschau erschüttert auf die Knie fiel, hat er damit unsere ehrliche Bewunderung erlangt. Dagegen erregen das Leugnen und die Versuche einer Rechtfertigung, das Abschieben von Verantwortung auf Seiten unseres östlichen Nachbarlandes unsere Verachtung und Abscheu, und gerechter Zorn erfüllt unsere Brust. Das Gedenken an den Zweiten Weltkrieg weckt bei mir jedoch jedes Mal auch eine ganz

Abb. 96: Misshandlung und Demütigung durch *Rote Garden* in Peking. Der Mann trägt um den Hals ein Schild „Konterrevolutionärer Kapitalist Zhai Dianhua", daneben seine Frau. Nach Yang 1995: 168–169

Abb. 97: *Rote Garden* in der Revolutionshochburg Yan'an (nach einem Kalender der *China National Textiles Import & Export Corp.*, November 1968). Museum für Völkerkunde Wien, Inv.-Nr. 148.478

andere Assoziation: Wie viele von denen, die damals mit „Entlarvung und Kritik" in den Wandzeitungen Lehrer und Schuldirektoren psychisch gepeinigt haben, „Rinderdämonen und Schlangengeister" mit Faustschlägen und Fußtritten gequält, Mitschüler aus Familien der „fünf schwarzen Kategorien" bespuckt und beschimpft und „Anhänger des kapitalistischen Wegs" kritisiert haben, haben Abbitte geleistet und ihren Opfern gegenüber ihre Reue ausgesprochen? Im Sommer 1966, als der Wirbelsturm des „Roten Terrors" alle größeren Städte Chinas erfasste, wurden zahlreiche Menschen „verdientermaßen totgeschlagen", und noch mehr wurden aus den Städten vertrieben. Wie viele der Täter von damals haben sich später um den Verbleib ihrer Opfer gekümmert, haben die Hinterbliebenen der zu Unrecht zu Tode Gekommenen aufgesucht und sich bemüht, tätige Reue zu üben?

Ich habe einmal die Bewegung der Roten Garde mit jener der Nazijugend verglichen und damit Entrüstung und heftigen Widerspruch geerntet. Nun möchte ich die Rotgardisten, auch wenn sie damals Irrtümer begangen haben, keinesfalls mit Kriegsverbrechern auf die gleiche Stufe stellen. Doch was spräche angesichts der Tatsache, dass man sie weder gerichtlich zur Verantwortung zieht noch die Begleichung ihrer riesigen Schuld von ihnen verlangt, gegen

Abb. 98: Skizze (10 x 14 cm) einer Volksversammlung zur Kritik an dem „Fengshui-Meister Wang Suolan" in der *Volkskommune Jiangtai* bei Peking. Über der Bühne steht „Große Kampfversammlung, um dem Feind ins Gewissen zu reden", darunter „Den Klassenkampf kann man nicht vergessen", datiert „14. März 1964". Sammlung Opletal

eine kleine Geste durch die Übeltäter von damals? Sie könnte dazu dienen, ein wenig das Gewissen zu erleichtern und den Menschen, denen damals Unrecht widerfahren ist, endlich das Gefühl zu vermitteln, dass es auf der Welt noch Gerechtigkeit und Einsicht gibt.

Vielleicht wird nun jemand einwenden, dass die Menschen, die wirklich zur Verantwortung gezogen werden sollten, in keiner Weise bestraft wurden – wie kommt man da dazu, gerade die Kleinen zu verfolgen? Das ist nicht meine Absicht. Ich denke, dass die wahren Drahtzieher, wenn es historische Gerechtigkeit gibt, schlussendlich am Pranger der Geschichte stehen werden. Ich spreche nicht von geschichtlicher oder rechtlicher Verantwortung, sondern vom moralischen Empfinden eines jeden Einzelnen.

Vielleicht werden nun manche sagen: Ich habe in der Kulturrevolution zwar Fehler und Dummheiten begangen, doch ging das Unrecht, das ich selbst erleiden musste, noch tiefer. Tatsächlich wurde in der Kulturrevolution immer wieder die eine Gruppe gegen die andere ausgespielt, die Grenzen zwischen Freunden und Feinden verschwammen, und beinahe jeder hatte in irgendeiner Form zu leiden. Aber ist es nicht seltsam, dass unsere Erinnerungen und unsere Deutungen dermaßen selektiv sind, und dass sich unsere Vorlieben für das, was wir offenlegen und was wir verbergen, in so hohem Maße ähneln? Um einen weiteren unpassenden Vergleich zu benutzen: Wenn die Japaner nicht von Pearl Harbour und dem Nanking-Massaker, sondern nur von Hiroshima und Nagasaki sprechen, glauben wir dann etwa, dass sie keine Verantwortung für den Krieg haben?

Unter den Menschen in meinem Alter gelten viele heute als Stützpfeiler der Gesellschaft, ja sogar als moralische Vorbilder. Ob sie wohl an die Grobheiten, an die Dummheiten und Verfehlungen ihrer Jugendzeit denken, wenn sie am Rednerpult sitzen, wenn sie sich im Fernsehprogramm zeigen, wenn sie Ehrentitel und Auszeichnungen entgegennehmen?

Ich möchte nicht bewusst provozieren, indem ich sage, dass sich jeder den einen oder anderen Schandfleck vorzuwerfen hat. Ich glaube durchaus, dass viele Menschen tatsächlich unschuldig geblieben sind, auch dass viele nicht verständig genug waren, um mit Absicht „Böses" zu tun. Allerdings meine ich, dass alle – vor allem jene, die sich in der Gesellschaft gerne lautstark zu Wort melden – die Verantwortung tragen, über jene Zeit und das, was sie selbst damals getan haben, wahrheitsgetreu Zeugnis abzulegen. Wenn wir nicht müde werden davon zu erzählen, wie glorreich die Zeit nach der Katastrophe für uns war, wie viel Mühen wir erdulden mussten und wie fröhlich wir dabei dennoch blieben, dann sollten wir auch an die Gemütsverfassung von zehn Millionen Gleichaltrigen denken, die für ihr ganzes Leben geschädigt wurden, und wir sollten den Preis ausrechnen, den ein ganzes Volk bezahlt hat, auch wenn diese Katastrophe uns selbst aus objektiver Sicht abgehärtet und zu unserer Entwicklung beigetragen haben mag.

Manche meinen, man werde über die Erlebnisse und die Geschichte dieser Generation erst in fünfzig Jahren Klarheit erlangen. Das ist auf der einen Seite wohl richtig, denn ohne zeitliche Distanz kann man nicht von Geschichte sprechen. Wenn man sich die Memoiren und Diskussionsbeiträge ansieht, in denen sich die allermeisten Beteiligten auch heute noch nicht von ihrer individuellen Position und einer parteiischen Sichtweise gelöst haben, dann weiß man, dass man derzeit gewiss nur zu halbgaren Schlussfolgerungen und zu einem einseitigen, sehr begrenzten Eindruck gelangen kann. Doch woher soll das Gare kommen, wenn es zuvor nicht etwas Halbgares gegeben hat? Wenn die Erinnerung in unserer Generation unterbrochen wird, wie soll dann die nächste Generation die Geschichte studieren? Dabei lautet die Frage, der wir am wenigsten ausweichen können: Dürfen wir diese Verantwortung an die nächsten Generation abgeben?

Die Geschichte Chinas ist allzu lang und allzu wechselvoll; deshalb betrachten wir sie gleichgültig und ohne Emotionen. Ich hoffe aber, dass unsere Generation ihre Erinnerungen retten und zum Leben erwecken kann, solange es noch nicht zu spät ist. Denn was ist Geschichte? Sie ist schonungslose, unparteiische Erinnerung, und dazu Selbstreflexion, die die Seele ins Verhör zu nehmen wagt.

(Übersetzung aus dem Chinesischen: Christian Leitner)

Weiterführende Literatur
- Xu Youyu
1999 *Xingxing sese de zaofan – Hongweibing jingshen suzhi de xingcheng ji yanbian* [Rebellen aller Schattierungen: Entstehen und Wandel der Rotgardisten-Mentalität]. Hongkong: Chinese University Press.
- Xu Youyu
2000 *Zhimian Lishi* [Der Geschichte ins Gesicht sehen]. Peking: Zhongguo Wenlian Chubanshe [Verlag des Chinesischen Literatur- und Kunstverbandes].
- Xu Youyu
2008 The Chinese Cultural Revolution. Concealed History and To-be-discovered Memory. In: *History and Memory. Present Reflections on the Past to Build Our Future* (Macau Ricci Institute Studies, Macao 2008[5]), 447–460.
- Yang Kelin (Hg.)
1995 *Wenhua Da Geming Bowuguan* [Ein Museum der Kulturrevolution] (1 und 2). Hongkong: Dongfang Chubanshe/Oriental Publishing House und Tiandi Tushu Youxian Gongsi/Cosmos Books, Ltd.

Prof. Xu Youyu, geb. 1947, forschte am *Institut für Philosophie* der *Chinesischen Akademie für Sozialwissenschaften* in Peking. In seinen Publikationen setzt er sich u. a. mit der *Kulturrevolution* und dem Thema Vergangenheitsbewältigung auseinander.

HÖCHSTE WEISUNG

„Durch die entschlossene Unterdrückung aller konterrevolutionären Elemente unsere revolutionäre Diktatur festigen, um so die Revolution zu Ende zu führen und das Ziel der Errichtung eines glorreichen sozialistischen Staates zu erreichen. Zur Aufrechterhaltung der gesellschaftlichen Ordnung und zum Schutz der Interessen des ganzen Volkes ist es notwendig, auch gegenüber Dieben, Betrügern, Mördern und Brandstiftern, gegenüber Gaunerbanden und allen Arten übler Elemente, die die soziale Ordnung sabotieren, diktatorische Gewalt auszuüben."

BEKANNTMACHUNG

(68) Armee/Öffentliche Sicherheit/Urteil/Zahl Nr. 4

Unter dem strahlenden Glanz der Maozedongideen und angespornt durch den Bericht der 12. Erweiterten Vollversammlung des Achten Zentralkomitees haben die breiten revolutionären Massen der gesamten Stadt, dem großartigen strategischen Plan des Vorsitzenden Mao folgend, zu einer neuen Welle von *Kampf, Kritik und Umerziehung* angehoben. Die Lage der Revolution und der Produktion ist in allen Belangen ausgezeichnet, doch ist in dieser ausgezeichneten Lage eine Handvoll Klassenfeinde nicht bereit, sich mit der Niederlage abzufinden. Sie unternimmt letzte verzweifelte Anstrengungen, um in wahnwitziger Weise konterrevolutionäre Klassenrevanche zu üben.

Der auf frischer Tat ertappte konterrevolutionäre Mörder ~~Zhao Shijiang~~, männlich, 26 Jahre, vor seiner Verhaftung Arbeiter in einem Versuchswerk in Tianjin, entstammt einer Familie von Grundbesitzern und Kapitalisten. Im Zuge der Großen Proletarischen Kulturrevolution kam es zu einer „Kampfdurchsuchung" seiner Wohnung durch die Rote Garde. Aus seinem reaktionären Klasseninstinkt heraus hatte der Verbrecher Zhao den Vorsatz gefasst, Klassenrevanche zu üben. Er hatte ein reaktionäres Tagebuch geführt und das Grundbesitzer-Element XXX durch die Vernichtung von belastenden Materialien gedeckt. In wahnwitziger Weise sabotierte er die Große Proletarische Kulturrevolution, er zeigte sich in höchstem Grad anmaßend und durch und durch reaktionär. Nachdem ein Armeetrupp und ein Arbeitertrupp zur Propagierung der Maozedongideen in das Werk gekommen waren, stieg der Hass des Verbrechers Zhao, und er suchte wiederholt nach einer Gelegenheit, einen Mordanschlag zu verüben. Am 3. Dezember 1968 kurz nach 3 Uhr früh entwendete er ein Gemüsemesser, stürzte damit in den Schlafsaal der im Werk stationierten Soldaten, um die Genossen der Volksbefreiungsarme zu töten. Nachdem ihm dies aufgrund einer versperrten Tür nicht gelungen war, stürzte er in einen Schlafraum der Arbeiter-Propagandatrupps und stach wie ein Wilder auf den tief schlafenden Leiter des Propagandatrupps, Genossen Ji Wenjun, und das Mitglied, Genossen Li Zhentong, ein. Obwohl sie an mehreren Stellen an Kopf, Hals, Schultern und Armen Stichverletzungen erlitten hatten, verteidigten sich die Genossen Ji und Li heldenhaft mit bloßen Händen, bis die im Werk stationierten Soldaten herbeieilten und halfen, den Verbrecher Zhao an Ort und Stelle in Gewahrsam zu nehmen. Die Verletzungen der Genossen Ji und Li sind äußerst schwer; sie wurden sofort in ein Krankenhaus gebracht, wo derzeit alles zu ihrer Rettung unternommen wird.

Die revolutionären Massen der Stadt sind zutiefst um die Genossen Ji und Li besorgt, und zahlreiche Menschen haben Hautstücke und Blut gespendet. Von tiefem Hass gegen den Verbrecher Zhao erfüllt, verlangen sie mit Nachdruck vom Militärverwaltungskomitee des Amts für öffentliche Sicherheit, gegenüber dem Verbrecher Zhao alle Strenge walten zu lassen und ihn zur Höchststrafe zu verurteilen.

Zur Verteidigung der Großen Proletarischen Kulturrevolution und zur Stärkung der Diktatur des Proletariats ergeht auf nachdrückliches Verlangen der breiten Volksmassen durch das Revolutionskomitee der Stadt Tianjin nach Genehmigung durch das Oberste Volksgericht der Volksrepublik China gegen den auf frischer Tat ertappten konterrevolutionären Mörder ~~Zhao Shijiang~~ das folgende Urteil: Der Versuch des Verbrechers ~~Zhao Shijiang~~, die Genossen unseres Arbeitertrupps zur Propagierung der Maozedongideen zu töten, ist ein Angriff des Klassenfeinds gegen unsere Diktatur des Proletariats, eine wahnwitzige Attacke auf die Führungsrolle der Arbeiterklasse. Es handelt sich um einen schwerwiegenden Fall von konterrevolutionärer Klassenrevanche. Dies ist ein besonders übles Verbrechen, das sich selbst mit dem Tod nicht zur Gänze sühnen lässt. Der Verbrecher Zhao wird daher zum Tod verurteilt, das Urteil ist unverzüglich zu vollstrecken.

Der Vorsitzende Mao lehrt uns: **„Die Diktatur des Proletariats ist eine Diktatur der Massen."** Zur Erringung eines vollständigen Sieges der Großen Proletarischen Kulturrevolution sollen wir die mächtige rote Fahne der Maozedongideen noch höher halten. Wir dürfen **„kelnesfalls den Klassenkampf vergessen"**, müssen unsere revolutionäre Wachsamkeit verhundertfachen und die Handvoll Klassenfeinde entschlossen unterdrücken, damit alle Konterrevolutionäre und sonstigen üblen Elemente strengstens gewarnt sind, dass ihr einziger Ausweg darin besteht, sich einer aufrichtigen Umerziehung zu unterziehen und dem Volk gegenüber gesenkten Hauptes ihre Verbrechen einzugestehen. Wer es wagt, dem Volk weiterhin als Feind gegenüber-zustehen, wird mit Sicherheit von der eisernen Faust der Diktatur des Proletariats in Stücke geschlagen!

Chinesische Volksbefreiungsarmee, Militärverwaltungskomitee des Amts für öffentliche Sicherheit der Stadt Tianjin
11. Dezember 1968

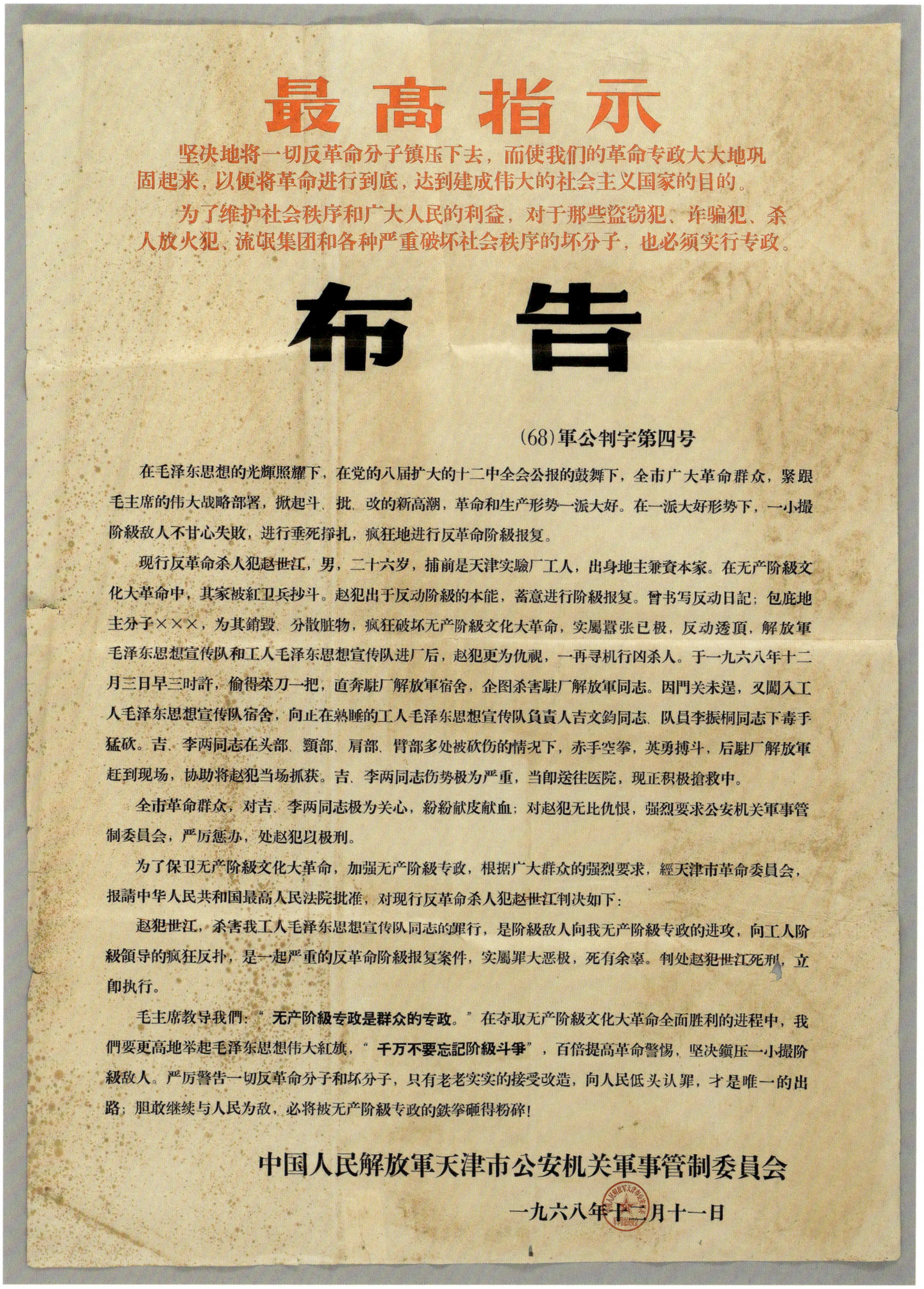

最高指示

坚决地将一切反革命分子镇压下去，而使我们的革命专政大大地巩固起来，以便将革命进行到底，达到建成伟大的社会主义国家的目的。

为了维护社会秩序和广大人民的利益，对于那些盗窃犯、诈骗犯、杀人放火犯、流氓集团和各种严重破坏社会秩序的坏分子，也必须实行专政。

布 告

(68) 军公判字第四号

在毛泽东思想的光辉照耀下，在党的八届扩大的十二中全会公报的鼓舞下，全市广大革命群众，紧跟毛主席的伟大战略部署，掀起斗、批、改的新高潮，革命和生产形势一派大好。在一派大好形势下，一小撮阶级敌人不甘心失败，进行垂死挣扎，疯狂地进行反革命阶级报复。

现行反革命杀人犯赵世江，男，二十六岁，捕前是天津实验厂工人，出身地主兼资本家。在无产阶级文化大革命中，其家被红卫兵抄斗。赵犯出于反动阶级的本能，蓄意进行阶级报复。曾书写反动日记；包庇地主分子×××，为其销毁、分散脏物，疯狂破坏无产阶级文化大革命，实属嚣张已极，反动透顶。解放军毛泽东思想宣传队和工人毛泽东思想宣传队进厂后，赵犯更为仇视，一再寻机行凶杀人。于一九六八年十二月三日早三时许，偷得菜刀一把，直奔驻厂解放军宿舍，企图杀害驻厂解放军同志。因门关未遂，又闯入工人毛泽东思想宣传队宿舍，向正在熟睡的工人毛泽东思想宣传队负责人吉文鈞同志、队员李振桐同志下毒手猛砍。吉、李两同志在头部、颈部、肩部、臂部多处被砍伤的情况下，赤手空拳，英勇搏斗，后驻厂解放军赶到现场，协助将赵犯当场抓获。吉、李两同志伤势极为严重，当卽送往医院，现正积极抢救中。

全市革命群众，对吉、李两同志极为关心，纷纷献皮献血；对赵犯无比仇恨，强烈要求公安机关军事管制委员会，严厉惩办，处赵犯以极刑。

为了保卫无产阶级文化大革命，加强无产阶级专政，根据广大群众的强烈要求，経天津市革命委员会，报請中华人民共和国最高人民法院批准，对现行反革命杀人犯赵世江判决如下：

赵犯世江，杀害我工人毛泽东思想宣传队同志的罪行，是阶级敌人向我无产阶级专政的进攻，向工人阶级领导的疯狂反扑，是一起严重的反革命阶级报复案件，实属罪大恶极，死有余辜。判处赵犯世江死刑，立卽执行。

毛主席教导我們："无产阶級专政是群众的专政。" 在夺取无产阶级文化大革命全面胜利的进程中，我們要更高地举起毛泽东思想伟大紅旗，"千万不要忘記阶级斗爭"，百倍提高革命警惕，坚决鎮压一小撮阶级敌人。严厉警告一切反革命分子和坏分子，只有老老实实的接受改造，向人民低头认罪，才是唯一的出路；胆敢继续与人民为敌，必将被无产阶级专政的铁拳砸得粉碎！

中国人民解放军天津市公安机关军事管制委员会

一九六八年十二月十一日

Abb. 99: Plakat (108 x 78 cm) mit der Bekanntgabe eines Todesurteils. Der Name des Verurteilten ist demonstrativ durchkreuzt. Sammlung Opletal

Während Gerichtsverfahren oft hinter verschlossenen Türen stattfanden, wurden Urteile öffentlich plakatiert. Auch Hinrichtungen fanden in der Regel vor Publikum statt. Den Angehörigen wurde danach eine Rechnung für die Munition zugestellt. Bei diesem Urteil fällt auf, dass zwischen „Tat" und Exekution gerade acht Tage lagen. Viele Fälle in der *Kulturrevolution* waren konstruiert, von regulären Gerichtsverfahren konnte keine Rede sein, oft reichte eine „schlechte" Klassenherkunft für einen Schuldspruch.

(Übersetzung aus dem Chinesischen: Christian Leitner)

中共党员 革命群众

杜振香末蝶芙杜绍文
杜荣辉杜宽有姚保勤
杜绍彰彭华美朱幼未
杜址怀杜之江黄幼彩
杜锡坤杜之敬杜绍富　同志之墓
杜宏林杜钦元杜岳亮
杜之基杜绍福杜史鉴女
杜武明杜原崇杜绍兴

中共垫城选文委员会
垫城大队管委会　立
一九七八年

EIN GESPRÄCH MIT DEM FRÜHEREN VIZEBÜRGERMEISTER VON SHANTOU, PENG QI'AN

„ICH HABE MEIN TODESURTEIL SCHON VIERZIG JAHRE ÜBERLEBT"

Herr Bürgermeister Peng Qi'an, wie sind Sie auf die Idee gekommen, dieses „Museum der Kulturrevolution" zu errichten, das ja eher eine Gedenkstätte für die Opfer der Kulturrevolution ist?

Ich komme selbst aus dem Landkreis Chenghai, der heute schon Teil der Millionenstadt Shantou ist. Daher war ich oft in dem Naturschutzgebiet in Tayuan. Einmal ist mir bei einem Besuch aufgefallen, dass es an den Berghängen verstreut zahlreiche Gräber gibt, und ich habe die Leute gefragt, was es damit auf sich hat. „Das wissen Sie nicht?", fragte mein Begleiter. „In Chenghai sind während der Kulturrevolution über 400 Leute ums Leben gekommen. Später, nach der politischen Wende, haben einige Angehörige gebeten, ihre Toten in Tayuan begraben zu können." Ich habe das nicht gewusst, weil ich während der Kulturrevolution in einer anderen Gegend als Parteifunktionär gearbeitet hatte. Als ich aber die Geschichte dieser Gräber hörte, habe ich vorgeschlagen, an dem Ort eine Art Gedenkstätte für die Opfer der Kulturrevolution zu errichten, auch als Mahnmal gegen das Vergessen. Ich war damals in der Stadtverwaltung von Shantou für Industrie und Verkehrswesen zuständig. 2003 habe ich zum ersten Mal vom Appell des Schriftstellers Ba Jin gehört, in China Kulturrevolutions-Museen einzurichten. Vom damaligen Bürgermeister von Shantou erhielt ich zwei Fotobände aus Hongkong mit dem Titel „Ein Museum der Kulturrevolution", und darin war – neben zahlreichen Fotos – auch der Aufruf von Ba Jin. Diese Fotos und Berichte haben mich sehr beeindruckt, und ich wollte sie der Öffentlichkeit zugänglich machen. Tayuan erschien mir der geeignete Ort für ein solches Kulturrevolutions-Museum, das schließlich – nach vielen Debatten – 2004 gegründet und zu Neujahr 2005 eröffnet worden ist.

Das ist doch ein privates Museum und kein staatliches? Was bedeutet das?

Das Museum ist ausschließlich eine Initiative aus der Bevölkerung. Der Staat hat sich bisher dazu nicht geäußert. Es gibt bis heute keine offizielle Zustimmung und auch keine Unterstützung für dieses Museum.

Warum sollte der Staat gegen ein Kulturrevolutions-Museum sein?

Offene Ablehnung ist mir bis jetzt auch noch nicht zu Ohren gekommen. Aber dadurch, dass er sich nicht positiv geäußert hat, hat der Staat gewissermaßen sein Missfallen signalisiert. Die Kulturrevolution ist bereits mehr als vierzig Jahre vorbei, aber ich quäle mich schon 15 Jahre mit der Frage, warum die Kommunistische Partei diesen Vorschlag von Ba Jin bis heute nicht aufgreifen will? Die Hongkonger Zeitung „Mingbao" hat vor ein paar Jahren eine Antwort gegeben, die mir sehr plausibel klingt: Die Hauptschuldigen an der Kulturrevolution, schrieb die Zeitung, waren die KP und Mao Zedong selbst. Wenn man die Leute daher heute darüber diskutieren ließe, wer die Verantwortung für das Geschehene trägt, und wenn auch Kritik erlaubt wäre, dann würde das zugleich die heutige Autorität der KP Chinas beeinträchtigen und die Grundfesten der kommunistischen Herrschaft erschüttern. So hat das „Mingbao" geschrieben, und ich glaube auch, dass das so ist. Denn die Kulturrevolution war eine humanitäre Katastrophe, durch die 100 Millionen Menschen in Mitleidenleidenschaft gezogen wurden. Der wirtschaftliche Verlust betrug 800 Milliarden Yuan, und 20 Millionen Menschen sind ums Leben gekommen. Diese Zahlen hat einmal der alte Marschall Ye Jianying genannt, der auch aus unserer Gegend kam.

Was ist im Bezirk Chenghai, wo das Museum steht, in der Kulturrevolution genau passiert? Waren die Ereignisse dort besonders schlimm?

Ja, hier in der Region Shantou war es in Chenghai und Haihong besonders schlimm, beides Gebiete, in denen die Kommunisten schon vor 1949 im Untergrund sehr aktiv waren. Das half Lin Biao, als er die alten Revolutionäre mobilisieren wollte, um Zhou Enlai zu attackieren. So haben sich zwei Fraktionen gebildet, die einander recht brutal bekämpften. In Chenghai waren die Opfer vor allem ältere Parteifunktionäre, die man zu Kritikversammlungen zerrte oder durch die Straßen getrieben hat. Dabei sind sie oft erschlagen worden. In den bewaffneten Fraktionskämpfen sind auch viele jüngere Leute umgekommen.

Abb. 100: Massengrab für Opfer der *Kulturrevolution* im Tayuan-Naturschutzgebiet, errichtet 1978, mit Beginn der Reformdiskussion unter Deng Xiaoping. Laut Inschrift sind dort 24 Parteimitglieder und „Angehörige der revolutionären Massen" begraben, Todesumstände und politische Zusammenhänge werden jedoch nicht erwähnt.
Foto: Helmut Opletal, 2010

Abb. 101: Eingang zur Kulturrevolutions-Gedenkstätte von Tayuan. Foto: Helmut Opletal, 2010

Zwischen Deng Xiaoping (links) und Mao steht ein Zitat aus der Resolution des Zentralkomitees der KP Chinas vom Juni 1981 über Mao und die *Kulturrevolution*: „Die Geschichte hat ein klares Urteil gefällt: Die ‚Kulturrevolution' war ein inneres Chaos, das durch Fehler unserer politischen Führer vom Zaun gebrochen und von einer konterrevolutionären Bande ausgenutzt wurde und unserer Partei, unserem Staat und den Angehörigen aller Nationalitäten schweres Unheil gebracht hat."

Abb. 102: Peng Qi'an, ehemaliger Vizebürgermeister der Stadt Shantou (Provinz Guangdong). Foto: Helmut Opletal, 2010

Wie ist es Ihnen selbst in der Kulturrevolution ergangen?
Ich war zu Beginn der Kulturrevolution Funktionär im Landkreis Jieyang, auch nicht weit von Shantou. Jeder, der damals eine Führungsfunktion innehatte, riskierte es, als „Machthaber auf dem kapitalistischen Weg" denunziert zu werden. Als Parteisekretär einer kleinen Stadt wurde ich insgesamt 300 Mal in Versammlungen kritisiert, einmal vor über 10.000 Menschen auf dem Hauptplatz. Danach hat man mich aber wieder freigelassen. Später erhob man gegen mich den Vorwurf, „verbohrt bis in den Tod den Weg des Kapitalismus zu gehen". Man hat mich als Agenten einer antikommunistischen Gruppe bezeichnet und mir vorgeworfen, ich würde den Klassenkampf ablehnen. Das kommt daher, dass ich mich vor der Kulturrevolution bemüht hatte, die Wirtschaft in Schwung zu bringen und den Leuten Arbeit zu geben, auch den Nachkommen der sogenannten „fünf schwarzen Kategorien", deren Familien nicht aus der Arbeiter- und Bauernklasse kamen. Das wurde als Beweis dafür gewertet, dass ich den Klassenkampf ablehnte. Ich habe damals auch veranlasst, Kleinkriminellen, die zum Beispiel etwas gestohlen hatten, eine Arbeit zu verschaffen. Wenn sie Arbeit haben, werden sie nicht stehlen, habe ich gesagt. Auch das wurde mir vorgeworfen. Das Dritte war, dass ich dafür eingetreten bin, besonders guten Arbeitern auch Prämien zu bezahlen. Insgesamt wurde mir vorgeworfen, dass ich Leuten mit „schlechter" Klassenherkunft einen Lebensunterhalt ermögliche und nicht weiter gegen sie „kämpfen" wollte. Ich musste auch verschiedene körperliche Misshandlungen über mich ergehen lassen, aber ich habe es überlebt. In meiner Heimatstadt Chenghai wäre ich wahrscheinlich schon tot gewesen. Nach der Kulturrevolution, nach meiner Freilassung, habe ich dann von einem hochrangigen Parteifunktionär erfahren, dass ich 1967 auch auf einer Liste von fünf Leuten stand, die erschossen werden sollten. Dem sollte damals noch das Revolutionskomitee der Provinz Guangdong zustimmen. Warum das nicht passiert ist, weiß ich bis heute nicht, die Akten sind immer noch unter Verschluss. So habe ich jedenfalls mein Todesurteil schon über vierzig Jahre überlebt.

Ist Ihren Angehörigen etwas geschehen?
Ich stamme an sich aus einer kommunistischen Familie, wir waren neun Brüder, vier haben vor 1949 im Untergrund gekämpft. Meine Eltern waren sehr arm, einen Bruder mussten sie deshalb an eine reiche Familie verkaufen, sein Stiefvater war ein hoher Sicherheitsoffizier der Guomindang. Das wurde meinem Bruder schließlich zum Verhängnis. Er hatte studiert, zu Beginn der Kulturrevolution war er Direktor der Mittelschule Nummer 1 von Chenghai. Wegen seiner Adoptivfamilie ist er in der Kulturrevolution von den Schülern erschlagen worden. Einem jüngeren Bruder, der Parteisekretär in Chenghai war, wäre es beinahe ähnlich ergangen. Auch meine Frau, sie war damals Direktorin einer Fabrik, wurde festgenommen und misshandelt. Man kann also sagen, wir waren eine „revolutionäre" Familie, aber in

Abb. 103: Im Inneren des Kulturrevolutions-Museums von Tayuan sind an den Wänden Dokumente des Personenkults und der politischen Verfolgung in den schwarzen Marmor geätzt. Foto: Helmut Opletal, 2010

Abb. 104: Auf dem Gelände werden Bürger und Politiker geehrt, die Opfer von Verfolgung und Misshandlungen geworden sind, nicht nur in der *Kulturrevolution*, sondern auch in den zahlreichen anderen politischen Kampagnen unter der KP Chinas. Foto: Helmut Opletal, 2010

---

der Kulturrevolution wurden wir zu Opfern, wurde uns übel mitgespielt. Auch mein Sohn hatte zu leiden. Als Kind eines „Machthabers auf dem kapitalistischen Weg" durfte er zunächst nicht studieren. Erst später konnte er die Uni-Aufnahmsprüfung machen, heute ist er Universitätsprofessor in Linköping in Schweden.

Haben Sie einmal nachgedacht, warum in China eine so gewalttätige Entwicklung wie die Kulturrevolution passieren konnte?

Ja, in unserem Museum beschreiben wir das auch: Schon vor der Kulturrevolution hat die KP in China seit ihrer Gründung 37 politische Kampagnen und 11 Linienkämpfe organisiert. Warum eigentlich gab es so viele Kampagnen in China? Ist die Kulturrevolution also zufällig passiert? Ich glaube, sie war nicht zufällig. Die KPCh hat sich an der marxistisch-leninistischen Kommunistischen Partei der Sowjetunion orientiert, die dann vor allem unter Stalin den „Klassenkampf" und die „Diktatur des Proletariats" ganz besonders betonte. Das war die ideologische Basis solcher Kampagnen und Kämpfe, und man brauchte dabei immer einen politischen Gegner, den man bekämpfen konnte. Daher haben die Auswüchse der Kulturrevolution auch mit der Theorie des Klassenkampfes im Marxismus-Leninismus zu tun. Das zweite ist die mehrtausendjährige feudalistische Tradition Chinas, auch Mao war davon beeinflusst. Und das dritte ist der persönliche Charakter Mao Zedongs. Im Alter war Mao nicht mehr ganz klar im Kopf, er ist über alle seine ehemaligen Kampfgenossen hergefallen. Zhou Enlai war vielleicht die einzige Ausnahme, weil er ihn gebraucht hat.

In Ihrem Museum in Tayuan ist sehr viel von den Opfern die Rede, aber kaum von den Tätern und den Verantwortlichen der Kulturrevolution. Sie erzählen nur, wer erschlagen wurde, aber nicht, wer erschlagen hat?

Sie haben das richtig erkannt. Wir zeigen, was passiert ist, wir reden auch von den Umständen, die damals geherrscht haben, doch genauer können wir den Dingen oft nicht nachgehen. Wir reden auch von den Tätern, vielleicht nicht ganz direkt, aber wenn man zwischen den Zeilen liest, versteht man schon, was wir meinen. Aber es stimmt, dass wir die tieferen Ursachen kaum ansprechen, denn bis heute ist es in China nicht ratsam, direkte Kritik an Mao Zedong zu üben. Deshalb müssen wir eher indirekte Kritik üben. Wir sprechen zum Beispiel von den hundert Formen der körperlichen Strafen und Folter, die die Opfer erleiden mussten, aber wir sagen nicht, wer gefoltert hat. Würden wir das sagen, dann käme es zu neuen Konflikten. Es geht darum, dass die neuen Generationen aus der Geschichte lernen sollen, nicht um das Aufreißen der alten Gräben. Wir wollen nicht nach persönlicher Schuld suchen, sonst geht das immer weiter hin und her – Anschuldigung, Gegenanschuldigung, Rache. Vielen Tätern aus der Kulturrevolution fiel es ohnehin schwer, mit ihrer Schuld zu leben. Viele hatten Angst, sie würden, gemäß dem chinesischen Glauben, von den Seelen ihrer Opfer eingeholt und dann krank werden und früher sterben.

Was hat die lokale Bevölkerung zu diesem Museum in Tayuan gesagt?

Niemand hat sich offen gegen das Museum ausgesprochen. Jeder sagt, wir brauchen so etwas. Immerhin, auch wegen des

Museums kommen jedes Jahr über 300.000 Besucher nach Tayuan. Aber viele, vor allem über 50-jährige, sind irritiert. In den letzten Jahrzehnten durfte man nur Gutes über die KP sagen, niemand traute sich, Fehler anzusprechen. Wenn es also heute jemand wagt, ein solches Museum zu errichten, über die Verbrechen zu reden, dann bereitet das den Älteren, die in der Vergangenheit bereits Erfahrungen gemacht haben, Sorge. Wir haben viel Unterstützung bekommen, aber es gibt auch Profiteure der Kulturevolution, die anders denken und die gegen das Museum sind. Und natürlich haben alle, die selbst in der Kulturrevolution Leute verprügelt oder sonst etwas Schlimmes angestellt haben, Angst, dass alte Rechnungen wieder aufgemacht werden. Aber die reden auch nicht öffentlich.

Kommen auch junge Leute in das Museum, interessieren die sich dafür?

Es gibt in Tayuan noch andere touristische Stätten, zum Beispiel einen über 900 Jahre alten Tempel. Dadurch kommen viele junge Leute auch ins Museum. Aber von den Schulen organisierte Besuche gibt es bis jetzt nicht. Warum? In den Lehrbüchern, vom Kindergarten bis zur Universität, gibt es nämlich bis heute keine Inhalte, die die Kulturrevolution als Fehler darstellen. Auch die anderen Kampagnen, wie die Anti-Rechts-Bewegung Ende der fünfziger Jahre, werden in den Unterrichtsmaterialien niemals kritisch behandelt. So wissen unsere jüngeren Leute sehr wenig über diese Zeit. Die offizielle Linie ist momentan so: Das Kulturrevolutions-Museum darf zwar weiter existieren, aber es darf keine Werbung und Propaganda für sich machen, und das Beispiel soll auch nicht anderswo nachgeahmt werden. Deswegen weiß man oft im Ausland mehr über diese Ereignisse als in China selbst.

Warum meinen Sie, dürfen Sie keine Werbung für das Museum machen?

Es ist immer der gleiche Grund: Zu viele Menschen haben unter den politischen Kampagnen der Kommunistischen Partei gelitten. Daher fürchtet sie sich vor einer allzu tiefgehenden Aufarbeitung.

Könnte sich eine politische Entwicklung wie die Kulturrevolution in China wiederholen?

Ich glaube, dass eine solche Gefahr in der Tat besteht. Es gibt immer noch eine Strömung, die ständig Mao verehrt und lobt, und manche Leute meinen, gerade in der heutigen Situation Chinas müssten wieder ein Mao und eine Kulturrevolution her. Wenn man die Leute nicht nachdenken lässt, was damals wirklich passiert ist, dann kann sich das in der Tat wiederholen, wenn das entsprechende politische Klima existiert.

Sie sind jetzt fast achtzig. Gibt es schon jemanden, der sich einmal an Ihrer Stelle um das Museum kümmern wird?

Wir haben tatsächlich das Problem, dass die, die dieses Museum erhalten, durchwegs alte Leute sind. Wir finden momentan keine Nachfolger. Eines Tages wird sich wohl jemand finden, aber die jungen Leute denken heute viel zu wenig über die Geschichte nach. In unserer Marktwirtschaft denken die Jüngeren eher ans Reichwerden. Die Errichtung dieses Museums war eine viel schwierigere Arbeit als meine ursprüngliche Tätigkeit als Bürgermeister. Damals, mit der Partei im Rücken, hat die ganze Stadt gemacht, was ich angeordnet habe. Im Museum müssen wir alles selber machen, wir haben kein Büro und keine Sekretärinnen. Unsere Tätigkeit ist freiwillig und unbezahlt.

Woher kam bis jetzt das Geld für das Museum und die Gedenkstätte?

Wir haben bisher 17 Millionen Yuan (2 Millionen Euro) ausgegeben, der Großteil waren Spenden und Zuwendungen aus der Bevölkerung. Ein Teil kam auch von der Stadtregierung in Shantou. Als ich noch Vizebürgermeister war, hatte ich einen Fonds, aus dem ich auch solche Dinge finanzieren konnte. Dazu haben einige Unternehmer, mit denen ich damals zusammengearbeitet habe, das Projekt unterstützt. Der Hongkonger Milliardär Li Ka-shing, dessen Familie ursprünglich aus unserer Region kam, hat 300.000 Yuan (35.000 Euro) gespendet. Für jemanden wie ihn war das aber etwas mickrig. Er hat vielleicht geglaubt, wenn die chinesische Regierung dieses Museum nicht unterstützt, sollte auch er sich nicht allzu viel engagieren. Er will ja weiter mit der dem chinesischen Staat Geschäfte machen.

Sind Sie eigentlich noch Mitglied der Kommunistischen Partei Chinas?

Natürlich, aus der Partei kann man ja nicht wirklich austreten, oder? Einmal KP-Mitglied, immer KP-Mitglied. Ich bin immer noch Kommunist, und wenn ich mich für dieses Museum einsetzte, heißt das nicht, dass ich gegen den Kommunismus bin. Ich will nur, dass sich die Fehler der Geschichte nicht wiederholen. Ich bin eigentlich sehr berührt, dass Sie jetzt im Ausland eine solche Ausstellung organisieren, eigentlich müssten wir das in China machen! Aber das ist momentan nicht möglich, die Regierung will so etwas bis heute nicht. Das tut mir sehr weh. Sie können in Österreich zeigen, was damals in China passiert ist, aber wir dürfen nicht das Gleiche für unsere Bürger machen. Ich bin jetzt ein alter Mann und es bleibt mir nicht mehr viel von meinem Leben. Das Einzige, was ich noch will, besteht darin, mehr jungen Leuten die Geschichte nahezubringen, damit sich so etwas wie die Kulturrevolution in China nie mehr wiederholt.

(Das Gespräch mit Peng Qi'an führte Helmut Opletal.)

Abb. 105: Plakat zur „Klassenerziehung" mit Darstellung eines Prozesses gegen Großgrundbesitzer Anfang der 50er Jahre. Transparent über der Bühne: „Kampf gegen die despotischen Grundherren". Auf der Mauer links: „Nieder mit den Großgrundbesitzern! Verteilt den Boden!" Museum für Völkerkunde Wien, Inv.-Nr. 183.818

Hunderttausende wohlhabende Bauern wurden zu Beginn der 50er Jahre nach solchen Schauprozessen hingerichtet. Ihr Boden wurde an Landlose und ärmere Bauern verteilt; ab 1953/54 musste er jedoch an Genossenschaften übertragen werden, später an sogenannte *Volkskommunen*.

户县农民阶级教育画选（四）　　来了救星共产党，农民翻身得解放。
　　　　　　　　　　　　　　　怒火烧毁卖身契，地主威风一扫光。

BA JIN

EIN MUSEUM DER „KULTURREVOLUTION" (Auszug)

Vor nicht allzu lange habe ich in „Gedanken unter der Zeit" Konversationen mit Freunden notiert, in denen ich meinte, „es wäre gut, ein Museum der ‚Kulturrevolution' zu errichten". Ich habe allerdings keinen fertigen Plan und habe auch nicht umfassend nachgedacht, dennoch glaube ich fest an die Sache: Die Umsetzung dieser Idee für ein Museum der „Kulturrevolution" erscheint mir als Verpflichtung für jeden Chinesen.

Ich habe nur diesen einen Satz geäußert, den Rest wollte ich anderen überlassen. Ich bin überzeugt, dass viele, die durch das Blut und Feuer der „Kulturrevolution" gegangen sind, nicht schweigen werden. Jeder hat seine eigenen Erfahrungen gemacht, aber niemand vermag die damaligen „Kuhställe" als „Paradies" zu bezeichnen, das Schlachten bar jedes Humanismus als „proletarische Revolution". Auch wenn nicht alle das Gleiche empfinden, müssten wir dennoch gemeinsam auf eine Sache drängen: dass in unserem Land nicht nochmals eine „Kulturrevolution" passiert. Denn eine zweite solche Katastrophe könnte unser Volk in den Abgrund führen.

Ich will nicht Panik erzeugen, aber die Ereignisse von vor zwanzig Jahren liegen mir immer noch deutlich vor Augen, Tage, die wir nur schwer aus dem Gedächtnis zu löschen vermögen, eine Anarchie mit himmelschreienden Qualen, Lug und Trug, mit Umkehrung von Gut und Böse, Freund und Feind, Wahrheit und Schwindel, begleitet von ungesühntem Unrecht und andauernder Rache! […] Wenn jemand meint, „Nochmals? Unmöglich", dann möchte ich doch fragen: „Warum eigentlich nicht?" In den letzten Jahren habe ich, in der Hoffnung auf eine klare Antwort, über dieses Eine immer wieder gegrübelt: Wäre es möglich, oder doch nicht? Noch immer leide ich deshalb unter Albträumen. Wer kann mir garantieren, dass sich das, was vor zwanzig Jahren passiert ist, nicht wiederholt? […]

Nicht dass ich nicht vergessen wollte, aber es sind die bluttriefenden Gespenster, die mich am Vergessen hindern. Ich bin völlig schutzlos ausgeliefert, das Nahen der Katastrophe, die Anbahnung der Tragödie, meine eigene verwerfliche Rolle, die ich darin spiele, wie wir uns Schritt für Schritt dem Abgrund nähern, das kommt mir alles vor, als wäre es erst gestern gewesen.

[…] Ich bin darin nicht umgekommen, aber fast zu einem unbrauchbaren Ding gemartert worden, während unzählige strahlende Talente vor meinen Augen ausgelöscht wurden und geliebte Lebewesen neben mir starben. „So etwas kann nicht nochmals passieren, wischen wir also die Tränen ab und blicken nach vorne!", versuchen mich meine Freunde zu trösten und aufzumuntern. Ich glaube es ihnen, und habe gleichzeitig Zweifel. Innerlich sage ich mir: Warten wir ab, und sehen wir einmal, was kommt. […] Die Gründung eines Museums der „Kulturrevolution" ist nicht Sache irgendeiner Person, sondern wir alle haben die Pflicht dafür zu sorgen, dass unsere Kinder und Enkel und die kommenden Generationen die Lehre aus diesen zehn Jahren des Leides ziehen. […] „Wir dürfen nicht zulassen, dass sich diese Tragödie der Geschichte wiederholt" – das darf kein leerer Satz ohne Inhalt bleiben. Die Menschen sollen vielmehr von Anfang bis Ende über alles Bescheid wissen, sich durch den Kopf gehen lassen, wie sie sich persönlich in diesen zehn Jahren verhalten haben, für die eigene große und kleine Mitschuld geradestehen. Wer nicht nur an sich selbst denkt, muss auch keine Angst haben in eine Falle zu gehen. Wer sich traut, mit der Wahrheit zu kommen, den wird man auch ernst nehmen. Und nur wer genau weiß, was in der „Kulturrevolution" wirklich geschehen ist, wird eine neue Tragödie der Geschichte, eine neue „Kulturrevolution", verhindern. Wir brauchen daher unbedingt ein Museum der „Kulturrevolution", denn nur wer das „Vergangene" nicht vergisst, kann auch das „Zukünftige" meistern.
(Yang 1995: 11–12.)

(Übersetzung aus dem Chinesischen: Helmut Opletal)

Abb. 106: Bild und Kalligraphien des Schriftstellers Ba Jin (1904–2005) im Inneren der Gedenkstätte. Zu seiner Forderung, Museen der *Kulturrevolution* zu errichten, siehe den nebenstehenden Text.

Weiterführende Literatur
- Ba Jin
1988 *Gedanken unter der Zeit. Ansichten – Erkundungen – Wahrheiten 1979–1984*. Köln: Diederichs Eugen.
- Ke Peizhong (Hg.)
2006 *Shantou Chenghai Tayuan Wenge Bowuguan ziliao ji zhi yi. Fansi wenge 40 nian* [Materialiensammlung zum Kulturrevolutions-Museum in Tayuan, Chenghai/Shantou. 40 Jahre Nachdenken über die Kulturrevolution]. Chenghai.
- Song Rushan (Hg.)
2009 *Zhongguo Wenhua Da Geming shidian* [Kompendium der Ereignisse der chinesischen Kulturrevolution]. Hongkong: Xinghui Tushu Youxian Gongsi/The Starite Book Co., Ltd.
- Yang Kelin (Hg.)
1995 *Wenhua Da Geming Bowuguan* [Ein Museum der Kulturrevolution] (1 und 2). Hongkong: Dongfang Chubanshe/Oriental Publishing House und Tiandi Tushu Youxian Gongsi/Cosmos Books, Ltd.

Peng Qi'an, geb. 1931, schon als Jugendlicher im kommunistischen Untergrund, dann Funktionär der KP Chinas in der Provinz Guangdong. Nach der *Kulturrevolution* mehrere Jahre Vizebürgermeister der Millionenstadt Shantou.

Abb. 107: Servierteller (Porzellan, ø 26 cm) mit Aufschrift „Der Osten ist rot, die Sonne geht auf – über Shaoshan hat sich eine Rote Sonne erhoben", Schnapskaraffe (Porzellan, H. 14 cm) mit Spruch „Der Osten ist rot" und Löffel (Porzellan, L. 12 cm), um 1968. Museum für Völkerkunde Wien, Inv.-Nrn. 183.576, 183.554, 178.724

Abb. 108: Servierblech (Email, ø 31 cm) Marke *Dazhong* (Große Volksmassen) mit Aufschrift „Die Revolution anpacken, die Produktion fördern", Shanghai, datiert August 1968. Museum für Völkerkunde Wien, Inv.-Nr. 183.473

Abb. 109: Servierblech (Email, ø 31 cm) mit den vier Bänden von Maos *Ausgewählten Werken*, Tianjin, datiert Februar 1968. Museum für Völkerkunde Wien, Inv.-Nr. 183.505

Abb. 110: Löffel (Porzellan, L. 12 cm), um 1968. Museum für Völkerkunde Wien

Abb. 111: Bäuerliches Vorratsgefäß (Steinzeug, H. 28 cm), mit rotem Lack wurde ein Mao-Zitat („Entschlossenheit zeigen, kein Opfer fürchten, alle Hindernisse überwinden, um den Sieg zu erringen") aufgemalt, wohl um zu verhindern, dass *Rote Garden* im Zuge der Kampagne gegen die „Vier Alten" das Gefäß zerschlagen. 50er Jahre oder früher, die rote Aufschrift datiert „1967". Museum für Völkerkunde Wien, Inv.-Nr. 183.581 a, b

Abb. 112: „Hochzeitsvasen" (für Süßigkeiten und Vorräte im Haushalt) aus Porzellan (H. 25 cm), jeweils mit dem Schriftzeichen für „Doppeltes Glück", darüber der vierte Band von Maos *Ausgewählten Werken*, auf dem Deckel „Lang lebe der Vorsitzende Mao", Jingdezhen (Provinz Jiangxi), um 1968. Museum für Völkerkunde Wien

Abb. 113: Teedose (H. 10 cm) und Becher (ø 6 cm) aus Bambus, beide bemalt mit einer Szene aus *Jinggangshan* (Revolutionsstätte der 30er Jahre), um 1968. Museum für Völkerkunde Wien, Inv.-Nrn. 183.466, 183.468

Abb. 114: Trinkglas (H. 14 cm), *Ausgewählte Werke Mao Zedongs,* um 1969. Museum für Völkerkunde Wien, Inv.-Nr. 183.526

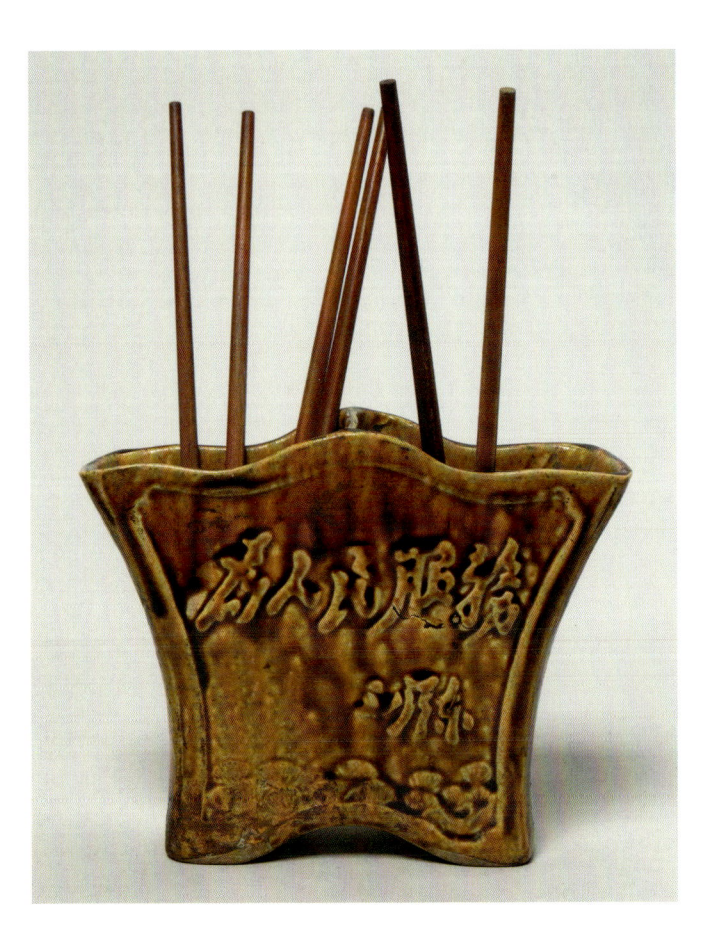

Abb. 115: Behälter für Essstäbchen (glasiertes Steinzeug, H. 15 cm), mit Mao-Spruch „Dem Volke dienen", um 1966. Museum für Völkerkunde Wien, Inv.-Nr. 183.585

Abb. 116: Behälter für Essstäbchen (Porzellan, H. 13 cm), Aufschrift „Lang lebe der Vorsitzende Mao" und „Lest die Werke des Vorsitzenden Mao, hört auf seine Worte und handelt nach seinen Weisungen", um 1969. Museum für Völkerkunde Wien, Inv.-Nr. 183.577

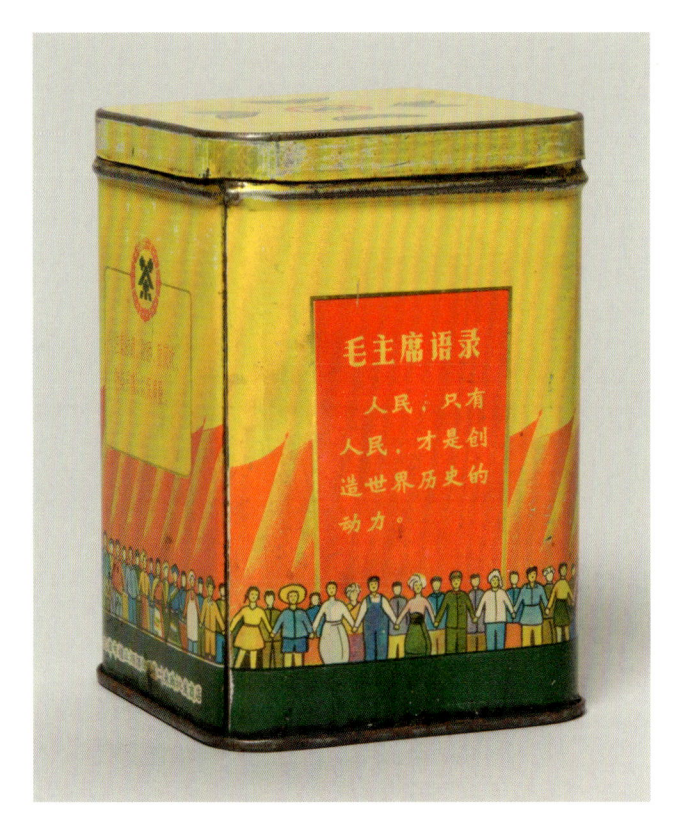

Abb. 117: Teedose (Metallblech, H. 10 cm) mit Mao-Zitat „Das Volk und nur das Volk ist die Kraft, die die Weltgeschichte gestaltet", auf der Rückseite wird u. a. daran erinnert, den „Klassenkampf" und die „Diktatur des Proletariats" nicht zu vergessen. Tianjin, um 1968. Museum für Völkerkunde Wien, Inv.-Nr. 183.464

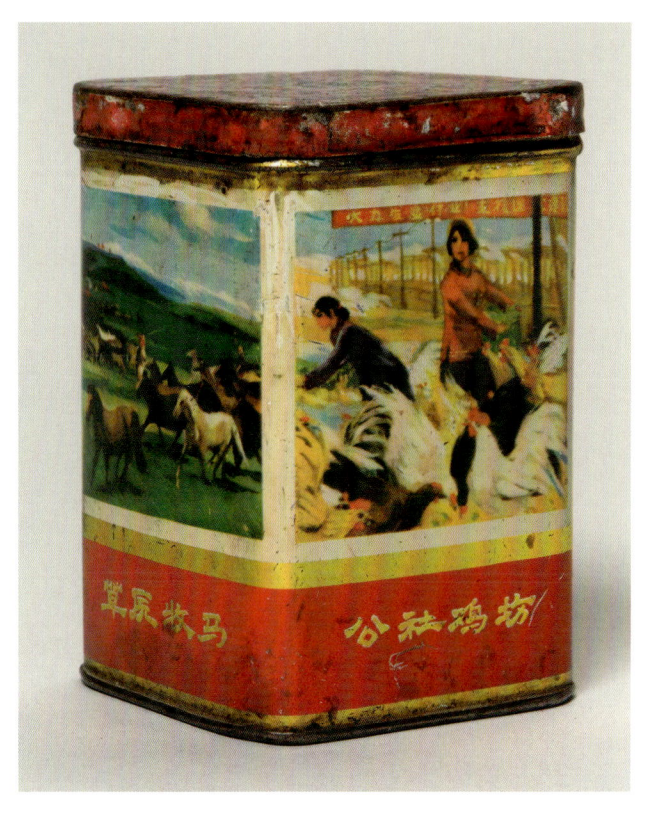

Abb. 118: Teedose (Blech, H. 10 cm), aufs Land verschickte Jugendliche bei der Arbeit, Aufschrift „Pferdezüchten in der Steppe" und „Hühnerhaltung in der Kommune", Slogan rechts oben „Mit großer Kraft die Nebenproduktion entwickeln! Den Aufbau des Landes unterstützen". Museum für Völkerkunde Wien

Abb. 119: Warenetiketten für Schnaps der Marke *Arbeiter und Bauern*, in „höchsten Weisungen" (Mao-Zitaten) wird zum sparsamen Umgang mit menschlichen und materiellen Ressourcen aufgerufen, auf dem Etikett rechts auch „gegen große Ess- und Trinkgelage" argumentiert. Nanchang (Provinz Jiangxi), um 1968. Museum für Völkerkunde Wien, Inv.-Nrn. 183.673_1, 183.673_2

Abb. 120: Dose (Metallblech, ø 11 cm) für Autowachs der Marke *Ostwind*, Parolen „Lang lebe der Vorsitzende Mao" u. a., um 1970. Museum für Völkerkunde Wien

东方红太阳升

JÖRG-M. RUDOLPH

WAS WOLLTE MAO ZEDONG?

Die Volksrepublik China war bis zum Jahr 1976, als Mao Zedong am 9. September starb, im Wesentlichen das Resultat der politisch-gesellschaftlichen Vorstellungen („Visionen") dieses Mannes. Zahleiche aufeinanderfolgende „Bewegungen" wirbelten die Klassen und Schichten der Bevölkerung durcheinander, entmachteten zuerst die traditionellen Eliten (sie löschten diese bis zum Beginn der 60er Jahre de facto auch physisch weitgehend aus) und fraßen dann in der Kulturrevolution die Nutznießer, die neue Klasse der Partei-Nomenklatura. Nie zuvor hatte die Jahrhunderte lang statisch vor sich hindämmernde chinesische Gesellschaft so etwas erlebt. Treibende Kraft hinter all dem war vor allem ein Mann: Mao Zedong.

Freilich hat er dies alles nicht ganz allein bewirkt. Da waren die Gesinnungsgenossen an der Spitze der Machtpyramide, die halfen, darunter der „Apparat" aus Berufsfunktionären, die mittaten. Und schließlich, ganz unten, befand sich das „Volk", die braven chinesischen Untertanen, die in ihrer überwältigenden Mehrheit ausführten, was „die da oben" beschlossen hatten. Und diese waren in der „Republik des chinesischen Volkes" nicht viele, etwa hundert Personen, wenn man das seinerzeitige Zentralkomitee der KP als innersten Zirkel betrachtet, oder zwischen fünf Personen und einem Dutzend, wenn man die Mitglieder der Ständigen Ausschüsse des Politbüros, des *de facto* obersten Parteigremiums, zugrunde legt.

Was Mao, der Vorsitzende des inneren Zirkels, als Ideen („Visionen") einbrachte, musste freilich niemand akzeptieren. Man debattierte dort sicherlich darüber und stimmte am Ende in irgendeiner Form ab – vielleicht sogar geheim. Jeder dieser Top-Funktionäre konnte also „nein" zu den „Visionen" des Vorsitzenden sagen. Nach der Gründung der KP im Jahre 1921 hatte Mao dies mehrfach erfahren. Er war zwar vom Gründungsparteitag an in leitender Position dabei (ab 1923 im Zentralkomitee), doch erlebte er bis zum Jahr 1934 mehr als nur einmal das Scheitern seiner Vorstellungen in der Parteiführung. Einmal, 1927, warfen seine Genossen ihn sogar aus dem Politbüro hinaus, in dem er Kandidatenstatus besessen hatte. Erst Anfang 1935, am Beginn des „Langen Marsches", auf der *Zunyi-Konferenz,* gelang es Mao, genügend Unterstützung für seine Vorschläge zu gewinnen, ins Politbüro zurückzukehren und ab da *de facto* Chef der Partei zu werden. Dass er es bis zu seinem Tod blieb, war jedoch keinesfalls ein Naturgesetz, sondern das Ergebnis seines politischen Agierens in den Parteigremien, wo er es stets schaffte, Mehrheiten für seine Vorstellungen zu erlangen. Nur so konnte er oben bleiben, während manch anderer abstürzte, und 26 Jahre lang als „Vorsitzender", zeitweise auch als „Großer Lehrer, Führer, Oberkommandierender, Steuermann" die chinesische Gesellschaft nach seinen Vorstellungen gestalten.

Wer seine Ideen aber auch in den unteren Bereichen der Gesellschaft umsetzen will, der braucht auch dort Unterstützung. Gibt es unten an den Wurzeln Widerstand, so wird gar nichts oder jedenfalls nicht viel im Staate gestaltet, ein Zustand, der nach einer gewissen Zeitspanne garantiert negativ auf die „Führung" zurückschlägt, weil sie offenbar gar keine ist. In der Regel bewirkt das ihren Sturz. Keine politische Macht kann sich deshalb dauerhaft, schon gar nicht jahrzehntelang wie Mao, ohne Legitimierung durch sehr große Teile der Bevölkerung halten. Gewalt, die aus den Läufen der Gewehre kommt, wie Mao einst sagte, kann politische Macht begründen, hergebrachte Regime stürzen und

Abb. 121: Rasierspiegel (H. 16 cm) mit Metallständer, Aufschrift „Der Osten ist rot, die Sonne geht auf", um 1970. Sammlung Opletal

Abb. 122: Scherenschnitt (ø 12 cm), Gebäude der *Zunyi-Konferenz* von 1935 mit zeitgenössischer Mao-Darstellung. Umschlag für insgesamt acht Scherenschnitte. Nantong (Provinz Jiangsu), um 1972. Museum für Völkerkunde Wien, Inv.-Nr. 183.769

Abb. 123: Porzellanteller (ø 30 cm), Mao und Lin Biao auf der Tribüne des *Tian'anmen*. Umschrift „Lang lebe der Große Lehrer, Große Führer, Große Kommandant und Große Steuermann, der Vorsitzende Mao". Phantasieprodukt für Touristen nach Motiven der *Kulturrevolution*, Anfang der 2000er Jahre. Museum für Völkerkunde Wien, Inv.-Nr. 178.446

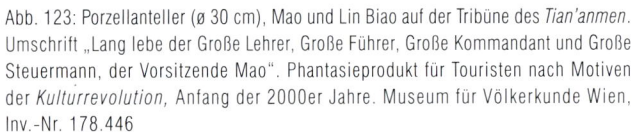

Abb. 124: Teekanne im chinesischen Stil (Porzellan, H. 18 cm, Metallhenkel). Kinderprozession mit Mao-Bild, rechts neben dem Fahnenträger „Glückwunsch zum Frieden", am oberen Rand „Weltfrieden". Diese Parolen waren in China – in Anlehnung an die sowjetische Propaganda – in den frühen 50er Jahren häufig zu lesen. Sammlung Opletal

neue installieren; bewaffneter Terror kann auch (wie am 4. Juni 1989 in Peking) den Untergang eines Regimes abwenden. Auf Dauer reicht es jedoch nicht, seine Gegner zu erschießen oder sie einzusperren, auf lange Sicht kann jegliche politische Macht nur mit der Zustimmung der Beherrschten aufrecht bleiben, und sie fällt bei deren Ablehnung.

Mao fiel nicht. Seine Herrschaft war zeit seines Lebens sowohl seitens der Parteimitglieder als auch durch die Gesellschaft legitimiert. Die Begeisterung des „Volkes" für ihn ermöglichte es dem intellektuell versierten Mao, der zugleich mit allen politischen Wassern gewaschen und mit der Skrupellosigkeit des Berufspolitikers ausgestattet war, sämtliche Situationen zu überstehen, die seine Gegner dazu hätten nutzen können, ihn von der Macht zu entfernen. Solche Situationen gab es vor und nach 1949 viele – sehr viele sogar. Mao hat sie alle überstanden, obwohl „Genossen" es durchaus auf seine Position abgesehen hatten: Lushan 1959, die *Konferenz der Siebentausend* 1962, die *Februar-Gegenströmung* 1967, Lushan 1971 … Doch jedes Mal erwies sich die Feigheit dieser Leute als größer, und niemand traute sich, den entscheidenden Antrag zur Abwahl des Alten zu stellen. Die Feigheit aber resultierte aus der realistischen Erkenntnis der sicheren Erfolglosigkeit solchen Tuns.

Maos Macht fußte also auf einem festen legitimatorischen Fundament in der Gesellschaft. Er selbst wusste darum genau Bescheid. Mehrfach verhöhnte er die Möchtegern-Oppositionellen wie seinen Stellvertreter im Parteivorsitz, Liu Shaoqi, und den mit diesem zusammenarbeitenden Generalsekretär Deng Xiaoping mit der Aufforderung, ihn doch zu stürzen. Er würde dann aber, so Mao, in das *Jinggang*-Gebirge zurückkehren und dort, wie Ende der 20er Jahre, einen neuen Krieg gegen ihr Regime beginnen. Da ließen sie allen Widerstand fahren, lobten den Vorsitzenden öffentlich und stimmten seinen Vorhaben zu.

Oft ist Mao Zedong ein Satz als menschenverachtend ausgelegt worden, den er 1958 in einer kurzen Vorbemerkung zu einem Bericht schrieb und in dem er den Enthusiasmus der Bauern des Kreises Fengqiu, Provinz Henan, bei ihrer

Abb. 125: Gewebtes Bild (Seide, 28 x 35 cm), Mao vor einem weißen Blatt Papier, rechts die Parole „Unser allerliebster Führer, der Vorsitzende Mao". Seidenweberei *Der Osten ist rot*, Hangzhou, um 1970. Museum für Völkerkunde Wien, Inv.-Nr. 178.906

Selbst-Enteignung (= Kollektivierung) beschrieb (Mao 1958: 177f.): *„Eine hervortretende Eigenheit der 600 Millionen Chinesen ist die: erstens arm und zweitens weiß. Auf den ersten Blick erscheint das als etwas Schlechtes. Tatsächlich aber ist es etwas Gutes. Arm bedeutet, dass man etwas ändern, revolutionieren will. Und ein Blatt weißes Papier ist unbelastet. Darauf kann man die neuesten und schönsten Zeichen schreiben, die neuesten und schönsten Bilder malen."*

Diese Feststellung Maos war weder arrogant noch zynisch. Sie beschrieb einfach nur die Realität der chinesischen Gesellschaft, über die er 1958 herrschte: Willig bot das „Volk" seinem „Führer" an, ihm dorthin zu folgen, wo er es haben wollte. Das „weiße Volk" war dabei aber nicht nur brav und gehorsam, wie es als die sogenannte kindliche Pietät, das *xiao,* die sklavische Unterwerfung unter den Willen der Eltern und Vorgesetzten, den Chinesen seit Jahrhunderten eingetrichtert worden war; das Volk war sogar vorauseilend gehorsam! Manche Maßnahmen nämlich – wie zum Beispiel die Errichtung der sogenannten *Volkskommunen* – hatte gar

Abb. 126: Türvorhang (ca. 80 x 190 cm, Ausschnitt), nach traditioneller nordchinesischer Art bestickter Baumwollstoff, mit der Parole „Die Volkskommunen sind eine gute Sache". Ganz oben steht das Schriftzeichen „Doppeltes Glück" (Hochzeitssymbol). Anfang der 60er Jahre. Museum für Völkerkunde Wien

Abb. 127: Reisschale (Porzellan, ø 17 cm) mit der Parole „Lang lebe der der Große Sprung nach vorn", Anfang der 60er Jahre. Museum für Völkerkunde Wien, Inv.-Nr. 183.560

Abb. 128: Briefumschlag vom Oktober 1967, auf der Rückseite das vertonte Mao-Zitat *„Eine Revolution ist kein Gastmahl, kein Aufsatzschreiben, kein Bildermalen oder Deckchensticken; sie kann nicht so fein, so gemächlich und zartfühlend, so maßvoll, gesittet, höflich, zurückhaltend und großherzig durchgeführt werden. Die Revolution ist ein Aufstand, ein Gewaltakt, durch den eine Klasse eine andere Klasse stürzt."* Sammlung Opletal

nicht Mao an seinem Schreibtisch entworfen, das „Konzept Volkskommune" war vielmehr ganz unten an der Basis aufgekommen, an einem Ort namens Cuoyashan, auf dem flachen Land in der Provinz Henan. Mao hatte den zugkräftigen Namen und den radikalen Inhalt dort bei einer seiner „Inspektionen" kennengelernt. Die erste „Volkskommune" war ganz ohne ihn entstanden! Freilich lobte er anschließend die Unternehmung „seines weißen Volkes", er kalligraphierte den Satz „Die Volkskommunen sind eine gute Sache". Den Rest besorgten die ebenso „weißen" Journalisten im Propagandaapparat: Dies sei der endlich gefundene Weg zum „Kommunismus" bei den Bauern, womit „China" ein weiteres Mal an der Spitze des menschlichen Fortschritts marschiere – noch vor der Sowjetunion! Ohne zu zögern folgten ihm erst seine Genossen an der Parteispitze, dann die Funktionäre bis hinunter zur „Basis", wo sich die ländliche Bevölkerung begeistert anschloss und ihre eigene Total-Enteignung vollzog. Die „Volkskommune" war ein klassischer Fall von „weißem Papier", auf dem der Vorsitzende Schriftzeichen malte, sich als Sozialingenieur betätigte, Weichen für die Schaffung einer chinesischen industriellen Gesellschaft stellte. Der sogenannte „Große Sprung nach vorn" zielte in die gleiche Richtung.

Und die „Große Proletarische Kulturrevolution" war die radikalste und umfassendste Unternehmung, denn sie zielte auch auf die Gesellschaft jenseits der Ökonomie, den sogenannten Überbau.

Wohin sollte sie führen? Ihr Ziel war dort, wohin Mao Zedong seit seiner politischen „Erweckung" um 1915/20

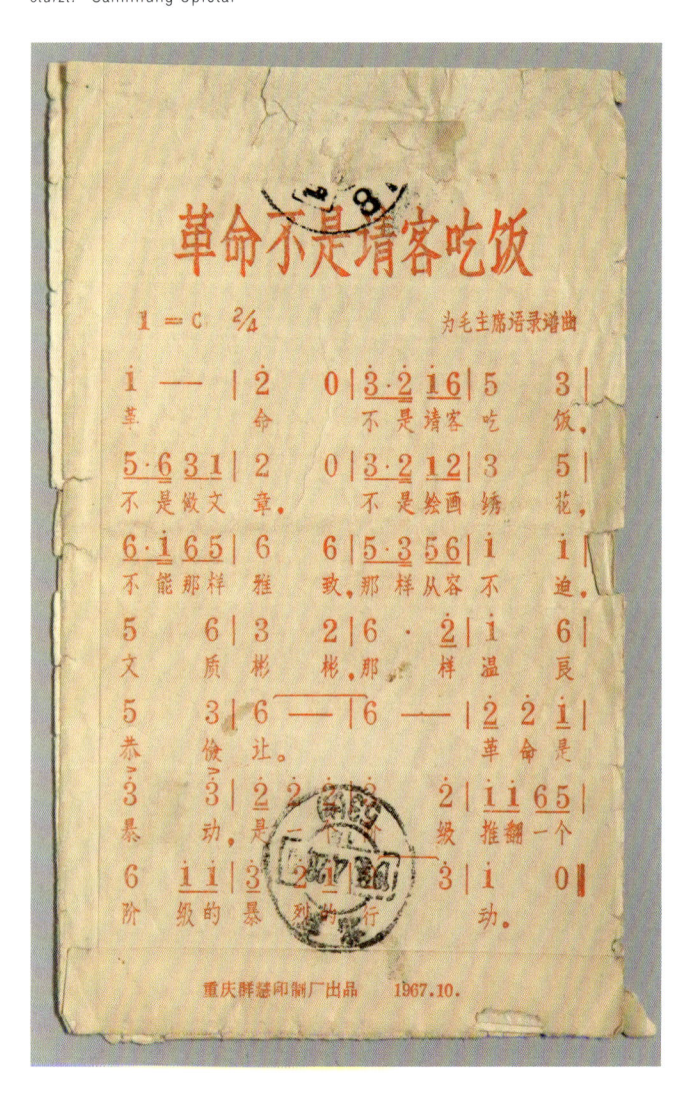

„China" bringen wollte: China sollte sich von den Doktrinen entfernen, die der konfuzianische Zentralstaat der Han-Herrschaft um das Jahr 100 v. Chr. begründet hatte, mit einer Gesellschaft, die der Historiker Bo Yang (1920–2008) als ein hermetisch abgeschlossenes System beschrieb, vergleichbar einem Krug, in dem Kimchi-Gemüse im eigenen Saft vergärt (Bo Yang 1991: 38ff.). Dieses sich selbst genügende, sich von der Außenwelt und deren Kulturen arrogant abkapselnde System identifizierte Mao (aber keineswegs nur er) in den Jahren nach 1911, der Abdankung des letzten Kaisers, als ursächlich für den katastrophalen geistigen, kulturellen, technischen und wissenschaftlichen Entwicklungsstand der chinesischen Gesellschaft. Es waren die Jahre um 1915, als die Menschen im Lande plötzlich so frei denken konnten wie nie zuvor (und nie danach), als Mitglieder der Elite über Bedingungen gesellschaftlicher Entwicklung nachzusinnen begannen, als das grundsätzlich Neue, das die europäische Zivilisation in zweieinhalbtausend Jahren hervorgebracht hatte, den in Jahrhunderten zentralstaatlicher Despotie vertrockneten chinesischen Intellekt plötzlich mit Dingen überschwemmte, die außerhalb des chinesischen Kimchi-Topfes blühten und die sie sich nie zuvor vorgestellt hatten.

Mao Zedong war schon als Jugendlicher ein Rebell wider die Zumutungen der Ideale der chinesischen Elite gewesen, die er auf Veranlassung seines Vaters hatte internalisieren müssen, wie es damals vorgeschrieben war, wenn einer in die Reihen der Mandarine aufsteigen sollte. Statt seinem Lehrer mit dem vorgeschriebenen sklavischen Gehorsam eines Kindes gegenüberzutreten, widersprach Jung-Mao der ehrwürdigen Instanz und stritt anschließend auch noch mit seinem Vater. Ein unerhörtes Verhalten im chinesischen

Abb. 129: Plakette aus Porzellan (H. 11,5 cm), Parole „Mit der hoch erhobenen großartigen roten Fahne der Maozedongideen stürmen wir mutig voran", darunter ein rotes Herz mit dem Schriftzeichen „zhong" (Loyalität), das mit den umstehenden Zeichen den Satz ergibt: „Ewig loyal zu Dir", um 1968. Museum für Völkerkunde Wien, Inv.-Nr. 183.166_18

Abb. 130: Verbrennen von Tempelstatuen in Hefei (Provinz Anhui), September 1966. Mao hatte zur Zerstörung der „Vier Alten" aufgerufen. Nach Yang 1995: 152

Riten-System: Rebellion für etwas Neues! Als nächstes lehnte er seine Zwangsverheiratung ab und verließ mit sechzehn, wiederum gegen den Willen des Vaters, sein Dorf, um in der nahen Stadt eine Schule zu besuchen.

An der klassischen Ausbildung zum Mandarin, für die er alle intellektuellen Voraussetzungen mitbrachte, zeigte er kein Interesse, weil er das Neue und Moderne wollte: Sport, Englisch, und überhaupt Ausländisches und Europäisches. Mao hörte um 1912 erstmals (!), dass es da eine andere Welt gab, Amerika und England, er las Bücher über Napoleon, den Verfechter der Ideale der Französischen Revolution, dem es gelungen war, das reaktionäre Europa zu zerschlagen, über Peter den Großen, der Russland Europa nahegebracht hatte, über den Aufklärer Rousseau und den Sklavenbefreier Abraham Lincoln. Im Alter von siebzehn Jahren ging er in die Provinzhauptstadt Changsha und schrieb sich dort an einer „noch moderneren" Schule ein.

Das Lesen westlicher Literatur, in Übersetzungen freilich, deren Qualität wir nicht kennen, wurde ihm zur Manie. Um 1911/12, 18-jährig, verschlang er jede Lektüre, die ihm in die Finger kam. Wenngleich diese Schriften jeweils sehr verschieden waren, besaßen sie doch alle einen für die Ausbildung von Maos Persönlichkeit wichtigen gemeinsamen Nenner: Sie waren durchweg un-chinesisch. Zu den Texten, die er besonders genau studierte, gehörte zum Beispiel das *System der Ethik* von Friedrich Paulsen (Pädagoge, einflussreicher Neu-Kantianer, 1846–1908). An der Stelle, an der Paulsen beschreibt, wie das Alte das Neue, die Vergangenheit die Gegenwart „unterdrückt", notierte Mao: „Dies ist exakt die Situation Chinas […] Ich bin der Überzeugung, dass eine vollständige Umwandlung stattfinden muss" (Schramm 1992: 249).

Die Meinung, das Alte unterdrücke auch in China das Neue, verstärkte sich um 1917 durch das ausgiebige Studium der trostlosen chinesischen Verhältnisse auf Reisen in der Provinz. Maos Begleiter und späterer Parteigenosse Zhang Kundi notierte dazu in seinem Tagebuch:

„Herr Mao Runzhi [einer der Namen Maos] *sagte: ‚Die Chinesen sind heute träge und in falscher gegenseitiger Bewunderung versunken. Ihr Charakter ist sklavisch und ihr Geist eng. Wie*

könnte unser Volk Revolutionäre auf den Gebieten der Philosophie und Ethik hervorbringen wie Tolstoi in Russland, die das Volk vom alten Denken reinigen und neues Denken erkunden?'" (Schramm 1992: 139).

Maos Radikalität ging dabei so weit, wie sein Begleiter auch notierte, dass er die umgehende Zerschlagung/Verbrennung alles Chinesischen als Vorbedingung der Modernisierung forderte. Dieser Meinung, dass mit Chinesischem keine Moderne zu erlangen sei, hing er bis zu seinem Tod 1976 an, und die Hypothese, der zufolge eine Modernisierung den Bruch mit allem Chinesischen erfordere, diente als Leitfaden für sein gesamtes weiteres Handeln.

1918 beendete Mao seine Ausbildung am Lehrerseminar, er verwarf die Option, so wie viele seiner Kommilitonen nach Europa zu gehen. Allerdings half er etlichen bei den Vorbereitungen für ihre Fahrt und hielt brieflichen Kontakt zu ihnen. Er selbst wählte stattdessen die Hauptstadt Peking als Reiseziel, das frühere Zentrum der Herrschaft der Mandarine, den „Kimchi-Topf" all dessen, was als typisch chinesisch bezeichnet werden konnte. Zu diesem Zeitpunkt – 1919 – war die Stadt jedoch auch bereits das Zentrum des „neuen China", dort hielten sich die Protagonisten der *Neuen Kulturbewegung* auf, die den Geist der (europäischen) Aufklärung in die dekadente chinesische Tradition zweier Jahrtausende bringen wollten.

In Peking erhielt Maos Suche nach Alternativen für die Gesellschaft ihre entscheidende Richtung. Zentrum aller Erneuerungsbestrebungen war damals die *Peking-Universität* unter ihrem Rektor Cai Yuanpei, zu Maos Ideengebern zählten die dort aktiven Träger der *Neuen Kulturbewegung,* insbesondere der Lektor und Übersetzer des *Kommunistischen Manifestes,* Li Dazhao (1889–1929). Durch ihn erhielt Mao eine Anstellung in der Bibliothek, wo beide vier Monate gemeinsam arbeiteten und Mao auch noch Gelegenheit hatte, den Herold der *Neuen Kulturbewegung* persönlich kennenzulernen, den berühmten Chen Duxiu, 1915 Herausgeber der ersten chinesischen Zeitschrift in Umgangssprache. 1920 traf Mao in Shanghai auch die „Nummer zwei" der Aufklärungsbewegung, Hu Shi, und korrespondierte mit ihm. Mao hatte 1918/19 also persönlichen Kontakt zu den maßgeblichen Reformern, er lernte ihre Ansichten und Themen kennen und las die von ihnen empfohlenen Schriften europäischer und amerikanischer Denker der Moderne. Selbst Montesquieu gehörte jetzt dazu, Erfinder der Gewaltenteilung, der Grundfeste demokratisch-aufgeklärter Gesellschaften. Warum interessierte Mao all das? Weil er China ändern, zu einem Staat der Moderne machen wollte. Er verabscheute gerade deshalb – genau wie seine Vorbilder in der *Neuen Kulturbewegung* – die indigene Zivilisation.

Nach dem Scheitern dieses ersten Anlaufs zu einer Aufklärung (wozu das damalige Westeuropa beitrug, das in Versailles Absprachen mit Japan zum Nachteil Chinas traf), suchte Mao mit einem Teil der Aktivisten ein anderes Vorbild, das geographisch weiter im Osten lag – die Sowjetunion, wo eine ganz andere, bessere Gesellschaft im Aufbau zu sein schien, und er gründete mit ihnen gemeinsam 1921 die *Kommunistische Partei Chinas*. In seiner Person, in seinem Denken und seiner Weltsicht vereinigte Mao Zedong Anfang der zwanziger Jahre vieles: das „alte China" auf der einen Seite und die hochgesteckten Ambitionen (sowie das Halbwissen) der frühen Aufklärungsbewegung *à la chinoise* auf der anderen; die Neugierde auf die europäische Welt, die er als Vorbild für das „neue China" akzeptierte, gleichwohl aber nie persönlich kennenlernte; ferner die Wut über das Scheitern der eigenen Kultur, den Wunsch nach einer radikalen Änderung des Chinesischen und das nicht Wissen, wie. Das war die eine, an sich bereits ziemlich ambivalente Seite Maos, die sein Handeln bis zum Ende bestimmte.

Abb. 131: Figurine mit Mao und Tschiang Kaischek (Kunststoff, H. 11 cm), Aufschrift „Aus einem Mund sprechen, lächelnd vereint, mit tiefen Gefühlen, von gleichem Fleisch und Blut". Erworben um 2008 in Taiwan, spielt auf die Zeit 1936–1947 an, in der Mao und der nationalchinesische Präsident ein Zweckbündnis im Kampf gegen die Japaner pflegten und einander auch persönlich begegnet sind. Sammlung Jörg-M. Rudolph, Bad Homburg

Abb. 132: Teedose (Metallblech, H. 10 cm). Vertreterinnen der Dritten Welt studieren die Werke Maos, dazu die Zeilen aus dem Gedicht *Genossen Kuo Mo-jo erwidernd* in Maos Kalligraphie „Vier Meere aufgewühlt, Wolken und Wasser erzürnt, Fünf Kontinente erbeben, Sturm und Donner entfesselt" (nach Mao 1978: 47), um 1972. Sammlung Opletal

Die andere, nicht minder wesentliche Seite entwickelte sich aus seinen teils sehr persönlichen Erfahrungen auf dem Weg zur Macht von 1921 bis 1949. Dieser Weg führte ihn und seine Gefolgsleute durch die blutigen Niederungen eines brutalen Kampfes um die Herrschaft über die chinesische Gesellschaft. Es war dies ein Krieg mit allen Mitteln, in dem es für Mao zwei Jahrzehnte lang bisweilen um das bloße Überleben in seinem primitiven Staat im chinesischen Staate ging, zunächst im sogenannten *Sowjetgebiet* (1927 bis 1934) und später in den sogenannten *Befreiten Gebieten* um die Stadt Yan'an (1937–1948).

Der Tod lauerte für Mao jahrzehntelang buchstäblich hinter jeder Ecke, jeder scheinbar treu ergebene Parteigenosse konnte unversehens zum Verräter werden, zum Spion, ja zum Auftragskiller Tschiang Kaischeks. Misstrauen war zwanzig Jahre lang *die* Grundvoraussetzung für das Überleben, Mao und die gesamte KP-Elite wurden davon nachhaltig geprägt. Die neuen Machtaber schleppten dieses Misstrauen und ein großes Bedürfnis nach Absicherung 1949 als zweite Natur in ihren Staat ein, die *Volksrepublik China*, die sie in den folgenden Jahren vordergründig auch mit den Errungenschaften der europäischen Aufklärung schmückten: Gesetzgebung, Parlament, Verfassung, Rechte des Individuums.

Die von Mao Zedong 1966 in Gang gebrachte *Kulturrevolution* diente dem Ziel, die chinesische Gesellschaft entsprechend seinen Vorstellungen von Moderne zu verändern. Es liegt auf der Hand, dass diese Unternehmung bei einer Persönlichkeit wie derjenigen Maos, die von ganz unterschiedlichen Strömungen geprägt war, nicht nur ins Tragische, sondern gar nicht so selten auch ins Komische abgleiten und am Ende scheitern musste, jedenfalls, wenn man sie an ihren von ihr selbst proklamierten Zielen misst. Die Moderne ist leider nicht im „Großen Sprung" und *subito* zu haben, sondern nur in einem langen, zähen, gegenüber Rückschlägen anfälligen gesellschaftlichen Prozess, der vor allem eins benötigt: Öffentlichkeit. Was konnte dabei herauskommen, wenn ein charismatischer Führer mit den tief sitzenden Gewohnheiten eines Warlords, der im System der hermetisch nach außen abgeriegelten chinesischen Kultur aufgewachsen und ausgebildet und von Natur aus rebellisch und ungeduldig war, der die angestrebte Moderne allenfalls aus (schlecht?) übersetzten Büchern „kannte", sie aber nie *live*, in der europäisch-amerikanischen Realität, gesehen hatte, wenn eine solche Persönlichkeit die Jugend, die noch weit weniger wusste, dazu aufrief, gegen das bestehende System zu rebellieren, es zu stürzen?

Diese Jugend war natürlich ein „noch weißeres" Blatt Papier als das „Volk", von dem Mao 1958 gesprochen hatte. Sie war in einem Herrschaftssystem aufgewachsen, das sich ab 1949 zwar äußerlich mit den Kennzeichen der Moderne schmückte, tatsächlich aber die Fortführung der alten chinesischen Despotie (minus Staatskonfuzianismus) bedeutete, ein System, das das Volk in Unwissenheit hielt und wie eh und je zu sklavischem Gehorsam gegenüber den „Autoritäten" zwang, den Lehrern, Professoren, Funktionären, auch Eltern, die es dafür natürlich hassten. Und diese Jugend sollte nun, plötzlich frei und ohne jede Kontrolle, unter der Parole „Rebellion ist gerechtfertigt" die neue Gesellschaft aufbauen? Nein, das konnte sie nicht. Sie war nur ein Brandbeschleuniger – zum Abriss des Bestehenden gut, zum Aufbau ungeeignet.

Millionen von Schülern und Studenten, „Sonne am Morgen zwischen acht und neun Uhr", denen „die Welt gehört" (Mao hatte sie mit diesen Begriffen angespornt), setzten sich im Sommer 1966 begeistert in Bewegung und handelten: Sie stürzten ihre bisherigen Peiniger als „Machthaber auf dem kapitalistischen Weg" und rächten sich an ihnen, zerstörten die „Vier Alten", also die chinesische Ideologie, Kultur, Sitten und Gebräuche, indem sie auf chinesische Art (wie im Mittelalter) diejenigen bestraften, die diese Traditionen verkörperten, und zertrümmerten oder verbrannten die Überreste der alten Welt. Der Begriff des Ikonoklasmus ist ja auch in der europäischen Geschichte ein wohlbekanntes Phänomen.

Bei alledem freilich blieben die Rebellen fest im Denken der traditionellen chinesischen Elite verankert: Nirgends kommt die Komik ihres bizarren Tuns deutlicher zum Vorschein als da, wo sie (ebenso wie vermutlich auch Mao selbst) sich daran berauschten, dass ihre Kulturrevolution „China" erneut zum Gipfel menschlicher Kultur machte, so wie sich in der Zeit des Konfuzianismus und der Mandarine „alles unter dem Himmel" befunden hatte, wobei das Land diesmal als „Zentrum der Weltrevolution" neu auferstehen sollte.

Vom Sommer 1966 bis zum Sommer 1967 dauert die große Freiheit, als die ersten Jugendrebellen der chinesischen Gesellschaft nach Belieben Macht und Autoritäten des alten Regimes bekämpfen konnten, wobei sie nach Belieben Organisationen gründeten, Zeitungen herausgaben und darin die Despoten in der Regierung karikierten, nach Belieben Versammlungen einberiefen und zum Nulltarif durch das weite Land zum „revolutionären Erfahrungsaustausch" reisen konnten.

Wie substantiell aber konnte ihr Denken sein, das Freiheit und Moderne herbeibringen sollte? Mao und erst recht seine *Kleinen Generäle,* wie man die Rotgardisten auch nannte, hatten nicht die geringste Vorstellung davon, welch lange Zeit in Europa nötig gewesen war, um die Moderne der Aufklärung zu schaffen, und wie viele Rückschläge es dabei gegeben hatte: von der Zeit um 2500 v. Chr., der Volksherrschaft in den griechischen Poleis (mit der Erfindung von Freiheit und Rationalität) über den römischen Senat und römisches Recht, den fränkischen Staat bis zur amerikanischen und Französischen Revolution, von weiteren gesellschaftlichen Voraussetzungen ganz zu schweigen. Nicht einmal ein Wissen aus Büchern davon war in der chinesischen Elite vorhanden, von den jugendlichen Revolutionären ganz zu schweigen.

Mao Zedong strebte eine Moderne nach europäischem Vorbild an, wozu er die chinesische Gesellschaft während der gesamten Zeit seiner Herrschaft rastlos antrieb, wobei für ihn wie für die Mentoren der *Neuen Kulturbewegung* ein halbes Jahrhundert zuvor diese Moderne nur auf den Trümmern des archaischen Chinesischen denkbar war. Auch die Jugend wollte das und setzte sich begeistert in Bewegung, als der charismatische Führer ihr sagte: „Rebellion ist gerechtfertigt".

Am Ende, schon bald nach dem Tod des *spiritus rector* im September 1976, waren jedoch all die „alten Autoritäten" wieder da, hatten die korrupten Despoten ihre Plätze an den Hebeln der Macht wieder eingenommen. Durch die Unterdrückung eines öffentlichen Diskurses und einer wissenschaftlichen Bearbeitung der *Kulturrevolution* sorgen sie (bzw. ihre Nachfolger, die nicht selten ihre Kinder sind) bis heute dafür, dass die Macht der Interpretation des Ereignisses Kulturrevolution bei ihnen allein liegt. Freie Debatte – verboten!

Warum sind sie da, auch nach fünfzig Jahren, so unerbittlich? Weil die Bewegung Millionen Chinesen gezeigt hat, dass sie Tyrannen stürzen können. Dies insbesondere die Jugend vergessen zu machen, ist bis heute die Leitlinie der die Gesellschaft beherrschenden und sich an ihr bereichernden Nomenklatura.

Weiterführende Literatur
- Bo Yang
1991 *The Ugly Chinaman and the Crisis of Chinese Culture.* Übersetzt und ediert von Cohn, Don J., und Qing Jing. St. Leonards (Australien): Allen & Unwin.
- Gao Mobo
2008 *The Battle for China's Past, Mao and the Cultural Revolution.* London, Ann Arbor: Pluto Press.
- MacFarquhar, Roderick und Schoenhals, Michael
2006 *Mao's Last Revolution.* Harvard University Press.
- Mao Zedong
1958 *Jieshao yi ge hezuoshe* [Einführung in eine Kooperative]. In: *Jian guo yilai Mao Zedong wengao* [Aktennotizen des Mao Zedong seit der Staatsgründung] (Peking: *Zhongyang Wenxian Chubanshe* [Dokumentenverlag des Zentralkomitees der KP Chinas] 1992[7]), 177–178.
- Mao Tse Tung (Autor); Schramm, Stuart (Hg.)
1992 *Mao's Road to Power: Revolutionary Writings, 1912–1949.* New York: M. E. Sharpe.
- Mao Tsetung
1978 *Gedichte.* Peking: Verlag für fremdsprachige Literatur.
- Rudolph, Jörg-M.
2005 *Wenn China über die Welt kommt … Die Chinesen, ihre Gesellschaft, Staat, Partei und Wirtschaft.* Wiesbaden: Hessische Landeszentrale für politische Bildung.
- Wemheuer, Felix
2010 *Mao Zedong.* Reinbek bei Hamburg: Rowohlt Taschenbuch Verlag
- Yan Jiaqi und Gao Mobo
1996 *Turbulent Decade: A History of the Cultural Revolution.* Übersetzt von W. Kwok, Daniel Y.. University of Hawaii Press.
- Yang Kelin (Hg.)
1995 *Wenhua Da Geming Bowuguan* [Ein Museum der Kulturrevolution] (1 und 2). Hongkong: Dongfang Chubanshe/Oriental Publishing House und Tiandi Tushu Youxian Gongsi/Cosmos Books, Ltd.

Jörg-M. Rudolph, geb. 1951, Sinologe mit sieben Jahren Arbeitserfahrung in China, seit 2002 Dozent für chinesische Geschichte, aktuelles politisches System, Wirtschaft und Gesellschaft der Volksrepublik China sowie Geschäftsführer des *Ostasieninstituts* an der *Fachhochschule Ludwigshafen.*

Abb. 133: Mao-Plaketten zum Aufstellen (H. 7 – 12 cm) aus verschiedenen Kunststoffmaterialien. Museum für Völkerkunde Wien

Abb. 134: Mao-Plakette (Bambus, H. 9 cm) mit Darstellung der revolutionären Stätte in Yan'an und zeitlich dazu passendem Mao-Porträt. Museum für Völkerkunde Wien, Inv.-Nr. 183.283

Abb. 135: Plakette mit Mao-Gedicht (Porzellan, B. 9 cm). Museum für Völkerkunde Wien, Inv.-Nr. 183.255

Abb. 136: Mao-Medaillonbild (H. 19 cm) mit Stoffrahmen, Parole „Seid geeint, wachsam, ernsthaft und rastlos", um 1968. Museum für Völkerkunde Wien, Inv.-Nr. 183.270

Abb. 137: Gewebtes Bild (Seide) in rosa Holzrahmen (17 x 12 cm), mit Lin-Biao-Parole „Lang lebe der Große Lehrer, Große Führer [...]", Seidenfabrik *Der Osten ist rot*, Suzhou (Provinz Jiangsu), um 1969. Museum für Völkerkunde Wien, Inv.-Nr. 183.272

Abb. 138: Mao-Plaketten (Porzellan, H. 8 – 12 cm) für den „Hausaltar". Museum für Völkerkunde Wien

北京有个金太阳

——民族器乐合奏、独奏

STEFAN R. LANDSBERGER

DIE VERGÖTTERUNG MAOS: BILDER UND PRAKTIKEN IN DER KULTURREVOLUTION UND DARÜBER HINAUS

Nicht nur Mao Zedong selbst, auch seine Schriften und die zahlreichen daraus abgeleiteten Aussprüche wurden während der *Großen Proletarischen Kulturrevolution* (1966–1976), wie sie offiziell hieß, zu Objekten eines extremen Führerkults.

Als fleischgewordene *Kommunistische Partei Chinas (KPCh)* blickte Mao in den Städten von riesigen Plakatwänden, und auf dem Land stellte man Fotos mit seinem Konterfei sogar auf die Felder. Die Leute steckten sich große und kleine Mao-Abzeichen an die Brust, Maos Worte wurden zu „Zauberwaffen" mit übernatürlichen Kräften erklärt, zu „geistigen Atombomben" oder „Leuchtfeuern", um allen den Weg zu weisen. Kaum eine Fläche in China war nicht mit unzähligen Mao-Zitaten beschrieben. Er inspirierte im Westen die aufmüpfige Jugend, in Afrika, Asien und Lateinamerika zahlreiche revolutionäre Bewegungen.

Der Personenkult um Mao hat allerdings nicht erst mit der *Kulturrevolution* begonnen. Schon nach seiner parteiinternen Machtergreifung auf der Tagung in Zunyi (1935) fing man die politische Wahrheit in seinen Schriften zu suchen an. Später, in den Bergen von Yan'an (1937–1947), hatte Mao auch genügend Muße, um die Schriften des Marxismus-Leninismus neu zu interpretieren und seinen eigenen Marxismus chinesischer Prägung daraus zu entwickeln. Der Siebente Parteitag der KPCh im April 1945 hat Maos Lehren und seinen politischen Kurs schließlich als „korrekte" Linie bestätigt, seine Person und seine Aussagen wurden zunehmend unangreifbar, Mao und die KPCh verschmolzen gleichsam miteinander. Von da an wurde es ernst mit dem um sich greifenden Personenkult, obwohl Mao selbst immer wieder, etwas verschwommen zwar, davor gewarnt hatte.

In den ersten zehn Jahren nach der Gründung der *Volksrepublik* waren Maos Bilder und Maos Schriften in der Öffentlichkeit allgegenwärtig, erst Anfang der 1960er Jahre wurde er, im Zuge politischer Misserfolge, etwas in den Hintergrund gedrängt, doch schmiedete er in dem Gefühl, dass sich die Nation in eine politische Richtung bewegte, die ihm als Verrat an der Revolution erschien, bald Pläne für seine Rückkehr. Bei diesem erneuten Griff nach der Macht sollte ihn die *Volksbefreiungsarmee* unterstützen.

Durch die Herausgabe der *Worte des Vorsitzenden Mao* (also der berühmten *Mao-Bibel*) zum politischen Studium für die Soldaten wurden die Streitkräfte 1964 zu einer „großen Schule der Maozedongideen" (wie man damals sagte), die Politik – in Form der Gedanken Maos – sollte wieder „die Führung übernehmen". Die Intensität, mit der die Aufwertung von Maos Person und Lehre ab Mitte der 60er Jahre betrieben wurde, zuerst in der Armee, dann auch bei Mittelschülern und Studenten, die ihn zurückwünschten, konnte nunmehr voll auf Maos Zustimmung bauen.

Auch Maos Ehefrau Jiang Qing war eng mit den Propagandaleuten der *Volksbefreiungsarmee* verbunden. Sie selbst übte die Kontrolle über den Kultur- und Kunstbetrieb in China aus. Transportiert wurden die inhaltlichen Dogmen und formalen Anleitungen durch ihre acht revolutionären

Abb. 139: Plattencover (26 x 26 cm) „Die Goldene Sonne von Peking – Konzerte und Solos auf traditionellen Instrumenten", *China Record Company*, M-848, um 1969. Sammlung Opletal

Abb. 140: Eine Frau betet vor einer Mao-Statue in einem Tempel in Taiyuan (Provinz Shanxi). © und Foto: Sylvain Grandadam / The Image Bank / Getty Images

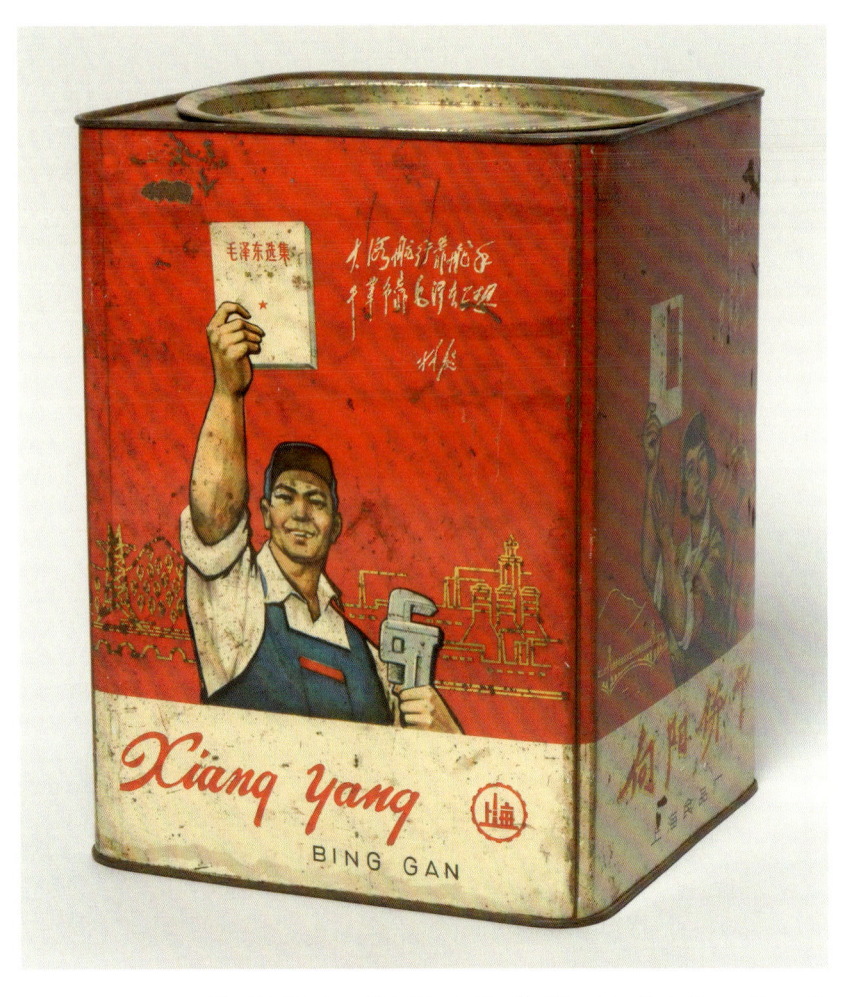

Abb. 141: Keksdose (Metallblech, 10 x 18 x 22 cm) der Marke *Sonnenblume*. Ein Arbeiter hält Mao-Werke hoch, dahinter der Lin-Biao-Spruch „Die Seefahrt vertraut dem Steuermann […]", Shanghai, um 1969. Museum für Völkerkunde Wien, Inv.-Nr. 183.462

Abb. 142: Plastikschallplatte in Papierhülle (19 x 19 cm) mit Darstellungen aus verschiedenen Modellbühnenstücken, Mao-Slogan „All unsere Literatur und Kunst dient den breiten Volksmassen, allen voran den Arbeitern, Bauern und Soldaten. Sie wird für sie geschaffen und wird von ihnen genutzt", um 1972. Sammlung Opletal

Abb. 143: Plakat (19 x 26 cm), nach einem Bild von Zou Daqing *In Jinggang blühen jedes Jahr die Azaleen*. Museum für Völkerkunde Wien, Inv.-Nr. 183.711

„Modell-Bühnenstücke" *(yangbanxi):* fünf Opern *(Mit taktischem Geschick den Tigerberg erobert, Am Hafen, Die Rote Signallaterne, Shajiabang* und *Attacke auf das Regiment vom Weißen Tiger),* zwei Ballettstücke *(Die Rote Frauenkompanie* und *Das Weißhaarige Mädchen)* und das Klavierkonzert *Der Gelbe Fluss,* die erstmals im Mai 1967 in Peking aufgeführt wurden *(Abb. 142).* Sie prägten auch die bildende Kunst.

Jiangs „drei Hervorhebungen" (positive Charaktere hervorheben; ihr Heldentum besonders betonen; unter den zentralen Rollen die Hauptrolle herausarbeiten) schufen realistische Akteure in revolutionärem Glanz, die in grellem Bühnenlicht immer im Mittelpunkt standen. Auch die Propagandaplakate dieser Zeit sind stets aus einer verzerrten Perspektive gestaltet, so als ob wir, die Zuseher, nach oben blickten, auf eine Bühne, auf der sich das Geschehen abspielt. Hyperrealistische zeitlose und überlebensgroße Bauern, Soldaten und Arbeiter sowie „gebildete Jugendliche" in dynamischen Posen *(Abb. 143)* dienten als Abstraktionen, als

Modelle und Idealtypen für alle künstlerischen Ausdrucksformen. Die kraftstrotzenden und abgehärteten Körper der Akteure standen für den robusten und gesunden Werktätigen *(Abb. 141)*, den der Staat propagierte, und ganz im Sinn des egalitären maoistischen Körperkultes verschwanden die Unterschiede zwischen den Geschlechtern – so wie man dies auch im realen Leben anstrebte. Männer und Frauen hatten die gleichen stereotypen „vermännlichten" Körper; ihre Kleidung war das Grau der Kader, das Grün der Soldaten oder das Blau der Arbeiter und Bauern. Ihre Hände und Füße erschienen oft absurd groß in Relation zum übrigen Körper, und ihre Gesichter, der kurze Haarschnitt und die abgeschnittenen Zöpfe entsprachen dem Standardrepertoire der wenigen geduldeten Vorbilder *(Abb. 144)*.

Abb. 145: Plakat (77 x 53 cm) „Dem Vorsitzenden Mao Bericht erstatten", nach einem Bild von Sun Guocheng (Volksverlag Shanghai, 1974). Sammlung *International Institute of Social History*, Amsterdam

MAO – DAS SUPERVORBILD

Inhaltlich waren es Mao, seine Rolle als Revolutionär und seine Lehren, die die Propagandakunst der ersten Hälfte der *Kulturrevolution* dominierten. Als *Großer Lehrer*, *Großer Führer*, *Großer Steuermann* und *Großer Befehlshaber* war er „die Verkörperung und selbst ein Beispiel des Wertesystems der von der Regierung getragenen Ideologie". Zwar war Mao schon früh, etwa 1950, trotz seiner verhaltenen Warnungen vor einem Personenkult prominent auf Plakaten dargestellt worden, das Ausmaß, in dem man ihn in der zweiten Hälfte der Sechzigerjahre porträtierte, war jedoch ohnegleichen. Man zeigte Mao als von Kindern umringten gütigen Vater *(Abb. 145)* und appellierte damit auch an die im Volk verankerten konfuzianischen Gehorsamsreflexe. Ferner erschien er als weiser Staatsmann, als scharfsinniger Militärführer oder bedeutender Lehrer. Die Künstler zeichneten ihn oft hoch über den Massen stehend, seinen Arm gleichsam zum Segen ausgestreckt *(Abb. 146)*.

Andere Plakate stellten seine herausragenden historischen Taten dar, doch egal wie, er musste „rot, strahlend, hell" *(hong, guang, liang)* erscheinen. Grauschattierungen waren nicht erlaubt, und schwarze Farbe hätte man leicht als Beleg für konterrevolutionäre Absichten des Künstlers interpretieren können. Maos Gesicht wurde meist in warmen Rottönen gehalten, es musste sanft und wie eine strahlende Lichtquelle erscheinen. Und manchmal glaubte man um seinen Kopf eine Art Heiligenschein zu erkennen, der die

Abb. 144: Plakat (77 x 53 cm) „Tagebuch eines Langen Marsches", nach einem Bild von Chen Yanning (Volksverlag Guangdong, November 1974). Museum für Völkerkunde Wien, Inv.-Nr. 183.911

Abb. 146: Kalender (Januar 1969, 27 x 36 cm), *Guoji Shudian/Vertriebszentrum chinesischer Publikationen*. Museum für Völkerkunde Wien, Inv.-Nr. 183.591

Gesichter der Umstehenden in göttliche Helligkeit tauchte *(Abb. 148)*.

Je mehr solche Regeln der Darstellung Maos zu beachten waren, desto gottähnlicher und abgehobener von den Massen erschienen seine Porträts. Oft schwebte er auch bildlich über den Massen *(Abb. 149)*. Trotz dieser räumlichen Distanz zwischen Führer und Geführten verspürte man in den damaligen Mao-Bildnissen auch eine subtile Verbindung zum Volk, die Identifikation und Wiedererkennung ermöglichte. Der abgebildete Mao genoss Verehrung, er war anders und gleichzeitig doch wieder eins mit dem Volk *(Abb. 147)*, das sich in den Darstellungen an seiner Anwesenheit erfreute, wenn er Felder inspizierte *(Abb. 152)*, den Bauern die Hände schüttelte, sich zu ihnen setzte, um mit ihnen eine Zigarette zu rauchen; oder wenn er Fabriken und Großprojekte besichtigte, mit den Arbeitern scherzte, wenn er die Armeeuniform anzog, Soldaten und Offiziere antreten ließ und mit seinen Generälen über Kriegsstrategien fabulierte; wenn er sich unter Vertreter der *Roten Garden* mischte oder sich nach erfrischendem Schwimmen im Jangtse *(Abb. 150)* in einem Frotteebademantel auf einem Schiffsbug zeigte *(Abb. 151)*, Abordnungen der nationalen Minderheiten anführte oder eine Delegation ausländischer Gäste begrüßte.

MAO-RITUALE

Während der *Kulturrevolution* wurde Mao auch in jedem Haushalt allgegenwärtig, in Form seines offiziellen Porträts, einer Büste oder Statue. Ohne eine Mao-Darstellung im Haus hätte man sich dem Verdacht ausgesetzt, nicht gewillt zu sein, mit den revolutionären Strömungen der Zeit zu gehen, oder man wäre gar als Konterrevolutionär dagestanden, der Maos führende Rolle in Politik und Alltag ablehnte. Das war auch einer der Gründe, warum es jenen, die als Angehörige der ehemaligen Grundbesitzer-Klasse oder sonst als „üble Elemente" galten, oft verwehrt war, ein Mao-Bild bei sich aufzuhängen.

Abb. 147: Plakat (53 x 38 cm) „Der Vorsitzende Mao liebt unsere kleinen Freunde (4)", um 1972. Museum für Völkerkunde Wien, Inv.-Nr. 183.781

In jeder Wohnung stand ein solches formales Porträt normalerweise im Zentrum des Hausaltars oder genauer gesagt dort, wo früher diese Altäre gestanden waren, bevor sie zu Beginn der Kulturrevolution durch die Brigaden zur Vernichtung der Vier Alten oder durch heimgekehrte radikalisierte Studentenbanden zerstört worden waren. Dieser Ehrenplatz sollte die von der Propaganda betriebene Vergötterung Maos unterstreichen. Auch die genannten Vernichtungsbrigaden sollten die Leute ganz gezielt von der Verehrung der alten Götter und Symbole des Aberglaubens abbringen, indem sie den Bildern und Texten des Mao-Kults sakralen Charakter verliehen.

Die Loyalitätstafeln, kleine Porzellanplaketten (Abb. 153), auf denen Mao oft einen goldenen Heiligenschein trug, hatten die alten, von den Roten Garden zerschlagenen Ahnentafeln ersetzt. Sie unterstrichen ebenfalls Maos Bedeutung als Objekt gleichsam religiöser Verehrung. Die Tafeln wurden auf dem Tisch der kostbaren Bücher deponiert, einem Ort, den jeder Haushalt einrichten sollte, um etwa die vier

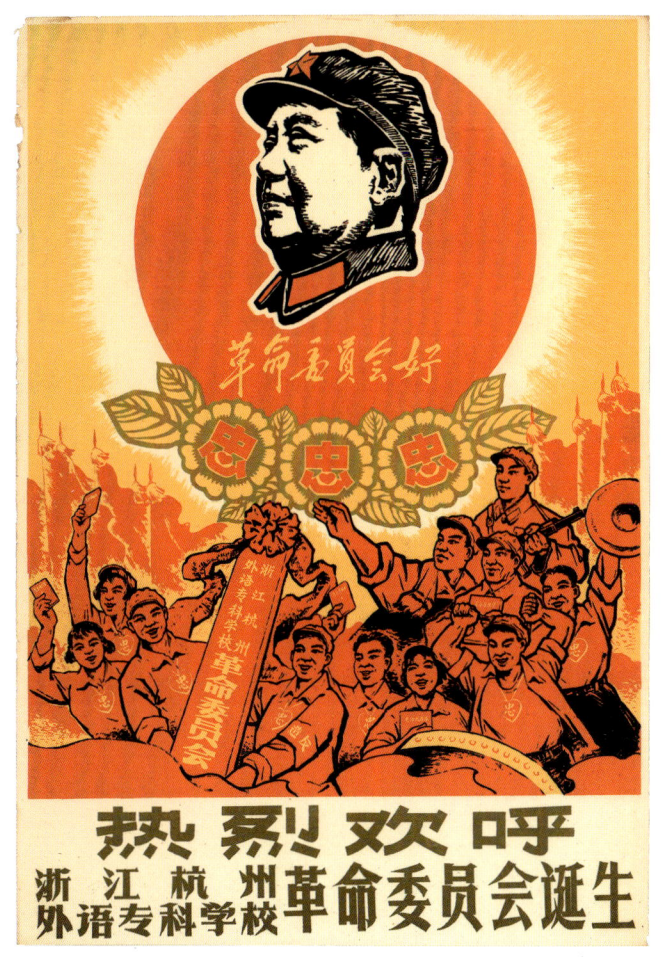

Abb. 148: Plakat (76,5 x 53,5 cm) „Herzlichen Glückwunsch zur Bildung des Revolutionskomitees der Fremdsprachen-Fachschule Hangzhou, Zhejiang", um 1968. Sammlung International Institute of Social History, Amsterdam

Abb. 149: Kalender (43 x 32 cm) „Die Sonnenstrahlen der Maozedongideen erleuchten den Weg der Großen Proletarischen Kulturrevolution" der China National Textiles Import & Export Corporation. Museum für Völkerkunde Wien, Inv.-Nr. 148.478

Abb. 150: Mao beim Schwimmen, im Hintergrund die Jangtse-Brücke von Wuhan. Nach Yang 1995: 204

Abb. 152: Plakat (38 x 53 cm) „Der Vorsitzende Mao in der Kampagne für die Großproduktion" (nach einem Ölgemälde), Volkskunstverlag, 1973. Museum für Völkerkunde Wien, Inv.-Nr. 183.813

Abb. 151: Gewebtes Bild (Seide, 43 x 28 cm), Mao an Deck eines Schnellboots, Seidenweberei *Der Osten ist rot,* Hangzhou, um 1967. Sammlung John Marshall, Wien

Am 16. Juli 1966 hat Mao Zedong, zumindest nach chinesischen Medienberichten, bei Wuhan (Provinz Hubei) den an dieser Stelle mehrere Kilometer breiten Jangtse-Fluss durchschwommen. Die Berichte sollten Mao als durchtrainierten Athleten präsentieren. Zum Gedenken an Maos Jangtse-Durchquerung werden bis heute jedes Jahr Massen-Schwimmveranstaltungen organisiert.

Abb. 153: „Loyalitätstafeln" (Porzellan, H. 15 – 18 cm) mit Aufschriften „Der Osten ist rot" bzw. „Sonnenaufgang über Shaoshan". Museum für Völkerkunde Wien, Inv.-Nrn. 183.247, 183.248 und 183.249

Abb. 154: Teekanne (Porzellan, H. 18 cm), Aufschrift „Vom Genossen Lei Feng lernen", Anfang der 70er Jahre. Museum für Völkerkunde Wien, Inv.-Nr. 183.531 a, b

Bände der *Gesammelten Werke des Vorsitzenden Mao* aufzustellen. Oft standen dort sogar mehrere Exemplare davon, da die Bücher gerne als Belohnung für fleißige Arbeit oder andere Beiträge zur revolutionären Sache verschenkt wurden. Das hieß nicht unbedingt, dass man die Bücher auch las, sie waren vielmehr zu sakralen Kultgegenständen geworden.

Die Ehrerweisungen für Mao waren von Ritualen begleitet, die man in seiner symbolischen Anwesenheit vollzog. Der Tagesablauf begann mit einer „Bitte um Anweisungen am Morgen", zu Mittag „dankte man Mao für seine Güte", und am Abend „erstattete man Bericht". Dabei verbeugte man sich dreimal, sang die Hymne und rezitierte aus dem *Kleinen Roten Buch*, dies alles vor dem Mao-Bild oder seiner Büste und vor den Tafeln, die *Loyalität* gegenüber seinen Lehren versprachen. Am Ende wünschte man ihm ein „zehntausend Jahre" *(wan sui)* langes Leben.

Jeden Morgen mussten alle laut verkünden, welche Anstrengungen sie an dem Tag für die Revolution zu unternehmen gedächten, und am Abend berichtete jeder über seine Erfolge und Fehlschläge und fasste gute Vorsätze für den folgenden Tag. Auch die Bauern begannen und beendeten ihr Tagwerk jeweils mit dem Aufsagen von Mao-Sprüchen, und in der Mittagspause sollte jeder eine halbe Stunde die Werke Maos studieren. Selbst einfachste Verrichtungen, etwa in einem Geschäft, mussten von einem Mao-Zitat begleitet werden, und vor dem Essen sprach man gemeinsam Dank aus, nicht viel anders als im christlichen Tischgebet. Anita Chan (Chan 1985: 186, 236–237) beschreibt eine gängige Rezitationsformel dazu:

„*Wir wünschen dem Vorsitzenden Mao, der rötesten aller roten Sonnen in unseren Herzen, respektvoll ein langes Leben, und dem Stellvertretenden Vorsitzenden Lin (Biao) Gesundheit, er soll ewig gesund bleiben. Wir wurden durch die Bodenreform befreit und werden daher niemals die Kommunistische Partei vergessen. In der Revolution werden wir ewig dem Vorsitzenden Mao folgen.*"

Mao drang auch in die ganz private Sphäre der Menschen ein. Sein Porträt sollte man jederzeit direkt am Herzen bei sich haben, entweder durch das Foto im *Kleinen Roten Büchlein*, das man in der linken Brusttasche trug, oder in Form eines Mao-Abzeichens an der Jacke. Erst Anfang der 70er Jahre wurde dieser übertriebene und religiös anmutende Mao-Kult allmählich verbannt, aber die große Verehrung Maos ist geblieben.

Abb. 155: „Wenn du die Sache in die Hand nimmst, kann ich beruhigt sein." Das berühmteste Bild der „Hofübergabe" von Mao an Hua Guofeng existiert nicht als Foto, sondern nur gemalt in verschiedenen Varianten. Ab Ende 1976 wurde es millionenfach reproduziert. Nach *Ups and Downs of Red Empire*. 1977. Honkong: The Continent Press

Abb. 156: Taxifahrer in Behai (Provinz Guangdong) mit Mao-Talisman, 90er Jahre.
© und Foto: Michael S. Yamashita/CORBIS

DEN GOTT VOM SOCKEL STOSSEN ...

Mit der Zurücknahme der extremen und religiösen Aspekte des Mao-Kults reduzierte sich in der Öffentlichkeit auch die Bedeutung des *Großen Führers*. Das ging mit einer spürbaren Mäßigung der Politik einher: Die Ordnung war wieder hergestellt, man musste die Menschen nicht mehr mobilisieren, um Mao durch Rebellion den Rücken zu stärken. Auch ökonomischer Wiederaufbau war angesagt. Auf den Propagandaplakaten wurde das Bild Maos immer öfter durch andere Platzhalter wie den „vorbildlichen Soldaten" Lei Feng ersetzt *(Abb. 154)*, der durch Selbstlosigkeit und Bescheidenheit glänzte, doch blieb das formelle Mao-Porträt weiterhin der zentrale Ort in jedem Haus. Auf anderen Bildern wurde Mao wieder *mit* dem Volk gezeigt, nicht mehr das Volk *überragend*. Das tat jedoch seiner Verehrung keinen Abbruch.

Die Formen und Inhalte, die dazu gedient hatten, aus Mao einen Gott zu schaffen, dominierten die chinesischen Propagandakunst noch über seinen Tod und das offizielle Ende der *Kulturrevolution* im Jahr 1976 hinaus. Als Maos handverlesener Nachfolger Hua Guofeng an die Macht kam, wurde die Legitimität der Hofübernahme durch unzählige Plakate bekräftigt, die Mao mit seiner Hand auf Huas Hand zeigten *(Abb. 155)*, während er zu ihm sagte: „Wenn du die Sache in die Hand nimmst, kann ich beruhigt sein". Hua unterstrich seinen rechtmäßigen Erbanspruch auch, indem er unkritisch einen Großteil von Maos Politik übernahm und verkündete, „wir stehen fest hinter allen politischen Entscheidungen Maos und folgen unbeirrt allen Anweisungen Maos". Gleichzeitig versuchte er die Verehrung für Mao auf seine eigene Person zu lenken. Die Porträts der beiden hingen von nun an Seite an Seite in allen Amtsstuben, obwohl Hua Guofeng vielen Menschen kaum bekannt war und man seinen Namen dazu setzen musste, damit die Leute auch wussten, von wem die Rede war.

Hua versuchte sogar, sein eigenes Äußeres demjenigen Maos anzupassen, und Ende der 70er Jahre erschienen Bilder, die Hua in ähnlichen Posen und Situationen zeigten wie einst den *Großen Steuermann*. In den 50er Jahren zum Beispiel hatte Mao beim Bau des großen Staudamms bei den Ming-Gräbern selbst zur Schaufel gegriffen, um seine Verbundenheit mit den Arbeitern zu zeigen. Nun porträtierte man Hua in ähnlicher Form bei den Bauarbeiten am Miyun-Stausee bei Peking. Und so wie Mao immer wieder bei einem Besuch in der landwirtschaftlichen Musterbrigade *Dazhai* dargestellt wurde (obwohl er nie wirklich dort gewesen war), zeigte man nun auch Hua Guofeng, der die Kommune tatsächlich mehrmals besucht hatte.

Es war klar, dass Hua für seinen Machtanspruch diese propagandistische Unterstützung brauchte, die ihn auf die gleiche Ebene mit Mao stellte. Mao blieb allerdings allein der „Große Führer" *(weida lingxiu)*, während Hua sich mit dem Beinamen „Erleuchteter Führer" *(yingming lingxiu)* begnügen musste.

... UND IHN WIEDER AUFSTELLEN

Mit dem Übergang der Macht von Hua Guofeng zu Deng Xiaoping 1977 verschwand auch die Führerverehrung. Deng verabscheute den Personenkult in allen seinen Formen, und er war der Ansicht, dass Spitzenpolitiker eher im Hintergrund bleiben sollten. Unter Deng begann zu Beginn der Achtzigerjahre auch ein Prozess der *Entmaoisierung,* der von

Abb. 157: Verschiedene Glücksbringer (H. 35 – 50 cm) aus den 1990er und 2000er Jahren. Museum für Völkerkunde Wien

Abb. 158: Buddhistischer Talisman aus dem *Yong He Gong* (Lama-Tempel) in Peking, 2010. Museum für Völkerkunde Wien

Abb. 159: Armbanduhren mit Mao-Darstellungen, 90er Jahre. Museum für Völkerkunde Wien

Abb. 160: Geldschein 1 Yuan (1999) der *Chinesischen Volksbank*.

Abb. 161: Imitation des Rotgardisten-Weckers aus der *Kulturrevolution* in kleinerem Maßstab (H. 9 cm), um 2005. Museum für Völkerkunde Wien

einer Neubewertung der politischen Verdienste Maos begleitet war. In der „Resolution über einige Fragen in unserer Parteigeschichte seit Gründung der Volksrepublik China", die 1981 auf dem Sechsten Plenum des 11. Zentralkomitees der KPCh verabschiedet wurde, bezeichnete man die *Maozedongideen* nicht mehr als individuelle Schöpfung Maos, sondern als „Verschmelzung der kollektiven Weisheit" aller Veteranen der chinesischen Revolution. Allerdings verschwand Mao nicht ganz von der Bildfläche.

Zu Beginn der 90er Jahre tauchte Maos Konterfei als Talisman auf, der vor Übel und Unglück schützen sollte. Von Südchina aus verbreitete sich dieser Brauch rasch im ganzen Land, LKW- und Taxifahrer hängten sich die Glücksbringer gerne an den Rückspiegel *(Abb. 156)*. Mao erschien darauf einmal als junger Mann, dann wieder in reifen Jahren, einmal in Zivil, dann wieder in Armeeuniform, wie ein Schutzgeist oder eine Tempelgottheit. Diese Bilder waren oft in goldfarbene Plastikrahmen gefasst, die wie Tempel aussahen, mit roten Quasten, an denen noch glückbringende Schriftzeichen (wie *fu*: Freude, Glück) oder Imitationen von Knallkörpern oder Goldbarren hingen *(Abb. 157)*.

Diese Amulette verknüpften die Person Mao mit Elementen der Volkskultur und -religion *(Abb. 158)*, aber ohne die politische Beweihräucherung der Vergangenheit. Einige dieser damaligen Glücksbringer zeigten Mao auf der einen Seite und den ehemaligen Premier Zhou Enlai auf der anderen, Ausdruck dafür, dass sich die Menschen nicht nur nach Ordnung in der Gesellschaft sehnten, sondern auch viel Nostalgie für die imaginären goldenen Zeiten von damals entwickelt hatten. So wurden diese Amulette gewissermaßen auch Symbole des Schutzes vor den gesellschaftlichen Umwälzungen und Verwerfungen der Reformära.

All dies erklärt jedoch kaum kaum, warum auch heute noch so viele Privatunternehmer, also Repräsentanten genau jenes Wirtschaftsmodells, das Mao Zeit seines Lebens verachtet und bekämpft hatte, sein Bild in ihre Geschäftslokale hängen, in der Hoffnung, dass es Glück bringe. Und es ist bemerkenswert, dass Spieler zu ihm beten, dass die richtigen Nummern gezogen würden, und Autofahrer von den Amuletten mit seinem Porträt Schutz vor Widrigkeiten erwarten.

Die chinesische Führung benutzt Revolutionsikonen wie Mao und Zhou bis heute als Legitimation für ihre Reformpolitik und als Bollwerk gegen Aufruhr und Chaos in der Gesellschaft. Wie weit die KPCh bei dieser bewussten Manipulation gehen würde, konnte man bei der Umdeutung Maos und der *Kulturrevolution* anlässlich seines hundertsten Geburtstages im Jahr 1993 sehen. Ein richtiges Mao-Fieber brach damals aus, China wurde von Mao-Ramsch und Mao-Kitsch überschwemmt, von unzähligen Medaillons, Gedenkplaketten, billigen Armbanduhren *(Abb. 159)* oder einer Neuauflage des Weckers, auf dessen Ziffernblatt eine Rotgardistin Maos *Kleines Rotes Büchlein* schwingt *(Abb. 161)*.

Auch nach dem Abebben des Mao-Fiebers wurden die Mao-Souvenirs weiter verkauft, doch mehr an Touristen und im Land lebende Ausländer, während sich die Chinesen eher für die vermehrt erhältlichen Deng-Xiaoping-Souvenirs interessierten. Immer öfter tauchten sogar Fälschungen und illegale Nachahmungen minderer Qualität der Kulturrevolutions-Propaganda auf den Märkten auf.

MAO IST TOT, LANG LEBE MAO

Mao lebt jedenfalls weiter. Sein Aufstieg in das chinesische Pantheon schafft auch für die Zukunft die Möglichkeit einer Verehrung, die dem religiösen Eifer der *Kulturrevolution* keinesfalls nachsteht. Mao gilt heute erneut als Staatsführer, der ganz im Sinn der von ihm geprägten und unsterblich gemachten Devise „Dem Volke dienen" *(wei renmin fuwu)* immer und überall nur das Wohl der Menschen im Sinn hatte. Die Entbehrungen und politischen Verfolgungen der Vergangenheit scheinen vergessen, und viele glauben heute, dass nicht Mao selbst für diese Irrwege verantwortlich war, sondern dass sie den bösen Mächten und üblen Funktionären und Politikern um ihn herum zuzuschreiben seien. So sticht Mao in dieser Umschreibung der Geschichte gegenüber der harschen und lieblosen Politik von heute, die im Zuge der Reformen und Modernisierungen in den Augen vieler vor allem soziale Ungleichheit erzeugt hat, recht positiv hervor.

Ein Kapitel unter der Überschrift „Untersuchung über die Verehrung von Vorbildern durch Kinder und Jugendliche" im *Blaubuch des chinesischen Bildungswesens 2004* zitiert eine Umfrage über aktuelle Vorbilder der chinesischen Jugend, in der am häufigsten folgende Namen genannt wurden: 1. Zhou Jielun/Jay Chou (ein Liedermacher und Schauspieler aus Taiwan); 2. Zhou Enlai; 3. der jeweils eigene Vater; 4. Mao Zedong; und 5. Michael Jordan (der ehemalige NBA-Basketballstar aus den USA).

Mao, der *Große Lehrer, Große Führer, Große Steuermann* und *Große Befehlshaber* ist also wieder zurück, und das in einer ganz erstaunlichen Weise. Viel wichtiger noch als das Porträt von ihm, das immer noch hoch über dem Tian'anmen-Platz im Zentrum Pekings wacht, ist sein Gesicht, das heute alle chinesischen Banknoten ziert, die ab 1999, zum 50. Gründungstag der Volksrepublik, in Umlauf gebracht wurden. So kommt es, dass Mao heute vielleicht weniger in den Herzen der Menschen residiert, aber ganz sicher in jeder Geldbörse *(Abb. 160)*.

(Übersetzung aus dem Englischen: Helmut Opletal)

Weiterführende Literatur

- Barmé, Geremie R.
1996 *Shades of Mao – The Posthumous Cult of the Great Leader*. Armonk, NY etc.: M. E. Sharpe.
- Chan, Anita
1985 *Children of Mao – Personality Development & Political Activism in the Red Guard Generation*. London etc.: Macmillan.
- Chiu, Melissa und Zheng Shengtian (Hg.)
2008 *Art and China's Revolution*. New York etc.: Asia Society/Yale University Press.
- Cong Dachang
1997 *When Heroes Pass Away: The Invention of a Chinese Communist Pantheon*. Lanham, MD: University Press of America.
- Landsberger, Stefan R.
1996 *Chinesische Propaganda – Kunst und Kitsch zwischen Revolution und Alltag*. Köln: DuMont.
- Landsberger, Stefan R.
2002 *The Deification of Mao: Religious Imagery and Practices during the Cultural Revolution and Beyond*. In: Woei Lien Chong (Hg.), *China's Great Proletarian Cultural Revolution: Master Narratives and Post-Mao Counternarratives* (Boulder, CO: Rowman & Littlefield Publishers), 139–184.
- Landsberger, Stefan R. und van der Heijden, Marien
2009 *Chinese Posters – The IISH-Landsberger Collections*. München etc.: Prestel Verlag.
- Schrift, Melissa
2001 *Biography of a Chairman Mao Badge: The Creation and Mass Consumption of a Personality Cult*. New Brunswick, NJ: Rutgers University Press.
- Yang Kelin (Hg.)
1995 *Wenhua Da Geming Bowuguan* [Ein Museum der Kulturrevolution] (1 und 2). Hongkong: Dongfang Chubanshe/Oriental Publishing House und Tiandi Tushu Youxian Gongsi/Cosmos Books, Ltd.

Prof. Stefan R. Landsberger unterrichtet als Inhaber des Olfert-Dapper-Lehrstuhls an der *Universität Amsterdam* moderne chinesische Kultur und ist Professor für Chinastudien an der Universität Leiden. Er besitzt eine der weltweit größten Sammlungen chinesischer Propagandaplakate (http://chineseposters.net).

红卫兵
第三司令部

骏峰造反团
津二轻总第　号

建筑职工
烈火造反
造总部水电字0109号

师长

首都
值勤
首都红色造反兵团总部

全国工艺美术革命造反联络总部
北京分部
红卫兵
京字第0069号

武汉
钢工总
第　号

红卫兵
首都中学红代会

首都
红色造反兵团

EIN GESPRÄCH MIT DER EHEMALIGEN ROTGARDISTIN GUDRUN ALBER

EINE ÖSTERREICHERIN IN DER KULTURREVOLUTION

Frau Alber, wie kamen Sie als „waschechte Tirolerin" eigentlich nach China?

Als Kind war ich bei meiner Großmutter in Tirol. Meine Mutter hat damals einen Chinesen geheiratet und ging gemeinsam mit mir nach China, dieser chinesische Stiefvater wollte mich adoptieren. Er war für mich nun mein Vater. Ich war drei Jahre alt, als wir im August 1951 mit dem Schiff nach China übersiedelten. Wenig später kam mein erster Bruder zur Welt. Mein Vater, der in England Metallurgie studiert hatte, erhielt eine Stelle an einem Forschungsinstitut in Shenyang in Nordostchina. Meine Mutter hat sehr schnell Chinesisch gelernt, dann haben wir zu Hause nur mehr Chinesisch gesprochen.

Sie sind in den örtlichen Kindergarten und in eine ganz normale chinesische Schule gegangen. Wie haben sich denn die anderen Kinder Ihnen und Ihrem ausländischen Aussehen gegenüber verhalten?

Das war wirklich ein Problem. Ich wollte ganz normal wie die anderen sein, aber das ging nicht. Ich bin blond, habe blaue Augen und eine lange Nase, für die chinesischen Kinder war ich wie ein Teufel. Sie haben auch „yang guizi" – ausländischer Teufel – zu mir gesagt, so hat man die Europäer oft genannt. Aber meine Freunde in der Klasse haben mich verteidigt, wenn sich andere Kinder über meine große Nase lustig machten oder mich wieder einmal „Teufel" nannten. Später, in der Mittelschule, habe ich auch, so wie damals üblich, an Ernteeinsätzen auf dem Land teilgenommen, jedes Semester einen Monat. Auch das war nicht leicht, denn viele Dorfleute hatten vorher noch nie eine Ausländerin gesehen. Aber ich habe alles, auch schwere Arbeiten, mitgemacht und nie eine Ausnahme für mich verlangt.

Ende der fünfziger, Anfang der sechziger Jahre begannen die großen politischen Kampagnen in China. Wie haben Sie diese erlebt?

Die Anti-Anti-Rechts-Kampagne 1957 habe ich gespürt, weil mein Vater auf einmal sehr vorsichtig wurde. Zu uns Kindern hat er gesagt, wir sollen über die Kommunistische Partei immer nur gut sprechen und sie nie kritisieren. In der so genannten „Hundert-Blumen-Bewegung" hatte die Parteiführung alle Intellektuellen eingeladen, offen über Probleme zu diskutieren. Mein Vater ist auch zu einer solchen Versammlung gegangen, er hat dort aber nur Positives gesagt und sich zum Beispiel dafür bedankt, dass die Partei unserer Familie so sehr geholfen hat. Andere haben Kritik an der Partei geübt, und von den zehn Wissenschaftern, die an dieser Versammlung teilgenommen haben, sind schließlich fünf als „Rechtsabweichler" denunziert worden. Sie haben ihre Arbeitsstelle verloren und wurden zu körperlicher Arbeit aufs Land verbannt, wo sie mehr als zehn Jahre verbringen mussten. Ich erinnere mich auch an den sogenannten „Großen Sprung nach vorn", da mussten wir alle Metall zum Einschmelzen sammeln, um die Stahlproduktion zu fördern. Auch ich habe mitgemacht und Metallgegenstände in der Schule abgeliefert. Mein Vater hat sich zu Hause sehr kritisch geäußert, er war ja Metallurg, und er hat gemeint, aus dem Altmetall könne man sicher nicht Stahl machen, der zu irgendetwas brauchbar wäre. Aber zu mir sagte er, dass ich anderen Leuten keinesfalls erzählen darf, wie er denkt.

Wie war das dann, als die Kulturrevolution begann?

Ich war damals achtzehn, und ich erinnere mich noch genau an den 16. Mai 1966, als im Radio verkündet wurde, dass sich alle in ihren Arbeitseinheiten oder Schulen versammeln sollten, um gemeinsam auf eine wichtige Verlautbarung in den Nachrichten zu warten. Am Abend wurde schließlich der Beginn der Kulturrevolution verkündet. Für uns junge Leute erschien alles zunächst ganz super: Wir mussten nicht mehr in den Unterricht gehen, keine Hausaufgaben mehr machen, wir durften unsere Lehrer kritisieren, über alles schimpfen, Antiquitäten kaputtmachen. Wir haben das als große Freiheit empfunden.

Sie waren dann auch Mitglied der Roten Garden?

Am Anfang noch nicht, aber drei, vier Monate später wurden die Roten Garden gegründet. Mir hat man allerdings zunächst gesagt, dass ich nicht dabei sein darf, weil der Vater meines Vaters ein Großgrundbesitzer gewesen ist. Ich selbst gehörte daher auch zu den „fünf schwarzen Kategorien", also zu den „Klassenfeinden". Ich war sehr enttäuscht und habe dann meine Mutter nach unserer Familie gefragt. Sie hat mir gesagt, dass meine Großmutter in Tirol eine Bäuerin gewesen ist. Darauf bin ich sofort zur Ausländerpolizei gegangen und habe mich beschwert, dass sie mich in der Schule als „Nachkomme eines Grundbesitzers" bezeichnen. Dann haben sie mir wirklich eine Bestätigung über meine „bäuerliche Herkunft" ausgestellt,

Abb. 162: Armschleifen verschiedener Einheiten von *Roten Garden* und *Rebellen* (wie sich manche Gruppe nannten, in Anlehnung an die Mao-Worte „Rebellion ist gerechtfertigt"). Um Missbrauch zu vermeiden, wurden oft Stempel der jeweiligen Einheiten angebracht, 1966–1970. Museum für Völkerkunde Wien und private Sammlungen

Abb. 163: Gudrun Alber (damals Fang Gude) in Rotgardisten-Uniform mit *Mao-Bibel* und Armschleife, 1967. Foto: privat

Abb. 164: Gudrun Alber in der *Textilfabrik Nr. 2* in Shenyang (Provinz Liaoning), 1971. Foto: privat

damit bin ich in die Schule zurück. Ich wurde auch tatsächlich in die Roten Garden aufgenommen und bekam sofort die rote Armschleife.

Haben Sie damals auch gewalttätige Übergriffe auf die Lehrer miterlebt?

Ja, das habe ich. Aber mein Vater hatte mir immer gesagt, ich sollte die Lehrer respektieren, das saß sehr tief in meinem Kopf. Ich erinnere mich noch ganz genau, es war im August 1966. Wir hatten einen Lehrer, einen älteren Herren, den ich an sich sehr mochte. Er hatte uns immer Geschichten erzählt, mich auch oft gelobt, aber andere Schüler sagten, dass er ein schlechter Lehrer sei, der immer vom Kapitalismus begeistert war. Wir müssten daher seine Wohnung durchsuchen und seine Bücher verbrennen, er hätte sicher sehr viele verbotene Bücher. Unsere ganze Klasse hat sich dann auf den Weg zum Haus des Lehrers gemacht. Aber mir ging nicht aus dem Kopf, dass ich diesen Lehrer sehr gerne hatte, weil er mir immer interessante Literatur zum Lesen gegeben hatte. Auch an die Worte meines Vaters musste ich denken. Auf halbem Weg habe ich dann zu meinen Mitschülern gesagt, ich bin eine Ausländerin, und

Abb. 165: Gudrun Alber mit Schulkollegin in Shenyang, um 1969. Mao-Spruch „Sorgt euch um die wichtigen Angelegenheiten des Landes, führt die Große Proletarische Kulturrevolution bis zum Ende". Foto: privat

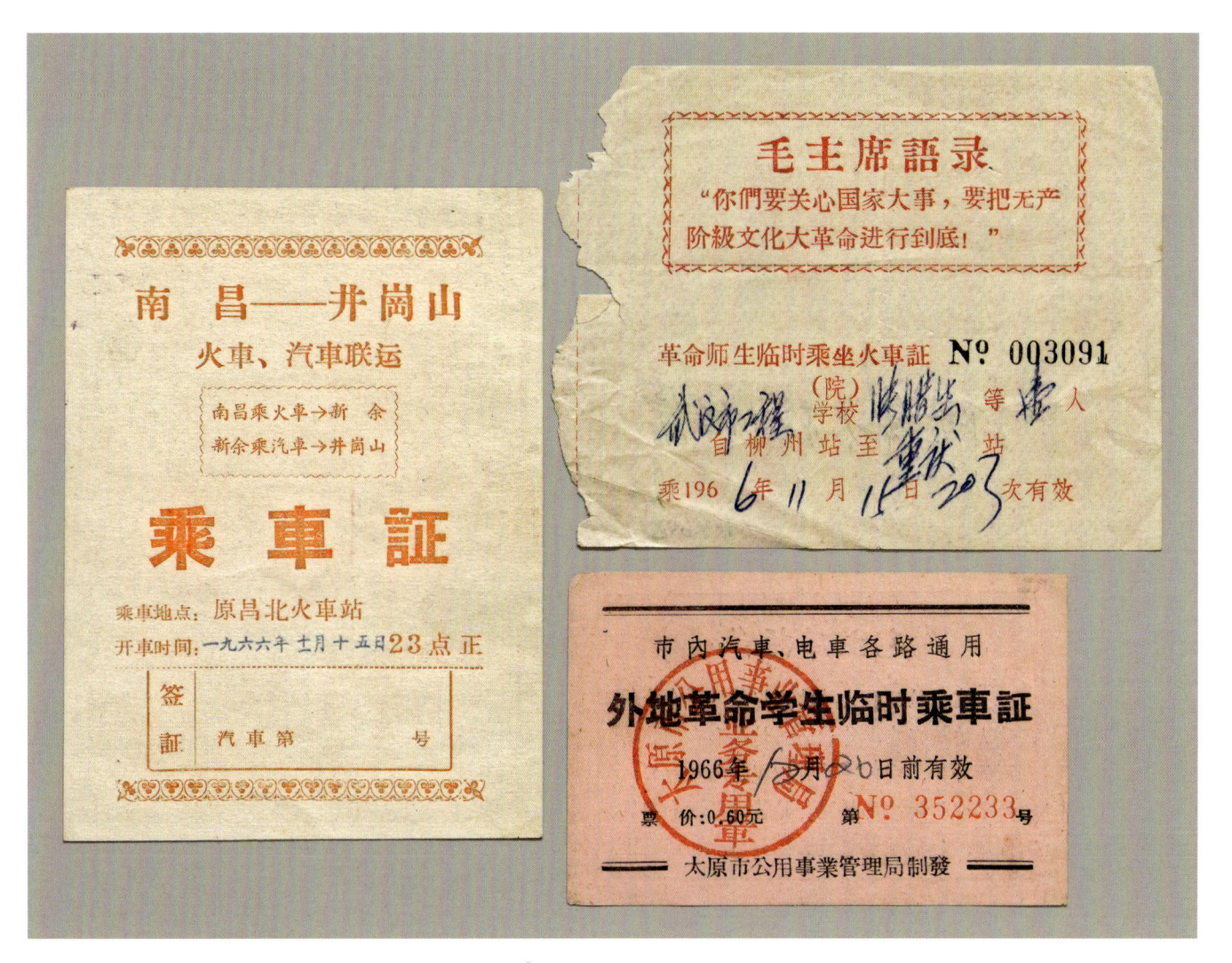

Abb. 166: Freifahrtscheine für Angehörige der *Roten Garden* für Eisenbahn, Überlandbus und städtische Verkehrsmittel, 1966. Museum für Völkerkunde Wien, Inv.-Nrn. 183.688, 183.690, 183.692

„Herstellen von Verbindungen" *(chuanlian)* nannte man die Reisen der oft erst 14- bis 18-Jährigen, die der Propagierung der Lehren Maos und dem Besuch revolutionärer Stätten dienen sollten. Neben der Freifahrt erhielten die Rotgardisten in Schulen und öffentlichen Einrichtungen auch freie Unterkunft und Verpflegung. Der armen ländlichen Bevölkerung fielen sie oft zur Last, doch wagten die Bauern selten Kritik an den jugendlichen Abgesandten Maos.

Ministerpräsident Zhou Enlai hat doch gesagt, Ausländer sollen sich nicht in die Kulturrevolution einmischen, ich gehe also besser nicht mit. Niemand hat widersprochen. Ich bin dann nach Hause und war sehr erleichtert. Die anderen sind zu dem Lehrer gegangen, haben ihn verprügelt, alle seine Bücher von den Regalen genommen und im Hof angezündet. Später sind auch Rote Garden aus Peking nach Shenyang gekommen, das waren oft 14- bis 17-jährige Kinder. Sie haben sich von der Armee Waffen und Lastwagen genommen und damit nach „Konterrevolutionären" und „üblen Elementen" gesucht. Die wurden in unsere Schule gebracht und vor allen Kinder mit Fahrradketten blutig geschlagen, am Kopf, am ganzen Körper.

Ich konnte danach zwei, drei Tage nicht schlafen, habe mich aber nicht getraut, etwas dagegen zu sagen. Ich wollte doch auch bei den Roten Garden sein, sonst hätte ich als Außenseiterin gegolten.

Und wie ist es Ihrer Familie ergangen, bekamen Ihre Eltern Probleme in der Kulturrevolution?

Nicht so sehr. Meine Mutter hatte aus Tirol ein Marienbild mit dem Jesuskind mitgebracht, das meine Großmutter vor der Abreise extra vom Pfarrer hatte segnen lassen, um es uns nach China mitzugeben. Das Bild hing immer bei uns im Schlafzimmer, auch meine Mitschülerinnen, die oft bei uns zu Hause waren, wussten das. Eine hat dann einmal zu mir gesagt, pass auf, man redet schon darüber. Deine Mutter soll das Bild besser verbrennen, sonst kommen sie auch zu Euch nach Hause, um Euch zu schlagen und das Bild zu vernichten. Ich habe das meiner Mutter erzählt, und sie hat das Bild auch wirklich in unserem Garten verbrannt. Dann wurden wir in Ruhe gelassen.

Und Ihr Vater? Der war ja als Wissenschafter besonders exponiert?

Er ist nie körperlich misshandelt worden, er wurde allerdings in Wandzeitungen kritisiert, so wie alle Intellektuellen. In seinem

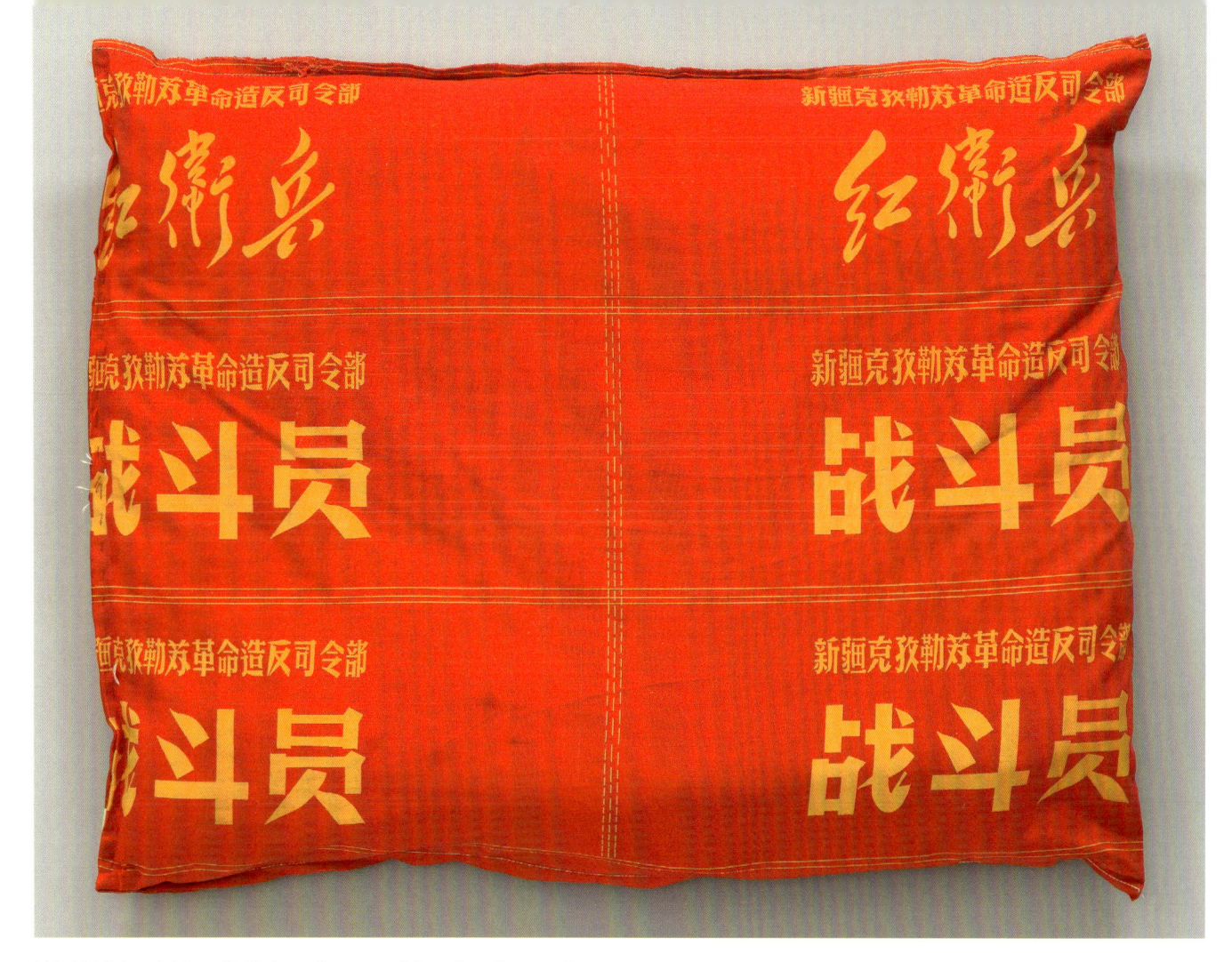

Abb. 167: Polster-Inlett aus Stoffbahnen, die ursprünglich zur Herstellung von Rotgardisten-Armschleifen gedacht waren. Aufdruck „Rote Garden" bzw. „Kämpfer" des „Revolutionären Rebellenhauptquartiers von Qizilsu, Xinjiang" (Kirgisische Autonome Präfektur). Aus dem Pamir-Gebiet, 90er Jahre. Sammlung Opletal

Institut gab es damals zwei Fraktionen, die „Rote Fahne" und die „Harten Knochen", letztere waren vor allem die einfachen Arbeiter. Mein Vater hat die „Harte Knochen"-Fraktion unterstützt, das hat ihm den Respekt der Arbeiter eingebracht. Die „Rote Fahne"-Fraktion hat meinen Vater einmal festgenommen und ihn beschuldigt, ein „Spion" zu sein, weil er 1942 ein Stipendium der Guomindang-Regierung von Tschiang Kaischek bekommen hatte. Ich bin gleich zu den „Harten Knochen" gegangen und habe sie gedrängt, meinen Vater zu befreien. Sie holten sich Unterstützung von der Armee und sind sofort ins „Rote Fahne"-Hauptquartier, um zu verhandeln. Um vier Uhr früh wurde mein Vater schließlich freigelassen.

Gab es damals auch bewaffnete Kämpfe in Shenyang?

Ja, ich habe das selbst auch gesehen. In jeder Fabrik und auch in den Hochschulen gab es zwei, drei Fraktionen, die sich alle von der Armee Waffen organisiert hatten. Bei den Kämpfen hat es immer wieder auch Tote gegeben. Ich bin selbst einmal in eine Schießerei geraten, konnte aber rechtzeitig in Deckung gehen.

Sind Sie mit den Roten Garden durch das Land gereist, so wie es viele Gruppen damals gemacht haben?

Meine Mutter wollte das nicht, sie hat Angst um mich gehabt, aber einmal bin ich mit Mitschülerinnen nach Dalian gefahren,

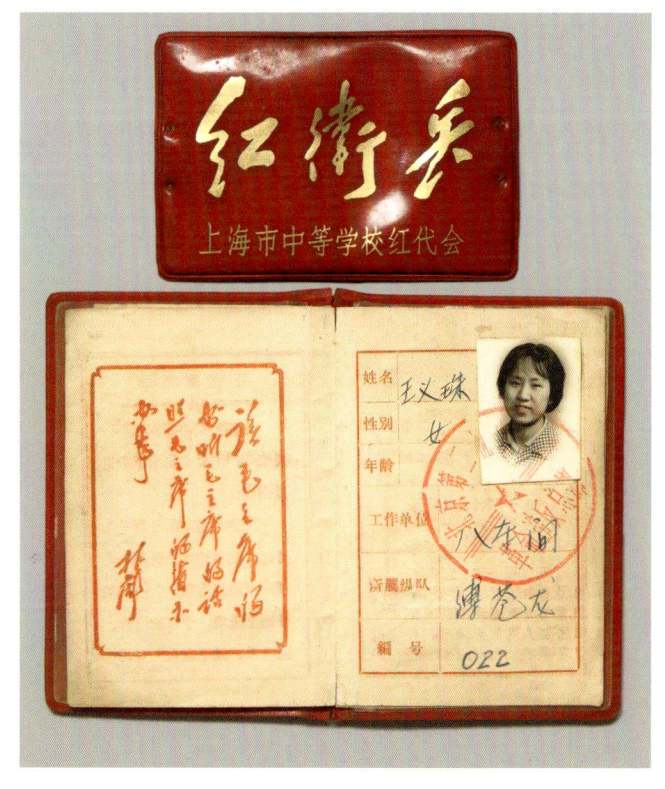

Abb. 168: Delegierten-Abzeichen (Shanghai) und Ausweis (Peking) für Angehörige der *Roten Garden*. Im Ausweis der Lin-Biao-Spruch „Lest die Werke des Vorsitzenden Mao, hört auf seine Worte und handelt nach seinen Weisungen", um 1966. Museum für Völkerkunde Wien, Inv.-Nrn. 178.713, 183.646

in der Stadt hatte ich einen Onkel, den ich besuchen konnte. Mit unseren Rotgardisten-Armschleifen brauchten wir auf der Eisenbahn nichts zu bezahlen, bekamen freie Unterkunft in den Schulen und wurden dort auch verpflegt. Ich erinnere mich, dass ich fast kein Geld gebraucht habe. Wir haben Wandzeitungen abgeschrieben, um sie dann in unserer eigenen Schule zu publizieren. Ich hatte aber ein bisschen Angst, dass ich als Ausländerin Schwierigkeiten bekommen könnte, weil mich die Leute entweder für eine Russin oder eine Amerikanerin hielten, beides war gefährlich. Bei einer anderen Fahrt nach Changchun habe ich mich daher aus Uigurin aus Xinjiang ausgegeben, die sehen auch ein wenig ausländisch aus. Die anderen Rotgardisten wollten dann, dass ich meinen Namen in ihre Mao-Bibeln schreibe, ich habe also mit Lateinbuchstaben meinen österreichischen Namen „Gudrun Plattner" hineingeschrieben, da waren sie zufrieden. Ich selbst habe letztlich nie Probleme gehabt.*

1967/68 ist die Bewegung der Roten Garden dadurch beendet worden, dass viele junge Leute zur Arbeit aufs Land geschickt wurden. Wieweit waren auch Sie betroffen?

Auch meine Schulklasse erhielt die Anweisung, zur Arbeit in der Landwirtschaft in ein Dorf in unserer Provinz zu übersiedeln. Ich wollte natürlich mit und habe ein Ansuchen gestellt, aber die Ausländerpolizei hat das nicht erlaubt. Ich war ja keine chinesische Staatsbürgerin, sondern galt als staatenlos, der Pass meiner Mutter, in dem ich als Kind drinnen stand, war längst abgelaufen, und Österreich hatte noch keine Botschaft in China. Erst 1971 bekam ich vom österreichischen Konsulat in Hongkong meinen ersten Reisepass. 1968, als ich 20 Jahre alt war, wollte ich sogar einmal die chinesische Staatsbürgerschaft beantragen. Aber ein wohlmeinender Beamter hat mir damals geraten Ausländerin zu bleiben, solange die Kulturrevolution andauert, da wäre ich besser geschützt. Ich habe dann eine Stelle in einer Textilfabrik bekommen und zweieinhalb Jahre dort gearbeitet, zuerst als Lehrling, dann im Schichtbetrieb. Im März 1972 bin ich schließlich nach Wien gekommen. Es hat über ein halbes Jahr gedauert, bis mein Ausreise genehmigt wurde, denn ich sollte zunächst eine Erklärung unterschreiben, dass ich nie wieder nach China zurückkehren würde und dass ich auch nichts über die Kulturrevolution erzählen dürfe. Das wollte ich nicht unterschreiben, vor allem nicht den ersten Punkt, dann hätte ich meine Eltern nicht mehr sehen können. In meiner Fabrik bin ich auch auf Wandzeitungen kritisiert worden. Ich sei undankbar gegenüber China und träume vom Kapitalismus, schrieben ein paar besonders Eifrige. Aber die Funktionäre mussten sich schließlich bei mir und meinem Vater entschuldigen, und ich durfte dann bald nach Österreich ausreisen.

(Das Gespräch mit Gudrun Alber führte Helmut Opletal.)

Gudrun Alber, geb. 1948 als Gudrun Plattner. Unter ihrem chinesischen Namen „Fang Gude" hat sie die ersten Jahre der *Kulturrevolution* miterlebt. Nach ihrer Ausreise nach Österreich unterrichtete sie Chinesisch und leitete über dreißig Jahre lang das Sekretariat des *Instituts für Sinologie* der *Universität Wien*.

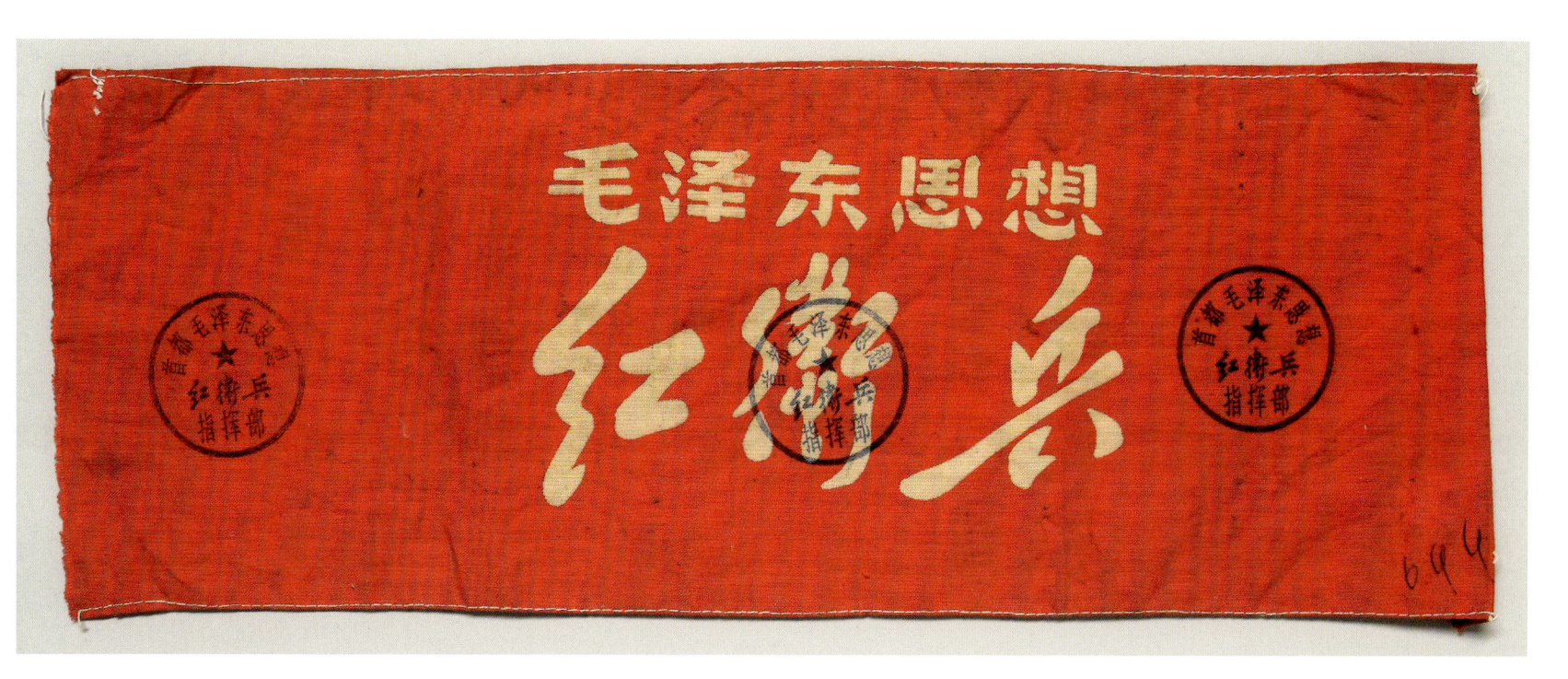

Abb. 169: Armschleife „Rote Garde der Maozedongideen" mit drei Stempeln des „Oberkommandos" der Organisation, um 1966. Museum für Völkerkunde Wien, Inv.-Nr. 181.981

Abb. 170 a und b: Strohhut (ø 43 cm), mit Aufschrift „Hinauf auf die Berge, hinaus ins Land" und „Die rote Winterkirsche erkämpft den Frühling" (Anspielung auf ein Mao-Gedicht), Marke *Arbeiter und Bauern* (Etikett innen), um 1968. Museum für Völkerkunde Wien

Abb. 171: Vase (Porzellan, H. 38 cm), aufs Land verschickte Jugendliche, auf dem Strohhut steht „Neue Dörfer aufbauen", *Liling*-Manufaktur (Hunan), datiert 1976. Museum für Völkerkunde Wien

Abb. 172: Teetasse (Email, H. 9 cm), Marke *Große Volksmassen* mit der Aufschrift „Es ist glorreich, in die Berge und aufs Land zu gehen" (nimmt Bezug auf Maos Politik, die *Roten Garden* zu demobilisieren und als „gebildete Jugendliche" zur produktiven Arbeit in die Landwirtschaft zu schicken). Peking, datiert Oktober 1974. Museum für Völkerkunde Wien, Inv.-Nr. 183.512

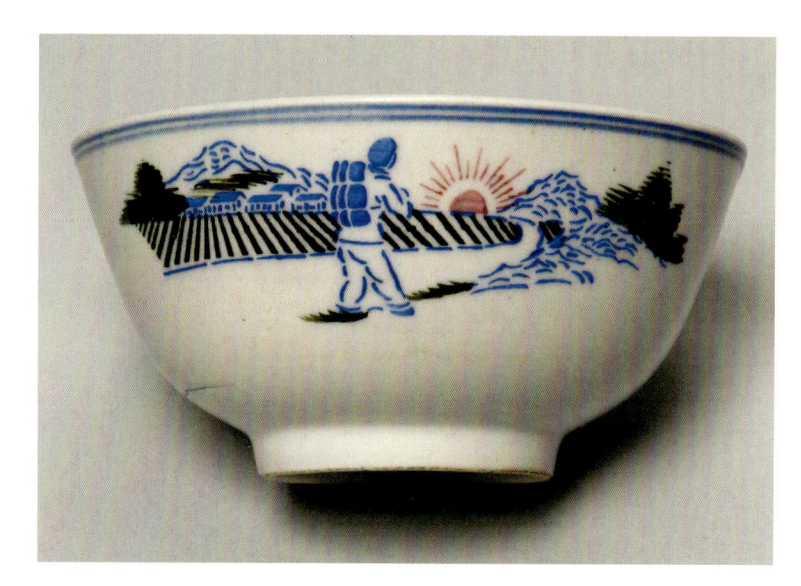

Abb. 173: Reisschale (Porzellan, ø 12 cm), Rotgardist zieht aufs Land, um 1970. Sammlung Opletal

Abb. 174: Teetasse (Email, H. 10 cm), Marke *Große Volksmassen*, Rotgardistin, Aufschrift „Aufs Land gehen, um sich dort in einer Arbeitsbrigade anzusiedeln", Shanghai, datiert 1969. Museum für Völkerkunde Wien, Inv.-Nr. 178.728

Abb. 175: Reisschale (Porzellan, ø 12 cm), Milizionärin, Zijiang (Provinz Hunan), datiert 1968. Museum für Völkerkunde Wien, Inv.-Nr. 183.568

Abb. 176: Teetasse (Email, H. 10 cm) der „Rebellengruppe 560 des Oberkommandos der revolutionären Rebellen der Shanghaier Arbeiter". Museum für Völkerkunde Wien, Inv.-Nr. 178.737

Abb. 177: Reisschale (Porzellan, ø 16 cm), Rotgardistin mit *Mao-Bibel* bei der Arbeit in der Landwirtschaft, um 1968. Sammlung Opletal

Abb. 178: Thermoskanne (H. 39 cm) mit Milizionärin, Aufschrift „Die braven Söhne und Töchter sind gewillt, überall hinzugehen", um 1975. Museum für Völkerkunde Wien, Inv.-Nr. 183.525

Abb. 179: Rotgardistin (Porzellan, H. 29 cm) mit Maos *Gesammelten Werken*, in den 90er Jahren kreiertes „Kulturrevolutions-Souvenir". Museum für Völkerkunde Wien, Inv.-Nr. 183.240

Abb. 180: Warenetikett für Heftpflaster Marke *Peking*, mit Mao-Spruch „Das chinesische Volk hat den Willen und die Kraft, in einer nicht fernen Zukunft fortgeschrittenes Weltniveau zu erreichen", um 1968. Museum für Völkerkunde Wien, Inv.-Nr. 183.671

Abb. 181: Fächer (Bambus, Reispapier, ø 25 cm), Erdölarbeiterinnen, *Produktionsgenossenschaft für Papierfächer*, Suzhou (Provinz Jiangsu), um 1968. Museum für Völkerkunde Wien, Inv.-Nr. 183.441

Abb. 182: Sanitätstasche eines *Barfußarztes* (Leder, 15 x 30 x 24 cm), mit eingeprägtem Mao-Zitat „Dem Volke dienen". Museum für Völkerkunde Wien, Inv.-Nr. 183.298

Um die medizinische Versorgung in abgelegenen Gebieten zu verbessern, schickte die Regierung ab den 60er Jahren sogenannte *Barfußärzte* in die Dörfer, einfache Sanitäter, die Grundwissen vor allem in traditioneller chinesischer Medizin besaßen. Sie zogen von Dorf zu Dorf, um leichte Verletzungen und Beschwerden zu behandeln sowie Gesundheitsvorsorge zu lehren. In vielen Ländern der Dritten Welt, aber auch in Europa wurden die *Barfußärzte* zu einem Mythos und Beleg dafür, dass medizinische Grundversorgung auch mit einfachen und volkstümlichen Mitteln organisiert werden kann.

Abb. 183: Briefumschlag mit Darstellung einer *Barfußärztin*, 8-Fen-Briefmarke „Lernen von Dazhai". Sammlung Opletal

Abb. 184: Fächer (Bambus, Reispapier, ø 25 cm), Mao-Zitat „Eigennutz bekämpfen, Revisionismus kritisieren, mit sparsamen Mitteln die Revolution entfachen" und Aufruf zum Stromsparen, u. a. durch eine Darstellung, welche Produkte mit 1 KWh Strom erzeugt werden können. *Produktionsgenossenschaft für Papierfächer*, Suzhou (Provinz Jiangsu), um 1968. Museum für Völkerkunde Wien, Inv.-Nr. 183.442

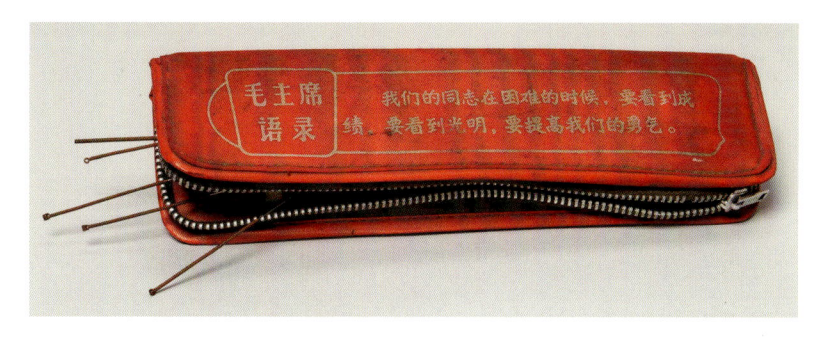

Abb. 185: Akupunkturnadeln in Etui (5 x 22 cm), mit aufgedrucktem Mao-Zitat „In Zeiten von Schwierigkeiten müssen unsere Genossen die Erfolge sehen, die lichte Zukunft vor Augen haben, müssen wir unseren Mut heben". Ein Satz gängiger Akupunkturnadeln gehörte zur Grundausstattung der *Barfußärzte*. Museum für Völkerkunde Wien, Inv.-Nr. 183.402

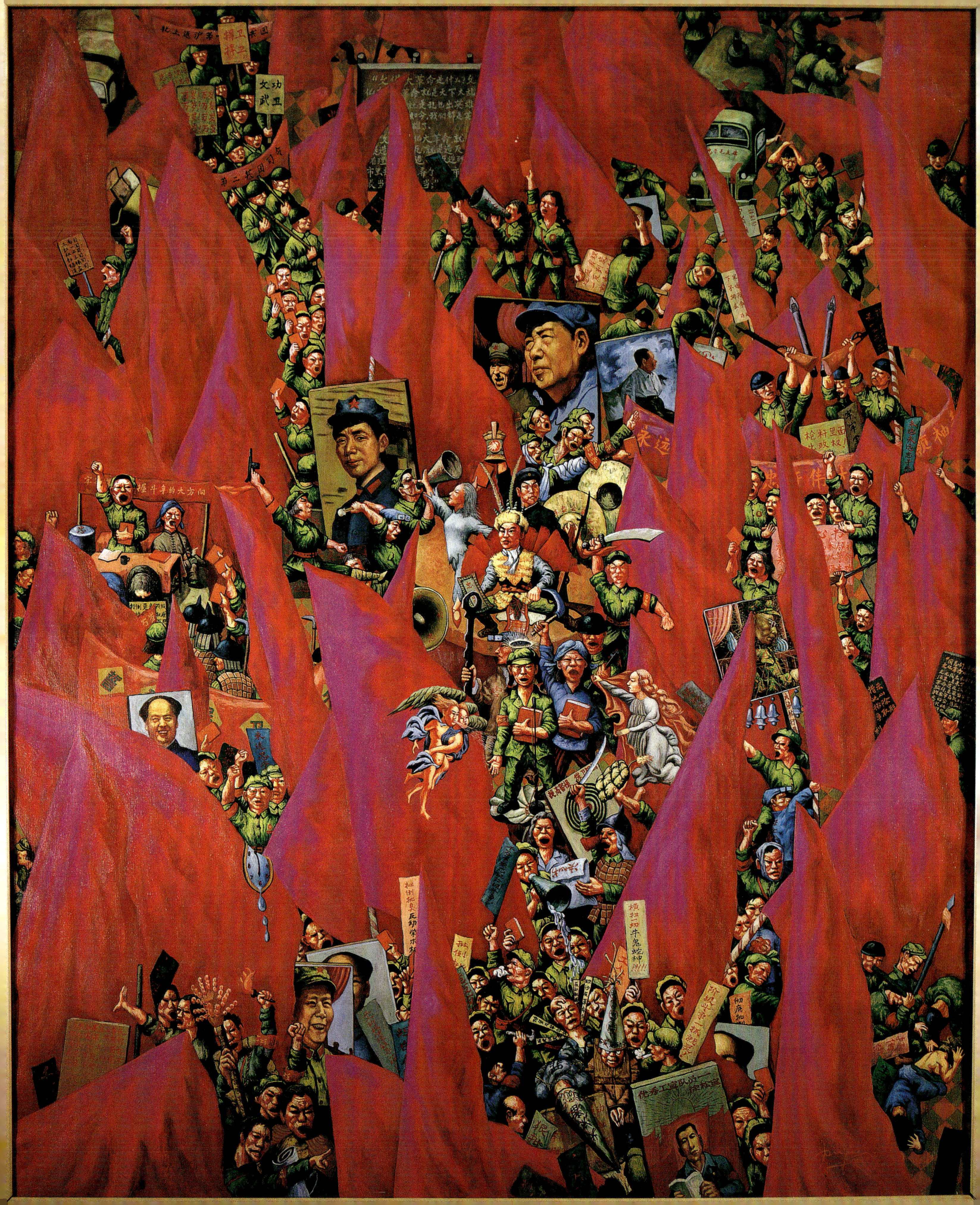

ELISABETH SLAVKOFF

VON DER PROPAGANDA ZUR MODERNEN AVANTGARDE: CHINAS REVOLUTIONSKUNST UND IHRE SYMBOLE

Als Adorno in Frankfurt in seinen Lehrveranstaltungen die Funktionslosigkeit der Kunst vertrat und in den Museen und Galerien New Yorks abstrakter Expressionismus, Minimalismus und Pop-Art gezeigt wurden, war die Kunst der Volksrepublik China von zwei Leitlinien bestimmt: Kunst hatte eine von der Politik festgelegte Funktion, und ihre Ausdrucksform war der *Sozialistische Realismus*. Leitmotiv chinesischer Künstler blieb über Jahrzehnte bis nach der *Kulturrevolution* das folgende Zitat Maos aus den *Reden bei der Aussprache in Yenan über Literatur und Kunst* (Mao 1942: 95): *„Eine Kunst um der Kunst willen, eine über den Klassen stehende Kunst, eine Kunst, die neben der Politik einherginge oder unabhängig von ihr wäre, gibt es in Wirklichkeit nicht. Die proletarische Literatur und Kunst sind ein Teil der gesamten revolutionären Sache des Proletariats oder, wie Lenin sagte, ‚Rädchen und Schräubchen' des Gesamtmechanismus der Revolution."*

Die Kleinstadt Yan'an (Yenan) in den Bergen von Shaanxi war seit 1936 das Hauptquartier der chinesischen Kommunisten, in das sie sich nach dem *Langen Marsch* zurückgezogen hatten. Viele junge Intellektuelle aus den großen Städten schlossen sich den Militärs an. Anfang 1938 wurde in Yan'an die *Lu-Xun-Akademie* errichtet mit dem Ziel, Schriftsteller und Künstler vornehmlich für die Propagandakunst auszubilden. Die wichtigste künstlerische Technik war der Holzschnitt, den Lu Xun, ein bekannter linker Schriftsteller und Intellektueller, in den 30er Jahren in Shanghai wiederbelebt und um expressionistische Vorbilder aus Deutschland bereichert hatte.

Bald sollte die unter schwierigen Bedingungen und mit viel Idealismus und Engagement geschaffene Kunst unter Beschuss der *Kommunistischen Partei* kommen. Expressionistische Holzschnitte, hieß es, seien für die einfachen Bauern und Soldaten „unverständlich". In Karikaturen wurden nicht allein die Feinde der Kommunisten attackiert, sondern es wurden auch die Verhältnisse in Yan'an selbst und das Verhalten der Parteikader kritisiert. Kritik, die von Künstlern oder Schriftstellern kam, war jedoch unerwünscht. Ausstellungen mit Reproduktionen u. a. von Cézanne und Matisse an der *Lu-Xun-Akademie* wurden verboten, weil das Spiel mit Farbe und Form Ausdruck einer „bourgeoisen" Ästhetik sei.

Die *Aussprache in Yenan über Literatur und Kunst* im Mai 1942 ist vor diesem Hintergrund zu sehen. Mao Zedong legte darin die Parteilinie fest, Literatur und Kunst seien integrierender Bestandteil der Revolution. Ähnlich wie Lenin stellte Mao die Frage nach dem Publikum und betonte, Kunst sei für Arbeiter, Bauern und Soldaten sowie für ihre Funktionäre bestimmt. Daher müsse ein Stil erarbeitet werden, der mit dem „Denken und Fühlen der breiten Massen der Arbeiter, Bauern und Soldaten zu einer Einheit" verschmelze (Mao 1942: 79).

Über das Verhältnis zur traditionellen chinesischen und zur ausländischen Kunst bemerkt Mao: *„Wir wollen die besten literarischen und künstlerischen Traditionen Chinas und des Auslands übernehmen, wobei aber das Ziel dasselbe bleibt: sie in den Dienst der Volksmassen zu stellen"* (Mao 1942: 84). Diese Aussage wird in der *Kulturrevolution* auf die Kurzformel gebracht: Lasst die Vergangenheit der Gegenwart dienen *(gu wei jin yong),* lasst uns das Ausländische für China nutzen *(yang wei Zhong yong).*

Kunst müsse, so Mao weiter, auf einem hohen Niveau stehen, die Darstellungen des Lebens seien *„erhabener, schärfer ausgeprägt, konzentrierter, typischer und idealer und folglich auch allumfassender als die Alltagswirklichkeit"* zu gestalten (Mao 1942: 90). In der *Kulturrevolution* entstand daraus die Forderung nach einem „erhabenen, bedeutenden und umfassenden" Kunstwerk *(gao, da, quan).*

Die *Aussprache in Yenan* ist Teil einer größeren politischen und doktrinären „Ausrichtungsbewegung". Mao zementierte darin seine Führungsrolle innerhalb der Partei und setzte sich gegenüber Moskau durch. Sein Gedankengut trat gleichberechtigt neben den Marxismus-Leninismus, die Revolution wurde sinisiert. Kunst und Literatur wurden zur Parteikunst (Lü 2010: 381). Der autonome künstlerische Freiraum sollte in den folgenden Dezennien immer enger werden, bis die *Kulturrevolution* eine quasi totale Reglementierung von Darstellungs- und Ausdrucksweisen der offiziellen Kunst schuf.

Abb. 186: Pu Jie, *Fluttering Flags*, 1995. Öl auf Leinwand, 180 x 150 cm. Sammlung Sigg, Schweiz

Abb. 187: Telefonwertkarte (1988) mit Darstellung des Bildes *Staatsgründung* von Dong Xiwen. Sammlung Opletal

In der chinesischen Kunst nach 1949 war die Ölmalerei nach dem Vorbild des sowjetischen Realismus die bestimmende Stilrichtung. Wenn dem westlichen Auge die frühe chinesische Ölmalerei ästhetisch ansprechender erscheint als ihr sowjetisches Vorbild, so ist dies auf eine gewisse Modernität zurückzuführen. Sie äußert sich in vereinfachten Formen sowie in einer Farbgebung, die auf die chinesische Volkskunst zurückgreift. Dong Xiwens *Staatsgründung* (Abb. 187) zeigt Mao bei der Ausrufung der chinesischen Volksrepublik am 1. Oktober 1949. Der blaue Himmel mit dekorativen Wolken, die roten Säulen und Lampions könnten einem chinesischen Neujahrsbild entsprungen sein. Bestechend ist auch die Komposition, die Mao in das linke Zentrum platziert und die Umstehenden – gleich einem Chor – an die Seite des Bildes drängt, sodass vorne rechts ein Leerraum entsteht. Dort ist auch der Standpunkt des Betrachters, der somit an der Zeremonie teilnimmt und ein Gefühl für die Bedeutung des Augenblicks gewinnt.

Das Schicksal dieses Ölbildes von 1953 ist so bewegt wie die chinesische Geschichte selbst. Schon ein Jahr später musste über Anweisung Maos der im Zuge eines Fraktionskampfes entmachtete Spitzenpolitiker Gao Gang aus dem Bild „verschwinden". Während der *Kulturrevolution* wurde Liu Shaoqi als „Verräter" entfernt, und später übermalte man auch das Porträt des Politbüromitglieds Lin Boqu, der sich angeblich einst gegen die Hochzeit Maos mit Jiang Qing ausgesprochen hatte. Im Laufe der *Kulturrevolution* erfuhr dieses Bild noch so viele Änderungen, dass es heute nur mehr eine von Dongs Schüler Jin Shangyi angefertigten Kopie gibt (Lü 2010: 524).

Neben der Ölmalerei blieb die chinesische Tuschemalerei (*guohua*) bestehen, doch wurde sie „modernisiert" – zur tra-

Abb. 188: Behälter für Essstäbchen (Steinzeug, glasiert, H. 17 cm), Aufschrift „Arbeiter, Bauer, Soldat", der Arbeiter in der Mitte hält Maos *Ausgewählte Werke* in der Hand. Mitte der 60er Jahre. Museum für Völkerkunde Wien, Inv.-Nr. 183.584

ditionellen Landschaft kamen als Motive Traktoren, Telegraphenmasten, Staudämme etc. hinzu.

Eine gewisse Lockerung der Kulturpolitik und eine größere Autonomie der Kunst brachte 1956/57 die nur einige Monate dauernde „Hundert-Blumen- Bewegung". Der Aufruf Maos lautete: *„Lasst hundert Blumen blühen, lasst hundert Ideen miteinander wettstreiten."* Wie zuvor in Yan'an waren auch nun wieder für kurze Zeit Reproduktionen von Cézanne und Matisse zu sehen, diesmal in der Zeitschrift *Meishu* (Kunst). Die Anti-Rechts-Bewegung bereitete dieser Liberalisierung aber ein jähes Ende und sollte einen Vorgeschmack auf die *Kulturrevolution* geben. Missliebige Kunst wurde zur „Schwarzen Linie" (*hei xian*) erklärt. Arbeiten, die unter dem Einfluss der westlichen Moderne entstanden waren, gehörten da ebenso dazu wie traditionelle Malerei. Zahlreiche Künstler, vor allem der älteren Generation, die Maos Appell allzu wörtlich genommen hatten, landeten zur „Umerziehung" in Arbeitslagern, aus denen sie erst nach dem Ende der *Kulturrevolution* entlassen werden sollten.

Abb. 189: Plakat (77 x 52 cm) „Der Vorsitzende Mao ist die Rote Sonne in den Herzen der Völker der Welt", Volkskunstverlag Shanghai, April 1967. Museum für Völkerkunde Wien, Inv.-Nr. 183.876

Elemente der *Aussprache in Yan'an,* wie die totale Unterordnung des Künstlers unter die Politik sowie die inhaltliche und stilistische Festlegung auf eine Kunst für die Massen, wurden kurz vor dem offiziellen Beginn der *Kulturrevolution* im Februar 1966 durch ein unter dem Einfluss von Jiang Qing redigiertes Protokoll einer Armeekunst-Tagung in Shanghai (Summary 1966) radikalisiert, das bald allgemeine Verbreitung und Anwendung fand (Lü 2010: 633). Zur „Schwarzen Linie" zählte nun nicht mehr allein die „bourgeoise" Kunst, sondern sogar die revolutionäre Kunst aus den 30er Jahren. Das Protokoll rief zum „unerbittlichen Klassenkampf des Proletariats gegen die Bourgeoisie" auf. Weiters setzte es sich näher mit Inhalt und Form von Kunstwerken auseinander. „Revolutionärer Realismus" verbunden mit „revolutionärem Romantizismus" wurde zur „einzigen loyalen" künstlerischen Ausdrucksform.

Modellhafte Kunstwerke sollten verbreitet und den Massen nähergebracht werden. Dazu zählte neben den acht *Revolutionären Modell-Bühnenstücken* auch eine Installation aus Anren (Sichuan): der *Hof für die Pachteinnahme,* eine Kollektivarbeit aus 114 lebensgroßen Figuren in Trockenlehmtechnik, die – Ironie der Geschichte – im Laufe der *Kulturrevolution* umgearbeitet werden musste. Ihre Fassung von 1965, die die Ausbeutung der Bauern durch einen Grundherren zum Gegenstand hatte, wurde 1966 durch eine „Siegesszene" ergänzt, in der Rote Garden triumphierend die *Mao-Bibel* schwenken.

Während Mao in Yan'an noch von einer Kunst *für* Arbeiter, Bauern und Soldaten sprach, wurde nun der Künstlerbegriff *um* Arbeiter, Bauern und Soldaten *(gong-nong-bing)* erweitert *(Abb. 188).* Ähnlich behauptete Joseph Beuys 1967 (unter dem Einfluss der chinesischen *Kulturrevolution?):* „Jeder Mensch ist ein Künstler".

Zu den Aussagen der Konferenz in Shanghai über den Inhalt von Kunstwerken sollten im Laufe der *Kulturrevolution* noch stilistisch-ästhetische Vorgaben hinzukommen: Darstellungen müssten „rot, glänzend und strahlend" *(hong, guang, liang)* sein, aber auch „erhaben, bedeutend und umfassend" *(gao, da, quan),* ein Postulat, das, wie erwähnt, auf Maos Aussagen in Yan'an zurückgeführt wird *(Abb. 189).* Kompositorische Regeln wurden aus den „drei Hervorhebungen" *(san tuchu)* abgeleitet, die zunächst für die revolutionären Opern, dann aber auch für Gemälde galten. Sie lauten, vereinfacht ausgedrückt, dass von allen dargestellten Personen die positiven Gestalten im Vordergrund stehen sollen, von den positiven Gestalten sind die Helden herauszustreichen und unter ihnen wiederum ist der zentrale Charakter in den Mittelpunkt zu stellen (Clark 2008: 46).

EINE KOMPLEXE SYMBOLIK

Zu den Gestaltungsregeln der *Kulturrevolution* tritt eine Symbolik, die über stalinistische und sozialistisch-revolutionäre Einflüsse hinausgeht und buddhistische Elemente enthält, aber auch Traditionen des kaiserlichen China und der chinesischen Volkskultur aufgreift. Dazu kommt, dass die Kunst der *Kulturrevolution* intertextuell ist: Ein und dasselbe Bild wird als Ölbild gestaltet, als Plakat reproduziert, auf Porzellan gemalt, auf Mao-Abzeichen wiedergegeben. Die Einheit von Bild und Schrift, ihre wechselseitige Referenz und Verweise von Bildern auf Texte Maos sind weitere Aspekte der Intertextualität (Evans 1999: 19). Intertextualität bestimmte auch die Malerei der Ming- und Qing-Dynastien, als sich Künstler auf Werke anderer Maler oder auf Gedichte bezogen. Sie verlangt dem Betrachter ein oft erhebliches kulturelles Wissen ab. Diese hohen Ansprüche gelten allerdings für die Kunst der *Kulturrevolution* nicht mehr, ist doch die Thematik der Darstellungen sowie der Kreis der zitierten Werke reduziert. Ihre Symbolik war daher auch für den Durchschnittschinesen verhältnismäßig einfach zu durchschauen. Die folgende Auswahl von Symbolen der *Kulturrevolution,* wie man sie in

Abb. 190: Kännchen für Sojasauce (Porzellan, H. 9 cm) mit *Mao-Bibel* und Aufschrift „Lang lebe die Generallinie! Lang lebe der Große Sprung nach vorn! Lang lebe die Volkskommune!", um 1966. Museum für Völkerkunde Wien, Inv.-Nr. 183.544 a, b

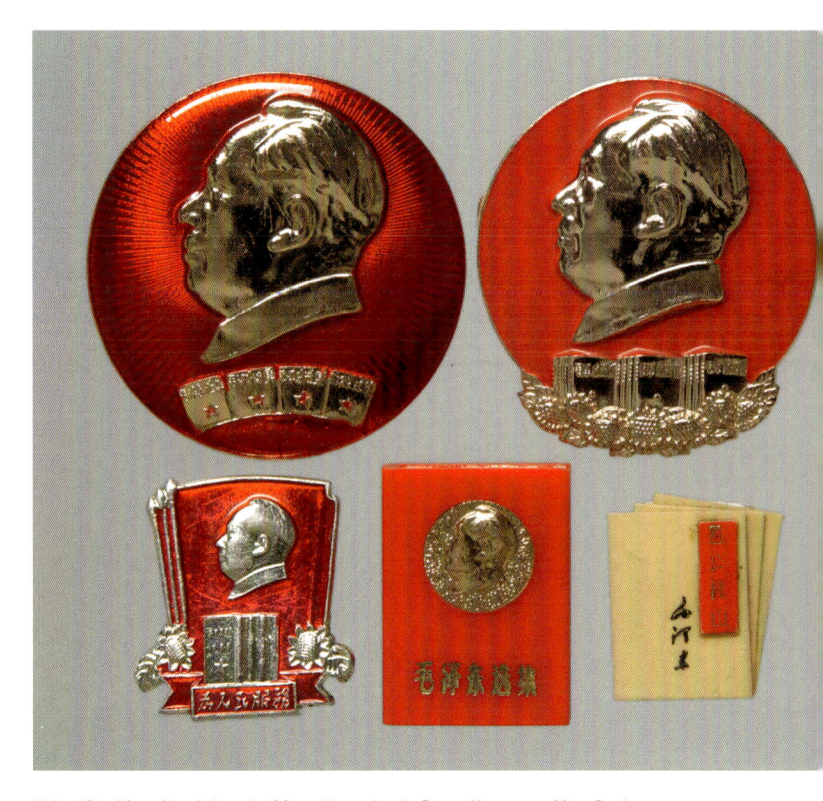

Abb. 191: Mao-Abzeichen (ø 22 – 41 mm) mit Darstellung von Mao-Büchern. Museum für Völkerkunde Wien

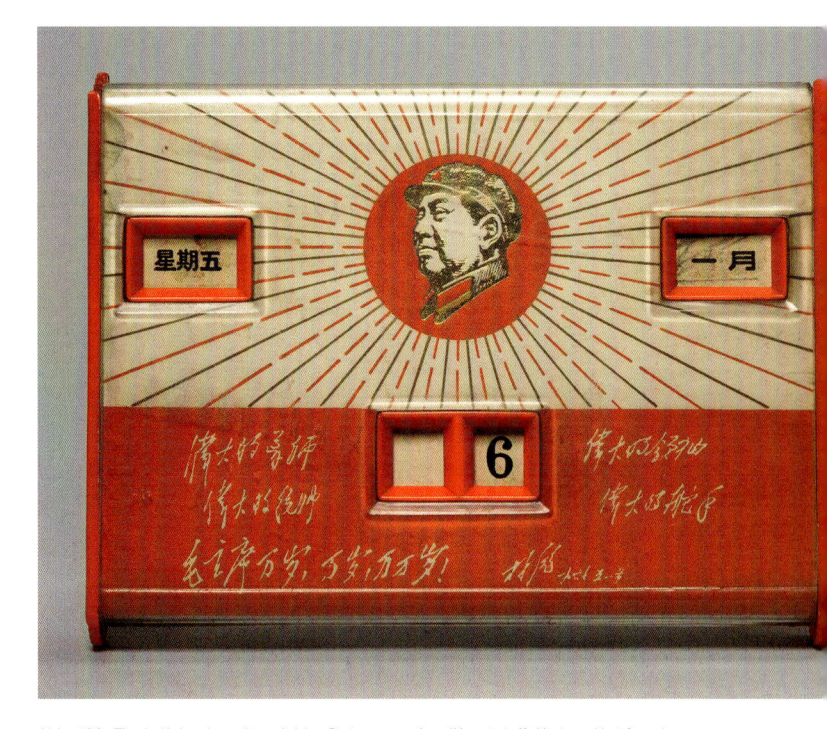

Abb. 192: Tisch-Kalender mit variabler Datumsanzeige (Kunststoff, Karton, H. 10 cm) und Lin-Biao-Spruch „Lang lebe der Große Führer, Große Lehrer […]", um 1969. Museum für Völkerkunde Wien, Inv.-Nr. 183.301

Alltagsdesigns oder auf Mao-Abzeichen findet, beruht im Wesentlichen auf einem Glossar des British Museum (Wang 2008: 113–149).

Chinesische Kunsthistoriker bezeichnen die Periode von 1966 bis 1976 als „Rotes Zeitalter" (hongse niandai), so auch der Titel einer Ausstellung von Volkskunst im August 2010 im Kunstmuseum von Kanton. Rot war bildlich und verbal die vorherrschende Farbe der *Kulturrevolution*, denken wir nur an das *Rote Buch*, die *Roten Garden*, rote Fahnen oder den Ausspruch „Mao ist die röteste aller Sonnen". Rot, die Farbe von Revolution, Sozialismus und Kommunismus, hat in China eine lange Tradition als Siegelfarbe, und sie gilt als Farbe von Glück und Reichtum, somit auch der Hochzeit. Rote Fahnen erinnern ursprünglich an die Banner der Generäle seit der Tang Dynastie, im 20. Jahrhundert symbolisieren sie Sozialismus und Kommunismus. „Drei Rote Fahnen" stehen für Maos „Generallinie", den „Großen Sprung nach vorn" und die „Volkskommunen" *(Abb. 190)*.

Im Gegensatz zu Rot ist Schwarz verbal und in der Ikonographie negativ besetzt. Die „Schwarze Linie" stand für die bourgeoise Kunst, die es laut Jiang Qing auszurotten galt. Immer wieder gab es Ausstellungen „schwarzer Kunst", in der missliebige Kunstwerke gebrandmarkt wurden. Aus dem Blickwinkel der Tradition gilt Schwarz hingegen als die Farbe von Dunkelheit und Ehre.

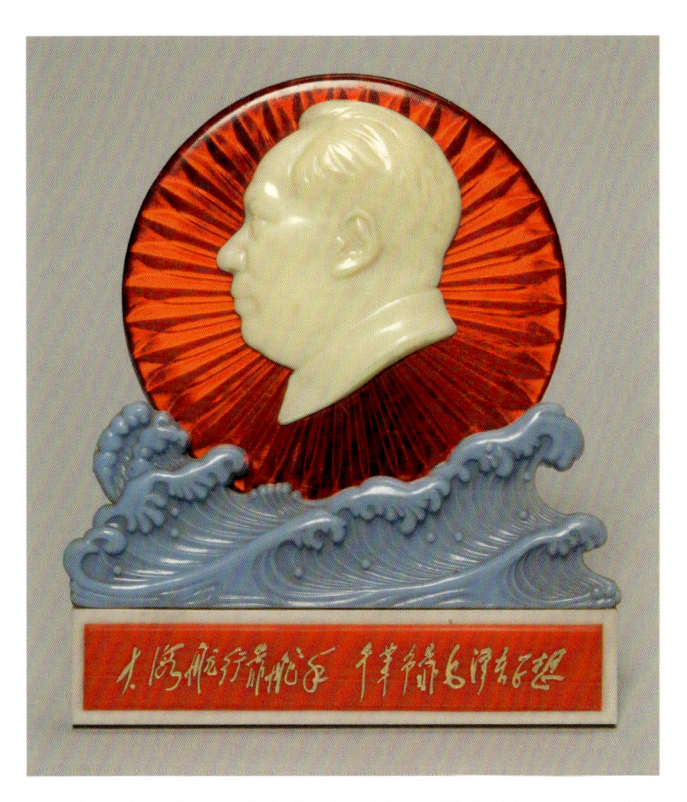

Abb. 193: Plakette (Kunststoff, H. 18 cm) mit Slogan „Die Seefahrt vertraut auf den Steuermann [...]", um 1969. Museum für Völkerkunde Wien, Inv.-Nrn. 183.289, 183.298

Abb. 194: Mao-Abzeichen (ø 6 cm) mit drei Sonnenblumen und Schriftzeichen „Loyalität". Museum für Völkerkunde Wien, Inv.-Nr. 182.299

Abb. 195: Mao-Abzeichen (ø 4,5 cm) mit fünf Sonnenblumen. Museum für Völkerkunde Wien, Inv.-Nr. 182.319

Bücher, die oft zu Rechtecken reduziert sind, versinnbildlichen die Schriften Maos *(Abb. 191):* Vier Rechtecke repräsentieren die vier Bände der *Ausgewählten Werke,* ein einziges rotes Rechteck meint das kleine Zitaten-Büchlein *Worte des Vorsitzenden Mao.*

Mao wird auch der „Große Steuermann" genannt, dementsprechend führt er das chinesische Volk durch „Wind und Wellen" der Revolution *(Abb. 193).*

Ein Kreis, rot oder gelb, ist die Symbolform der Sonne und ihrer Strahlen. In der buddhistischen Mythologie gilt der Kreis als das Symbol des Wiederkehrenden (wie z. B. des *Rades des Lebens).* Ähnliches findet sich im Mao-Kult, in dem der Kreis die Unendlichkeit symbolisiert.

Um Mao fand ein regelrechter Sonnenkult statt. Während in Bildern der späten 50er Jahre die rote Sonne noch als Symbol für die *Kommunistische Partei* stand, wird seit den frühen 60er Jahren Mao selbst als die „rote Sonne" bezeichnet. Maos Kopf ist ähnlich wie dies bei Heiligenbildern der Fall ist von Sonnenstrahlen umgeben. Im alten China wurde auf der Schattenmauer vor dem Eingang von Regierungsgebäuden eine rote Sonne angebracht, um das Yang-Prinzip der Reinheit und Klarheit und damit die Erwartung einer gerechten Verwaltung zum Ausdruck zu bringen (Williams 1976: 379). Noch heute findet man auf der Schattenmauer chinesischer Regierungsgebäude das Motto „Dem Volke dienen", oft in Maos Kalligraphie. Im Yin-Yang-Dualismus hat die Sonne die Bedeutungen Himmel, Licht, Stärke und Männlichkeit.

Eng mit dem Sonnenkult hängt die Rolle der Sonnenblume zusammen. Sie stammte ursprünglich aus Südamerika, wo sie den Inkas als heiliges Symbol diente, und wurde von europäischen Missionaren in der Ming-Zeit nach China gebracht. Abbildungen von Sonnenblumen findet man dann in Gemälden aus der Qing-Dynastie. Die chinesische Bezeichnung für die Sonnenblume lautet *xiangrikui,* übersetzt „die sich nach der Sonne richtende Blume". In der

Abb. 196: Mao-Abzeichen (ø 5,5 cm) mit sieben Sonnenblumen. Museum für Völkerkunde Wien, Inv.-Nr. 182.292

Abb. 197: Mao-Abzeichen (ø 4 cm) mit Kreis von Sonnenblumen. Museum für Völkerkunde Wien, Inv.-Nr. 182.320

Abb. 198: Mao-Abzeichen (ø 3,8 cm) mit neun Sonnenblumen (eigentlich acht plus Globus). Museum für Völkerkunde Wien, Inv.-Nr. 182.293

Abb. 199: Abzeichen/Plakette (Kunststoff, H. 12 cm) mit Schriftzeichen „Loyalität", Hefei (Provinz Anhui), um 1968. Museum für Völkerkunde Wien, Inv.-Nr. 183.166_19

Kulturrevolution symbolisierte sie die Anbetung, Ehrfurcht und Treue, die das chinesische Volk für Mao empfand.

Drei Sonnenblumen *(Abb. 194)* stehen für „drei Loyalitäten", und zwar gegenüber dem Vorsitzenden Mao, den *Maozedongideen* und Maos revolutionärer Linie. Fünf Sonnenblumen *(Abb. 195)* repräsentieren 500 Millionen Bauern, sieben die 700 Millionen Chinesen zur Zeit der *Kulturrevolution (Abb. 196)*. Neun Sonnenblumen beziehen sich auf den Neunten Parteitag der *KPCh* 1969 *(Abb. 198)*, an dem zum ersten Mal Vertreter der *Roten Garden* teilnahmen und auf dem Lin Biao zum Stellvertreter Maos auf Lebenszeit ernannt wurde. Schließlich bedeutet ein geschlossener Kreis

Abb. 200: Abzeichen (ø 4 – 7 cm) mit Prunuszweigen (Winterkirsche). Museum für Völkerkunde Wien

von Sonnenblumen die ungebrochene, unbegrenzte Treue des Volkes gegenüber Mao *(Abb. 197)*.

Das Schriftzeichen *zhong* (Loyalität) wird zu einem eigenen Bild, das oft von Sonnenblumen umgeben und manchmal in ein Herz eingeschrieben ist *(Abb. 199)*. Auch das Herz selbst, im traditionellen China Sitz des Gefühls und des Lebens sowie Ursprung der Spiritualität, ist ein populäres Symbol des Mao-Kults.

Neben der Sonnenblume gibt es zahlreiche andere Blumen- und Pflanzendarstellungen. Die Päonie, die chinesische Nationalblume, gilt als Königin der Blumen und soll Reichtum und Ehre bringen. Sie verkörpert auch den Frühling und ist ein Glücksbringer. Lotus wird im Süden Chinas als Nahrungsmittel angebaut. Deshalb sieht man vor allem in der Bauernmalerei Lotusteiche und Lotusernten als Symbol für eine reiche Ernte.

Chrysanthemen verweisen auf den Herbst. In Dong Xinwens Bild *Staatsgründung (Abb. 187)* sind im rechten Vordergrund gelbe Chrysanthemen abgebildet, eine Referenz auf das Gründungsdatum der Volksrepublik, den 1. Oktober. Prunuszweige und Prunusblüten (Winterkirschen) verweisen auf zwei Gedichte Maos, nämlich „Ode an die Winterkirsche" und „Winterwolke". Nach klassischer Tradition wird die Winterkirsche als Symbol für die Überwindung widriger Umstände angesehen *(Abb. 200 und 201)*. Sie steht nach 1949 für eine revolutionäre Mentalität, in der traditionellen Kunst auch für Unberührtheit und Keuschheit.

Ein weiteres Wintersymbol ist die Föhre, die Ausdauer und Geradlinigkeit versinnbildlicht. So vergleicht Mao in seinem Gedicht „Ode an die Achte Kompanie" die Soldaten dieser Armeeeinheit mit Föhren (Mao 2006: 120). Die Föhre wird als Ausdruck der Hoffnung oft zusammen mit der Winterkirsche abgebildet. Hinzu gesellt sich manchmal der Bambus. Bambus, Föhre und Winterkirsche sind „drei Freunde", die das Überstehen von schwierigen Situationen und Langes Leben symbolisieren.

Plakate, Mao-Abzeichen und andere Darstellungen der *Kulturrevolution* zeigen immer wieder „heilige revolutionäre Stätten" *(geming shengdi)*, Orte der chinesischen Revolutionsgeschichte, die auch Stationen in der persönlichen Biographie Maos waren *(Abb. 203)*: Jingangshan (Provinz Jiangxi), das Hauptquartier Maos und Zhu Des bis zum Antritt des Langen Marsches im Oktober 1934; Zunyi (Provinz Guizhou), eine Etappe auf dem Langen Marsch, wo Mao 1935 nach einem Machtkampf aus der „Konferenz von Zunyi" als Parteichef hervorging; Maos Familiensitz in Shaoshan (Provinz Hunan), wo er 1893 zur Welt kam; und schließlich *Tian'anmen* (das „Tor des himmlischen Friedens"), das zum Kaiserpalast führt. Noch heute hängt dort das Porträt Maos, von der Tribüne aus verkündete Mao die Gründung der *Volksrepublik* (s. Dong Xiwens *Staatsgründung, Abb. 187)*. Mit der Abbildung des *Tian'anmen* wird ein unmittelbarer Bezug zum kaiserlichen China hergestellt. Yan'an, das Hauptquartier der Kommunisten von 1936 bis 1948, wird durch drei Hügel und die aus der Ming-Zeit stammende Pagode, die auf manchen Darstellungen auch alleine zu sehen ist, symbolisiert.

Andere wichtige revolutionäre Orte sind das *Institut der Bauernbewegung* in Kanton, ein ehemaliger (und heute wieder als solcher verwendeter) Konfuzius-Tempel, der in den

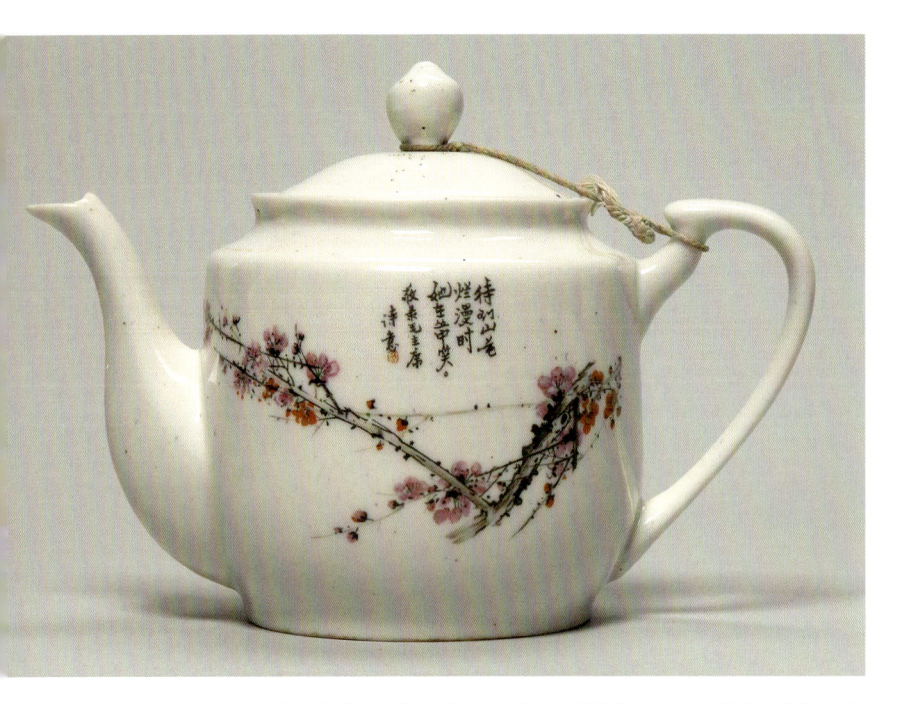

Abb. 201: Teekanne (Porzellan, H. 14 cm) mit Zeilen aus dem Gedicht *Ode an die Winterkirsche* (nach Mao 1978: 43): „Sind die Berge übersät mit Blumen, wird sie in ihrer Mitte blühn und lächeln". Museum für Völkerkunde Wien

Abb. 202: Zigarettendose (Metallblech, 7 x 9 cm) mit Darstellung der Nanking-Brücke, Späte 60er Jahre. Museum für Völkerkunde Wien

1920er Jahren zu einer Ausbildungsstätte für revolutionäre Bauern umgestaltet wurde. Mao unterrichtete dort 1927 einige Monate und entwickelte an diesem Ort seine These von der revolutionären Rolle der Bauern. Die Jangtse-Brücke in Nanking *(Abb. 202)* steht für die Parole „Aus eigener Kraft bauen" *(zi li geng sheng)*. Nach dem Bruch mit der Sowjetunion und dem Abzug der sowjetischen Berater, die auch alle Pläne für den Bau dieser Brücke mitnahmen, wurde sie 1968 unter größten technischen Schwierigkeiten von chinesischen Ingenieuren und Arbeitern alleine fertig gestellt.

Helden, Vorbilder und Modelle beherrschen die gesamte Kultur der *Kulturrevolution*. Dr. Norman Bethune (chinesisch Bai Qiu'en) war ein kanadischer Chirurg, der im *Japanisch-Chinesischen Krieg* auf der Seite der Kommunisten wirkte *(Abb. 204)*, bis er an einer Blutvergiftung starb. Seine Tätigkeit ist Gegenstand eines Artikels von Mao, „Gedächtnis an Dr. Bethune", der zu den drei „ständig zu lesenden Artikeln" *(lao san pian)* zählt, die in der *Mao-Bibel* enthalten sind und oft aus dem Gedächtnis rezitiert werden mussten. Die Titel der beiden anderen Artikel lauten „Dem Volke dienen" und „Yu Gong versetzt Berge" (Yu Gong ist ein „närrischer Alter" nach einer Parabel des taoistischen Philosophen Lie Zi).

Kollektive Vorbilder bildeten einen wichtigen Bestandteil der kulturrevolutionären Propaganda. Die Parole „In der Industrie von Daqing, in der Landwirtschaft von Dazhai lernen" kann man noch heute – wenngleich ein wenig verblasst – an manchen alten Mauern und Werkshallen in China sehen. Daqing war ein Erdölfeld in Nordostchina, das als

Abb. 203: Abzeichen (H. 5,3 cm) mit fünf revolutionären Stätten (v. l. n. r.): Jinggangshan, Shaoshan, Tian'anmen, Zunyi und Yan'an. Museum für Völkerkunde Wien, Inv.-Nr. 182.689

Abb. 204: Reisschale (Porzellan, ø 16 cm), Dr. Norman Bethune vor den Bergen von Yan'an, *Zijiang-Porzellanmanufaktur* (Provinz Hunan), datiert 1969. Museum für Völkerkunde Wien, Inv.-Nr. 183.558

Abb. 205: Teekanne (Porzellan, H. 14 cm) mit Darstellung der Musterbrigade Dazhai, datiert 1972. Sammlung Opletal

Die landwirtschaftliche Musterbrigade 200 km südlich von Peking erlangte 1964 nationale Bekanntheit, als Mao Zedong dem ganzen Land „Lernen von Dazhai" empfahl. *Rote Garden* und hunderttausende Bauern pilgerten in den 500-Einwohner-Ort in der Provinz Shanxi, Brigadesekretär Chen Yonggui stieg 1973 sogar ins Politbüro der KP Chinas auf. Nach der Wende von 1976 berichteten chinesische Medien, dass die Produktionsstatistiken manipuliert waren und die vermeintlichen wirtschaftlichen Erfolge Dazhais nur durch große staatliche Hilfe erzielt werden konnten.

Abb. 206: Serviertablett (Email, ø 31 cm) mit der Parole „Lasst die Vergangenheit der Gegenwart dienen, das Ausländische für China nutzen", Tianjin, Dezember 1968. Museum für Völkerkunde Wien, Inv.-Nr. 183.502

Abb. 207: Comic-Heft über den „vorbildlichen Soldaten" (*Lei Feng*. Volksverlag Shaanxi, April 1973). Sammlung Andreas Seifert, Tübingen

Schlüsselprojekt der chinesischen Industrialisierung galt, Dazhai (Provinz Shanxi) ein agrarisches Modell-Kollektiv *(Abb. 205)*.

Hinzu kamen als Vorbilder Einzelpersonen, wie der Arbeiter Wang Xinji, der „eiserne Wang" von Daqing, und der Bauer Chen Yonggui, der Parteisekretär der landwirtschaftlichen Brigade Dazhai. Wang wird als starker Mann in Winterkleidung dargestellt. Chen ist immer anhand des weißen, als Sonnenschutz dienenden Tuches auf dem Kopf erkennbar, oft wird er auch mit einem Band der *Ausgewählten Werke* Maos in der Hand sowie mit Kornähren als Symbol für eine reiche Ernte wiedergegeben.

Die *Volksbefreiungsarmee* darf in dieser Heldengalerie gleichfalls nicht fehlen. „Von Lei Feng lernen" *(Abb. 207)* war Teil der „Sozialistischen Erziehungskampagne", die schon 1963, ein Jahr nach dem Tod dieses Soldaten (er wurde von einem LKW überfahren), anlief.

Das Klavier, zu Beginn der *Kulturrevolution* noch als Ausdruck bourgeoisen Lebenswandels von den *Roten Garden* attackiert und zerstört, wurde dennoch in vielen Propagandadarstellungen abgebildet *(Abb. 206)*. Klavierversionen von Arien der Modelloper *Die Rote Signallaterne* sowie die Klavierkantate *Der Gelbe Fluss* hatten nämlich das Wohlgefallen Jiang Qings erweckt.

Die Einstellung gegenüber der Kunst war somit über das Korsett des Kanons hinaus irrational und unberechenbar geworden, zumal unter dem Vorwand der Kritik am Dargestellten oft eine persönliche Abrechnung stattfand. Hinzu kamen der Ikonoklasmus der *Roten Garden* und die Verfolgung der Intellektuellen. Fest steht, dass unter den Opfern der Kulturrevolution praktisch alle älteren Künstler waren, darunter so bekannte Maler wie Lin Fengmian und Shi Lu. Sie wurden nicht nur kritisiert, sondern auch gedemütigt, physisch misshandelt und oft unter menschenunwürdigen Bedingungen jahrelang festgehalten (Lü 2010: 638ff.).

Für junge Künstler war hingegen die *Kulturrevolution* nicht nur negativ besetzt. So liest man in einem Zeugnis des chinesischen Avantgarde-Künstlers Xu Bing, wie Künstler, die aufs Land verschickt wurden, frei von akademischen Traditionen schaffen und experimentieren konnten (Chiu 2008: 106). Positiv ist auch die erwähnte Erweiterung des Kreises der Kunstschaffenden zu werten, die Forderung, als Teil des schöpferischen Prozesses Untersuchungen vor Ort anzustellen, wurde von vielen Künstlern aufgegriffen.

DIE MODERNE AVANTGARDE

Die Kunst ist ihrer Zeit voraus. Dieser Satz gilt auch für die Dekonstruktion des verherrlichten und vergöttlichten Mao. 1981 wird in der bekannten Partei-Resolution Mao die Hauptverantwortung für die *Kulturrevolution* angelastet. Ein Werk, das schon 1979 die Demontage Maos als Idol in der Kunst einleitete, ist Wang Kepings Holzskulptur *Götze (Abb. 209)*, die Arbeit eines Autodidakten, der zum Künstlerkreis der *Xingxing*-Gruppe (Sterne, Funken) gehörte. Die Bezeichnung der Gruppe geht auf das in der *Kulturrevolution* oft gebrauchte Zitat Maos „Ein Funke kann einen Steppenbrand entzünden" zurück. Wangs Plastik aus Birkenholz stellt eine Buddhastatue dar, allerdings ohne die charakteristischen langen Ohren (Köppel-Yang 2003: 122), und sie trägt die Gesichtszüge Maos. Die Kopfbedeckung kann nicht eindeutig zugeordnet werden: Handelt es sich um eine Armeemütze oder um traditionellen Kopfschmuck? Der Stern stammt eindeutig aus der kommunistischen Ikonographie, seine Platzierung auf der Stirne ist hingegen wiederum buddhistisch beeinflusst. Die Plastik ist eine zynische und direkte Abrechnung mit der Idealisierung und Vergöttlichung Maos zur Zeit der *Kulturrevolution*.

Während Wang und andere Künstler der *Xingxing*-Gruppe neue Formen für ihre Arbeiten wählen, bleibt der chinesische Bildhauer Sui Jianguo dem *Sozialistischen Realismus* verbunden. Mit seinen als *Legacy Mantle* oder *Mao-Jacke*

Abb. 208: Besucher vor Gao Xiaohuas Bild *Warum* in der *Chinesischen Nationalgalerie*, Peking. Foto: Elisabeth Slavkoff

Abb. 209: Wang Keping, *Götze* (H. 57 cm), 1979. Courtesy of Wang Keping & *10 Chancery Lane Gallery*, Hongkong

bezeichneten Plastiken aus Metall oder Kunststoff greift er die Tradition vieler chinesischer und auch westlicher Museen auf, die Uniformen historisch bedeutender Persönlichkeiten auszustellen *(Abb. 211)*. Die Mao-Jacke erscheint als leere Hülle, aber auch als Souvenir. Sui Jianguo hat sie in vielen Fassungen vervielfältigt und so zu ihrer Banalisierung beigetragen. Der Künstler spielt auf die Mao-Verehrung an und zeigt gleichzeitig, dass sich das Gedankengut Mao Zedongs in Zeiten der Marktwirtschaft in der Praxis in Luft aufgelöst hat.

Mit dem Trauma *Kulturrevolution* hat sich die chinesische Kunst bisher vorwiegend aus dem Blickwinkel der „verlorenen Generation" auseinandergesetzt. So entstand 1978 das

Bild *Warum (Abb. 208)* des damals 23-jährigen Gao Xiaohua. Es ist ein Beispiel für die engagierte und humanistische Kunst unmittelbar nach Ende der *Kulturrevolution,* die auch als „Narben-Kunst" bezeichnet wird. Gao beschreibt *Rote Garden* als Opfer von Fraktionskämpfen. Obwohl im Stil des *Sozialistischen Realismus* gemalt, steht das Werk im klaren Gegensatz zu den Vorgaben von Yan'an und dem Kanon der Kunst der *Kulturrevolution*. Der Betrachter schaut von oben, gewissermaßen aus der Vogelperspektive, auf eine Gruppe verletzter jugendlicher *Roter Garden* herab, die an einer Straßenkreuzung hocken. Es herrscht eine bedrückte, ja verzweifelte Stimmung. Grau und graugrüne, pastos aufgetragene Farben verstärken noch die pessimistische Aussage des Bildes. Rot sind nur mehr eine alte Fahne, die als Unterlage für einen Schwerverletzten dient, und die Armbinden der *Roten Garden*. Es gibt keine Helden mehr, die nach dem Prinzip der „drei Hervorhebungen" hervorzuheben wären, nur mehr Opfer. Das Bild stellt somit die prinzipielle Frage nach dem Sinn und Zweck der *Kulturrevolution*.

Während im Bild Gaos die *Kulturrevolution* zum Opferdiskurs wird, zeigen die *Materialist*-Plastiken *(Abb. 210)* des bekanntesten und erfolgreichsten Vertreters des *Political Pop*, Wang Guangyi, Macht und Radikalisierung. Dabei greift der Künstler, wie auch schon in anderen Arbeiten, auf die Ästhetik der *Kulturrevolution* zurück *(Abb. 212)*. In der be-

Abb. 211: Sui Jianguo, *Legacy Mantle (Mao Jacket)*, 1998. Aluminium, Papier, Holz, 50 x 41 x 18 cm. Sammlung Sigg, Schweiz

kannten Serie *Große Kritik (da pipan)* ist die Auseinandersetzung zwischen Kommunismus und Kapitalismus das Hauptthema. Der *Materialist* ist eine visuell starke und mächtige Erinnerung an die Heldengestalten der *Kulturrevolution*. Wie einst die *Roten Garden* oder der *Eiserne Wang* aus Daqing streckt er den Arm nach vorn, aber er ist nicht mehr sozialistisch rot, sondern kapitalistisch hellblau so wie die Dächer der hyper-modernen Fabriken und Lagerhallen, die man heute sieht, wenn man durch China reist. Die Plastik Wang Guangyis erinnert auch daran, dass heute in China ehemalige *Rote Garden* an vielen wichtigen Schaltstellen in Politik, Wirtschaft und Kultur sitzen.

Flatternde Fahnen des Shanghaier Künstlers Pu Jie *(Abb. 186)* aus dem Jahr 1995 ist eine postmoderne Auseinandersetzung mit der *Kulturrevolution,* von der es bis heute in China noch keine Metageschichte gibt. Fragmentarisch ist auch der malerische Ansatz des Künstlers: Einzelne, bewegte Szenen werden zu einer Collage gestaltet, rote Fahnen, die detaillierte Handlungen auf- und zudecken, halten die

Abb. 210: Wang Guangyi, *Materialist*, 2001. Fiberglas, bemalt, 68 x 118 x 54 cm.
© Courtesy Essl Museum Klosterneuburg / Wien; Foto: Mischa Nawrata, Wien

Abb. 212: Wang Guangyi, *Art and Politics,* 2006. Öl auf Leinwand, 300 x 600 cm.
2006. Sammlung Sigg, Schweiz

Abb. 213: Qi Zhilong, *Ohne Titel*, 1996. Öl auf Leinwand, 41 x 33 cm. Sammlung Sigg, Schweiz

Das Porträt einer sorgfältig geschminkten jungen, mit einer stilisierten, militärischen Uniform aus der Zeit der *Kulturrevolution* bekleideten Frau weckt Erinnerungen an die egalitären Ideale dieser Epoche, mit dem Anspruch, die junge Generation zu „mutigen, ehrlichen, noblen und gerechten Genossen" (Lu 2006: 167) zu erziehen. Qi Zhilongs *Ohne Titel, 1996 (Abb. 213)* ist eines der ersten Bilder aus dieser Serie von Porträts junger Frauen in Rotgardisten-Uniform, in denen die Erinnerungen an die Vergangenheit ironisch mit Eindrücken aus der Plakatkunst einer neoliberalen Marktwirtschaft verschmelzen. Die Frauen sind hübsch, modisch und faszinierend und blicken ohne Scheu dem Betrachter direkt in die Augen, ihre Uniform wird zum Modeattribut. Der Hintergrund dieser Arbeiten ist in monochromen grellen Farben gehalten. Inhaltlich vom zynischen Realismus, formal vom *Political Pop* beeinflusst, wird dieser Stil als „farbenprächtig und abgeschmackt" bezeichnet, eine Stilrichtung, die mit Massenkunst und Kitsch eng verwandt ist (Lü 2010: 974). Wenngleich in den Arbeiten Qi Zhilongs noch ästhetisierende, historische Referenzen enthalten sind, beziehen sie nicht mehr Stellung, sondern werden mehrdeutig und wertneutral.

Gesamtkomposition zusammen. Man sieht, ähnlich wie in einem *Comic Strip*, Umzüge von Rotgardisten und Armeeangehörigen, vereinzelt in mittelalterlichen Uniformen, sowie überdimensionierte Mao-Plakate. Unter einem solchen Plakat marschieren *Roten Garden* mit Mao-Abzeichen auf der Brust und einem Spruchbanner, auf dem „Ewige Treue" zu lesen steht. Darunter symbolisiert eine schon zerfließende surrealistische Dalí-Uhr die Zeitlichkeit dieses Schwurs. Pu Jie scheut sich nicht, in dem Ölbild auch Misshandlungen von Intellektuellen (Mitte unten) und andere Gewalttaten, die bis zur Tötung gehen (rechts unten), darzustellen. Die spitzen Formen der Fragmente wirken aggressiv. Die Fahnen, nicht nur im üblichen Zinnoberrot, sondern mit karminroten Schattierungen, erwecken Assoziationen zu Gewalt und Blut. Pu Jie hat zu diesem Bild erklärt, er wünsche, „der Realismus dieses Werkes würde den Betrachtern Tränen in die Augen treiben" (Fibicher 2005: 98).

Abb. 214: Shi Xinning, *Duchamp Retrospective Exhibition in China*, um 2000/01. Öl auf Leinwand, 100 x 100 cm. Sammlung Sigg, Schweiz

Shi Xinning hat *Duchamp Retrospective Exhibition in China* (Abb. 214) nach dem Photo *Mao und Wang Renzhong besuchen eine Ausstellung über die Nutzung von Methangas* (1958) gemalt. Shi hat den ursprünglichen Metallkessel durch das wohl berühmteste *Ready-made* der Kunstgeschichte, Marcel Duchamps *Fountain,* ersetzt. Neben der Referenz auf Duchamp, der Mitte der 80er Jahre einen wichtigen Einfluss auf die chinesische Dada-Bewegung ausgeübt hat, erinnert die subtile Schwarzweißmalerei an Gerhard Richters Arbeiten aus den 70er Jahren. Shi setzt sich aber auch ironisch mit Mao selbst und dessen Kunstauffassung auseinander. Man kann dem Pissoir an sich eine gewisse Nützlichkeit nicht absprechen, aber das Konzept des *Readymade* widerspricht diametral Maos Theorie einer Kunst, die der Revolution dienen und von den Massen verstanden werden sollte. Maos *Aussprache in Yenan über Literatur und Kunst* ist also 60 Jahre später überholt und bleibt allein als historische, und für Künstler wie Shi Xinning als ironische, Referenz bestehen. Shi selbst versteht sich als Regisseur, der in seiner narrativen Malerei die Ikone Mao nicht mehr in den realen Kontext der 60er und 70er Jahre, sondern als visuelle Erinnerung in historisierende, absurde Zusammenhänge stellt.

Weiterführende Literatur

- Chiu, Melissa und Zheng Shengtian (Hg.)
  2009 *Art and China's Revolution*. New York: Asia Society und Museum.
- Clark, Paul
  2008 *The Chinese Cultural Revolution: A History*. Cambridge und New York: Cambridge University Press.
- Evans, Harriet und Donald, Stephanie (Hg.)
  1999 *Picturing Power in the People's Republic of China*. Lanham: Rowman & Littlefield Publishers.
- Fibicher, Bernhard und Frehner, Matthias (Hg.)
  2005 *Mahjong. Chinesische Gegenwartskunst aus der Sammlung Sigg*. Ostfildern-Ruit: Hatje Cantz Verlag.
- King, Richard (Hg.)
  2010 *Art in Turmoil. The Chinese Cultural Revolution*. Vancouver: The University of British Columbia.
- Köppel-Yang, Martina
  2003 *Semiotic Warfare. The Chinese Avant-Garde. 1979–1989*. Hongkong: Timezone 8.
- Lu Hong
  2006 *Yue Jie. Zhongguo xianfeng yishu 1979–2004. China avant-garde art*. Hebei Meishu Chubanshe [Kunstverlag Hebei]
- Lü Peng
  2010 *A History of Art in 20th Century China*. Mailand: Edizioni Charta.
- Mao Tse-Tung
  1942 Reden bei der Aussprache in Yenan über Literatur und Kunst. In: Mao Tse-Tung, *Gesammelte Werke* (Peking: Verlag für fremdsprachige Literatur 1977[3]), 73ff.
- Mao Tsetung
  1978 *Gedichte*. Peking: Verlag für fremdsprachige Literatur.
- Summary
  1966 Summary of the Proceedings on Literature and Art in the Armed Forces, Convened by Comrade Jiang Qing with the Endorsement of Comrade Lin Biao. In: Chiu, Melissa und Zheng Shengtian (Hg.), *Art and China's Revolution* (New York: Asia Society und Museum 2008), 222 ff.
- Wang, Helen
  2008 *Chairman Mao Badges. Symbols and Slogans of the Cultural Revolution*. London: The British Museum Press.
- Williams, C.A.S.
  1976 *Outlines of Chinese Symbolism & Art Motives*. New York: Dover Publications.

Dr. Elisabeth Slavkoff, geb. 1950, Künstlerin und Kunsthistorikerin, befasst sich seit 1977 mit chinesischer Kultur. Die promovierte Juristin lebte 1983–1985 als Diplomatin in Peking. Nach mehreren Studienaufenthalten in China ab 2005 gilt ihr Forschungsinteresse heute der chinesischen modernen Kunst sowie der Philosophie der Moderne.

Abb. 215: Tischuhr (H. 45 cm) mit Aufschrift „Die Seefahrt vertraut auf den Steuermann" in der Handschrift Lin Biaos, *Uhrenfabrik Yantai* (Provinz Shandong), Ende der 60er Jahre. Museum für Völkerkunde Wien

Abb. 216: Weckuhr (10 x 10 cm), der Arm einer Rotgardistin schwenkt Blumen im Sekundentakt, Aufschrift „Lang lebe der Vorsitzende Mao", Ende der 60er Jahre. Museum für Völkerkunde Wien

Abb. 217: Lederetui (H. 14 cm) für Feldstecher mit Mao-Spruch „Gibt es keine Volksarmee, dann gibt es nichts für das Volk", um 1970. Museum für Völkerkunde Wien, Inv.-Nr. 183.399

Abb. 218: Weckuhr (H. 14 cm), stilisiertes *Tian'anmen* inmitten einer „Sonne", Aufschrift „Der Osten ist rot", Ende der 60er Jahre. Sammlung Opletal

Abb. 219: Stoppuhr (ø 5 cm) mit Mao-Slogan „Dem Volke dienen", *Uhrenfabrik Shanghai*, um 1970. Museum für Völkerkunde Wien, Inv.-Nr. 183.372

Abb. 220: Tischuhr (15 x 23 x 6 cm) in Holzgehäuse, Rotgardistin schwenkt im Sekundentakt die *Mao-Bibel,* gekrümmter Sekundenzeiger mit Flugzeug, links Mao, rechts Lin Biao, *Uhrenfabrik Peking,* Ende der 60er Jahre. Museum für Völkerkunde Wien, Inv.-Nr. 183.367

Abb. 221: Vorhängschloss (Eisen, 6 x 9 cm), Marke *Neues Leben,* Aufschrift „Dem Volke dienen", um 1975. Museum für Völkerkunde Wien, Inv.-Nr. 183.431

Abb. 222: Klappmesser (Griff L. 11 cm), Aufschrift (vorder-/rückseitig) „Die Seefahrt vertraut auf den Steuermann, die Revolution auf die Maozedongideen", um 1970. Museum für Völkerkunde Wien, Inv.-Nr. 183.430

Abb. 223: Taschenmesser (L. 8 cm, Klinge fehlt), Aufschrift „Dem Volke dienen", um 1970. Museum für Völkerkunde Wien, Inv.-Nr. 183.428

Abb. 224: Schultasche (Baumwoll-Segeltuch, 40 x 29 cm) mit Trageriemen, bestickt mit Mao-Porträt und Schriftzeichen „Dem Volke dienen". Museum für Völkerkunde Wien, Inv.-Nr. 181.978

Abb. 225: Geldbörse (Plastik, 9 x 11 cm), Aufschrift „Die Seefahrt vertraut auf den Steuermann, die Revolution auf die Maozedongideen" in der Handschrift von Lin Biao, Wuhan, um 1969. Museum für Völkerkunde Wien, Inv.-Nr. 178.712

Abb. 226: Stofftasche (Baumwoll-Segeltuch, B. 40 cm) mit Aufschrift „Lest die Werke des Vorsitzenden Mao" in der Handschrift von Lin Biao, um 1969. Museum für Völkerkunde Wien

Abb. 227: Schultasche (Baumwoll-Segeltuch, 25 x 30 cm) mit Trageriemen, bestickt mit Mao-Porträt und Schriftzeichen „Dem Volke dienen". Museum für Völkerkunde Wien

Abb. 228: Schultasche (Baumwoll-Segeltuch, 27 x 34 cm) mit Trageriemen, bestickt mit der Parole „Der Osten ist rot". Museum für Völkerkunde Wien, Inv.-Nr. 181.976

敬祝毛主席万寿无疆
纪念伟大的领袖毛主席
向首都工农毛泽东思想
宣传队赠送的珍贵礼物
——芒果

HELMUT OPLETAL

MAOS MANGOS – RELIQUIENKULT AUF CHINESISCH

Die Kulte der *Kulturrevolution* waren vielfältig, nahmen immer wieder gleichsam religiösen Charakter an, mit ihren Mythen und Ritualen, heiligen Orten und Symbolen. Einer der verrücktesten Kulte, der Ende der 60er Jahre für ein paar Monate ganz China in seinen Bann zog, war die Verehrung der Mango. Sie war zu einem Symbol der Fürsorge des *Großen Führers* für sein Volk geworden, nachdem er ein paar Dutzend der exotischen Früchte, die er als Geschenk erhalten hatte, „selbstlos" – aber mit tiefen politischen Hintergedanken – an „Propagandatrupps der Arbeiter und Bauern" weitergereicht hatte. Doch beginnen wir mit der Vorgeschichte.

Schon das Datum war mehr als symbolträchtig: Am 5. August 1968 jährte sich zum zweiten Mal der Tag, an dem Mao Zedong 1966 seinen berühmten Text „Bombardiert das Hauptquartier – meine erste Wandzeitung" veröffentlichen ließ. Er sprach darin von reaktionären Vertretern der Bourgeoisie in der Parteiführung und stachelte die *Roten Garden* an, gegen die vermeintlichen Feinde des Volkes vorzugehen. Inzwischen, zwei Jahre später, hatten die jugendlichen Revolutionäre jedoch das Land ins Chaos gestürzt. Im Sommer 1968 war Mao daher eher daran gelegen, die in Fraktionen gespaltenen *Roten Garden* einzubremsen und die Exzesse und gewaltsamen Fraktionskämpfe zu stoppen.

Im Grunde war es die Armee, die ausgeschickt wurde, die Rebellengruppen an den Universitäten, aber auch in Fabriken und Amtsgebäuden zu entwaffnen und wieder Ordnung herzustellen. Dies sollte jedoch nicht in gewöhnlichen Militäreinsätzen passieren, sondern, ideologisch verbrämt, als umfassend publizierte politische Aktion: „Propagandatrupps der Arbeiter und Bauern zur Verbreitung der Maozedongideen", also die Vertreter der „werktätigen Klassen", rückten allerorts in Hochschulen ein, um die „führende Rolle im Bildungswesen zu übernehmen". Am symbolträchtigsten geschah dies an der Pekinger *Qinghua-Universität,* der technischen Elitehochschule des Landes.

Auf dem dortigen Campus hatten einander zwei Rotgardisten-Fraktionen besonders heftige und blutige Fehden geliefert. Ende Juli 1968 wurden tausende Arbeiter aus Fabriken, die direkt dem Armeeregiment „8431" (Maos persönlicher Leibwache) unterstanden, auf das Universitätsgelände geschickt, um als – wörtlich genommen – „Vorhut des Proletariats" die in zwei „Hauptquartieren" verschanzten Rotgardisten zu entmachten. Die *Roten Garden* schlugen zunächst noch zurück, Tote und hunderte Verletzte waren die Bilanz dieses 27. Juli. Mao ließ gleich am nächsten Tag den Rotgardistenführer Kuai Dafu zu sich zitieren und forderte ihn auf, die Kämpfe einzustellen und mit den neuen Propagandatrupps zusammenzuarbeiten.

Eine Woche später traf der pakistanische Außenminister zu einem offiziellen Besuch in Peking ein. Als Geschenk präsentierte er seinem Gastgeber einen Korb voll Mangos, die dieser zu der folgenträchtigen Geste nutzte: Mao wies Wang Dongxing, den Kommandanten seiner Leibwache, an, diese Mangos unter die Arbeiter, die die *Qinghua-Universität* besetzt hielten, zu verteilen, als Trost für die erlittenen Opfer und als Bekräftigung der neuen Rolle, die die Propagandatrupps bei der Wiederherstellung der Ordnung spielen sollten.

Das Ziel der Entmachtung der *Roten Garden* wurde dabei niemals explizit genannt, genauso wenig wie der Einsatz der Armee als solcher bezeichnet wurde. Wie so vieles in der *Kulturrevolution* passierte das über Anspielungen und Symbole, und die Überreichung der Mangos durch Maos Abgesandte nutzte genau diesen Mechanismus. Dass die unscheinbaren Mangos allerdings innerhalb weniger Tage einen Massenkult auslösen sollten, hat wohl niemand vorhergesehen.

William Hinton (Hinton 1972: 226–227) beschreibt die Erregung, die das persönliche Geschenk Maos unter den Arbeitern, aber auch unter den Rotgardisten (gegen die diese Aktion eigentlich gerichtet war!) auslöste: Sie blieben die ganze Nacht auf, betasteten immer wieder ehrfurchtsvoll die Mangos und diskutierten die politische Botschaft, die sie begleitete. Da die meisten der zur Besetzung der *Qinghua-Universität* entsandten Arbeiter inzwischen in ihre Fabriken zurückgekehrt waren, beschloss man, jeweils eine Mango an diese Betriebe zu schicken. Niemand wagte es natürlich, diese Früchte zu essen, vielmehr wurden sie – als persönliche Geschenke Maos – Gegenstände kultischer Verehrung.

Abb. 229: Glassturz (H. 20 cm) zur Aufbewahrung einer Mango-Imitation, Aufschrift „Respektvoll wünschen wir dem Vorsitzenden Mao ein ewiges Leben. In Erinnerung an das kostbare Geschenk, das unser Großer Führer, der Vorsitzende Mao, an den Arbeiter- und Bauern-Propagandatrupp der Hauptstadt gemacht hat – Mangos. 5. August 1968". Die „Mango" ist eine (spätere?) Nachahmung aus Kunststoff. Museum für Völkerkunde Wien, Inv.-Nr. 183.445 a, b

7

1970

So	12	26
Mo	13	27
Di	14	28
Mi	1	15	29
Do	2	16	30
Fr	3	17	31
Sa	4	18
So	5	19
Mo	6	20
Di	7	21
Mi	8	22
Do	9	23
Fr	10	24
Sa	11	25

敬祝毛主席万寿无疆！

Mangofrüchte — ein wertvolles Geschenk des grossen Führers Vorsitzenden Mao an die Hauptstädtischen Arbeiterpropagandatrupps für die Maotsetungideen

Abb. 230: Kalender (Juli 1970), Spruchband „Respektvoll wünschen wir dem Vorsitzenden Mao ein ewiges Leben", *Guozi Shudian/Vertriebszentrum chinesischer Publikationen*, Peking. Sammlung Claudia Lux, Berlin

Maos Leibarzt Li Zhisui, der sich damals in der Pekinger Textilfabrik Nr. 1 aufhielt, beschreibt in seinen Erinnerungen, wie sich das abgespielt hat:

„Um die Ankunft der Mango zu feiern, hielten die Arbeiter eine festliche Zeremonie ab, bei der die Worte des Vorsitzenden Mao rezitiert wurden. Dann wurde die Mango in Wachs eingeschlossen, in der Hoffnung, sie dadurch für die Nachwelt zu konservieren. Die in Wachs gefasste Frucht wurde in weiterer Folge auf einen Altar in der Festhalle der Fabrik gelegt, und die Arbeiter defilierten an ihr vorbei und verneigten sich dabei ehrfurchtsvoll vor ihr. Niemand hatte allerdings daran gedacht, die Mango vorher zu sterilisieren, sodass sie nach einigen Tagen zu faulen begann. Das Revolutionskomitee nahm die Mango wieder an sich, ließ sie schälen und das Fruchtfleisch in heißem Wasser auskochen. Eine neue feierliche Zeremonie wurde abgehalten. Und nach neuerlicher Huldigung an Mao wurde das Geschenk als Beweis für seine große Zuneigung zu seinen Arbeitern gewürdigt. Die Fabriksarbeiter zogen nochmals einer nach dem anderen vorbei, und jeder trank einen Löffel des Wassers, in dem die heilige Mango gekocht worden war. Danach ließ das Revolutionskomitee eine Wachskopie der ursprünglichen Mango herstellen, die schließlich auf dem Altar das Original ersetzte. Ein weiteres Mal zogen die Arbeiter an ihr vorüber, die Verehrung für das geheiligte Objekt schien nicht nachzulassen" (nach Li 1994: 499–503).

China befand sich im Spätsommer 1968 am Höhepunkt der Mao-Verehrung, so waren auch die Mangos rasch von ihrer politischen Symbolik befreit und dienten bald nur mehr einer Art Reliquienkult, der ausschließlich auf die Lobpreisung Maos gerichtet war: Dieser hatte sich ja – so die in den

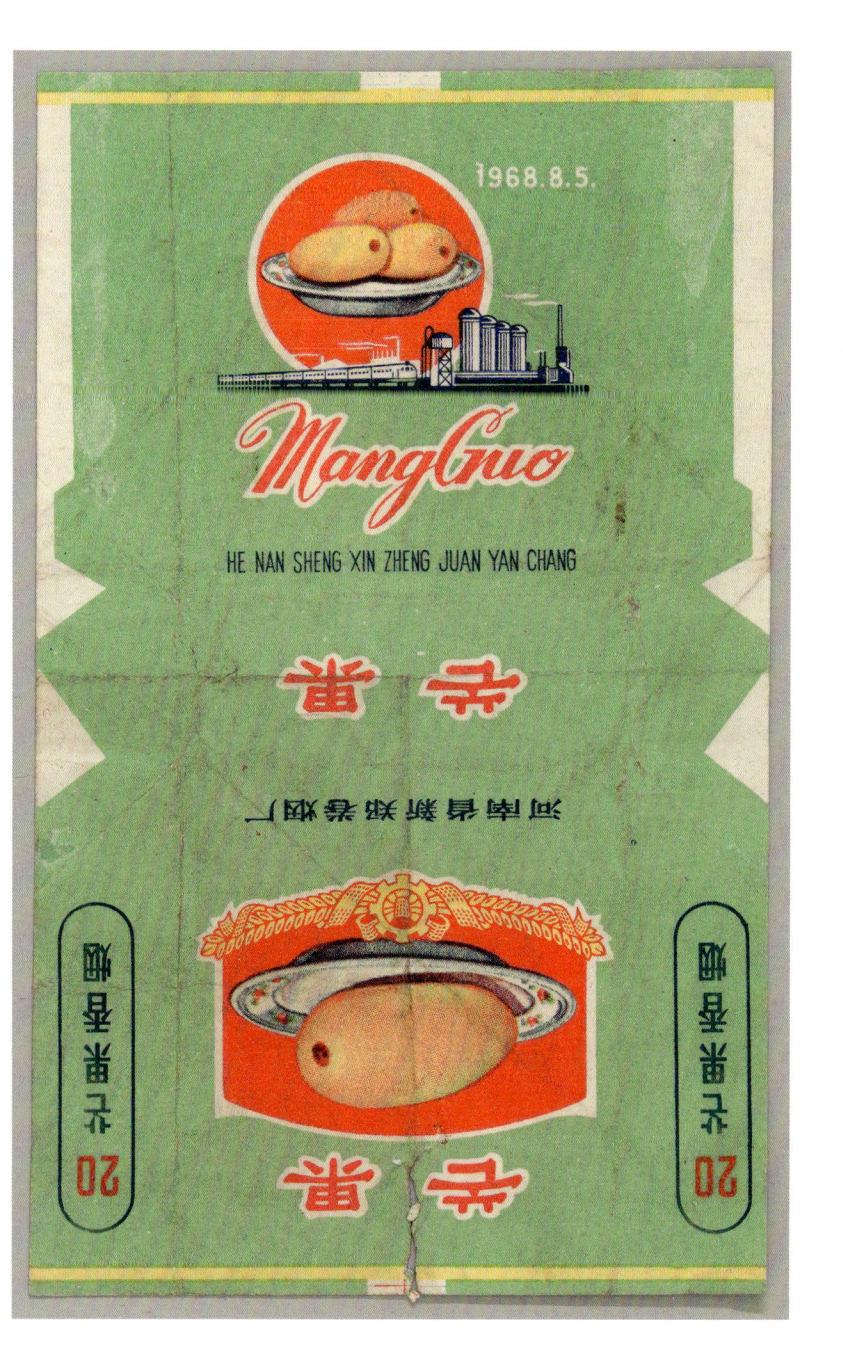

Abb. 231: Mao-Abzeichen (ø 4 – 6 cm) mit Mangos, unterschiedlich präsentiert. Museum für Völkerkunde Wien

Abb. 232: Etikett für eine Zigarettenpackung (16 x 10 cm) Marke „Mango" (chin. *mangguo*), Xinzheng Zigarettenfabrik (Provinz Henan). Sammlung Opletal

Abb. 233: Behälter (Holz, Glas, Stoffbezug, 22 x 26 x 13 cm) mit „Mango" aus Wachs. Aufschrift: „Der Vorsitzende Mao hat gesagt: Wir brauchen sie nicht zu essen, Genosse Wang Dongxing soll sie an die Qinghua-Universität schicken, um sie an die Genossen der acht Einheiten des Arbeiter- und Bauern-Propagandatrupps zu verteilen. Revolutionskomitee der Pekinger Fabrik Nr. 1 für Gebrauchsmaschinen, 5. 8. 68". Museum für Völkerkunde Wien, Inv.-Nr. 183.445 a, b

Medien transportierte Botschaft – die Früchte selbstlos vom Mund abgespart. Zahlreiche Fotos und Gedichte wurden publiziert, wie etwa das folgende in der Pekinger *Volkszeitung* von 10. August 1968:

„Die goldene Mango sehen war das Gleiche wie
den Großen Führer, den Vorsitzenden Mao, zu sehen!
Vor der goldenen Mango zu stehen war das Gleiche wie
neben dem Vorsitzenden Mao zu stehen.
Immer wieder die goldene Mango berühren,
die Mango fühlte sich so warm an!
Immer wieder an der goldenen Mango riechen,
die goldene Mango verströmte so köstlichen Duft!"

In dem Maße, wie der neue Kult publik wurde, verlangten Aktivisten und *Rote Garden* im ganzen Land nach Originalobjekten der Verehrung, und da die ursprünglichen Mangos, so man sie nicht in Formaldehyd eingelegt hatte, bereits der natürlichen Verwesung anheim gefallen waren, wurde die Reliquienproduktion angeworfen. Nachbildungen aus Wachs und Plastik entstanden. Zuerst erhielten die Fabriksarbeiter, die an der Besetzung der *Qinghua-Universität* teilgenommen hatten, solche Imitationen in kleinen Glasstürzen, auf denen in roter Schrift auch des ursprünglichen Anlasses gedacht wurde.

Bald wurden die „Mangos" durch Arbeiterdelegationen ins ganze Land verschickt und überall in feierlichen Prozessionen und Zeremonien in Empfang genommen. Ob es sich dabei um Maos Original-Mangos oder Imitationen handelte, wurde oftmals bewusst im Dunkeln gelassen, die Verehrung war in jedem Fall genau so groß, wie wenn es sich um jene Früchte gehandelt hätte, auf die Mao zugunsten der Arbeiter verzichtet hatte.

Am 1. Oktober 1968, bei der großen Parade zur Gründung der *Volksrepublik,* trugen die auf dem Tian'anmen-Platz vor Mao defilierenden „Volksmassen" auch riesige Mango-Nachbildungen mit sich, um ihre besondere Verehrung zum Ausdruck zu bringen (Murck 2007: 8–9). Mangos wurden zu einem beliebten Motiv nicht nur in Zeitungen, auf Postern oder Kalendern, auch Gebrauchsgegenstände, Zigarettenpackungen oder Mao-Abzeichen zeigten das neue Symbol der Führerverehrung.

Die Geschichten um die Mango-Verehrung hatten jedoch auch manch tragische Seite, etwa die umgehende Hinrichtung eines Zahnarztes in Sichuan, der blasphemisch geäußert hatte, die schon etwas mitgenommene Mango, die ins Dorf geliefert worden war, sehe aus „wie eine Süßkartoffel" (Murck 2007: 16).

Ab 1969 ebbte der Mango-Kult langsam ab, die Mango-Symbolik verschwand aus den Medien, um anderen Formen des Personenkultes und der politischen Propaganda Platz zu machen. Und mancherorts, wie etwa in einer Familie in Tianshui (Provinz Gansu), wird das Wachs der Mango-Imitationen bald einem ganz anderen Zweck zugeführt: Es wird zu dem in den Geschäften sonst kaum erhältlichen Rohmaterial für Kerzen, die in dem beginnenden strengen Winter die dunklen Wohnungen beleuchten (Murck 2007: 19–20).

Weiterführende Literatur
- Hinton, William
1972 *Hundred Day War: The Cultural Revolution at Tsinghua University.* Monthly Review Press.
- Li Zhisui
1994 *The Private Life of Chairman Mao.* New York: Random House.
- Murck, Alfreda
2007 Golden Mangoes – The Life Cycle of a Cultural Revolution Symbol. *Archives of Asian Art 57:* 1–21. New York: Asia Society.

敬祝毛主席万寿无疆
敬祝毛主席万寿无疆

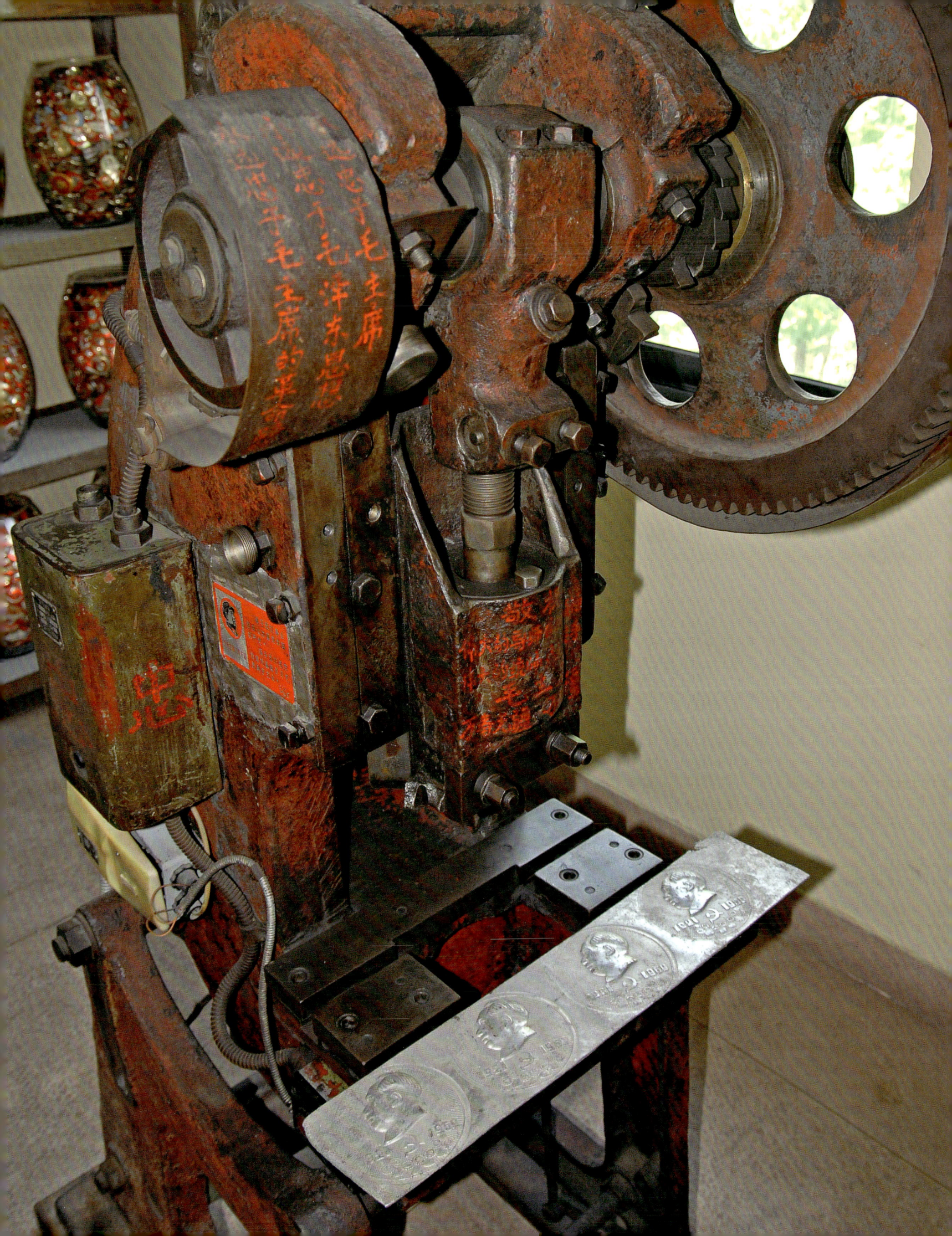

忠

故乡通车

HELMUT OPLETAL

KLEINODE AUS ALUMINIUM – NUR DAS BESTE IST FÜR MAO GUT GENUG

„Gebt mir meine Flugzeuge wieder!" – so oder so ähnlich soll der Parteichef Mao Zedong im Frühsommer 1969 bei einem Treffen mit jugendlichen Aktivisten lamentiert haben (Zhou 1993: 74). Der wohl berühmteste Ausspruch zu den meist aus Aluminium gefertigten Mao-Abzeichen war auch der Anfang von deren Ende. Am 12. Juni 1969 veröffentlichte das ZK der KP Chinas jedenfalls ein verbindliches Rundschreiben mit dem Titel *Mehrere Punkte, die bei der Verbreitung von Mao-Bildnissen beachtet werden müssen* (Song 1993: 70), das unter anderem die Herstellung von Mao-Abzeichen ausdrücklich der Zustimmung der Parteizentrale in Peking unterwarf. Auch wenn sich nicht alle daran hielten und die Produktion mancherorts noch mehrere Jahre andauerte, befolgten zumindest die großen Manufakturen diese Anweisung.

Die Geschichte mit dem Aluminium war jedenfalls nicht ganz aus der Luft gegriffen: Fast fünf Milliarden Mao-Abzeichen waren über die Jahre erzeugt worden, der größte Teil aus Aluminium. 96.000 Tonnen mussten dafür wohl aufgewendet werden, schätzt der chinesische Autor und Sammler Zhou Jihou (Zhou 1993: 71); das entspräche dem Aluminium-Gegenwert von 39.600 MIG-21-Kampfflugzeugen. Eine schier unglaubliche Anzahl!

Doch jenseits dieser wohl etwas übertriebenen Rechenspiele war wohl auch der sich genau zu dieser Zeit anbahnende Zwist zwischen Mao und seinem kurz zuvor zum Stellvertreter auf Lebenszeit ernannten Verteidigungsminister Lin Biao (der auch als Einpeitscher des Mao-Kultes galt) ausschlaggebend für diesen Rüffel. Mao, erfahren in der Guerilla-Taktik des Tarnens und Täuschens, nutzte gerne solche unterschwelligen Attacken, um politische Widersacher zu diskreditieren – ein wenig hinterhältig war diese Aktion in jedem Fall, denn es war ja Lin Biao gewesen, der den Personenkult zu Ehren Maos besonders eifrig betrieben hatte.

Seinem Aufruf „Gebt mir meine Flugzeuge wieder!" hatte Mao den Satz hinzugefügt, „Es wäre viel nützlicher […], aus dem Metall für Mao-Abzeichen Flugzeuge zu produzieren, um unsere Nation zu schützen" (Barmé 1996: 40). Milliarden Mao-Anstecker wurden jedenfalls in den folgenden Jahren von den Altstoff-Sammelstellen sichergestellt und eingeschmolzen, auch wenn bezweifelt werden darf, dass daraus wieder Flugzeuge hergestellt werden konnten.

DIE ERSTEN MAO-ABZEICHEN

Doch zurück zum Anfang der Mao-Abzeichen, jenes Phänomens, das wie kaum ein anderes den Personenkult der *Kulturrevolution* verkörpert, das sich vom einfachen Ansteckknopf zum filigranen Minikunstwerk entwickelte und die ganze Spannbreite an Themen und Symbolen des Mao-Kultes widerspiegelt.

Melissa Schrift sieht das Abzeichen als eine Form der „alternativen Kommunikation" neben *Wandzeitungen* und missionarischen Reisen der *Roten Garden* durch das Land (Schrift 2001: 8). „Mao-Abzeichen stimulierten visuell und emotional", schreibt sie, „sie ließen die vom Staat entwickelten Narrative in solch einer Vieldeutigkeit einfließen, dass eine einseitig ausgerichtete reine Konsumation sehr schwierig wurde" (Schrift 2001: 9). In jedem Fall waren die Abzeichen auch Träger von Propagandabotschaften, die nicht nur den Ruhm Maos verbreiten, sondern auch Inhalte seiner Politik und die offizielle Darstellung der Parteigeschichte unter die Leute bringen sollten.

Niemand vermag heute mehr genau festzustellen, wann und wo die ersten Mao-Abzeichen entstanden sind; manche Autoren meinen, dies sei schon 1937 der Fall gewesen, andere setzen den Beginn eher 1942/43 an (Wang 2008: 5), als Mao Zedong in den Bergen von Yan'an zum unbestrittenen Führer der chinesischen Kommunisten aufstieg *(Abb. 235)*. Zu Beginn sah man Maos Porträt oft noch Seite an Seite mit dem des militärischen Führers Zhu De *(Abb. 238)*. Oder es fand sich zusammen mit Darstellungen Lenins oder Stalins zu Ehren der chinesisch-sowjetischen Freundschaft *(Abb. 239)*.

Auch nach der Ausrufung der *Volksrepublik* am 1. Oktober 1949 wurden Mao-Abzeichen in kleinen Mengen hergestellt, aber das Mao-Bild zierte zunächst vor allem Gedenkmedaillen zu den erfolgreichen Schlachten im Bürgerkrieg

Abb. 234: Elektrische Presse zur Herstellung von Mao-Abzeichen im Kulturrevolutions-Museum von Jianchuan (H. ca. 2 Meter). In roter Farbe wurden Parolen zur Verehrung Maos auf die Maschine gemalt. Foto: Helmut Opletal, 2010

Abb. 235 a und b: Mao-Abzeichen (ø 2,2 cm) mit der Jahreszahl 1947 auf der Rückseite. Sammlung Ingo Nentwig, Rödinghausen

Abb. 236 a und b: Mao-Abzeichen aus Silber (ø 2,7 cm, H. 3,5 cm), beide mit rückseitiger Aufschrift „Pekinger Metallhandlung, 950er Silber", das runde Abzeichen trägt den zusätzlichen Text „Ein langes Leben den unbesiegbaren Maozedongideen". Sammlung Opletal

oder den verschiedenen Jahrestagen und politischen Kampagnen. Erst mit dem Nahen der *Kulturrevolution* zu Beginn der 60er Jahre wurden sie häufiger, und sie hatten keine Gedenkfunktion mehr, sondern nur mehr den Zweck, die Person Maos zu ehren. Bill Bishop (s. Bishop 1996) berichtet von den zentralen staatlichen Fabriken für Orden und Ehrenzeichen, die schon Ende 1965 mit der Herstellung von kleinen Ansteckern mit 1,2–1,5 Zentimetern Durchmesser begannen, etwa zur gleichen Zeit, als die landesweite Propagierung der *Gesammelten Werke des Vorsitzenden Mao* in Schwung kam.

Im Frühjahr 1966, mit der offiziellen Proklamation der *Kulturrevolution*, begann die Massenproduktion der kleinen Abzeichen, und mit den Reisen der *Roten Garden* durch das Land (*chuanlian* – „[revolutionäre] Verbindungen herstellen") verbreiteten sich die Buttons in ganz China, sie wurden auch zu einer Modeerscheinung und bald darauf zu einem vielfältigen Kult- und Propagandaobjekt.

Bishop teilt die Entwicklung der Abzeichen in drei Phasen ein. In der ersten von Juli 1966 bis Mai 1967 waren sie noch klein und durchwegs aus Aluminium und trugen kaum zusätzliche Symbole und Aufschriften. Zum Teil wurden sie damals kostenlos von den Einheiten verteilt, später wurden sie zu einem sehr niedrigen nominalen Preis verkauft. Vor allem die im Land umherziehenden *Roten Garden* hefteten sie sich an die Brust, und erstmals wurden solche Abzeichen nicht nur in staatlichen Fabriken, sondern auch von anderen Einheiten hergestellt.

DER HÖHEPUNKT DES MAO-KULTS

In der zweiten Phase von Mai 1967 bis September 1968 trat die *Volksbefreiungsarmee* (VBA) massiv auf den Plan: Sie kreierte ein eigenes Abzeichenmodell für alle Soldaten, einen fünfzackigen goldenen Stern mit Mao-Porträt, auf dessen Rückseite noch, in der Handschrift von Lin Biao, der Satz „Sei ein guter Soldat des Vorsitzenden Mao" stand. Über diesem sternförmigen Abzeichen wurde ein weiteres, länglich rechteckiges mit dem Schriftzug „Dem Volke dienen" auf rotem Grund getragen *(Abb. 240)*. Diese Kombination wurde jedem einzelnen Soldaten feierlich überreicht (s. Bishop 1996).

Viele Organisationen begannen nun, ihre eigenen Mao-Plaketten zu produzieren. Aufschriften und zahlreiche revolutionäre Darstellungen und Symbole schmückten sie jetzt *(Abb. 241)*, sie wurden größer und prachtvoller, und neben Mao stand gelegentlich auch Lin Biao, die Nummer zwei in der kulturrevolutionären Parteihierarchie *(Abb. 242)*.

Das Herstellen und Verbreiten immer neuer Modelle wurde in dieser Zeit zum Ritual. Designer (die besten des Landes natürlich) wetteiferten um möglichst kunstvolle ge-

Abb. 237: Abzeichen in Einlagefach für Sammelbox (20 x 30 cm), verschiedene Formen und Materialien. Museum für Völkerkunde Wien, Inv.-Nr. 183.166

stalterische Lösungen, neue Abzeichen wurden oft durch Umzüge und öffentliche Versammlungen gefeiert. Die eingeführten Fabriken mussten mehr oder weniger kostenlos für andere Institutionen und Einheiten produzieren. Die Mao-Plaketten wurden zwar weiterhin verkauft, aber weit unter den Gestehungskosten. Sieben *fen* (damals umgerechnet etwa 3 US-Cent) kostete ein typisches Abzeichen; die Herstellung belief sich auf etwa das Doppelte (vgl. Bishop 1996). Doch es war eine Ehre, diese Kleinode zum Ruhm des *Großen Führers* herzustellen, und in der politisch gesteuerten Planwirtschaft schien die Kostenrechnung irrelevant.

Erst in der dritten Phase von September 1968 bis Ende 1969 erreichte die Herstellung der Mao-Abzeichen ihre Hochblüte sowohl bezüglich der Mengen als auch in Hinblick auf die vielfältige und kunstfertige Gestaltung. Anlässe waren zum Beispiel die Bildung der sogenannten *Revolutionskomitees* (neuer von Rotgardisten-Vertretern gemeinsam mit „Arbeitern, Bauern und Soldaten" geführter Verwaltungsorgane) oder der Neunte Parteitag der KPCh im April 1969.

Nun entstanden noch größere und detailreichere Plaketten, und zu den jeweiligen Anlässen wurden ganze Serien mit unterschiedlichen Motiven und Variationen aufgelegt. Damit kam auch das Sammeln von Abzeichen stark in Mode *(Abb. 237)*; es war dies die einzige Art des Sammelns, die noch geduldet wurde, während gleichzeitig Antiquitäten, Briefmarken oder andere Objekte der Begierde zerschlagen und verbrannt wurden, wobei ihr Sammeln als „bürgerlicher Zeitvertreib" galt (s. dazu auch die Kurzgeschichte „Das Mao-Abzeichen" von Feng Jicai).

Überschwänglicher revolutionärer Eifer wurde gelegentlich zur Schau gestellt, indem man besonders viele oder auch besonders große Mao-Abzeichen trug; Mao-Plaketten von 30 oder mehr Zentimetern Durchmesser wurden an einer Schnur um den Hals getragen. Und einzelne Rotgardisten demonstrierten ihre extreme Zuneigung zu Mao, indem sie sich ein Abzeichen nicht an die Kleidung, sondern an die bloße Haut hefteten.

Abb. 238: Abzeichen (ø 3,2 cm) „Die Führer des Volkes, der Vorsitzende Mao und der Oberkommandierende Zhu De", frühe 50er Jahre (?). Sammlung Opletal

Abb. 239: Abzeichen (ø 3,2 cm) „Die Lehrmeister der Revolution" mit Stalin und Mao sowie Marx, Engels und Lenin, frühe 50er Jahre (?). Sammlung Opletal

Abb. 240: Abzeichenkombination für Armeeangehörige: Stern (ø 3 cm) und Plakette (L. 3,5 cm). Museum für Völkerkunde Wien, Inv.-Nr. 183.169_60

Abb. 241: Mao-Abzeichen (ø 10,5 cm) mit Zeilen aus dem Mao-Gedicht *Der Lange Marsch* (1935): „Freudiger noch am Minschan, tausend Li nichts als Schnee, drei Heere, darüber hinweg – die Gesichter gelöst" (nach Mao 1978: 19). Museum für Völkerkunde Wien, Inv.-Nr. 182.365

Abb. 242: Abzeichen (ø 7 cm) aus Anlass des Neunten Parteitags, Mao und Lin Biao auf der Tribüne des *Tian'anmen*. Ausgegeben von den „Gepanzerten Einheiten des Militärbezirks Nanking, April 1969". Sammlung Opletal

Abb. 243 a – c: Mao-Abzeichen mit stilisierten Föhrenzweigen (ø 3 – 5 cm), das mittlere verweist auf Maos Geburtstag, den 26. Dezember. Museum für Völkerkunde Wien

Abb. 244: Abzeichen (ø 5,1 cm): Mao Zedong inspiziert ein Getreidefeld in Henan (1958). „5.7" verweist auf Maos Direktive vom 7. Mai 1966, in der er die Streitkräfte aufrief, sich in der landwirtschaftlichen Produktion zu engagieren. Museum für Völkerkunde Wien, Inv.-Nr. 182.679

Abb. 245 a und b: Abzeichen (ø 6 – 7 cm), zum Neunten Parteitag. Museum für Völkerkunde Wien

Abb. 246: Abzeichen (2,3 x 2,3 cm) mit Szene aus dem Modellbühnenstück *Das Mädchen mit den Weißen Haaren* und Aufschrift „Die Sonne ist hervorgekommen". Museum für Völkerkunde Wien, Inv.-Nr. 183.182_15_1

Abb. 247: Abzeichen (5,5 x 7 cm) nach dem Bild *Der Vorsitzende Mao inspiziert den Fortgang der Großen Proletarischen Kulturrevolution in Nordchina, im südlichen Zentralchina und in Ostchina,* das Mao mit Zigarette zeigt. Museum für Völkerkunde Wien, Inv.-Nr. 182.167_2

Abb. 248 a – e: Abzeichen (ø/H. 3,3 – 6 cm) mit Motiven aus der Seefahrt. Museum für Völkerkunde Wien

Abb. 249: Abzeichen (3 x 2,5 cm) „Mausoleum des Vorsitzenden Mao", datiert 1977. Museum für Völkerkunde Wien, Inv.-Nr. 182.824_1

Abb. 250 a – d: Herzen auf Mao-Abzeichen (ø 3,5 – 4 cm) Museum für Völkerkunde Wien

GESTALTUNG

Die weitaus meisten Mao-Plaketten sind rund und haben eine Art Sicherheitsnadel an der Rückseite. Über 90 Prozent sind aus goldfarbenem Aluminium, mit einem reliefartig eingeprägten Mao-Porträt auf der Vorderseite. Das Mao-Profil bleibt meist in der Originalfarbe des Metalls, während darum herum (in einem emailartigen Kunststoff) in Rot oft noch weitere Darstellungen wie Revolutionssymbole oder zusätzliche Aufschriften ausgeführt sind.

Doch man findet auch zahlreiche Abweichungen von diesem Grundmuster, es gibt Abzeichen, die annähernd rechteckig, trapezförmig oder in den Umrissen einer Fahne produziert wurden. Der Hintergrund ist manchmal auch hellblau, doch darüber hinaus bleibt das Farbenspektrum äußerst begrenzt, gelegentlich ist ein Teil der Zeichnung in Gelb (zum Beispiel Mangos) oder in Grün (Föhrenzweige) gehalten, andere Farben kommen auf den Aluminiumabzeichen praktisch nie vor.

Immer wieder wurden Abzeichen allerdings auch aus vielfältigen anderen Materialien hergestellt, aus Glas, Porzellan, Bambus, gehärtetem Kunststoff, weichem Plastik, manchmal auch aus Silber *(Abb. 236)* und in seltenen Fällen sogar aus Gold. Es gibt 3-D- und Wechselbilder (Kinegramme, bei denen verschiedene Mao-Porträts oder Aufschriften erscheinen, wenn man das Abzeichen kippt) sowie Abzeichen aus fluoreszierenden Materialien, die den *Großen Führer* in der Dunkelheit leuchten lassen. Bei solchen nicht dem Standard entsprechenden Ansteckern ist die Farbpalette vielfältiger, manche sind auch durchgehend einfärbig in der Farbe des Materials gehalten.

Ab der zweiten Phase 1967/68 finden sich zunehmend Motive des Mao-Kultes. Während die Gestaltungsformen und die Ausführungen ungemein vielfältig bleiben, ist das Repertoire an Symbolen eher begrenzt: Vertreten sind Abbildungen der Stätten der Revolutionsgeschichte, Maos Geburtsort Shaoshan, das Haus in Shanghai, in dem die KP gegründet wurde, die Jinggang-Berge, wo Mao seine erste Guerillabasis gründete; die berühmte Pagode von Yan'an, wo die Kommunisten in den Dreißigerjahren ihr Hauptquartier aufschlugen, oder auch das „Tor zum Himmlischen Frieden *(Tian'anmen)* in Peking, die Stätte des Sieges und der Machtübernahme. Die Pflaumenblüte spielt auf Mao-Gedichte an und der Föhrenzweig steht für langes Leben *(Abb. 243)*, die Sonnenblume steht für die Volksmassen, die sich zu Mao (also zur „Sonne") hinwenden; neun Sterne oder andere Symbole verweisen auf den Neunten Parteitag 1969 *(Abb. 245)*, ein Schiff und Wellen symbolisieren die Zeilen der Revolutionshymne „Die Seefahrt vertraut auf den Steuermann, die Revolution auf die Maozedongideen" *(Abb. 248)*. Eine Weltkugel auf einem Abzeichen soll signalisieren, dass alle Völker der Erde den Lehren Maos zugetan sind, manchmal sind auch Herzen *(Abb. 250)* oder rote Fahnen oder Motive aus den revolutionären Modellbühnenstücken *(Abb. 246)* abgebildet, oder es steht einmal oder mehrmals das Schriftzeichen *zhong* („Loyalität") auf den Abzeichen, ein Schlüsselbegriff der Mao-Verehrung.

Neben diesen Symbolen finden sich manchmal auch prägnante Parolen wie die Mao-Sprüche *wei renmin fuwu* („Dem Volke dienen") oder *dou si pi xiu* („Die Selbstsucht bekämpfen, den Revisionismus kritisieren") oder die Liedzeile mit der Seefahrt und dem Steuermann, meist in der Handschrift von Lin Biao. Auch *Mao Zhuxi wansui* („Lang lebe der Vorsitzende Mao") oder *Jing zhu Mao Zhuxi wan shou wu jiang* („Respektvoll wünschen wir dem Vorsitzenden Mao ein ewiges Leben") kann man häufig lesen. Die Ziffer „20" signalisiert den 20. Gründungstag der *Volksrepublik* 1969 *(Abb. 254)*.

Mao blickt übrigens auf fast allen Abzeichen nach links, fallweise tut er dies aber auch frontal nach vorne und gelegentlich ist er sogar lachend wie ein Buddha wiedergegeben. Manchmal steht er aufrecht und blickt zur Seite, andere Abbildungen orientieren sich an gängigen Mao-Darstellungen der Kulturrevolutionskunst: „Mao auf dem Weg nach Anyuan", dem meistkopierten Bild der Zeit *(Abb. 251)*, Mao mit Strohhut im Feld *(Abb. 244)*, Mao beim Tischtennisspielen oder Mao mit der Zigarette in der Hand *(Abb. 247)*. Nur ganz am Anfang gab es auch einige Abzeichen, auf denen Mao nach rechts schaute, bis dies als politisch inkorrekt und somit absolut tabu befunden wurde (s. Bishop 1996).

Besonderes Augenmerk sollte man den Rückseiten der Abzeichen schenken *(Abb. 253)*. Während dort zu Beginn höchstens eine Ziffer die Produktionsnummer oder auch Größe angab, wurden später zudem Angaben über den Anlass, zu dem das Abzeichen aufgelegt wurde, oder die Herkunft und die verantwortliche Einheit aufgeprägt. Gelegentlich findet sich ferner ein Mao-Spruch oder ein zusätzliches Gestaltungselement, das die Vorderseite ergänzt. Auffallend sind auch Abzeichen, die speziell für Ausländer produziert wurden, erkennbar an den (meist) englischsprachigen Sprüchen *(Abb. 255)*.

SAMMELN UND TAUSCHEN

Zweieinhalb bis fünf Milliarden Abzeichen wurden schätzungsweise im Verlauf der *Kulturrevolution* hergestellt, das wären – auf die damalige Bevölkerung von ca. 700 Millionen bezogen – drei bis sieben Abzeichen für jede Chinesin und jeden Chinesen, vom Kleinkind bis zum Greis. Sammler haben inzwischen bis zu 50.000 unterschiedliche Gestaltungslösungen registriert. Nicht zuletzt deshalb war das Mao-Abzeichen (vor allem 1968 und 1969) nicht mehr nur

Abb. 251 a – d: Abzeichen mit dem berühmten Gemälde von Liu Chunhua *Der Vorsitzende Mao auf dem Weg nach Anyuan* (ø 5,5 – 6,5 cm). Museum für Völkerkunde Wien

Abb. 252: Abzeichen (ø 2 cm) zum Ableben Maos im September 1976. Museum für Völkerkunde Wien, Inv.-Nr. 182.400

Abb. 253 a – f: Verschiedene Rückseiten von Mao-Abzeichen. Museum für Völkerkunde Wien

Abb. 254: Abzeichen (ø 13 cm) zum 20. Jahrestag der Gründung der Volksrepublik, 1969. Museum für Völkerkunde Wien, Inv.-Nr. 182.356

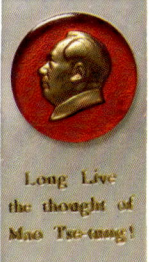

Abb. 255 a – e: Abzeichen für Ausländer (H. 1,2 – 3,5 cm). Museum für Völkerkunde Wien

147

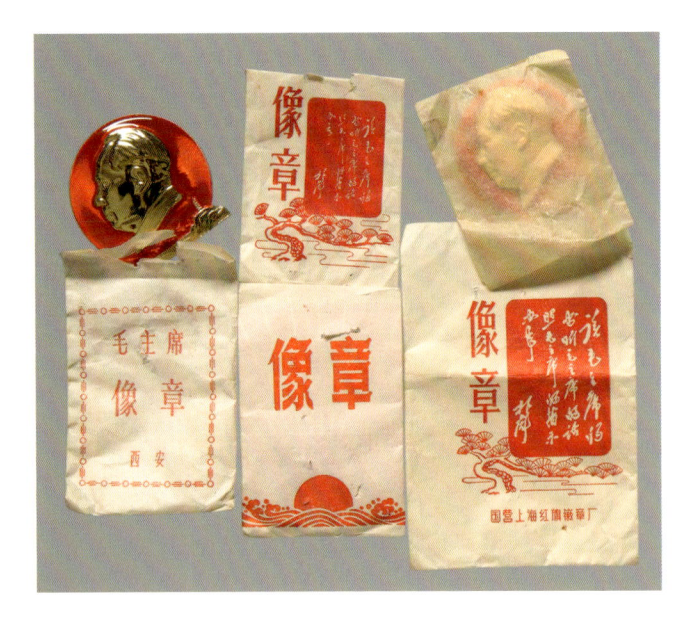

Abb. 256: Verpackung von Mao-Abzeichen, z. T. mit Lin-Biao-Spruch „Lest die Werke des Vorsitzenden Mao, hört auf seine Worte und handelt nach seinen Weisungen". Museum für Völkerkunde Wien

Abb. 257: Mao-Abzeichen (ø/B. 2,2 – 5 cm) aus der Zeit um 1993 (Maos 100. Geburtstag). Museum für Völkerkunde Wien

ein Kultobjekt der Mao-Verehrung, sondern auch Gegenstand des Sammelns und Tauschens und somit individuellen Besitzstrebens.

Immer wenn eine Einheit – eine Armeeabteilung, ein Ministerium oder eine andere Behörde – neue Abzeichen herausbrachte (ein Ereignis, das oft vorab in den Medien angekündigt wurde), bildeten sich lange Schlangen von Menschen, die die Neuheiten ergattern wollten. Auch staatliche Läden wie die *Xinhua*-Buchhandlungen verkauften Abzeichen *(Abb. 256)*. Für die Bürger war es hingegen verpönt, damit Handel zu treiben und Geld für ein Mao-Abzeichen zu verlangen.

So entstanden Orte, an denen die Mao-Plaketten rege getauscht wurden. Dort besaßen die Ansteckknöpfe durchaus einen „Wert". Die großen und besonders kunstvollen waren höher eingestuft, man musste sie gegen drei, fünf oder zehn kleinere und einfachere tauschen; und wer keine Mao-Abzeichen zum Tauschen hatte, konnte auch kleine Mao-Fotos, wie sie in vielen Läden verkauft wurden, gegen Abzeichen einwechseln (s. Bishop 1996).

In Peking bildeten sich vor dem *Dongfeng*-Markt in der Einkaufsstraße *Wangfujing* oder in der *Liulichang*, der alten Antiquitätengasse, solche Tauschbörsen, auf denen die Sammler und Händler wie auf Schwarzmärkten ihre Schätze an der Innenseite von Jacken und Mänteln angesteckt hatten, die sie öffneten, wenn sich jemand dafür interessierte. Die Tauschplätze waren von den Behörden bestenfalls geduldet, immer wieder kam auch Polizei, um die Abzeichensammler zu vertreiben. Ernsthaft gegen sie vorzugehen wagten die Behörden allerdings nicht. Die Saga weiß zu berichten, dass selbst Lin Biaos Ehefrau Ye Qun, ein Mitglied des Politbüros, in Begleitung ihrer Leibwächter die Märkte auf der Suche nach seltenen Stücken frequentierte (Schrift 2001: 72).

In bestimmten Situationen konnte man mit Mao-Abzeichen auch andere Waren und Dienstleistungen erwerben. Rotgardisten, die im Land umherreisten und denen Fußmärsche zu beschwerlich waren, „bezahlten" LKW-Fahrten mit Mao-Abzeichen, die sie schon am Arm trugen, um damit vom Straßenrand aus den vorbeikommenden Fahrern zuzuwinken. Von den jugendlichen Revolutionären Geld zu verlangen wäre politisch nicht opportun gewesen (Schrift 2001: 143), das Mao- Abzeichen wurde so in bestimmten Situationen zu einem Geldersatz.

DAS ENDE DER MAO-ABZEICHEN

Schon 1967 (!) wurde erstmals ein Verbot des privaten Handels mit Abzeichen und Propagandamaterialien erlassen (Schrift 2001: 151), das allerdings im Chaos der *Kulturrevolution* wenig Wirkung zeigte. Auch das Produktionsverbot vom Juni 1969 konnte nur teilweise durchgesetzt werden, die Abzeichenfabrik von Shaoshan (Maos Geburtsort) zum Beispiel produzierte noch bis etwa 1971 weiter. Doch das Interesse ebbte zunehmend ab, zu Beginn des Jahres 1974 wurden die Abzeichen immer seltener getragen, vor allem die einfachen Bürgerinnen und Bürger steckten sie sich kaum mehr an die Brust. Nur bei Funktionären und zu formellen Anlässen war dies Mitte der 70er Jahre noch üblich. Auch in Geschäften waren die Mao-Knöpfe nur mehr selten zu finden, und wenn dies der Fall war, dann handelte es sich um relativ kleine und einfache Ausführungen.

Das Verschwinden der Abzeichen ging Hand in Hand mit der angeordneten Begrenzung des Personenkultes. Vor allem nach der Lin-Biao-Affäre erfolgten Anweisungen, die Darstellungen der Person Maos im Alltag zu reduzieren. Mao-Briefmarken wurden nicht mehr verkauft, Mao-Sprüche verschwanden von Alltagsgegenständen, die Exzesse des Personenkults wurden gezielt mit der nunmehr geächteten Person Lin Biao in Verbindung gebracht.

Seit seinem Fluchtversuch und seinem Tod beim Absturz des Flugzeugs über der Mongolei im September 1971 waren auch andere Lin zugeschriebene Aspekte des Kultes verpönt. Die Hymne vom Steuermann, dem die Seefahrt vertraut (Lin Biao hatte die ersten Zeilen kalligraphiert), durfte nicht mehr gesungen, sondern nur mehr instrumental aufgeführt werden. Lin-Biao-Sprüche wurden übermalt, sein Name und sein Bild in den *Mao-Bibeln* und manchmal auch auf Mao-Plaketten unkenntlich gemacht.

Die letzten massenhaft verbreiteten Mao-Abzeichen hat man aus Anlass des Todes von Mao im September 1976 geprägt *(Abb. 252)*. Sie waren aus silbrigem Aluminium, das dem Weiß ähnelte, in China traditionell Zeichen der Trauer. Auch die Plaketten zum Gedenken an die Eröffnung des Mao-Mausoleums auf dem Tian'anmen-Platz 1977 trugen nur noch gelegentlich ein Porträt des einstigen *Großen Führers* *(Abb. 219)*.

Abb. 259: Geldbörse mit Stalin-Porträt (Leder, Stoff, 16 x 12 cm), Sowjetunion, 50er Jahre. Sammlung Thomas Lösch, Wien

Abb. 258: Abzeichen für internationale Politiker (ø/H. 2 – 3,5 cm), darunter (v. li. oben) Tschiang Kaischek, Ruandas Präsident Habyarimana, Tito, Kim Il Sung, Ho Chi Minh, Prinz Sihanuk (Kambodscha) und Kenias Präsident Daniel Arap Moi, 70er bis 90er Jahre. Sammlung Opletal

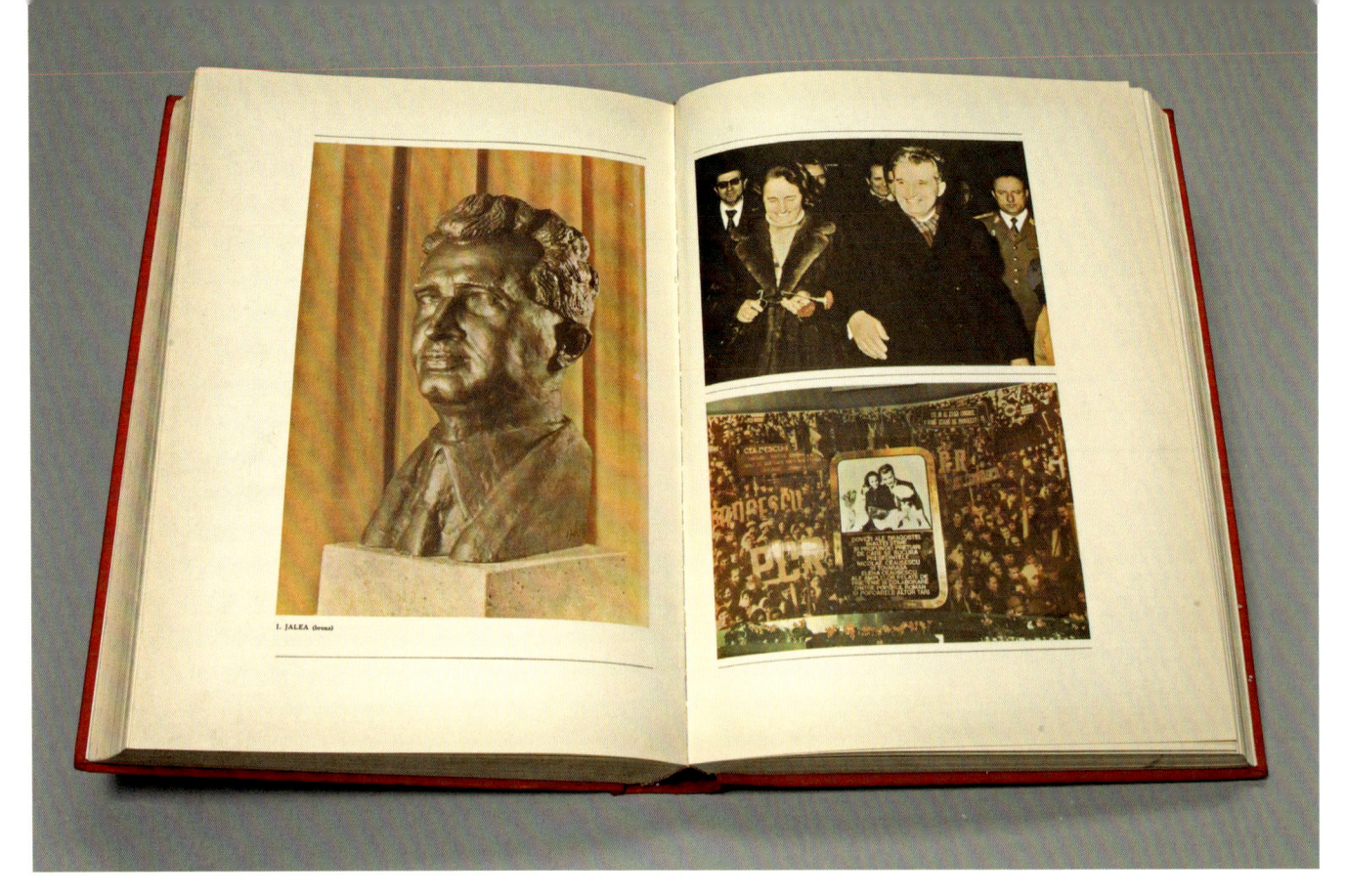

Abb. 260: Verehrung für den rumänischen Staats- und Parteichef (*Omagiu Pre edintelui Nicolae Ceaușescu*. Bukarest: Editura Politică: 1978, 456–457). Sammlung Thomas Lösch, Wien

DIE RENAISSANCE DER MAO-ABZEICHEN

Als 1981, nach der kritischen Parteiresolution, die Maos Verdiensten auch schwerwiegende politische Fehler gegenüberstellte, eine weitere Zurücknahme des Mao-Kultes angeordnet wurde, wuchs der Druck, die Aluminiumplaketten einem Recycling zuzuführen. Ein großer Teil wurde damals tatsächlich eingeschmolzen, doch nicht wenige Chinesen wollten ihre in der *Kulturrevolution* zusammengetragenen Schätze nicht so einfach der Vernichtung preisgeben, sondern versteckten sie in Schubladen und Kartons.

Auch die Altstoffhändler führten nicht alle Abzeichen an die Metallschmelzen ab, sondern behielten die schöneren Stücke oft für sich oder verkauften sie sogar unter der Hand an die ersten Sammler der neuen Generation weiter.

Die frühen 1980er Jahre sahen überhaupt eine Renaissance der Sammelleidenschaften. Münzen, Briefmarken, Jadesteine, altes Porzellan und andere Antiquitäten wurden auf neu entstandenen Straßenmärkten gehandelt. Und bald zählten auch Mao-Abzeichen und andere Erinnerungen an die *Kulturrevolution* zu den sammelwürdigen Objekten.

Einen Höhepunkt erreichte die Sammelwut rund um Maos hundertsten Geburtstag im Dezember 1993. Bald erschienen auch Kataloge und fachliche Abhandlungen, eigene Vereine für Abzeichensammler wurden gegründet, einige brachten sogar Fachzeitschriften zum Thema heraus. Die *Beijing Rundschau,* eine in mehreren Sprachen publizierte Propagandazeitschrift, spricht 1994 von über 100.000 Sammlern von Mao-Abzeichen in China (s. Bishop 1996).

Das Mao-Jubiläum 1993 wird auch zum Anlass genommen, um neue Mao-Abzeichen (und andere Mao-Memorabilia) herzustellen *(Abb. 257)*. Manche dieser Neuauflagen orientieren sich an den Vorbildern der *Kulturrevolution,* die meisten zeigen jedoch neue Gestaltungen und werden an diversen Mao-Gedenkstätten (wie dem Geburtsort Shaoshan) an in- und ausländische Touristen verkauft. Auch echt aussehende Imitationen der besonders kunstvollen Abzeichen der *Kulturrevolution* gehen oft zu überhöhten Preisen an gutgläubige Sammler.

ABZEICHEN ANDERSWO

Das Mao-Abzeichen, ein chinesisches Phänomen? Auch andere, und nicht nur kommunistische, Regime betrieben (und betreiben) einen Personenkult um ihre Revolutions- und Staatsführer, doch kaum einer ist mit der Mao-Verehrung im China der 60er und 70er Jahre vergleichbar.

In Jugoslawien etwa wurde Titos Porträt schon zu seinen Lebzeiten vielfach im öffentlichen Raum verwendet, auf Briefmarken, Geldscheinen, Gedenkplaketten und Ähnlichem. Es gab auch vereinzelte Tito-Abzeichen, doch man steckte sie sich nur zu besonderen Anlässen ans Revers *(Abb. 258)*. In Albanien hielt sich der Kult um KP-Chef Enver Hoxha – trotz seiner Zuneigung zu China – in Grenzen. Höchstens der Stalin-Kult in der Sowjetunion der 50er Jahre *(Abb. 259)* und etwas später der Ceaușescu-Kult in Rumänien *(Abb. 260)* reichten ein wenig an die chinesische Mao-Verehrung heran, auch wenn die Formen sehr unterschiedlich waren. In Vietnam gab es Abzeichen mit dem Porträt Ho Chi Minhs, die den Mao-Plaketten sehr ähnelten, doch getragen wurden sie viel seltener als in China.

Sogar einige afrikanische Staaten versuchten sich in einem Personenkult für ihre Diktatoren, deren Bildnis gerne auf T-Shirts und farbenfrohen Stoffen für Frauengewänder verewigt wurde, die man dann bei politischen Versammlungen und Massenkundgebungen trug. In Ruanda produzierte man ein Abzeichen mit dem Bildnis des (1994 von den Militärs getöteten) Staatspräsidenten Juvénal Habyarimana, das Politiker und hochrangige Funktionäre an der Brust trugen. Auch in Taiwan wurden übrigens Abzeichen mit dem Staatschef und Generalissimus Tschiang Kaischek hergestellt, sie waren aber eher Souvenirs, die nach seinem Tod in seiner Gedenkstätte in Taipei verkauft wurden.

Am ehesten mit dem chinesischen Mao-Kult vergleichbar ist die beinahe religiöse Verehrung für Kim Il Sung und seinen Sohn und Nachfolger Kim Jong Il in Nordkorea. Überall im Land sind heute noch ihre Bildnisse zu sehen (Abb. 261), an vielen Orten, die sie besucht haben, hängen Gedenktafeln, und zahlreiche politische Aussprüche von Kim-Vater und Kim-Sohn sind in Stein eingemeißelt oder auf großen Plakatflächen verewigt. Jeder nordkoreanische Bürger trägt ein Kim-Il-Sung-Abzeichen an der Kleidung – wohl die größte Parallele zum kulturrevolutionären China. Die Kim-Plaketten gibt es gleichfalls in vielfältigen Formen, doch anders als in China werden sie nicht gehandelt, sie dürfen nicht verkauft oder verschenkt werden. Jeder Bürger besitzt nur ein einziges Kim-Abzeichen, das ihm von seiner Arbeitseinheit verliehen wird. So ist auch der nordkoreanische Führerkult, der seit Jahrzehnten in wenig veränderter Form gepflogen wird, nur am Rande mit der Mao-Hysterie am Höhepunkt der *Kulturrevolution* vergleichbar.

Auch weiter zurück in der Menschheitsgeschichte gibt es durchaus Beispiele, wie die wertvollsten Metalle und Steine zur Verehrung eines Gottes oder eines weltlichen Führers verwendet wurden. Dennoch bleibt Maos China einzigartig, indem es zum Ruhm seines *Großen Führers* hochwertiges Flugzeugaluminium in unvorstellbaren Mengen verarbeitet hat.

Weiterführende Literatur
- Barmé, Geremie R.
1996 *Shades of Mao – The Posthumous Cult of the Great Leader.* Armonk, NY etc.: M. E. Sharpe.
- Bishop, Bill
1996 *Badges of Chairman Mao Zedong* [http://www.slideshare.net/sinocismblog/badges-of-chairman-mao-zedong; 28.9.2010].
- Mao Tsetung
1978 *Gedichte.* Peking: Verlag für fremdsprachige Literatur.
- Schrift, Melissa
2001 *Biography of a Chairman Mao Badge: The Creation and Mass Consumption of a Personality Cult.* New Brunswick etc.: Rutgers University Press.
- Song Yifan
1993 *Mao Zedong xiangzhang zhenpin ji* [Sammlung echter Mao-Abzeichen]. Chengdu: *Sichuan Renmin Chubanshe* [Volksverlag Sichuan].
- Wang, Helen
2008 *Chairman Mao Badges. Symbols and Slogans of the Cultural Revolution.* London: The British Museum.
- Zhou Jihou
1993 *Mao Zedong xiangzhang zhi mi: Shijie di jiu da qiguan* [Das neunte Weltwunder. Das Geheimnis der Mao-Abzeichen]. Taiyuan: *Beiyue Wenyi Chubanshe* [Beiyue Literaturverlag].

Abb. 261: Porträts von Kim Il Sung und Kim Jong Il in einer Stickereiwerkstatt in Pjöngjang. Foto: Helmut Opletal, 2010

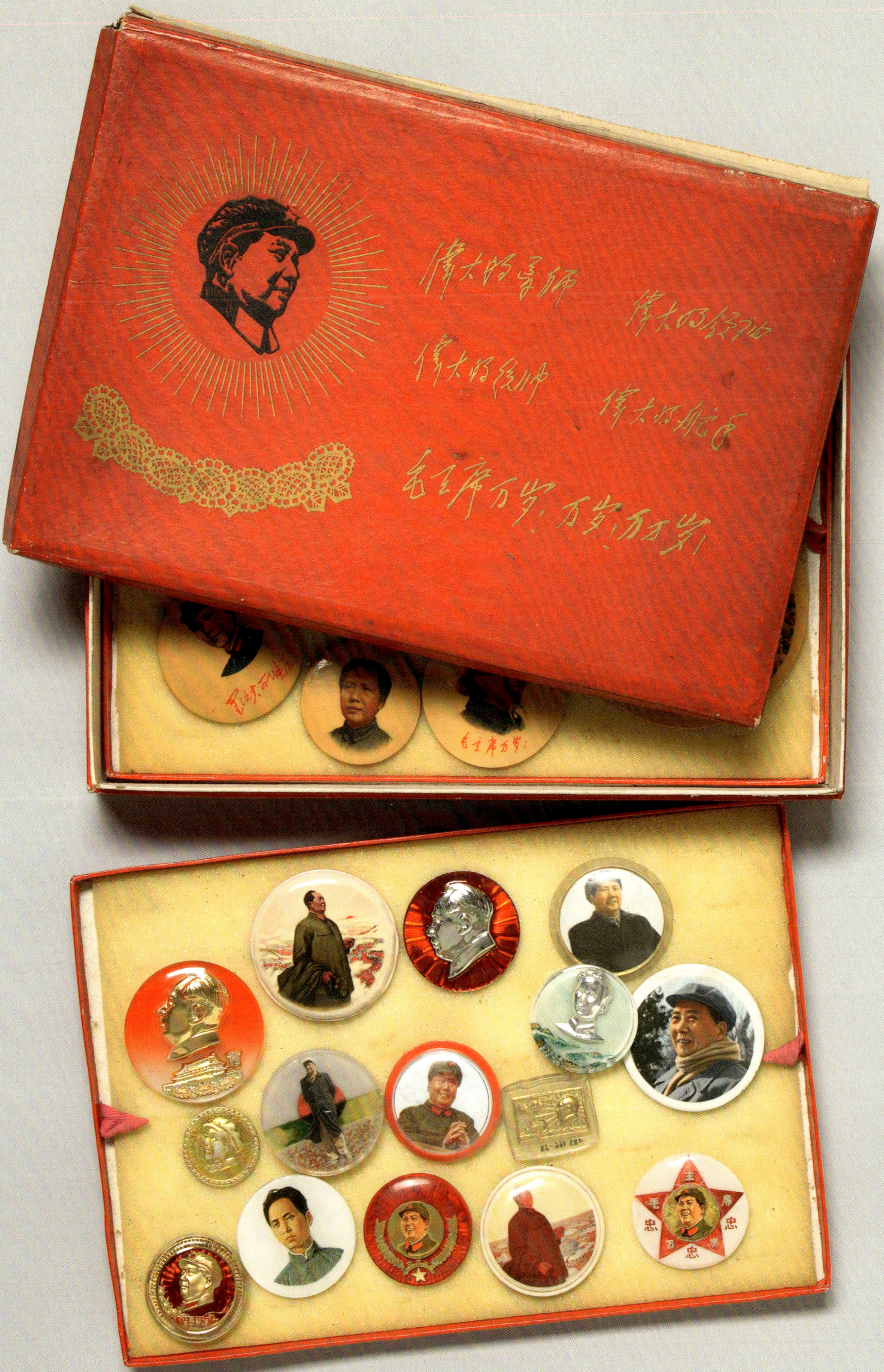
伟大的导师
伟大的领袖
伟大的统帅
伟大的舵手
毛主席万岁 万岁 万万岁

FENG JICAI

DAS MAO-ABZEICHEN

„Es ist bestimmt von Vorteil, wenn man über eine Sache, die noch nicht allzu lange zurückliegt, nachdenkt, solange die Erinnerung daran noch frisch ist." – Der Autor

Er hatte sich geschworen, sofort nach Schichtende ein neues Mao-Abzeichen zu besorgen. Es sollte etwas ganz Besonderes sein, riesengroß und welterschütternd.

Dabei hatte er am Morgen zu Schichtbeginn ein Abzeichen angesteckt, das von Größe und Ausstattung her sowieso schon Aufsehen erregt hatte. Sein Schwager hatte es ihm bei der Marine besorgt und am Abend vorbeigebracht. In der Familie hatte man sich gestritten, wer es tragen durfte, bevor man sich nach einer halbstündigen Diskussion auf ein Rotationsprinzip geeinigt hatte: Jeder würde es zunächst einmal einen Tag lang tragen dürfen. Nach der ersten Runde würde sich die Tragezeit auf je eine Woche verlängern. Er hatte sich durchgesetzt und durfte das Abzeichen als Erster tragen, aber nicht etwa, weil er der Haushaltsvorstand war. Nein, die anderen hatten seinem Wunsch, im Büro das Abzeichen vorzeigen zu können, einfach nichts entgegenzuhalten. Klar, dass er an diesem Morgen mit stolz geschwellter Brust zur Arbeit ging.

Die Soziologie oder die Psychologie schweigt bis heute zu diesem Phänomen. Wieso, so müssten sie sich fragen, waren die Menschen zu jener Zeit so verrückt nach diesen Abzeichen? Egal, ob jung oder alt, Mann oder Frau, alle hefteten sich diese Abzeichen an ihre Brust. Man stritt sich um sie, je größer, desto mehr. Was dabei herauskam, waren wundersame Begebenheiten der seltsamsten Sorte.

Kommen wir also wieder auf ihn zu sprechen. Er hatte in der Tat die gewünschte Aufmerksamkeit im Büro bekommen. Egal, wer ihn traf, alle zeigten mit dem Zeigefinger auf ihn und sagten: „Herr Kong hat uns heute einmal alle ausgestochen!" So oft trafen ihn neidische Blicke, dass es Herrn Kong schon ganz anders wurde. Doch glaubte er fest daran, dass er wenigstens heute einmal mit seinem Abzeichen die Nummer Eins in seinem Büro geworden war.

Abb. 262: Sammelbox (Karton, Schaumstoff, 21 x 31 x 5 cm) mit Einlagefächern für Mao-Abzeichen, Aufschrift: „Lang lebe der Große Führer, Große Lehrer, Große Kommandant und Große Steuermann, der Vorsitzende Mao! Er lebe lang! Lang, lang!", um 1968. Museum für Völkerkunde Wien, Inv.-Nr. 183.166

Voller Stolz spazierte er zur Mittagszeit in der Kantine auf und ab. Er wollte von allen gesehen werden. Dabei entdeckte er plötzlich Herrn Chen von der Produktionsabteilung. In seinem Alltagsanzug kam er ihm entgegen und trug auf seiner Brust ein Abzeichen, das noch größer, noch innovativer und noch aufsehenerregender war als das von Herrn Kong. In seiner Mitte: Das Porträt des Großen Vorsitzenden, der Hintergrund emailliert mit der großen roten aufgehenden Sonne, darunter ein großes goldenes Schiff auf hoher See. Das Bild des Großen Vorsitzenden war schon deshalb ungewöhnlich, weil er auf dem Porträt von vorn zu sehen war. Normalerweise wurde er nur im Profil abgebildet. Außerdem trug er eine Militärkappe und war mit Orden geschmückt. Das Rot und Gold des oberen Teils leuchteten so hell, dass man die Augen ein wenig zukneifen musste, um richtig sehen zu können. Wirklich ein wertvolles Einzelstück von großer Kunstfertigkeit unter den vielen Abzeichen der damaligen Zeit.

Herr Kong fühlte sich plötzlich in eine Dunkelheit versetzt, die allem die Farbe raubte. Sein schönes Abzeichen konnte mit dem von Herrn Chen einfach nicht mithalten. Allein der mittlere Teil war größer als das ganze Abzeichen von Herrn Kong, so groß wie ein chinesischer Pfannkuchen, ungefähr acht Zentimeter im Durchmesser.

Herr Chen tat so, als ginge ihn dies nichts an. Als die beiden aneinander vorbeigingen, warf er einen kurzen Blick auf Herrn Kongs Abzeichen, so wie Sportasse dies tun, wenn sie einem blutjungen Anfänger begegnen. Sein Mangel an Interesse regte Herrn Kong natürlich sehr auf. Verletzt, neidisch und fast wahnsinnig war er vor Wut. Sofort fällte er einen Entschluss: Koste es, was es wolle, er musste noch am Abend des gleichen Tages ein Abzeichen auftreiben, mit dem er Herrn Chen überbieten und dessen Arroganz zu Fall bringen könnte.

Zu Hause erzählte er sogleich von seiner Niederlage. Hastig aß er ein paar Bissen, um sämtliche Anstecker einzusammeln, die es in der Familie gab. Er wickelte sie in ein großes Taschentuch und stopfte dieses in seine Hosentasche. Sogar die Abzeichen, die seine Frau und Kinder trugen, zog er ein. Noch schnell eine Zigarette, und schon rannte er zur *Straße der aufgehenden Sonne,* dem beliebtesten Geschäftsviertel der Stadt. Er wusste, dass hinter dem Parkplatz beim Warenhaus die Leute Abzeichen tauschten. Alle möglichen

Abb. 263 a und b: Mao-Plakette aus Metallblech (H. 12 cm) mit Schriftzeichen „Loyalität". Rückseite: „Zweite Umsetzungskonferenz zur ‚Loyalisierung des lebendigen Studiums und der lebendigen Anwendung der Maozedongideen', Arbeiter-Delegiertenkonferenz Qiqihar, Juni 1968". Museum für Völkerkunde Wien, Inv.-Nr. 183.264 a, b

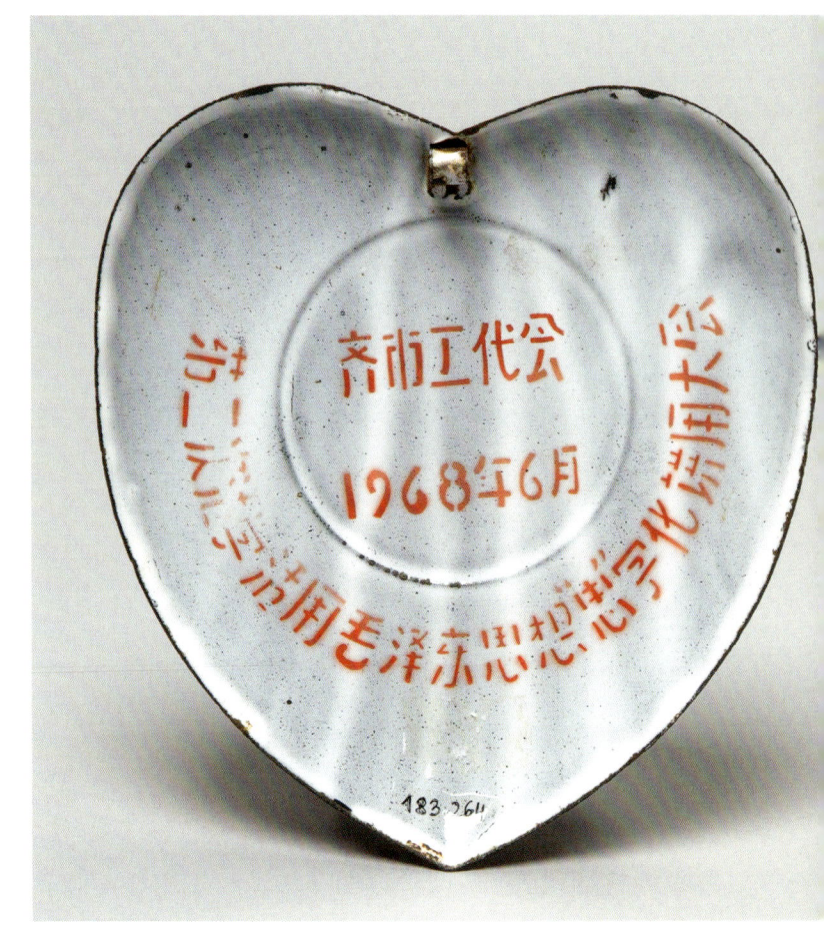

Abzeichen sollte es dort geben, hatte man ihm gesagt, allerdings war er noch nie dort gewesen.

Als er sein Ziel erreichte, war es schon dunkel. Die Laternen leuchteten, und es waren eine Menge Leute unterwegs. Man glaubte unter den vielen Menschen, die ihre Abzeichen mit einer gewissen Selbstverständlichkeit wie einen unverzichtbaren Teil ihrer Persönlichkeit trugen, durch eine mobile Abzeichen-Ausstellung zu wandeln. Manch einer trug sogar vier, fünf von ihnen, so wie ausländische Generäle ihre Orden. Herr Kong fühlte, dass die Menschen mit besonders ausgefallenen Abzeichen erstaunlich glücklich waren, so als wären sie um eine Kopfeslänge größer als die anderen. Wer hingegen ein ganz normales, kleines Abzeichen trug, wirkte irgendwie unscheinbar und bedrückt. Wie eine graue Maus verschwand er in der Menge. Egal, wie viel man verdiente und wie viel Macht man ausübte, der Wert eines Menschen wurde an diesem Ort und zu diesem Zeitpunkt an nichts anderem als an dem Abzeichen bemessen, das er an seiner Brust trug. Das galt auch für die jeweilige politische Haltung und die Loyalität seiner Träger gegenüber dem Führer der Partei. Für alles konnte es als Messlatte herhalten.

Während er so daherlief, kümmerte er sich nicht um die Menschen, die ihm entgegen kamen, sondern nur um die Abzeichen, die sie trugen. Er hatte das Gefühl, dass ihm ein Strom bunt glänzender großer und kleiner Abzeichen entgegen kam, so als säße er in einem Raumschiff und flöge in das von Sternen beleuchtete Universum. Dabei entdeckte er ein Abzeichen, das dem von Herrn Chen bis ins letzte Detail entsprach. Sofort schnappte er sich den Träger dieses Kunstwerks.

„Was willst du von mir?", fragte der offensichtlich erschrocken und ein wenig beleidigt.

Herr Kong hatte einen in die Jahre gekommenen Mann vom Militär vor sich. Er war stämmig und hatte einen kleinen Schmerbauch. Wahrscheinlich handelte es sich um einen Offizier.

„Hätten Sie ...", fragte er mit einem unbeholfenen Lächeln, „hätten Sie Interesse, Ihr Abzeichen loszuwerden? Ich habe alle möglichen Sorten anzubieten. Sie können sich auswählen, was Ihnen gefällt. Wie wär's mit einem Tausch?"

Der kleine Dickbauch vom Militär antwortete nur mit einem kalten Lächeln. Was für ein Mensch musste das sein, der meinte, ihm den ganzen Stolz der Familie, alles, was ihm lieb und wert war, einfach so abluchsen zu können. Er ärgerte sich über die unerwartete Zudringlichkeit von Herrn Kong, der ihn nach wie vor am Ärmel festhielt. Mit einer Handbewegung schob er ihn zur Seite und ging mit vorgestrecktem Bauch schnaubend davon. „Ich tausche nicht!"

Das hatte nicht geklappt. Herr Kong war wütend. Doch konnte man die Sache auch andersherum betrachten und seinen Unmut wieder herunterschlucken. Schließlich hätte er ja nur mit Herrn Chen gleichgezogen, wenn er dieses Abzeichen bekommen hätte. Er brauchte aber eines, das noch größer und besser war. Während er diesem Gedanken nachhing, beobachtete er eine Menge dicht gedrängt beieinander stehender tauschbereiter Menschen hinter dem Parkplatz. Wie ein Fischer, der einen Schwarm leuchtend glänzender Fische entdeckt, stürzte er sich, von Herzrasen begleitet, mit einem großen Netz ins Getümmel.

Im Gedränge verschlug es ihm fast den Atem. Er schwitzte am ganzen Körper. Doch was er alles zu sehen bekam: alle Arten von höchst merkwürdigen Abzeichen und alle Sorten von höchst merkwürdigen Menschen. Die meisten trugen ihr Tauschobjekt am Oberkörper, während aus ihrem Mund zu vernehmen war, was sie einzutauschen gedachten. „Wir suchen einen 60er von der Stahlfabrik in Wuhan [gemeint war eine Anstecknadel mit 60 Millimetern Durchmesser]. Wer tauscht?"

Einige Anbieter präsentierten ihre Ware auf einem Frotteehandtuch, andere hatten sie in eine Glasschachtel gelegt, mit Buntpapier verziert und auf Seide gebettet. Es gab aber auch Menschen, die ihre Abzeichen an die Kappe geheftet hatten und ihre Tauschpartner dazu zwangen, an ihnen hinaufzuschauen. Sie alle bildeten an der Ost- und Südseite des Parkplatzes einen schier undurchdringlichen Halbkreis, wobei eine kleine Gruppe direkt bis auf den Parkplatz vorgedrungen war und sich zwischen die Autos drängte. Mit viel Engagement diskutierten sie lauthals über die Tauschbedingungen. Immer wieder ging es hin und her, noch geschäftiger als morgens früh auf dem Gemüsemarkt. Plötzlich fasste ihn jemand an der Schulter.

Abb. 264: Sammelalbum für Mao-Abzeichen. Plastikeinband (30 x 22 x 5 cm) mit Plastikhüllen für Einlageblätter aus Schaumstoff. Aufschrift „Lang lebe der Vorsitzende Mao" und „Zweite Delegiertenkonferenz von Aktivisten des lebendigen Studiums der Werke des Vorsitzenden Mao". Um 1968. Museum für Völkerkunde Wien, Inv.-Nr. 103.109 etc.

„Und was willst du eintauschen?"

Der das gesagt hatte, war ein groß gewachsener sportlicher Mann mittleren Alters. Seine Hände steckten in überlangen Jackenärmeln, die Schultern bewegte er hin und her. Dabei lachte er und spielte den Weinhändler, der mit allen Wassern gewaschen war. Allerdings trug er, als hätte er nichts Besonderes zu bieten, auf seiner weit geschnittenen blauen Jacke nur ein einziges Abzeichen, das so groß war wie ein Flaschendeckel. Trotzdem präsentierte Kong ihm seinen Wunsch:

„Ich brauche was Großes, einen 85er. Hast du so etwas?"

„Na, du bist mir ja einer. Gleich so etwas Großes möchtest du haben. Geht's nicht ein bisschen kleiner?" Offenbar hatte er doch etwas in Petto.

„Ich schau mal, was sich da machen lässt! Aber zeig erst mal du, was du zu bieten hast!" Der Mann versteckte immer noch seine Hände in den Ärmeln, wirkte aber so gelassen, als wäre er der größte Abzeichenkönig.

„Ich habe mehrere Dutzend dabei!" Gerade wollte Kong seine Sammlung präsentieren, da unterbrach ihn der Mann: „Hier sollten wir nicht zeigen, was du hast. Hier ist es zu unübersichtlich. Wir wollen ja nicht, dass dir dein Schatz abhandenkommt. Komm mit mir!"

Er zwängte sich, dem Mann auf dem Fuße folgend, durch die Menge zur gegenüberliegenden Straßenseite. Dort war gleich neben einem Laden für revolutionäre Kappen und Schuhe eine enge, dunkle Gasse. Der Mann wies ihm den Weg zur zweiten Straßenlaterne und befahl ihm: „Jetzt zeig her, was du dabei hast!"

Er nahm die in das Taschentuch eingewickelten Abzeichen aus der Hosentasche und gab sie dem Mann. Der betrachtete jedes einzelne von allen Seiten, schüttelte unzufrieden den Kopf und verzog den Mund. Schließlich gab er Herrn Kong alles wieder zurück, überlegte einen Augenblick und sagte: „Besseres hast du wohl nicht auf der Latte?"

„Nein, das ist alles, was ich habe."

Der Mann schwieg und sagte schließlich, auf die Abzeichen zeigend: „Diese Abzeichen reichen nur schwer für einen 85er. Heutzutage sind die Leute ja geradezu verrückt nach den großen Dingern."

„Egal, ob wir zum Abschluss kommen oder nicht, ich muss deine wenigstens anschauen. Dann können wir immer noch weiter sehen." Kong sagte das, weil er die Anstecknadeln seines Gegenübers immer noch nicht zu Gesicht bekommen hatte. Er gab dabei seinen Worten einen leicht abfälligen Unterton.

Der Mann schwieg weiter. Dabei knöpfte er mit großer Geste seine Jacke auf und öffnete sie mit der rechten Hand nach beiden Seiten. Hervor kam eine wahre Schatzkammer voller Kostbarkeiten mit hundert unterschiedlichen Anstecknadeln, die Herrn Kong das Blut in die Adern trieben. Er merkte sofort, dass er die meisten noch nie gesehen hatte. Doch blieb ihm kaum Zeit, sie anzuschauen, bevor er den Mann sagen hörte: „Das ist bei weitem noch nicht alles. Wenn du weiter nach innen schaust, kannst du auch die großen sehen." Er öffnete die Jacke, an deren Vorderseite die kleinen Abzeichen angebracht waren, und machte den Blick auf eine weitere Schicht von hoch glänzenden Ansteckern frei. Die waren wirklich ungewöhnlich, faustgroß. Einer zog sofort die Aufmerksamkeit des Betrachters auf sich, weil er herausstach wie ein Hahn unter lauter Hennen. Er war so groß wie ein Teekannendeckel.

„Den will ich haben!", rief Kong hoch erfreut. Dabei klopfte sein Herz so laut, dass auch Außenstehende es hören konnten.

„Was, du willst den hier?" Der Mann lachte laut auf. „Weißt du, wie groß der ist? Das ist ein 95er. Hast du die drei in Gold geschriebenen Zeichen für Loyalität gesehen? Ihretwegen heißt der Anstecker ‚Drei-Loyalitäten-Abzeichen aus Xinjiang'. Den hat hier – das kannst du mir glauben – noch niemand gesehen. Aber du hast ja keine Ahnung, was sich hier auf dem Markt so tummelt, und wie die Preise so sind. Mit Deinen paar Abzeichen ist da nichts zu löten. Drei Mal so viele würden nicht ausreichen, den hier einzutauschen. Mit den Abzeichen, die du hast, kannst du höchstens einen 85er eintauschen, und das auch nur, wenn du mit mir ins Geschäft kommst. Andere würden sich auf so einen Tausch gar nicht erst einlassen. Ohne ein ausgefallenes Angebot kriegt man nichts Ausgefallenes, so ist das eben."

„Geben Sie mir doch den 95er. Ich habe schließlich 45 Abzeichen anzubieten, und außerdem …". Er hatte sich deutlich in dieses Abzeichen verliebt. Wenn er das bekäme und es morgen im Büro vorzeigen könnte, würden die Leute bestimmt Augen machen, und Herr Chen sähe ganz schön alt aus. Er konnte sein Verlangen nicht mehr unterdrücken und hatte ein Flehen in seiner Stimme.

In diesem Augenblick tauchte links neben ihm ein kleiner dunkler Mann auf. Er war von dem Anstecker an der Brust des Händlers angezogen worden. Der – im Gegensatz zu dem Neuankömmling groß gewachsen – streifte ihn nur mit einem Blick und knöpfte die innere Jacke geschwind zu. Mit einem rauen Unterton, der Entschlossenheit vermittelte, sagte er: „So ist mit mir nicht zu handeln. Von mir bekommst du nichts." Drehte sich um und verschwand. Weil er in der Eile seine beiden Jacken nicht richtig zugeknöpft hatte, hörte man seine Abzeichen klappern, als würde ein Pferd davon reiten, das Schellen am Halfter trug.

Herr Kong wollte den Großen nicht entkommen lassen. Egal wie, er musste zumindest einen 85er nach Hause tragen. Gerade schickte er sich an, ihm hinterher laufen, da stellte sich ihm der Mann in den Weg, der links von ihm gestanden war. Der kleine Dunkle hatte einen dichten schwarzen

Abb. 265: Selbst hergestelltes Sammelkissen (Stoff, Karton, 12 x 22 cm) für Mao-Abzeichen. Museum für Völkerkunde Wien, Inv.-Nr. 183.182_1–32

Unterkieferbart. Er wirkte wie aus Kohle geschnitzt, trug er eine schwarze Hose und eine schwarze Jacke. Dabei schien irgendwie das Schwarz seines Körpers durch die dunklen Augen seinen Weg nach außen zu finden. Seine Stimme war heiser.

„Lass dich bloß nicht auf einen Handel mit diesem Typ ein. Der lässt sich an Anfängern aus. Diese ‚Drei-Loyalitäten-Abzeichen' sind nichts Besonderes. Die gibt es überall. Zeig mal, was du zu bieten hast. Ich tausche gern mit dir. Ich habe einen Anstecker, den du bestimmt noch nie gesehen hast."

„Ist der groß?", fragte Herr Kong.

„Klar ist der groß. Noch größer als das ‚Drei-Loyalitäten-Abzeichen'. Aber was heißt schon groß? Das sind sie ja alle. Der ist wirklich was Besonderes. Aber bevor ich ihn dir zeige, möchte ich erst einmal deine sehen. Zeig her, was du hast!"

Herr Kong holte seine sorgsam verpackten Anstecker heraus und zeigte sie dem kleinen Dunklen, der sie mit einer Genauigkeit untersuchte, die man sonst nur bei der Einreise an den Grenzen des Landes beobachten kann. Wenig später führte ihn der Kleine mit dem Bart in eine dunkle Gasse. Die Straßenlaternen brannten nicht mehr, weshalb es dort besonders dunkel war. Herr Kong hatte Angst. Er fürchtete sich vor dem schwarzen Mann, der ihm so fremd und anders vorkam. Wer weiß, vielleicht hatte der vor, ihm etwas anzutun. Er stand in der pechschwarzen Dunkelheit, noch einen Schritt weiter, und er hätte die Umrisse seines Begleiters gar nicht mehr ausmachen können.

„Kann ich mir die Abzeichen nicht hier einmal ansehen?", fragte er endlich, bemüht nicht erkennen zu geben, wie sehr er seine Angst unterdrücken musste.

„Klar, kannst du", antwortete der kleine Dunkle, während er wie der andere Abzeichenhändler seine Jacke aufknöpfte. Allerdings glänzte nichts auf seiner Brust. Sie war so schwarz und dunkel wie sein Äußeres. Keine einzige Anstecknadel war zu sehen. Gerade wollte er nachfragen, da hörte er ein eigenartiges Geräusch, dessen Ursprung er zunächst nicht ausmachen konnte: Mit einem Klick erstrahlte auf der linken Brustseite seines Gegenüber ein Licht rund wie der Vollmond aus tiefer Nacht, ein hell erleuchteter Tunneleingang oder das Herz, das plötzlich im Licht glänzte. In der Mitte ein buntes Bild mit einem Menschen, der, wie könnte es anders sein, der große Vorsitzende Mao auf dem Tian'anmen-Platz war. Erst nachdem er sein anfängliches Staunen überwunden hatte, verstand er, dass der kleine Dunkle auf seiner Brust eine gläserne Dose trug, in die eine Birne eingebaut war, um das Bild aufleuchten zu lassen. In der Dose befand sich ein farbiges Bild des Vorsitzenden Mao, der seine Hand zum

Gruß erhoben hatte. Umrandet war das Bild von einem Rahmen aus fester, roter, zu einem Rechteck geschnittener Pappe. Wahrscheinlich befand sich die kleine Birne zwischen dem Foto und dem Papprahmen. Die Batterie trug er wohl in einer Tasche am Körper. Das Verbindungskabel führte von dort hinten in die gläserne Dose. Den Schalter hielt er in seiner Hand. Ein Druck mit dem Finger, und das Bild leuchtete wie ein Farbfernseher: wirklich eine sensationelle Erfindung. Der kleine Dunkle hatte seine Lampe gerade erst aufscheinen lassen, da hörte man schon seine ungewöhnlich heisere Stimme aus der Dunkelheit tönen.

„Na, wie findest du das? Ein Wunder, oder? Was bietest du mir dafür? Vergiss nicht, schon die Batterie und die Birne kosten ein Vermögen."

Herr Kong hielt den Anstecker in der Tat für ein Wunder. Doch flaute sein Interesse schon nach kurzer Überlegung ab. Schließlich war das ja nicht wirklich ein Anstecker, ganz zu schweigen davon, dass man ihm deutlich ansah, dass er selbstgebastelt war und den Konventionen nicht entsprach. Hinzu kam, dass man immer eine Batterie bei sich haben musste. Als wäre man ein Ventilator, müsste man Kabel, Batterie, Schalter und andere Elektroartikel mit sich herumtragen. Seine eigentliche Wirkung würde der Anstecker nur im Dunkeln entfalten können. Tagsüber war er völlig wirkungslos. Nach diesen Überlegungen sagte er mit allem nötigen Respekt: „Der ist zwar gut, aber kein Anstecker. Ich möchte ihn deshalb nicht eintauschen. Wenn du allerdings etwas dabei hättest, was noch größer ist als ein 85er, hätte ich großes Interesse an einem Tausch."

Der kleine Dunkle ließ nicht locker. Doch Herr Kong reagierte nicht. Vor lauter Erregung ergriff der kleine Dunkle schließlich sein Handgelenk, was den ohnehin ängstlichen Herrn Kong noch mehr in Schrecken versetzte, glaubte er doch, der kleine Dunkle hätte es auf seine Anstecker abgesehen. Mit aller Macht befreite er sich aus seiner Umklammerung und lief zur Laterne am Ausgang der Gasse. Dabei hörte er den kleinen Dunklen rufen:

„Haltet ihn, haltet ihn!"

Dies bestärkte Herrn Kong in seiner Angst, der kleine Dunkle hätte Komplizen in der Nähe aufgestellt. Er nahm alle Kraft zusammen, lief zum Gasseneingang und gleich hinüber auf die andere Straßenseite. Dabei wäre er fast mit einem Fahrrad zusammengestoßen, doch bremste er kurz seinen Lauf, um sich dann mit der Behändigkeit eines Hasen an dem Vorderrad vorbei auf die andere Straßenseite zu schlängeln und sich unter die vielen Händler hinter dem Parkplatz zu mischen. Aus Angst vor dem kleinen Dunklen

Abb. 266: Selbst hergestelltes Sammelkissen (Stoff, Karton, 12 x 22 cm) für Mao-Abzeichen. Museum für Völkerkunde Wien, Inv.-Nr. 183.174_1–25

duckte er sich etwas, versteckte sein Gesicht mit Blick auf den Boden und tauchte in der Menge unter wie ein feiger Dieb. Zum Glück stieß er auf keine weiteren Probleme und entging so der Gefahr. Hastig machte er sich auf den Weg nach Hause.

Dort angekommen, merkte seine Frau sofort, dass irgendetwas mit ihm nicht stimmte. Sie fürchtete sogar, er sei ernstlich krank. Doch erzählte er ihr alles. Seine Frau schimpfte ihn aus, goss ihm eine Tasse Tee zur Beruhigung ein und sagte:

„Jeden Tag, wenn du nach Hause kommst, hast du nichts anderes im Kopf als Abzeichen. Und jetzt läufst du auch noch auf die Straße, um mit Abzeichen zu handeln. Was hast du dir dabei nur gedacht? Weißt du denn nicht, wer sich da herumtreibt? Um ein Haar hätten wir die Anstecker der ganzen Familie auf einen Schlag verloren. Was hätte ich morgen anstecken können, wenn man dir unsere Abzeichen wirklich gestohlen hätte? Stell dir vor, die Leute hätten behauptet, ich trüge kein Abzeichen, weil ich den großen Vorsitzenden nicht liebe! Womöglich hätte man mich als Konterrevolutionär abgestempelt. Und du, du hättest abends, wenn du von der Arbeit nach Hause kommst, kein warmes Essen mehr auf dem Tisch. Wenn du wirklich besondere Abzeichen haben willst, musst du dich an den alten Dong wenden. Der kennt sich bestens aus und hat mehr Abzeichen als alle anderen. Auf seinen Rat kannst du dich verlassen."

„Von welchem Herrn Dong redest du eigentlich?"

„Das ist der Herr Dong, der im Vorderhaus auf der dritten Etage wohnt. Ist der dir noch nicht aufgefallen? Das ist doch der Mann von Frau Dong. Was ist nur los mit dir? Sie haben dir doch wohl nicht das Hirn ausgeblasen!"

„Ja, ja, ist schon recht. Woher hat der eigentlich seine Anstecker?"

„Der arbeitet in einer Schilderfabrik, die sich jetzt auf Anstecker spezialisiert hat. Jedes Mal, wenn die dienstlich auf Reisen gehen, gibt ihnen die Fabriksleitung hunderte von Ansteckern mit. Heutzutage ist es ja üblich, dass man für jeden Gefallen ein Abzeichen verschenkt, sei es, dass man in einer fremden Stadt etwas regeln muss, im Hotel ein Zimmer oder für den Zug eine Karte braucht. Wenn man jemanden bittet, eine Sache zu erledigen, sind die Anstecker mehr wert als Geld. Erst kürzlich hat Frau Dong mir gesagt, dass ihr Mann für seine Fabrik gegen Anstecknadeln einen Lastwagen der Marke ‚Befreiung' eingetauscht hat."

„Und wie viele hat er dafür gebraucht?"

„Der ist sehr geschickt. So viele werden es nicht gewesen sein. Diese Sorte von Leuten weiß sich ja immer etwas beiseite zu schaffen. Sie nutzen die Gelegenheit, sich selbst etwas zuzuspielen, wenn sie sich bietet. Das merkt man schon daran, dass Frau Dong jeden Tag einen neuen Anstecker trägt. Wenn ich sie danach frage, lacht sie nur, verraten tut sie nichts. Natürlich hat sie die von ihrem Mann. Gerade, als ich bei ihnen war, um das Wassergeld einzusammeln, saßen sie wieder über ihren Ansteckern. Sie ließen mich einen kurzen Blick auf ihre Habe werfen. Ich kann dir nur sagen: sehr imposant!"

„Du hast sie wirklich zu Gesicht bekommen? Wie waren sie?"

„Nun, wie soll ich das beschreiben? Schließlich haben sie so viele unterschiedliche Anstecker, wie ich sie sonst noch nie bei jemandem gesehen habe. Ich würde sagen, mehr als ein tausend, sie bedecken ein ganzes Bett und noch einen Tisch dazu."

„Haben sie auch große?"

„Große? Ich sage dir, der größte ist mindestens so groß wie ein Topfdeckel."

Es verschlug ihm die Sprache. Das, was er überall gesucht hatte, lag also direkt vor seiner Haustür. Er hatte seinen Tee noch nicht angerührt, da rannte er davon, als gelte es, vor dem Feuer zu flüchten. Schon im zweiten Stock rief er laut nach Herrn Dong. Seine Stimme zitterte vor Vorfreude.

Bei Herrn Dong angelangt, wiederholte er mehrfach seinen Wunsch, die gesamte Sammlung sehen zu können. Herr Dong wollte seinen langjährigen Nachbarn nicht verletzen. Trotzdem ließ er sich erst nach und nach dazu überreden, die ganze Sammlung vorzuführen. Er war Weltmeister im Anstecknadelsammeln, keine Frage. Im Vergleich dazu fühlte sich Herr Kong ziemlich klein. Schließlich sah er auch den Anstecker, von dem seine Frau gesprochen hatte und der so groß war wie ein Topfdeckel. Nach Auskunft von Herrn Dong hatte er einen Durchmesser von 140 Millimetern. Herr Kong nahm ihn in die Hand und betrachtete ihn von allen Seiten. Dabei spürte er sein Gewicht in der Hand. Er wog mindestens ein halbes Pfund. Nur das Bild war ein bisschen zu einfach geraten: eine große rote Sonne, in der Mitte das Porträt des Vorsitzenden Mao im Profil, darunter neun Sonnenblumen. Doch die Blumen waren nicht wirklich Blumen. Eher ähnelten sie einem groben Sieb. Lack und Farbe ließen zu wünschen übrig und konnten die Mängel der Unterlage nicht überdecken. Doch in Hinblick auf seine Größe war der Anstecker unschlagbar. Herr Kong war sich sicher, dass er mit diesem Abzeichen den alten Chen werde in die zweite Reihe versetzen können. Er musste einfach ein großer Anstecker sein, denn nur ein großer war gut, auffällig und in der Lage, alles zu sagen, was gesagt werden musste. So zog er alle Register, um Herrn Dong diesen einen Anstecker abzuhandeln. Er holte die Sammlung seiner Familie heraus und konnte sich glücklich schätzen, dass wenigstens ein 40er darunter war, der mit einer Weltkarte und der Unterschrift ausgestattet war: „Die Völker der ganzen Welt streben zur roten Sonne." Genau diese Anstecknadel fehlte Herrn Dong noch. Herr Kong gab noch großzügig zwei Abzeichen dazu, damit das Gewicht in etwa

Abb. 267: Abzeichen aus Porzellan, Bambus und Kunststoff in Einlagefach für Sammelbox (20 x 30 cm). Museum für Völkerkunde Wien, Inv.-Nr. 183.166

stimmte, bevor er endlich jene Anstecknadel in Händen halten konnte, die er noch nie in seinen Händen gehalten hatte und die einfach welterschütternd war. Als er zu Hause ankam und seinen außergewöhnlichen Schatz mit zitternden Händen vorführte, füllte sich der Raum, in dem seine Familie hauste, sofort mit Rufen des Erstaunens und der Freude.

Am nächsten Morgen stand er absichtlich besonders früh auf, rasierte sich gründlich, wusch sich Gesicht und Hals und zog sich ein frisches Gewand an, ganz so, als wolle er sich festtäglich herausputzen. Danach trug er allen Schimpftiraden seiner Frau zum Trotz mit einem ihrer nagelneuen Taschentücher etwas Vaseline auf und polierte den Anstecker auf Hochglanz. Doch als er sich endlich das Abzeichen an die Brust heften wollte, war dies schwieriger als angenommen. Das lag zum einen an der außergewöhnlichen Größe des Abzeichens. Wenn er es auf eine Seite seiner ohnehin recht schmalen Brust heftete, bedeckte es mehr als die Hälfte seiner Vorderfront. Positionierte er es in der Mitte, erschien es ihm unwürdig und nicht schön genug, weil es an das Brustschild von Generälen aus grauer Vorzeit erinnerte. Außerdem war die Anstecknadel zu schwer. Sobald man sie anhatte, wurde die Kleidung von ihr niedergedrückt und warf Falten. Besonders problematisch war, dass der obere Teil des Anstecker, wenn man ihn am Körper befestigte, nach außen klappte und sich nicht richtig an die Brust anschmiegte, weil die Nadel, welche den Anstecker zu halten hatte, genau in der Mitte angebracht war. Auf diese Weise sah er wie ein Bilderrahmen aus, was Herrn Kong überhaupt nicht gefiel. Doch fand seine Frau schließlich eine Lösung: Er zog eine Jacke an, die aus hartem Drillich genäht war, obwohl die eigentlich für die Jahreszeit zu dick und schwer war. Dafür konnte der Anstecker an ihr bestens befestigt werden.

Mit der Anstecknadel an der Jacke posierte er vor dem Spiegel. Er gefiel sich sehr gut, und die Kinder spendeten ihm Applaus. „Papa ist der allerbeste, Papa ist der größte!", riefen sie aufgeregt. Kinder sind wirklich reizend. Ihr Lob war das Tüpfelchen auf dem „i".

Ja, heute durfte er einmal etwas ganz Besonderes sein. Mit dem Fahrrad auf der Straße fing er sich allenthalben neugierig erstaunte Blicke ein. Einige Passanten machten sogar andere auf ihn aufmerksam. Doch bevor diese verstanden hatten, worum es eigentlich ging, war er schon wie auf einer Wolke im Nebel davongeschwebt. Um den Genuss von Anerkennung und Selbstwertgefühl noch mehr auskosten zu können, machte er ausnahmsweise einen Umweg. Selbst aus dem Bus starrten die Leute ihn an. Vor Erstaunen über sein Abzeichen klebten sie ihre Nasen an die Busfenster und hinterließen dort kleine Kreise. Kurz vor seinem Ziel spürte er eine gewisse Nervosität in sich aufsteigen, so wie ein Schauspieler, der zum ersten Mal ins Rampenlicht tritt. Gleich würde er sich im Büro zeigen müssen.

Er schloss sein Fahrrad im Hof ab und war noch nicht im Büro, als er aus irgendeiner Ecke jemanden rufen hörte: „Kommt mal schnell her und schaut euch das Abzeichen von Herrn Kong an!" Sofort kamen die Leute aus allen Himmelsrichtungen angerannt und umzingelten ihn. Sie waren so erpicht auf seinen Anblick, dass sie drängelten und sich gegenseitig stießen. Sie reckten die Hälse und ließen ihrer Bewunderung lauthals freien Lauf, wobei sie immer mehr Neugierige herbeilockten. Herr Kong spürte, wie sein Ansehen wuchs.

„So eine große Anstecknadel. Woher hast du denn die?"
„Meine Bewunderung, Herr Kong!"
„Danke, es geht nicht um mich", erwiderte dieser sittsam, „es geht nur um die Loyalität gegenüber dem Vorsitzenden Mao". Er lächelte dabei und hielt seine Anstecknadel fest, damit keiner sie ihm abnehmen konnte. Trotzdem ließen sich einige nicht davon abhalten, seine Hand zur Seite zu schieben, um den Anstecker besser sehen zu können. Andere konnten es nicht lassen, auf der Rückseite Namen und Ort der Einheit zu suchen, von der das Abzeichen herstammte. Sie versuchten, den Anstecker nach oben zu klappen. Doch Herr Kong wich nicht zurück und hielt seinen Anstecker tapfer fest. Gleichzeitig erklärte er: „Es gibt nichts zu sehen auf der Rückseite. Der Anstecker stammt aus einer geheimen Militärfabrik. Habt doch ein Einsehen, die Nadel ist so klein …"

Abb. 268: Besonders großes Mao-Abzeichen (ø 16 cm) mit drei Schriftzeichen „Loyalität". Museum für Völkerkunde Wien, Inv.-Nr. 182.360

Er wirkte sehr nervös, doch war er in Wirklichkeit so zufrieden wie nie zuvor. Schließlich war er nicht nur in seinem Büro in die erste Reihe der Anstecknadelsammler aufgerückt. Sehr wahrscheinlich gab es in der ganzen Stadt niemanden, der ihm in Sachen Anstecknadeln das Wasser hätte reichen können. Da müsste schon ein Riese mit einem Abzeichen daher kommen, das so groß wie ein Fassdeckel war, um ihn übertreffen zu können. Plötzlich dachte er an Herrn Chen. Wo war der Sieger des gestrigen Tages heute geblieben?

Inzwischen umringten ihn etwa 30 bis 40 Leute. Sie riefen und kreischten vor Begeisterung; sie sprachen mit ihm und lobten ihn. Es ging drunter und drüber. Er selbst verstand schon nichts mehr. Die dicke Jacke trieb ihm den Schweiß aus den Poren. Es ging nicht mehr. Er setzte seine schmalen Schultern ein, um sich aus der Umzingelung der Menge zu befreien, auch von den vielen Händen, die ihn betatschten, und von jener Kraft, die sich um ihn herum aufgebaut hatte.

„Lasst mich hier raus, ihr erdrückt mich ja fast!", klagte er, obwohl er sich innerlich im siebten Himmel wähnte. Schließlich gelang es ihm, sich wie die Nudel aus der Nudelmaschine aus der Menge zu winden. Sein Körper, das merkte er, als er es hinter sich hatte, war dabei so dünn geworden wie ein Faden oder ein Papierstreifen. Doch er war froh und glücklich. Und genau in diesem Augenblick passierte es dann: ein Geräusch, als wäre ein großer, schwerer Eisenteller zu Boden gegangen und davongerollt. Zunächst hatte er sich gar nicht darum gekümmert, was dieses Geräusch verursacht hatte. Doch dauert es nicht lang, bis er bemerkte, dass sein Anstecker nicht mehr an der Brust war. „Oh nein, mein Abzeichen ist weg!" Wie vom Blitz getroffen verstummte die Menge. Er suchte, fand aber nichts in seiner Umgebung. Er machte einen Schritt zurück und wollte sich gerade auf der Suche nach dem Abzeichen umdrehen. Da spürte er, wie sein Fuß auf irgendetwas Hartem und Rutschigem landete, wobei er um ein Haar zu Boden gegangen wäre. Noch bevor er verstehen konnte, worum es sich eigentlich handelte, hörte er eine Frau rufen: „Oh nein, du stehst gerade auf dem Bild des Vorsitzenden Mao!"

Er erstarrte vor Schreck, senkte den Blick und entdeckte den großen Anstecker unter seinem Fuß. Eigentlich hätte er den jetzt anheben sollen. Doch irgendwie war sein Bein plötzlich so steif wie Holz, taub und ohne Verbindung zum Nervensystem. Es gehorchte ihm nicht mehr. Die ganze Last seines binnen Sekunden gelähmten Körpers ruhte auf diesem Bein und diesem Fuß. Unter den Augen der vielen ihn umringenden Menschen konnte er ihn beim besten Willen nicht bewegen. Der Fuß blieb auf der Anstecknadel fest und unverrückbar.

Genau diese Angelegenheit war es, die ihm später als großes Verbrechen ausgelegt wurde. Sie trieb ihn in eine Ecke, aus der er lebend nicht wieder herauszukommen drohte. Die genauen Details dieser Angelegenheit brauche ich hier nicht darzulegen. Eines ist aber sicher: Er war von diesem Augenblick an nicht mehr nach Mao-Abzeichen süchtig. Eine Sache, der er vorher wie wahnsinnig nachgelaufen war, hatte sich in einen Gegenstand verwandelt, der ihn in Angst und Schrecken versetzte. So wie er heute war, konnte er die Dinge der Vergangenheit nur in der Vergangenheit belassen. Doch blieb ihm eine Frage, die ihm niemand beantworten konnte: Wie kann man sich erklären, dass alle, egal ob einfacher Bürger oder Staatsbeamter, Mann, Frau, Jung oder Alt, egal, ob unwissend oder gelehrt, für diese Abzeichen ein wahnwitziges Interesse entwickeln konnten und ihr Selbstbewusstsein darauf aufbauten? Gab es Ausnahmen? Mir sind keine bekannt. Eine wirklich merkwürdige Angelegenheit mit erheblichen Konsequenzen. Wollte man eine Erklärung dafür finden, müsste man wohl von heute ausgehen und davon, dass sich in China in den letzten Jahren ein ganz natürliches Phänomen ausgebreitet hat: Auf den 9,6 Millionen Quadratkilometern unseres Landes gibt es fast niemanden mehr, der sich ein Abzeichen an die Brust heftet.

(Aus dem Chinesischen von Susanne Weigelin-Schwiedrzik, mit ausdrücklicher Zustimmung des Autors)
Die vorliegend Kurzgeschichte *Xiangzhang* [Das Mao-Abzeichen] erschien erstmals 1980 in der Zeitschrift *Wenyi Zhoukan* [Literarische Wochenschrift]. Tianjin: Tianjin Ribao She [Verlag der Tianjin-Tageszeitung] (4): 4–8.

Weiterführende Literatur
- Gänßbauer, Monika
1996 *Trauma der Vergangenheit – Die Rezeption der Kulturrevolution und der Schriftsteller Feng Jicai*. Dortmund: projekt verlag.

- Unter anderem liegen folgende deutsche Übersetzungen der Werke Feng Jicais vor:
1985 *Drängen des Schicksals* (übersetzt von Dorothee Wippermann). *Akzente. Zeitschrift für Literatur* 2, April: 158–163. Auch erschienen in: Helmut Martin (Hg.), *Bittere Träume. Selbstdarstellungen chinesischer Schriftsteller* (Bonn: Bouvier, 1993): 14–19.
1985 *Ach! Ein Kurzroman*. Übersetzt von Dorothee Wippermann. Köln: Diederichs: 118–133.
1993 *Leben! Leben! Leben! – Ein Mann, ein Hund und Mao Zedong*. Übersetzt von Karin Hasselblatt. Aarau; Frankfurt am Main; Salzburg: Sauerländer.
1994 *Drei Zoll Goldener Lotus*. Übersetzt von Karin Hasselblatt. Freiburg: Herder Verlag.
1994 *Die lange Dünne und ihr kleiner Mann*. Übersetzt von Hannelore Salzmann. Dortmund: arcus chinatexte 4.

Feng Jicai, geb. 1942 in Tianjin, chinesischer Künstler und Schriftsteller, thematisiert in seinen Kurzgeschichten immer wieder die *Kulturrevolution*. Feng ist Vorsitzender der *Chinesischen Gesellschaft für Prosaliteratur* und seit 2001 Direktor des *Feng-Jicai-Instituts für Literatur und Kunst* an der *Universität Tianjin*, wo er unter anderem ein Projekt zur Bewahrung traditioneller Volkskultur leitet.

Protokoll der Sitzung des Parteikomitees
18. März 1970 im Büro des Brigadeleiters Wang
Anwesend: Brigadeleiter Wang, Vizedirektor Wu, Stv. Stabschef Li, Stabschef Song, Stv. Brigadeleiter Wei, vier Angehörige der Sicherheitsabteilung.

Meinungen, wie mit der Untersuchung von Qiang Jiangwen vorzugehen ist.

Bao trägt den Fall vor: Das Denken des Delinquenten ist extrem reaktionär, er hat bösartig unseren Großen Führer, den Vorsitzenden Mao, verleumdet und beschimpft und sich in seiner reaktionären Gesinnung auch noch äußerst arrogant gezeigt, seine Bösartigkeit ist besonders schwerwiegend.

Wang: Den Kerl zuerst einsperren, und dann sehen, wie man mit ihm umgeht.
Wei: Zuerst einsperren.
Li: Recht so.
Wu: Einverstanden.

Einhellige Meinung, ihn zunächst festzunehmen.

Parteikomitee der Brigade 145
19. 3. 1970

(Stempel des Parteikomitees der „Produktions- und Aufbaubrigade, Landwirtschafts-Division Nr. 9" von Shihezi)

(Anmerkung in roter Farbe:)
Aufgrund des aktuellen Verhaltens. Er hat ein Mao-Abzeichen in den Mund gesteckt und darauf gebissen, gleichzeitig hat er geschimpft. Man hat ihm befohlen, das Abzeichen herauszunehmen. Die Geschichte ist noch nicht ganz klar. Nach der Festnahme muss weiter untersucht werden. Einverstanden mit der Verhaftung.
Wang Chang
19.3.70

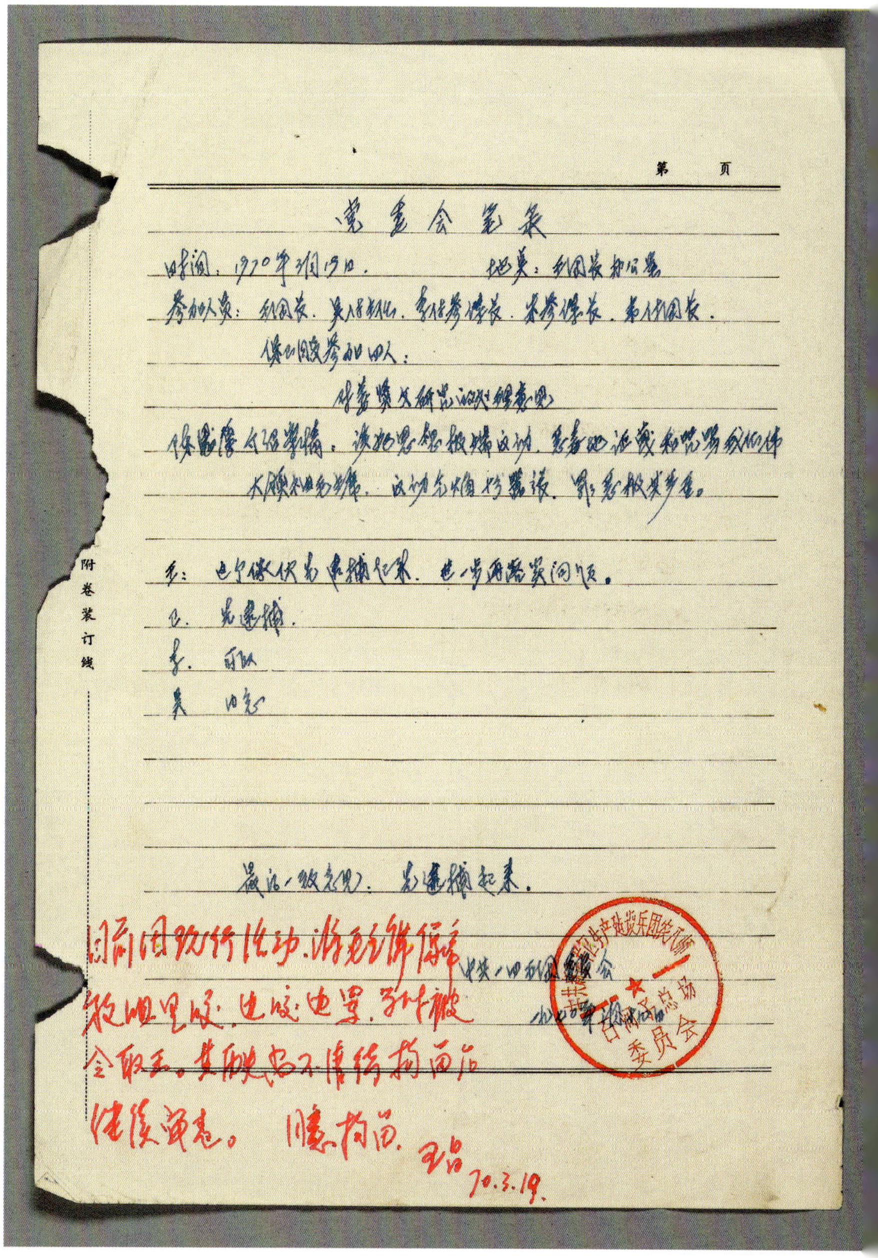

Abb. 269: Protokoll eines Schnellverfahrens zur Inhaftierung einer Person, die ein Mao-Abzeichen „entehrt" hat. Sammlung Opletal

Justizbehörden existierten während der *Kulturrevolution* kaum. Verfahren auf lokaler Ebene wurden in Ad-hoc-Versammlungen von Partei- und Regierungsfunktionären abgehalten, anstelle eines formellen Urteils stand oft die Inhaftierung auf unbestimmte Zeit. Das Protokoll stammt aus den militärisch geführten „Produktions- und Aufbaubrigaden" in der *Uigurischen Autonomen Region Xinjiang*.

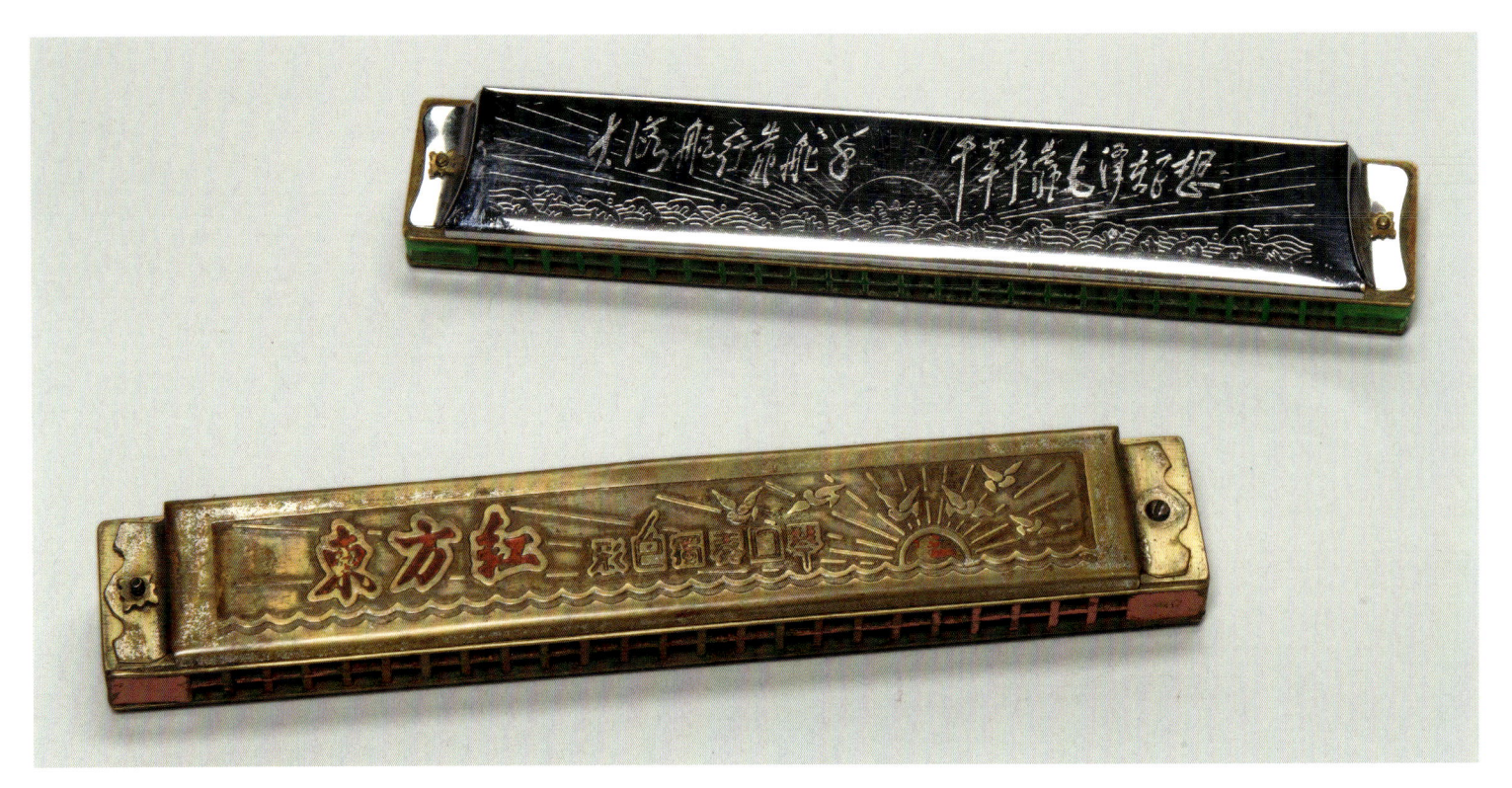

Abb. 270: Mundharmonikas (L. jeweils 18 cm), Marke *Shanghai* (oben) mit Parole „Die Seefahrt vertraut auf den Steuermann […]" in der Handschrift von Lin Biao; Marke *Der Osten ist rot* (unten). Museum für Völkerkunde Wien, Inv.-Nrn. 183.392, 183.393

Abb. 271: Bleistiftschachtel (6 x 24 cm), *Rote Garden* und Aufschrift „Ein Loblied auf dem Trainingsmarsch". Museum für Völkerkunde Wien, Inv.-Nr. 183.400

Abb. 272: Schulzeugnis/Belobigung (13 x 19 cm): „Der Schüler Zhang Hui ist lernfreudig und hat gute Erfolge. In der Bewegung *Respekt vor den Lehrern und Kameradschaft mit den Mitschülern* verhielt er sich recht gut, dies wird hiermit zum Ausdruck gebracht. Volksschule Baijiazhuang, Gruppe des 3. und 4. Jahrgangs, 9. November 1972". Museum für Völkerkunde Wien, Inv.-Nr. 183.768

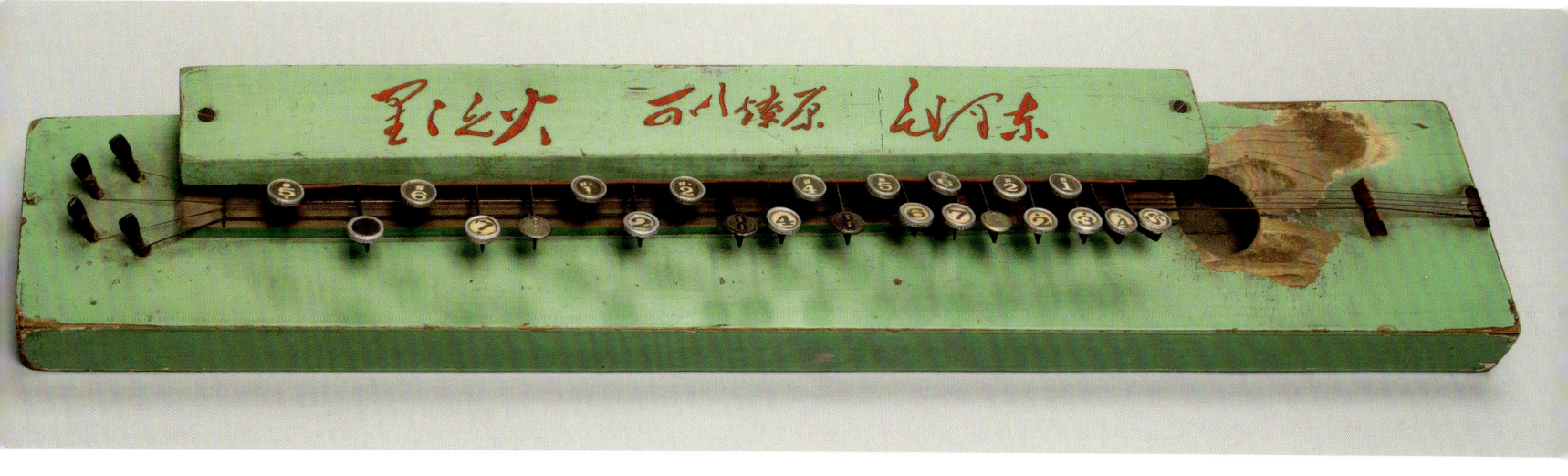

Abb. 273: Saiteninstrument für Kinder (Holz, Metall, l 60 cm), Mao-Zitat „Aus einem Funken kann ein Steppenbrand entstehen", um 1968. Museum für Völkerkunde Wien, Inv.-Nr. 183.391

Abb. 274: Saiten aus rostfreiem Stahl in Verpackung (12 x 8 cm), mit Darstellungen aus revolutionären Bühnenstücken und Parole „Literatur und Kunst müssen den Arbeitern, Bauern und Soldaten dienen", um 1968. Museum für Völkerkunde Wien

Abb. 275: Spielzeugauto der Marke *Rote Fahne* (Blech, Kunststoff, L. 26 cm), um 1973. Sammlung Johnny Erling, Peking

Das chinesische Automodell für Spitzenfunktionäre mit der roten Fahne auf dem Kühler wird seit 1958 in Changchun (Provinz Jilin) hergestellt. Das heutige Modell HQ3 entsteht in Kooperation mit ausländischen Produzenten, u. a. Audi und Nissan, und ist für jedermann käuflich zu erwerben, preislich allerdings im Luxussegment angesiedelt.

Abb. 276: Spielzeug-LKW (Holz, L. 25 cm) mit der Aufschrift „Lest die Werke des Vorsitzen Mao, hört auf die Worte des Vorsitzenden Mao", um 1968. Sammlung Johnny Erling, Peking

Abb. 277: Holzbaukasten mit Bauplänen (Papier, Holz, in Kartonschachtel, 32 x 60 cm),
Bausteine mit Mao-Sprüchen, um 1973. Sammlung Johnny Erling, Peking

Abb. 278: Spielzeugsoldat mit Handgranate (Gummi, 7 x 13 x 6 cm),
erworben 1975 in Shanghai. Sammlung Claudia Lux, Berlin

"优秀工宣队员"徐松宝

紧跟毛主席 战旗扛到底
——用毛泽东思想武装起来的优秀的年青指挥员王英洲

苏修间

集体主义的英雄 邱少云

优秀的共产党员——陈波

草原英

为革命读书
上海人民出版社

南征北战

ANDREAS SEIFERT

LIANHUANHUA: CHINESISCHE COMICS ZWISCHEN PROPAGANDA UND UNTERHALTUNG

Kleine Rote Soldaten war eine Zeitschrift für die Kinder der frühen 1970er Jahre. Sie enthielt neben „alltäglichen" Geschichten über Kinder und Jugendliche, die, dem Klassenkampf verpflichtet, verdeckte Konterrevolutionäre entlarvten, vor allem Erzählungen von revolutionären Helden vergangener Zeiten. In der Ausgabe vom September 1971 findet sich aber auch eine bemerkenswerte Geschichte über die korrekte politische Ausrichtung einer Schulbibliothek (Xiaoxiao 1973). Die Hauptfigur ist der Schüler Yuhua. Er entdeckt, dass seine Klassenkameraden noch immer Comics lesen, die falsche Einstellungen gegenüber der feudalistischen Vergangenheit enthalten, und beschließt zu handeln. Viele Diskussionen sind notwendig, um eine Schulbibliothek zu gründen, die wahrhaft „rot" ist. Die Geschichte endet mit der Schilderung, wie die Kinder ihr neu erworbenes Klassenbewusstsein ausleben und den Helden aus den Comics nacheifern.

So banal diese kleine Episode im ersten Moment angesichts der „Überpolitisierung" der frühen 70er Jahre erscheint, eröffnet sie dennoch einen interessanten Blick auf die Stellung von Comics und die Comiclektüre in der damaligen Zeit. *Lianhuanhua,* wörtlich „Kettenbilder", sind die in den 1920er Jahren entstandene chinesische Form von Comics. Waren sie anfänglich ein Produkt der trivialen Unterhaltung, entwickelten sie sich unter dem Eindruck des *Antijapanischen Krieges* (1937–1945) und der daran anschließenden Gründung der Volksrepublik China (1949) zu einem Instrument der Massenbildung und -indoktrination. Fest eingebunden in den staatlichen Publikationsbetrieb reproduzierten die Comics der späten 50er- und 60er Jahre die politischen und kulturellen Tendenzen in China.

Lianhuanhua gehörten überdies zu den kulturellen Gütern, die bis in die 1980er Jahre hinein quasi immer verfügbar, immer sichtbar waren. Denn Comics wurden mehrheitlich über kleine Bibliotheken am Straßenrand zur Lektüre angeboten *(Abb. 280),* sie lagen in Zügen aus und waren nicht zuletzt Teil von Betriebs-, Schul- und Kinderbibliotheken, wo sie bisweilen die Hälfte des Bestandes ausmachten. Alle lasen sie – aber kaum jemand besaß eines der vielen Hefte.

Die *Kulturrevolution* änderte zwar nicht die grundsätzliche Art des Vertriebs, wohl aber den Charakter der Lektüre sowie den Bestand und die Anzahl der Bibliotheken. Gleich zu Beginn der *Kulturrevolution* wurden die Bibliotheken am Straßenrand das Ziel von „Säuberungen" durch die aufgestachelten *Roten Garden.* 90 Prozent des Comicbestandes, so befanden die jungen Revolutionäre, hielten den Kriterien revolutionärer Lektüre nicht stand. In der Folge kam es neben Verbrennungen von Comicheften auch zu einer massiven Kritik an den herausgebenden Verlagen. Ein Großteil der Zeichner und Szeneristen wurde kritisiert und zur Umerziehung auf das Land geschickt. Für den Leser hatte dies zur Folge, dass seine Auswahl in den Bibliotheken eingeschränkt und seine vormals „private Lektüre" im öffentlichen Raum ein von allen beobachteter „öffentlicher Akt" wurde, der zur Kritik oder für Lob herangezogen werden konnte.

Der private Charakter der Comiclektüre ging verloren, sie unterlag nun gesellschaftlicher Kontrolle. Kinder waren zu gleichen Teilen Motor und Opfer dieses Mechanismus. Das hielt sie nicht davon ab, weiterhin Comics zu lesen. Nicht selten hatten Kinder, aber auch Erwachsene einen Teil der von den *Roten Garden* konfiszierten Hefte an sich genommen und versteckt. Solche „Rettungsaktionen" waren für die Durchführenden mit einem hohen Risiko verbunden, da man sie im Fall einer Entdeckung der Konterrevolution bezichtigt hätte. Die Hefte wurden bald wieder heimlich gelesen und getauscht. Yuhua, dem kleinen Revolutionär mit seiner „roten" Bibliothek, war dieses Verhalten zuwider.

Nach dem Ende der offenen Kämpfe zwischen den politischen Fraktionen im Jahr 1969 und der Wiederaufnahme der Produktion von Comics verfestigten sich bestimmte Erzählmuster und Darstellungsweisen. Zwischen Mai 1966 und Oktober 1976 erschienen circa 1500 Titel – zwei Drittel davon in den letzten drei Jahren.

„Helden" wurden in den Mittelpunkt der Geschichten gerückt und als ehrlich, kraftvoll und revolutionär charakterisiert. Ihre Gegner wurden als finstere Gestalten gezeichnet, denen man bereits auf den ersten Blick ansah, dass sie Konterrevolutionäre sein mussten *(Abb. 281).* Die Schauplätze

Abb. 279: Chinesische Comic-Hefte, um 1966/75. Museum für Völkerkunde Wien und private Sammlungen waren so ausgewählt, dass sie die grundlegenden Charaktereigenschaften der Figuren noch verstärkten – sauber und ordentlich hier, dreckig und verkommen dort. So war das Schiff der feindlichen Flotte immer ein dunkler, heruntergekommener Kahn, in dem jedes Bild schief hing. Die Amtsstube der revolutionären Bürgerwehr war dagegen aufgeräumt und hell. Sogar das Wetter unterwarf sich dieser Überbetonung von Gut und Böse. Heraufziehende Wolken kündigten vom Herannahen der Gefahr oder von der bevorstehenden entscheidenden Schlacht, die Sonne vom Sieg der Ideen Mao Zedongs *(Abb. 283)*.

Während einer kurzen Phase, die ungefähr bis 1973 dauerte, wurde sogar Mao Zedong in die *lianhuanhua* integriert – gleichwohl nicht als eine Figur unter anderen, sondern als Inspirationsquelle für die auftretenden Helden. Zitate aus dem *Kleinen Roten Büchlein* durchzogen den Text der Comics. Maos Porträt schmückte die Wände der gezeichneten Wohnungen. Seine Schriften waren in Form von Büchern, vor allem des *Kleinen Roten Büchleins,* omnipräsent. Der Mao-Kult fand so seine Fortsetzung.

Viele der Comic-Helden übernahmen die Zeichner aus anderen Bereichen der Kultur. Zu jeder revolutionären Peking-Oper wie zum revolutionären Ballett *Die Rote Frauenkompagnie* hatte man Ausgaben im Comicformat produ-

Abb. 280: Plakat *In den Bann gezogen* mit Darstellung einer Kinderbibliothek, nach einem Bild von Geng Yuemin (Volksverlag Jilin, September 1974). Museum für Völkerkunde Wien, Inv.-Nr. 183.885

Abb. 281: Sowjetische Diplomaten in Peking werden als Spione entlarvt (*Wie die Spione der sowjetischen Revisionisten ins Netz gingen*. Volkskunstverlag Peking, Februar 1975, 24). Sammlung Opletal

Abb. 282: US-Soldaten im Korea-Krieg, in der Bildunterschrift als „amerikanische Teufel" bezeichnet (*Der Held des Kollektivismus Qiu Shaoyun*. Volksverlag Shanghai, Juli 1971, 41). Museum für Völkerkunde Wien, Inv.-Nr. 183.629

ziert *(Abb. 284)*. Exakt folgte man den Vorgaben der Bühne. Einige Heldengestalten waren in den Heften besonders oft anzutreffen.

Eine solche strahlende Figur war der Soldat Lei Feng, eine herausragende Gestalt unter den Helden der 1970er Jahre. Von dem Genossen Lei Feng zu lernen hieß, sich mit den Schriften Mao Zedongs zu befassen, ihren Inhalt zu verstehen und im Alltag umzusetzen. Der Soldat Lei Feng war nicht den Heldentod auf dem Schlachtfeld gestorben, seine Heldentaten bestanden in der selbstlosen Aufopferung für die Bedürfnisse der Massen. Lei Feng war loyal gegenüber dem Volk und dem *Großen Vorsitzenden (Abb. 207)*. Unstritig ein Vorbild für viele Chinesen der 1970er Jahre.

Ein anderer Heldentypus im Comic war der des aufgeweckten Kindes, das seine Umgebung mit den Argusaugen des wachsamen Klassenkämpfers beobachtet. Entdeckte ein solcher Held einen *Konterrevolutionär*, der z. B. Getreide stahl oder geheime Botschaften überbrachte, schritt er sofort zur Tat und half, dem schändlichen Treiben ein Ende zu setzen *(Abb. 286)*. Hier waren Aktion, Mut und Geschick gefragt. Der damit verbundene Nervenkitzel bildete das treibende Element der Geschichten. Kinder in den Mittelpunkt der Geschichten zu stellen sollte die Identifikation zwischen den Lesern und der Figur erleichtern. Diese Comichelden lebten

Abb. 283: Aus *Das Vorbild des Patriotismus und Internationalismus Huang Jiguang*. Volksverlag Shanghai, o. J. (um 1970), 158. Sammlung Opletal

ein Verhalten vor, dass die (kleinen) Leser zu Klassenbewusstsein und Denunziantentum anhielt. Das explizite Ziel solcher Publikationen war es, das gesellschaftliche Verhalten der Leser zu beeinflussen.

In dieser Phase waren die *lianhuanhua* eng in den staatlich kontrollierten Kulturbetrieb eingebunden. Sie dienten, wie viele andere Medien und Bereiche der Kultur, der Vermittlung der „korrekten" politischen Linie. Das betraf besonders die Interpretation der chinesischen Geschichte. Die Darstellung historischer Persönlichkeiten war eng an die ihnen zugewiesene Rolle innerhalb der politischen Diskussion der Zeit gekoppelt. Plakative Beispiele sind die Comichefte, die im Zusammenhang mit der Kampagne „Kritisiert Lin Biao und Konfuzius" entstanden sind und das Leben des Konfuzius als das „eines Verbrechers" beschreiben *(Abb. 285)*. Ein anderes Beispiel ist die Darstellung von Qin Shihuangdi, dem „ersten Kaiser der Qin-Dynastie", in einem Heft von 1974 *(Abb. 287)*. Dabei spielte es durchaus eine Rolle, dass Mao Zedong sich selbst einmal positiv auf diesen bezog.

Im Vordergrund dieser Form von Geschichtsvermittlung standen nun erstmals auch Helden des einfachen Volkes. Statt erfolgreicher Generäle wurden Bauernführer und ihre Aufstände gegen die kaiserlichen Institutionen beschrieben. In den 50er und 60er Jahren machte die Bearbeitung der Literatur der Kaiserzeit einen großen Anteil der Comicproduktion aus. In den 70er Jahren wurden hingegen nur sehr wenige Vorlagen bearbeitet, und die Zeichner folgten möglichst den damit verknüpften politischen Diskussionen. So gehörte das *lianhuanhua* zum Roman *Die Räuber vom Liangshan-Moor* zu den Verkaufsschlagern der späten 50er Jahre, konnte im Kontext der 70er Jahre aber nicht einfach neu aufgelegt werden. Erst unter Berufung auf einen Ausspruch Mao Zedongs, der den Roman lobte, weil man damit dem Volk den Begriff des „Kapitulanten" näherbringen könnte, war es möglich, die Geschichte wieder zu erzählen. Der Schwerpunkt der Nacherzählung lag in der neuen Ausgabe nicht mehr auf den erfolgreichen Schlachten der Gesetzlosen, sondern darauf, das „Kapitulantentum" einer einzelnen Figur deutlich herauszuarbeiten *(Abb. 288)*.

Für die Produzenten der *lianhuanhua*, die Zeichner und Redakteure, war es nicht immer einfach, in den Heften den richtigen Ton zu treffen. Die Wortwahl und das sorgsam austarierte Verhältnis der Figuren in den Zeichnungen waren immer der öffentlichen Kritik ausgesetzt. Nuancen waren entscheidend dafür, ob ein Heft überhaupt gedruckt werden konnte. Die Angst vor Repression war allgegenwärtig und bestimmte das Klima in den Redaktionen. Für die Leser war diese Angst nur in Form eines neuen Spezifikums der 70er Jahre sichtbar: Oft verbargen sich individuelle Zeichner und Szeneristen hinter einer kollektiven Autorenschaft.

Eine weitere Besonderheit der 70er Jahre war, dass sich, wann immer die Verlagsredaktionen eine politisch akzeptable Figur gefunden hatten, gleich mehrere *lianhuanhua* auf sie bezogen. So wurden zu dem erwähnten Helden Lei Feng um die zwanzig verschiedene Titel produziert. Auch der angesprochene „Kapitulant" Song Jiang aus dem Roman *Die Räuber vom Liangshan-Moor* wurde in mehr als zehn Heften behandelt, *Qin Shihuangdi* immer noch fünf Mal, das Modellballett *Die Rote Frauenkompagnie* ist acht Mal gezeichnet und fotografiert als Heft erschienen. Deutlich wird, dass bei den 1500 Titeln jener Zeit eine gewisse thematische Redundanz herrscht.

Auf einen europäischen Leser wirken viele Comics aus den Jahren 1970 bis 1976 gerade aufgrund dieser Merkmale wenig ansprechend, ja zuweilen sogar langweilig. Die ständige Wiederholung des Grundthemas „Klassenkampf" in jeder erdenklichen Lebenssituation *(Abb. 289)*, die notgedrungen stereotype Ausgestaltung der Akteure und die hölzernen Dialoge bieten kaum einen dauerhaften Lesereiz. Dennoch waren die Hefte in China eine bei Kindern und Erwachsenen beliebte Lektüre. Dies zeigt sich in der Wertschätzung, die alten Comics, auch solchen aus den 1970er Jahren, wieder entgegengebracht wird. Viele der Jugendlichen und Kinder von damals sammeln heute die Publikationen aus dieser Zeit. Wie für viele Produkte aus der *Kulturrevolution* gibt es auch für *lianhuanhua* einen eigenen Markt, auf dem für einzelne Hefte hohe Preise gezahlt werden. Yuhua, der kleine rote Soldat aus der Kinderzeitschrift, hätte seine Freude daran.

Abb. 284: *Die Rote Frauenkompanie*. Volkskunstverlag Tianjin, 1970. Museum für Völkerkunde Wien, Inv.-Nr. 178.740

Abb. 285: *Das kriminelle Leben des Konfuzius*, Volksverlag Shanghai, Juni 1974. Sammlung Andreas Seifert, Tübingen

Abb. 286: „Kleine Rote Soldaten" (Kinderorganisation der KP Chinas) entlarven einen „reaktionären" Dieb (*Nach dem Unterricht*. Volksverlag Shanghai, Oktober 1972, 35). Sammlung Opletal

Abb. 287: *Qin Shihuang* [Der erste Kaiser der Qin-Dynastie] (Volksverlag Shanghai, Dezember 1974) mit Darstellung einer Bücherverbrennung. Qin Shihuang(di) (259 – 210 v. Chr.) galt als tyrannischer Herrscher, aber auch als Begründer eines organisierten Staatswesens. Mao hat sich gerne mit ihm verglichen. Sammlung Opletal

Abb. 288: *Den Kapitulanten Song Jiang aus ‚Die Räuber vom Liangshan-Moor' entlarven*, Volkskunstverlag, Peking, Dezember 1975. Sammlung Andreas Seifert, Tübingen

Abb. 289: Kinder-Comic, das Thema „Klassenkampf" anhand einer Tiergeschichte: Die „verbrecherische" Maus, die einen Sack Sesam gestohlen hat, wird festgenommen (*Die Maus fangen*. Volkskunstverlag Tianjin, Januar 1973). Sammlung Opletal

Weiterführende Literatur

- Andrews, Julie F.
  1994 *Painters and Politics in the People's Republic of China 1949–1979*. Berkeley: University of California Press.
- Von einer kleinen Bücherecke
  1971 *Xiaoxiao tushu jiao* [Von einer kleinen Bücherecke]. *Hongxiaobing* [Kleine rote Soldaten] 9. Guangzhou.
- Harbsmeier, Christoph
  1978 *Konfuzius und der Räuber Zhi. Neue chinesische Bildergeschichten*. Frankfurt am Main. Insel Verlag.
- Mai Lihong
  2006 *Zhongguo lianhuanhua* [Chinesische Kettenbilder]. Guangzhou: *Lingnan Meishu Chubanshe* [Lingnan Kunstverlag].
- Nebiolo, Gino (Hg.)
  1972 *Das Mädchen aus der Volkskommune. Chinesische Comics*. Hamburg: Rowohlt Verlag.
- Seifert, Andreas
  2008 *Bildgeschichten für Chinas Massen. Comic und Comicproduktion im 20. Jahrhundert*. Köln u. a.: Böhlau Verlag.
- Tian Weiming (Hg.)
  2002 *Wenge ban lianhuanhua chu tan* [Erste Untersuchungen zu den Comics der Kulturrevolution]. Sanming (Fujian): Nachdruck im Eigenverlag. (Eine ähnliche Ausgabe erschien unter dem gleichen Titel im Jahr 2000 im Volksverlag Fujian.)

Dr. Andreas Seifert hat in Tübingen und Peking Politikwissenschaft und Sinologie studiert. Arbeiten zu chinesischen Comics und zur Heldenkultur Chinas sowie zur Sicherheitspolitik in Ostasien. Er lebt in Tübingen.

Abb. 290: Propagandabroschüren aus der Zeit der *Kulturrevolution* mit folgenden Titeln (v. l. o.): *Die Roten Garden des Vorsitzenden Mao; Der Vorsitzende Mao ist die rote Sonne in unseren Herzen; Die revolutionären Völker der Welt verehren den Vorsitzenden Mao heiß; Arien aus der revolutionären modernen Peking-Oper „Am Hafen"; Nach dem glänzenden Vorbild des Stellvertretenden Kommandanten Lin [Biao] grenzenlos loyal zum Großen Führer, dem Vorsitzenden Mao; Auswahl von Aufsätzen der Kleinen Roten Soldaten.* 1966–1973. Museum für Völkerkunde Wien und private Sammlungen

毛主席詩詞

毛主席万岁

毛主席语录

毛泽东思想胜利万岁

最高指示

最高指示

最高指示

QUOTATIONS FROM CHAIRMAN MAO TSETUNG

INGO NENTWIG

DIE MAO-BIBEL – DAS KLEINE ROTE BUCH DER ZITATE

Dass die *Worte des Vorsitzenden Mao* in der westlichen Welt den Beinamen *Mao-Bibel* bekamen, mag drei Gründe gehabt haben: Zum einen glich während der Kulturrevolution der fanatische Glaube an die Autorität des Buches durchaus der Textgläubigkeit fundamentalistischer christlicher Sekten, zum zweiten war es von einem vergötterten Menschen verfasst worden, und zum dritten ist zwar nach wie vor die Bibel das meistgedruckte Buch der Welt, aber die *Mao-Bibel* steht mit über 1,05 Milliarden allein in China gedruckten Exemplaren an zweiter Stelle.

Schon die Frage, wann das *Kleine Rote Buch* – so eine weitere, häufig verwendete Bezeichnung – zuerst erschienen ist, lässt sich nicht leicht beantworten. In einem Hintergrundbericht zum 1969 verabschiedeten neuen Statut der *KPCh* hieß es: „[Man hat] die ‚Worte des Vorsitzenden Mao' zuerst 1961 in der Armee veröffentlicht" (Martin 1980: 41). Tatsache ist, dass Verteidigungsminister Lin Biao bereits in den frühen 1960er Jahren in den chinesischen Streitkräften, der Volksbefreiungsarmee (VBA), eine politische Kampagne zur Stärkung der Position des Parteivorsitzenden entfachte. Dazu gehörte die Schulung der Soldaten und Offiziere anhand von Auszügen aus den Schriften Maos. Diese Auszüge, oft nur kurze Zitate, wurden nach Themen sortiert gesammelt, mit einfachen Mitteln vervielfältigt und geheftet, später gedruckt und gebunden. Dieser Vorgang fand auf der Ebene der damals elf Militärbezirke statt, manchmal sogar darunter. So hatten die Hefte anfangs verschiedene Titel, und die jeweiligen Zusammenstellungen von Zitaten unterschieden sich in Umfang und Auswahl erheblich voneinander. Ob die oben erwähnte Ausgabe von 1961 schon den späteren offiziellen Titel *Worte des Vorsitzenden Mao (Mao Zhuxi yulu)* trug, wissen wir nicht, aber das erste heute bekannte Heft mit diesem Titel wurde im Dezember 1963 von der Politischen Abteilung der Luftwaffe des Militärbezirks Shenyang gedruckt. Auf 351 Seiten waren die Zitate in fünf Hauptabschnitte und 57 Kapitel geordnet. Genau wie bei dem einen Monat später von der *Zentralen Politischen Abteilung* der VBA herausgegebenen Heft (nur 87 Seiten und 25 kleine Kapitel) handelte es sich um eine unscheinbare, weiße Paperback-Ausgabe, die als internes Schulungsmaterial gedacht war (Bai 2009: 215).

Dabei blieb es nicht. Parallel zur *Sozialistischen Erziehungsbewegung,* die seit Ende 1962 auf dem Lande durchgeführt wurde und die 1964/65 zu heftigen innerparteilichen – allerdings noch nicht öffentlichen – Auseinandersetzungen führte, nahm sich Lin Biao des Projekts an und ließ einen verbindlichen Zitate-Kanon entwickeln. Die erste Ausgabe, die wir mit einigem Recht tatsächlich als *Mao-Bibel* bezeichnen können *(Abb. 292)*, erschien im Mai 1964 in vier verschiedenen Varianten, von denen je zwei als weiße Paperbacks und zwei mit rotem Plastikeinband gestaltet waren. Sie enthielten 366 Zitate, gegliedert in 30 Kapitel, hatten 250 bzw. 252 Seiten und wurden nach wie vor von der VBA für den „internen Gebrauch" herausgegeben. Im Vorwort wurde das

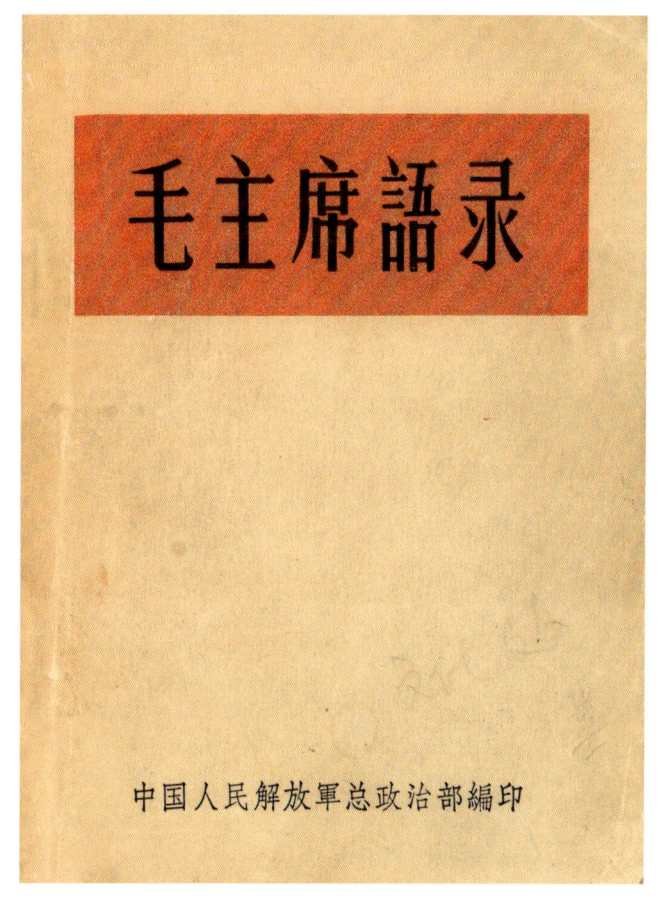

Abb. 291: Verschiedene Publikationen mit Werken Mao Zedongs aus den 60er und 70er Jahren. Museum für Völkerkunde Wien und private Sammlungen

Abb. 292: Erstausgabe (13,9 x 10,2 cm) der *Zentralen politischen Abteilung der Chinesischen Volksbefreiungsarmee* vom Mai 1964. Sammlung Ingo Nentwig, Rödinghausen nun wirklich *Rote Buch* als „mächtige ideologische Waffe im Kampf gegen Imperialismus, Revisionismus und Dogmatismus" bezeichnet. Nach 15 Monaten war noch einmal eine geringfügige Überarbeitung und Erweiterung notwendig geworden, und so erschien im August 1965 die Fassung mit 427 Zitaten in 33 Kapiteln auf 270 Seiten, die bis zum Ende der Kulturrevolution zumindest in Hinblick auf den von Mao verfassten Textinhalt weitgehend unverändert blieb (Bai 2009: 198–199; Dittmar 1975: 147, 191; Martin 1980: 41).

Am 16. Dezember 1966 verfasste Lin Biao ein neues Vorwort, das in den nun folgenden Ausgaben die eher harmlose Einführung der *Zentralen Politischen Abteilung* ersetzte. Bei Lin heißt es: *„Sobald die breiten Massen die Ideen Mao Zedongs beherrschen, werden diese zu einem unversiegbaren Kraftquell und zu einer geistigen Atombombe von unermesslicher Macht"*. Auch der Vermerk „für den internen Gebrauch" ist nun verschwunden und die massenhafte Verbreitung dieses Zünders einer „geistigen Atombombe" beginnt. Wir alle kennen die Bilder der Massen von Jugendlichen, die das kleine rote Buch schwenken und „Lang lebe der Vorsitzende Mao!" rufen *(Abb. 293),* und vielleicht erinnern wir uns auch noch an Lin Biao, die schmale Gestalt, die bei offiziellen Anlässen immer schräg hinter Mao auftaucht und dabei grinsend die *Mao-Bibel* hochhält und schwenkt.

Eigentlich war er auch der Einzige, der wirklich zufrieden sein konnte, denn der Buch-Kult war sein Werk, und er hatte damit in erster Linie seiner eigenen Karriere gedient und nicht Mao. Ein „Gott" – und zu dem war Mao nicht zuletzt durch Lin Biao erhoben worden – braucht mindestens einen Chefrepräsentanten auf Erden, der die täglichen Dinge regelt und damit fast die gleiche Macht hat wie er selbst. Diese Funktion hatte Lin für sich erreicht und er konnte sie bis ungefähr zur Jahreswende 1970/71 auch verteidigen.

Nach der *Zweiten Lushan-Tagung* im Sommer 1970 begann Lins Stern zu sinken und im September 1971 stürzte er selbst ab, mit dem Flugzeug über der Mongolei, angeblich auf der Flucht in die Sowjetunion nach einem gescheiterten Putschversuch. Nun wurde das *Kleine Rote Buch* nicht nur plötzlich ohne Vorwort gedruckt, sondern es wurden die Volksmassen sogar aufgefordert, aus den existierenden

Abb. 293: Massenkundgebung im Pekinger *Arbeiterstadion*, auf der Anzeigetafel „Enthusiastische Begeisterung, dass das ganze Land durchgehend rot ist" (nach *China Reconstructs*, Peking, Dezember 1968, 54). Sammlung Jörg-M. Rudolph, Bad Homburg

Abb. 294: *Lang lebe der Sieg der Maozedongideen* (Interne Ausgabe, Peking, 1969), eine der vielen von den zentralen Propagandabehörden nicht autorisierten Ausgaben von Mao-Texten aus der Zeit der *Kulturrevolution*. Der Name „Lin Biao" ist unleserlich gemacht. Museum für Völkerkunde Wien, Inv.-Nr. 183.19

Abb. 295: *Worte des Vorsitzenden Mao Tsetung*. Verlag für fremdsprachige Literatur, Peking, 1972 (11 x 8 cm). Museum für Völkerkunde Wien, Inv.-Nr. 183.218

Exemplaren das Vorwort des Verräters zu entfernen. Manche versuchten auch Lin Biaos Namen (und sein Bild auf den Illustrationen) unkenntlich zu machen *(Abb. 294)*. Das ist der Grund dafür, dass unversehrte Exemplare der *Mao-Bibel* aus der Zeit vor 1972 nicht besonders häufig sind. Die letzten Auflagen in China wurden 1976 gedruckt, im Jahr des Todes des Großen Vorsitzenden.

Schon 1966 begann, zunächst mit Ausgaben auf Englisch, Russisch und Japanisch, die Verbreitung des *Kleinen Roten Buches* in Fremdsprachen. In den darauffolgenden Jahren publizierten chinesische Verlage Ausgaben auf Deutsch (1967) und in rund 50 anderen Sprachen, außerhalb Chinas erschien das Buch in weiteren 65 Sprachen. Die avisierten und auch erfolgreich eroberten Märkte für dieses Produkt waren die Befreiungsbewegungen Asiens, Afrikas und Lateinamerikas und die Studentenbewegungen in den Metropolen des kapitalistischen Westens.

In Deutschland erschienen 1967 zeitgleich zwei Übersetzungen, zuerst wohl *Das Mao Tse-tung Brevier. Der Katechismus der 700 Millionen* (Würzburg: Marienburg-Verlag), herausgegeben und aus dem Englischen (Pekinger Ausgabe von 1966) übersetzt von Fritz C. Steinhaus, und wenig später *Das Rote Buch. Worte des Vorsitzenden Mao Tse-tung* (Frankfurt/M.: Fischer Bücherei), herausgegeben von Tilemann Grimm, aus dem Chinesischen übersetzt von einer Sinologen-Gruppe unter seiner Leitung. Als dritte und attraktivste Ausgabe konkurrierte dagegen die im Verlag für fremdsprachige Literatur Peking erschienene „offizielle" Übersetzung, Format 13,8 x 9,4 cm, im schmucken roten Plastikeinband mit 373 Seiten. Nur die eignete sich zum Schwenken bei Demonstrationen auf dem Ku'damm.

Gewissermaßen passend zum darauffolgenden Jahr erschien 1968 auch die erste deutsche Miniatur-Ausgabe, Format 10,7 x 7,9 cm und ebenfalls in rotem Plastik. Dieses Exemplar konnte nun auch in der Brusttasche eines leichten Oberhemds getragen werden und war bald so verbreitet, dass die ältere, großformatige Ausgabe heute kaum noch bekannt ist. Trotz der hohen Druckauflage wurde ausgerechnet im Jahr 1971 ein zweiter Druck nötig. Er erschien wie bisher mit dem Vorwort Lin Biaos und wurde auch im Sommer verschifft. Mitarbeiter eines linken Buchladens in Deutschland erzählten mir, dass sie die Kiste mit ein paar tausend „Mao-Bibeln" gegen Jahresende erhielten, als Lin Biao bereits „verschwunden" war, aber noch keine offizielle Stellungnahme der chinesischen Regierung dazu vorlag. Anfang 1972 wurde plötzlich eine zweite Kiste geliefert.

Abb. 296: *Fünf philosophische Werke des Vorsitzenden Mao (Ausgabe in kasachischer Sprache)*. Nationalitätenverlag, Peking, November 1970. Museum für Völkerkunde Wien, Inv.-Nr. 183.215

Abb. 297: *Gesammelte Werke Mao Zedongs* in einem Etui mit Reißverschluss (Kunstleder, 11 x 13 cm). Museum für Völkerkunde Wien, Inv.-Nr. 183.220 a, b

Abb. 298: Mao-Gedichtband in einem Stofftäschchen (Baumwollsatin, 13 x 15,5 cm) mit Darstellung des Gebäudes, in dem 1935 die *Zunyi-Konferenz* abgehalten wurde. Vor allem weibliche Rotgardisten trugen Maos Werke in solchen Täschchen aus Stoff oder Plastik. Museum für Völkerkunde Wien, Inv.-Nr. 183.207

Abb. 299: Miniaturausgabe (7 x 5 cm) von Mao-Zitaten (*Dem Volke dienen*. Volksverlag Shanghai, Juni 1968). Museum für Völkerkunde Wien, Inv.-Nr. 183.192

Sie enthielt *Mao-Bibeln* und dazu einen Begleitbrief des staatlichen Buchexports, der darauf hinwies, dass es sich bei der ersten Kiste um einen Irrtum gehandelt habe, die Ware leider mangelhaft sei und man dringend empfehle, sie komplett zu vernichten. Da es sich um einen Fehler der chinesischen Seite handele, sei es selbstverständlich, dass dem Buchladen der Schaden ersetzt werde, und so habe man gratis noch einmal die gleiche Anzahl der *Worte des Vorsitzenden* geliefert. Tatsächlich enthielt die zweite Kiste die letzte in China erschienene deutschsprachige Ausgabe der *Mao-Bibel*, Jahrgang 1972 *(Abb. 295)*, und natürlich ohne Vorwort Lin Biaos. Der Buchladen kam übrigens der Aufforderung zur Vernichtung nicht nach und verkaufte beide Ausgaben, die mit dem Vorwort Lin Biaos jedoch etwas teurer. Nach 1976 stellte Peking den Vertrieb ins Ausland völlig ein. Seit 1993 erscheinen die „Worte des Vorsitzenden" allerdings wieder in deutscher Sprache, inzwischen in dritter Auflage (2006) im Verlag Neuer Weg in Essen.

So bleibt abschließend noch zu erwähnen, was eigentlich der Inhalt des *Kleinen Roten Buches* ist, der in China so intensiv studiert und rezitiert wurde. In der westlichen Studentenbewegung war das anders: Nur wenige, die das Buch im Wortsinne „hochhielten", hatten es auch gelesen. Als reale Lektüre waren eher Sartre und Camus angesagt. Wer als allererste Worte „Die den Kern bildende Kraft, die unsere Sache führt, ist die Kommunistische Partei Chinas" findet, wird möglicherweise auch nicht zum Weiterlesen animiert. Doch wer in den 33 Kapiteln mit Überschriften wie „Dem Volke dienen" oder „Krieg und Frieden" einfach blättert, der findet immer wieder überraschend philosophische, zeitlose Einsichten: „Es gibt viele Dinge, die zu einer Last, zu einer drückenden Bürde für uns werden können, wenn wir ihnen blind anheimfallen und uns ihrer nicht bewusst sind."

Weiterführende Literatur
- Bai Qinshui
2009 *Mao Zedong zhuzuo banben jian shang* [Ausgaben der Werke und Schriften Mao Zedongs – Sammlung und Begutachtung]. Ji'nan: *Shandong renmin chubanshe* [Volksverlag Shandong].
- Dittmar, Peter
1975 *Wörterbuch der chinesischen Revolution*. Freiburg/Br.: Verlag Herder.
- Martin, Helmut
1980 *China ohne Maoismus? Wandlungen einer Staatsideologie*. Reinbek bei Hamburg: Rowohlt Taschenbuch Verlag.

Dr. Ingo Nentwig, geb. 1960, studierte Sinologie, Ethnologie, Philosophie, Volkskunde, Mongolisch und Mandschurisch in Münster, Shenyang und Berlin. Er arbeitete als Dolmetscher und Übersetzer, dann als Kurator für Ostasien am *Museum für Völkerkunde zu Leipzig* (1994–2007). Heute ist er Assistent am *Ethnologischen Seminar* der *Universität Zürich*.

Abb. 300: Produktion von *Mao-Bibeln* (nach einem Kalender des *Guozi Shudian/ Vertriebszentrum chinesischer Publikationen*, Peking, Dezember 1970). Sammlung Claudia Lux, Berlin

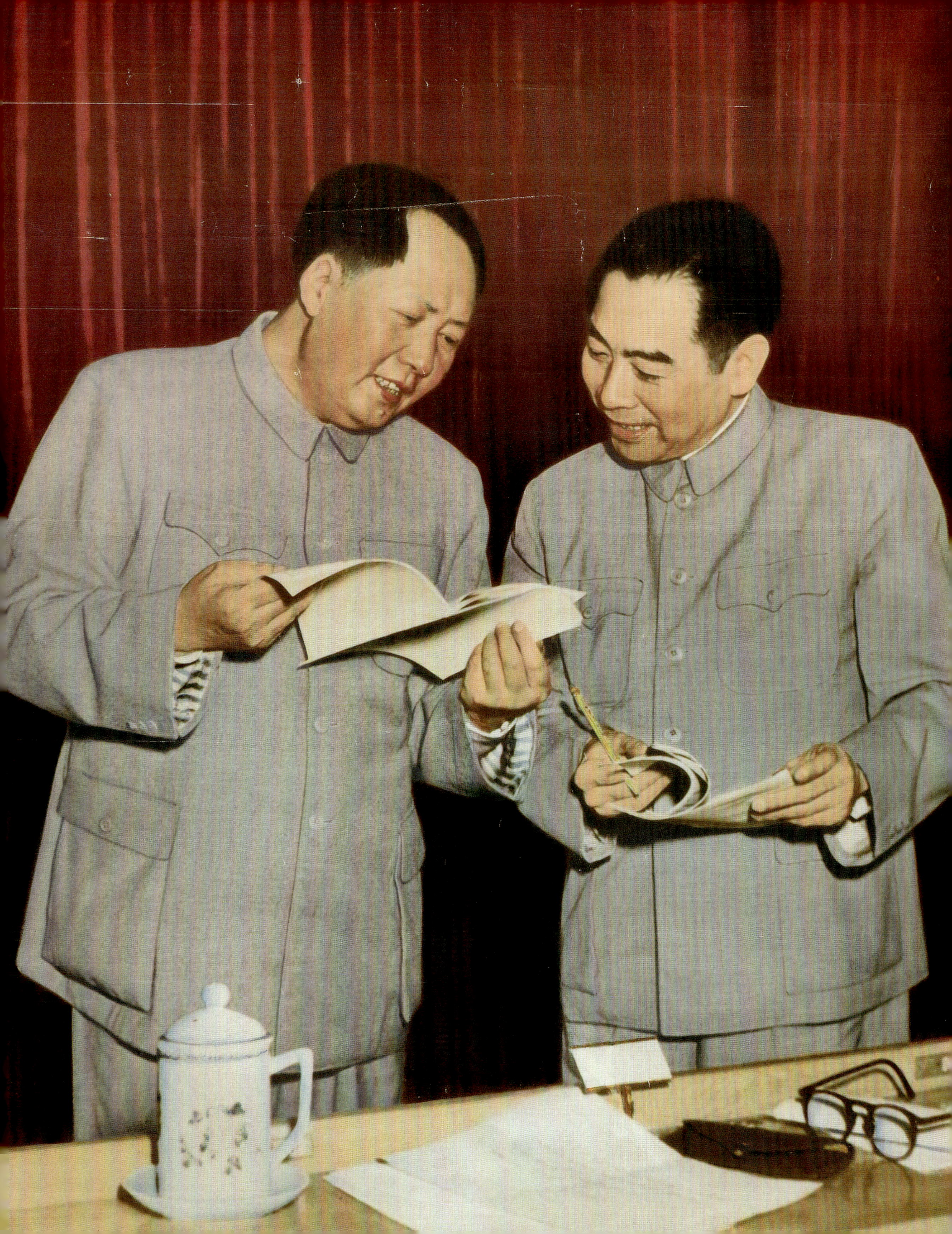

IRIS HOPF

DER „MAO-ANZUG": KLEIDUNG IN DER KULTURREVOLUTION

Als „blaue Ameisen" bezeichneten westliche Medien die Chinesen in den frühen 1970er Jahren gern. Sie entwarfen ein Bild gewaltiger uniformer Menschenmassen in sogenannten „Mao-Anzügen", Jacken und Hosen aus zerknitterter – meist blauer – Baumwolle.

Mao Zedong persönlich kam jedoch in ganz anderer Gewandung daher: Er präsentierte sich im gut sitzenden Anzug aus feinem grauen Wollstoff, faltenlos, schlicht und streng. Der hochgeschlossene Kragen und die aufgesetzten Klappentaschen gemahnten an eine militärische Uniform, die Bundfaltenhose und das Material dagegen spielten auf den klassischen westlichen Herrenanzug an *(Abb. 301)*.

Was genau ist also der „Mao-Anzug"? Der glatte graue Anzug Mao Zedongs? Oder der faltenreiche Arbeitskittel der breiten Massen? Waren beide dasselbe, nur in unterschiedlichen Ausführungen? Gab es tatsächlich eine Einheitskleidung für alle? Welche Rolle spielte die Uniformierung der Bevölkerung in der Ideologie der *Kulturrevolution*?

„Mao-Anzug" ist ein im Westen geprägter Begriff. Der Anzug, den Mao und seine Genossen vorzugsweise trugen, heißt auf Chinesisch *Zhongshanzhuang*, übersetzt „Sun-Yatsen-Anzug". Benannt wurde er nach dem Vater der ersten chinesischen Republik von 1911, Dr. Sun Yatsen, der dieses Ensemble angeblich erfunden hat.

Bereits seit den 30er Jahren avancierte der *Sun-Yatsen-Anzug* zur inoffiziellen Dienstuniform damaliger Regierungs- und Behördenmitglieder. Die Lieblingskleidung chinesischer kommunistischer Parteikader war also keineswegs ihr eigener Entwurf, sondern ging auf bestehende Kleidungsgewohnheiten zurück.

Der *Sun-Yatsen-Anzug,* den Mao und seine Genossen trugen, bestand aus zwei Teilen: Die klassische Bundfaltenhose folgte westlichen Anzughosen der Nachkriegszeit. Die lose fallende Jacke entsprach im Grundschnitt westlichen Uniform- und Anzugjacken, war aber im Gegensatz zum europäischen Herrensakko hochgeschlossen und endete am Halsausschnitt in einem doppelt gelegten Stehkragen. Hervorstechendstes Merkmal der Jacke waren die vier aufgesetzten Uniformtaschen: Auf beiden Brustseiten prangten zwei rechteckige, unten leicht abgerundete Taschen, die mit geschwungenen Klappen geschlossen wurden. An den beiden Hüftseiten waren großformatige, am unteren Ende mit einem eingefalteten Stoffstreifen dreidimensional gestaltete Taschen mit rechteckigen Klappen aufgenäht. Diese sogenannten Blasebalgtaschen waren so geräumig, dass darin sogar Bücher Platz fanden.

Der *Zhongshanzhuang* war jedoch nicht die einzige Kleidungsoption. Ein Blick in zeitgenössische Schnittbücher zeigt, dass während der *Kulturrevolution* mehrere Varianten dieses Anzugs unter verschiedenen Namen im Umlauf waren. Vor allem die Kragenform sowie Art und Anzahl der Taschen wichen vom Grundmodell ab *(Abb. 303)*. Darüber hinaus gab es auch andere Jackenschnitte, die zum Teil stärker an traditioneller Kleidung orientiert und vor allem bei Älteren beliebt waren *(Abb. 304)*.

Auch Frauen trugen während der *Kulturrevolution* vorwiegend Hosen und Jacken, doch ihre Schnitte unterschieden sich von denen der Männer. Frauenhosen schlossen

Abb. 301: Mao Zedong und Zhou Enlai im Jahr 1953 (nach einem Wandkalender 1997, Globaler Bildverlag, China). Museum für Völkerkunde Wien, Inv.-Nr. 183.877

Abb. 302: Broschüre mit Schnittmustern. *Grundformen des Zuschnitts*. Tianjin, November 1969, mit Mao-Parole (oben) „Die Revolution anpacken, die Produktion, die Arbeit und die Kriegsvorbereitungen unterstützen". Foto: Iris Hopf

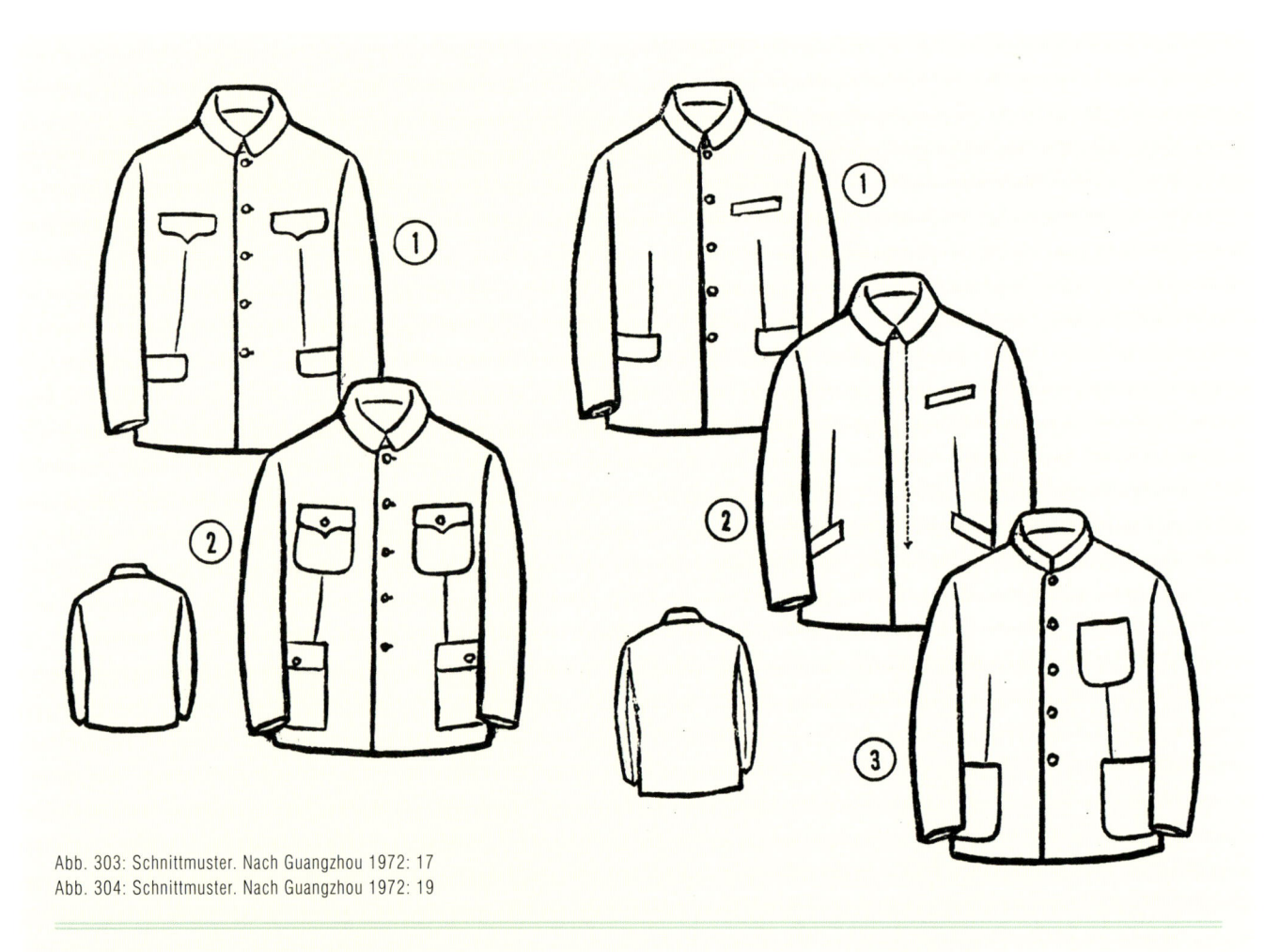

Abb. 303: Schnittmuster. Nach Guangzhou 1972: 17
Abb. 304: Schnittmuster. Nach Guangzhou 1972: 19

Abb. 305: Schnittmuster. Nach Tianjin 1972: 18
Abb. 306: Schnittmuster. Nach Tianjin 1972: 18

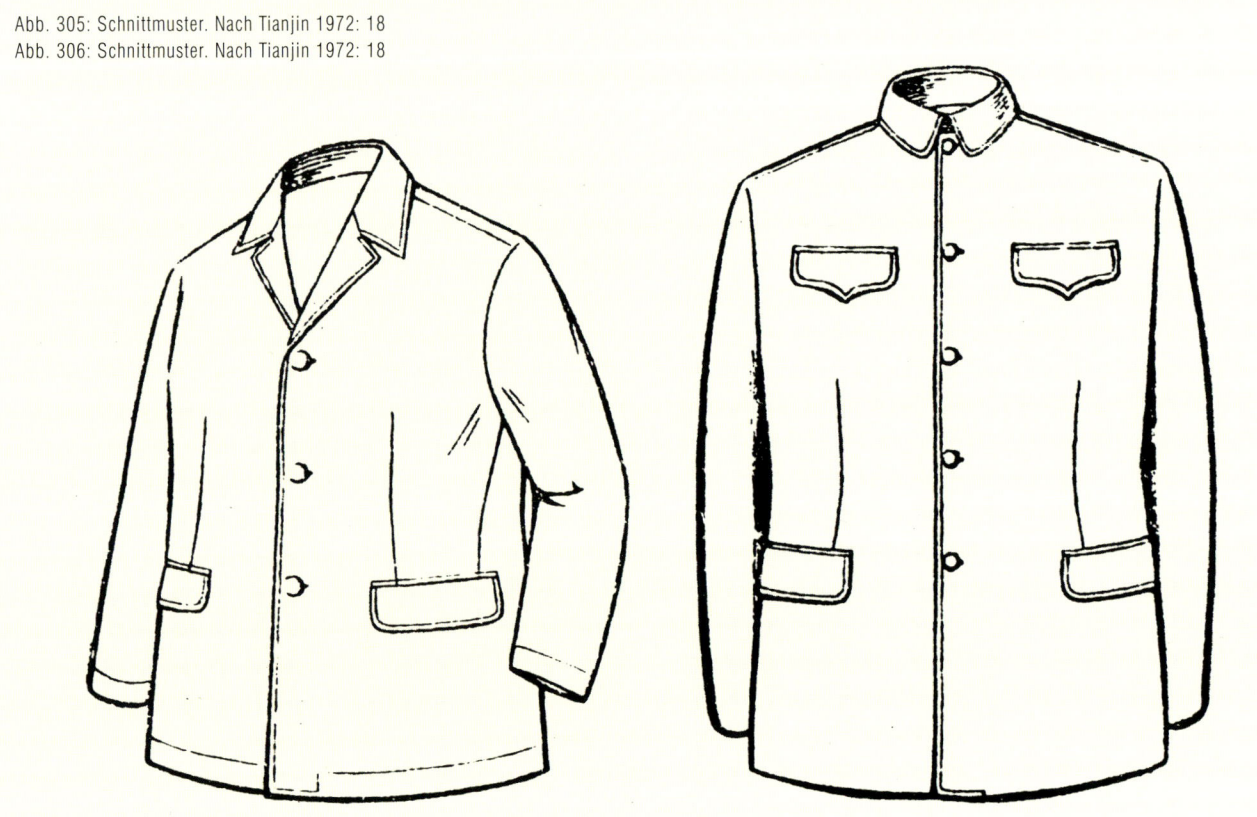

zum Beispiel nicht vorne, sondern seitlich. Frauenjacken hatten grundsätzlich andere Kragenformen und verzichteten auf Brusttaschen.

Einen einheitlichen „Mao-Anzug" gab es also tatsächlich nicht. Und nicht nur die Schnitte, sondern auch Materialien und Verarbeitung wichen voneinander ab. Die Parteispitze bevorzugte Anzüge aus Wolltuchen, gewissermaßen als chinesische Entsprechung des westlichen Herrenanzugs. Billigere Varianten aus Baumwoll-Synthetik-Mischgeweben waren vor allem bei Kadern der niedrigeren Ränge beliebt. Die Männer und Frauen des einfachen Volkes trugen vorwiegend Jacken und Hosen aus dünner Baumwolle. Diese Jacken dienten u. a. als Wäscheschutz, denn Wollpullover und baumwollwattierte Winterjacken waren nicht waschbar. Also schützte man sie mit dünnen Überziehjacken vor Verschmutzung.

Die *Roten Garden* machten seit 1966 eine bislang weniger gebräuchliche Variante des *Sun-Yatsen-Anzugs* populär. Ihre Anzüge entsprachen der Armeeuniform der 60er Jahre und hießen folgerichtig *junbianfu*, „informelle Armeekleidung".

Vom klassischen *Sun-Yatsen-Anzug* unterschieden sie die Taschen, die nicht aufgesetzt, sondern eingenäht waren *(Abb. 306)*. Auch Frauen trugen *junbianfu*, nach dem Vorbild weiblicher Armeemitglieder ohne Brusttaschen und mit einem Hemdkragen *(Abb. 305)*.

Da die *Roten Garden* sich als paramilitärische Einheiten verstanden, strebten sie ein militärisches Erscheinungsbild an. Abgelegte Armeeuniformen von Familienangehörigen sicherten dem jugendlichen Träger hohes Ansehen innerhalb der Gruppe *(Abb. 307)*. Weniger Privilegierte ließen sich von ihren Müttern *junbianfu* aus olivgrün handgefärbtem Stoff anfertigen, um ihrer Erscheinung einen soldatischen Anstrich zu verleihen. Die Jacke wurde nach Armee-Vorbild mit einem Ledergürtel festgehalten *(Abb. 308)*, eine Armeemütze, Armeeturnschuhe *(Abb. 309)* und eine Armee-Umhängetasche vervollständigten das Outfit. In weniger militärischer Aufmachung wurden diese Jacken und Hosen in Dunkelblau und Armeegrün bald zu einer Art Standardkleidung, die bis in die 90er Jahre weit verbreitet blieb *(Abb. 310)*.

Abb. 307: Teekanne (Porzellan, H. 12,5 cm) mit Zeilen aus dem Mao-Gedicht *Milizionärinnen* (1961): „Chinas Mädchen, erhaben ihr Wille und Ziel, Lieben nicht rotseidene Kleider, lieben das Waffenkleid" (nach Mao 1978: 38). Dieses Mao-Zitat veranlasste viele junge Frauen, bunte Kleiderstoffe auf militärisches Grün umzufärben. Museum für Völkerkunde Wien, Inv.-Nr. 183.542 a, b

Abb. 308: Armee-Ledergürtel mit Messingschnalle (5 x 100 cm), 60er Jahre. Museum für Völkerkunde Wien

Der Stern mit den Schriftzeichen „8.1." (Gründungstag der chinesischen *Roten Armee*) auf der Gürtelschnalle ist das offizielle Emblem der Streitkräfte. Originalteile von Armeeuniformen galten bei den *Roten Garden* als Statussymbole, Kinder von Armeeangehörigen borgten sich gerne die Gürtel ihrer Väter. Es kursierten damals zahlreiche Berichte, dass solche Ledergürtel für die Misshandlung von Funktionären oder Lehrern verwendet wurden.

Abb. 309: Militärschuhe (Stoff, Gummi). Klassisches Modell, aber neuere Produktion, um 2000. Museum für Völkerkunde Wien, Inv.-Nr. 178.704

Von der Partei vorgeschrieben war uniforme Kleidung übrigens zu keiner Zeit. Die unbestreitbare Uniformität der Kleidung hatte verschiedene Ursachen.

Vor allem in der ersten Phase der *Kulturrevolution* war Kleidung sehr wohl ein Politikum. „Bourgeoise" oder „feudale" Kleidung war den *Roten Garden* ein Dorn im Auge. Wer in traditionell chinesischer Oberschichtskleidung daherkam, musste ebenso mit gewalttätigen Übergriffen rechnen wie Träger von Jeans, engen Hosen, hochhackigen Schuhen, Dauerwellen oder anderen ausländischen Moden. Infolgedessen achtete man peinlichst darauf, sich nicht öffentlich in ideologisch verwerflicher Aufmachung blicken zu lassen. Eine Zeitlang waren auch wollene Wintermäntel und Lederschuhe verpönt. Der echte Revolutionär übte sich in Askese und zeigte dies auch in seiner Kleidung. Es waren also Teile der Bevölkerung, die in der Praxis eine rigide Kontrolle über die Kleider ihrer Mitmenschen ausübten. Uniformierung war in diesem Kontext eine aktive Strategie der Einzelnen, sich durch optische Unauffälligkeit vor politischen Angriffen im Rahmen der ständig wechselnden und oft widersprüchlichen politischen Kampagnen zu schützen.

Mit der Auflösung der *Roten Garden* Ende 1968 entspannte sich die Lage allmählich wieder. In den frühen 70er Jahren wurde Kleidung wieder etwas vielfältiger und farbenfroher, militärische Einheitlichkeit war kein Vorbild mehr.

Abb. 310: Arbeitsanzug (Baumwolle), Jacke (L. 75 cm) und Hose (L. 102 m). Konfektionsware, um 1974. Sammlung Emanuel Ringhoffer, Wien

Abb. 311: Wintermantel (Baumwollstoff, Baumwollfutter, Plüschkragen, H. 121 cm), Metallknöpfe mit Armee-Emblem, 70er oder 80er Jahre. Museum für Völkerkunde Wien, Inv.-Nr. 178.437

Abb. 312: Jacke eines maßgeschneiderten „Mao-Anzugs" (Baumwolle, L. 79 cm), auf dem Herstelleretikett „Kleiderfabrik Wudaokou, Bezirk Haidian" und Schriftzeichen für „Beijing" in Maos Handschrift, 1974. Sammlung Emanuel Ringhoffer, Wien

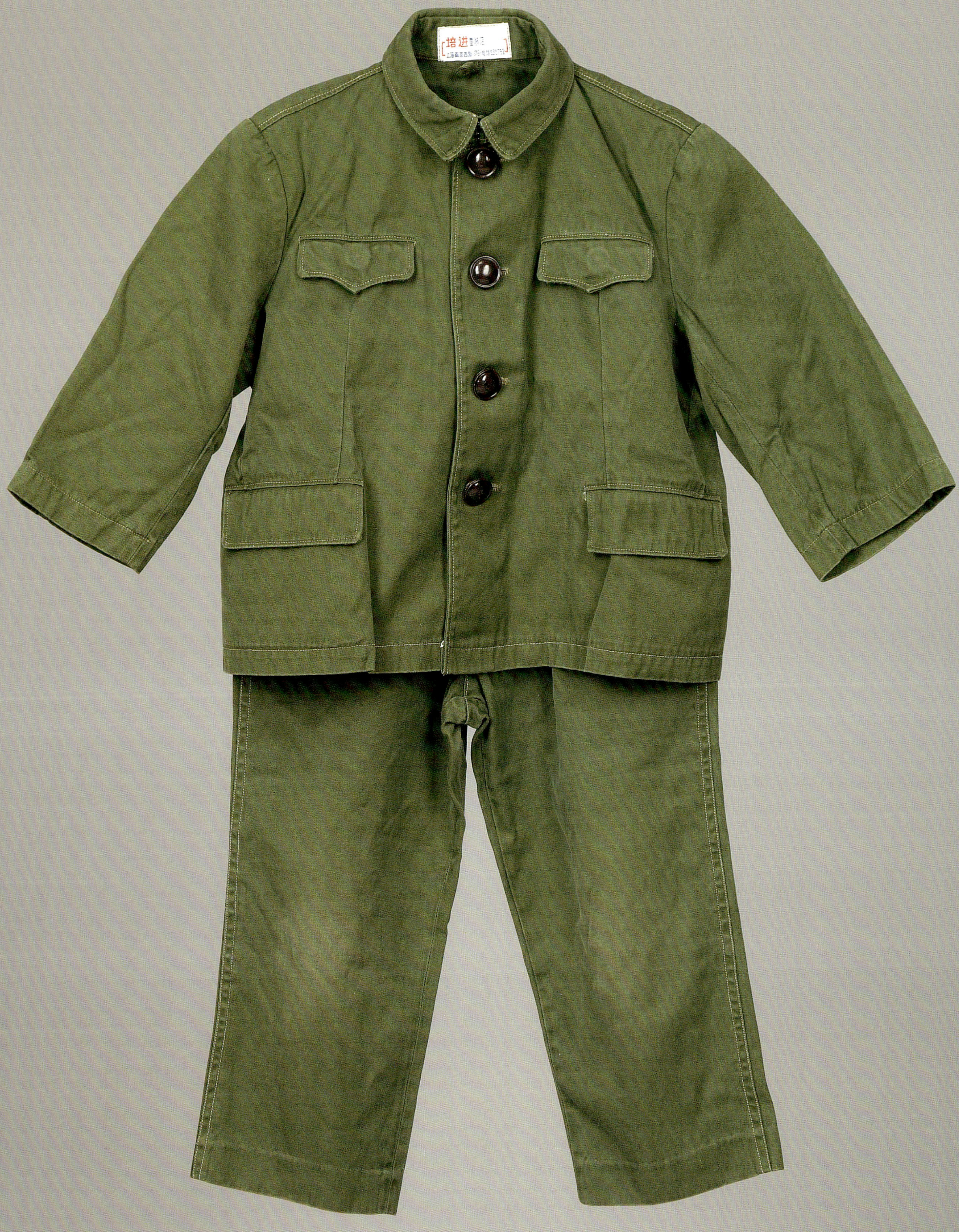
培进

Gleichzeitig begrenzten die wirtschaftliche Mangelsituation und die daraus resultierende Rationierung den Zugang zu textilen Ressourcen *(Abb. 314)*. Aus den sehr geringen Zuteilungen musste nicht nur die gesamte Garderobe gefertigt werden, sondern auch Bettzeug und Handtücher. Statistisch gesehen erhielt 1966 jeder Chinese Rationierungsmarken für 3,89 m Baumwollstoff. Ab 1970 stieg die Stoffmenge auf 5,7 m pro Person und Jahr. Tatsächlich konnte die individuelle Zuteilung jedoch deutlich höher oder niedriger liegen: Städter bekamen mehr als Landbewohner, Nordchinesen mehr als Südchinesen, und bestimmte Berufsgruppen wurden bevorzugt behandelt.

Oberste Priorität in der Kleidungswahl hatten Funktionalität und Haltbarkeit. Daher wurden stabile Materialien, dunkle Farben und stoffsparende Schnitte bevorzugt. Farbenpracht und Vielfalt waren schlicht unwirtschaftlich.

Der Einheitlichkeit der Kleidung waren jedoch auch Grenzen gesetzt. Das kulturrevolutionäre China war eine Klassengesellschaft. Der eigene – von den Eltern ererbte – Klassenhintergrund war entscheidend für den Zugang zu knappen Ressourcen, zu Bildung und Arbeitsmöglichkeiten wie auch für die soziale Stellung in der Gesellschaft, für die Umgangsformen untereinander. Damit man sich anderen gegenüber korrekt verhalten konnte, musste der Klassenhintergrund sichtbar sein – auch in der Kleidung. Was von außen betrachtet als uniforme Masse erschien, war nach innen durch feinste Abstufungen in den Details der Kleidung mit einem festen Code verbunden.

Auch die Organisation der Produktion stand der absichtsvollen Uniformierung der Bevölkerung entgegen: Kleidung wurde größtenteils in der eigenen Familie hergestellt. Daraus folgte, dass kein Kleidungsstück tatsächlich dem anderen glich – das Zusammenspiel von Schnitt, verwendeten Materialien und Verarbeitung war immer individuell.

Die wichtigste Voraussetzung für ein wirklich „uniformes" Erscheinungsbild der Massen war paradoxerweise erst gegen Ende der *Kulturrevolution* Mitte der 1970er Jahre erfüllt, als die ideologische Linie schon wieder mehr Individualität gestattete. In dieser Zeit schritt die Industrialisierung der Bekleidungsfertigung so weit voran, dass immer mehr tatsächlich uniforme Massenware auf den Markt kam und allmählich die heimgefertigten Kleidungsstücke zu verdrängen begann.

Weiterführende Literatur

- Chen, Tina Mai
  2001 Dressing for the Party: Clothing, Citizenship, and Gender Formation in Mao's China. *Fashion Theory: The Journal of Dress, Body & Culture* [Oxford] 5(2): 143–172.
- Finnane, Antonia
  2008 *Changing Clothes in China. Fashion, History, Nation.* New York u. a.: Columbia University Press.
  Guangzhou Fuzhuangchang Fuzhuang Yanjiusuo [Forschungsinstitut für Bekleidung der Bekleidungsfabrik Guangzhou] (Hg.)
  1972 *Fuzhuang Caijian Fa* [Die Schnitttechnik]. Guangzhou: *Guangdong Renmin Chubanshe* [Volksverlag Guangdong].
- Hopf, Iris
  2008 Uniformierung zwischen revolutionärer Askese und wirtschaftlichen Zwängen: Aspekte der sozialen Verortung durch Kleidung während der „Großen Proletarischen Kulturrevolution" (1966–1976). *Technikgeschichte* [Berlin] 75(2): 163–182.
- Mao Tsetung
  1978 *Gedichte.* Peking: Verlag für fremdsprachige Literatur.
  Tianjin Shi di er qinggongye ju fuzhuang shejishi & Tianjin Shi Heping Qu di er fengrenshe yimin menshibu [Büro für Modedesign des 2. Amtes für Leichtindustrie der Stadt Tianjin & Yimin Verkaufsabteilung der 2. Nähkooperative des Bezirks Heping der Stadt Tianjin] (Hg.)
  1972 *Fuzhuang caijian* [Der Zuschnitt]. Tianjin: *Tianjin Renmin Chubanshe* [Volksverlag Tianjin].
- Wilson, Verity
  1999 Dress and the Cultural Revolution. In: Valerie Steele und John S. Major [Hg.], *China Chic. East Meets West.* New Haven/CT u. a.: Yale University Press, 167–186.

Iris Hopf MA ist gelernte Bekleidungsnäherin, studierte in Berlin Sinologie und Ethnologie und verfasste eine Dissertation über die Kleidung in der *Kulturrevolution*.

Abb. 313: Baumwollanzug („junbianfu") für Kinder, Jacke (L. 42 cm) und Hose (L. 56 cm), 70er Jahre. Privatbesitz Julien Blandin, Mulhouse

Abb. 314: Rationierungsmarken für Baumwollstoff aus den Provinzen Jiangxi, Jiangsu, Innere Mongolei und Hebei, 1969–1971, mit verschiedenen politischen Parolen. Museum für Völkerkunde Wien, Inv.-Nr. 183.656_9_23_37_38

Abb. 315: Baumwollstoff für Bettdecken, Angehörige vieler Nationalitäten schwenken die Mao-Bibel in Richtung der aufgehenden Sonne die *Mao-Bibel*, Kampfszenen aus dem Vietnam-Krieg, Ende der 60er Jahre. Museum für Völkerkunde Wien

Abb. 316: Baumwollstoff für Bettdecken, Blumendekor, dazwischen Gruppen von *Roten Garden*, Fahnen und Darstellungen revolutionärer Stätten, Ende der 60er Jahre. Museum für Völkerkunde Wien

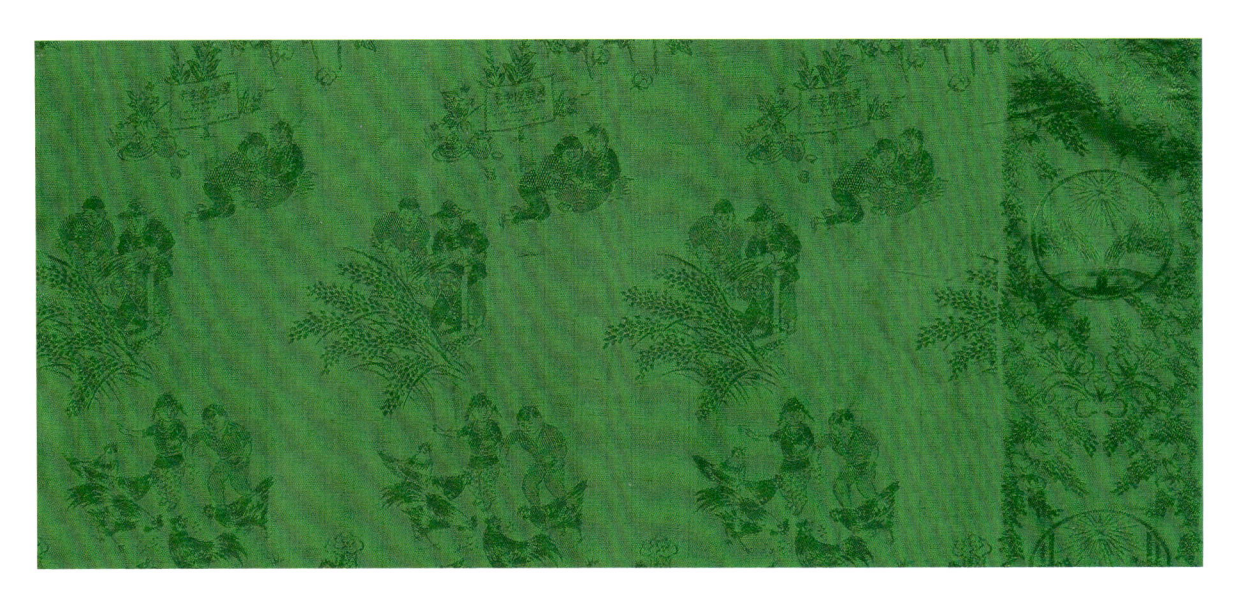

Abb. 317: Damast (Baumwolle, Kunstseide), Jugendliche bei der landwirtschaftlichen Arbeit, auf Tafeln steht „Lang lebe der Vorsitzende Mao", *Rote Garden* tragen Fahnen „Langer Marsch" und „Propagandatrupp", dazwischen Darstellungen des Pekinger Hauptbahnhofs und Arbeiterstadions, *Staatliche Seidenweberei Ostwind*, Wujiang (Provinz Jiangsu), um 1967. Museum für Völkerkunde Wien

Abb. 318: Baumwollstoff für Bettdecken, Blumendekor, dazwischen Darstellungen des industriellen und technischen Fortschritts, Ende der 60er Jahre. Museum für Völkerkunde Wien

Abb. 319: Baumwollstoff für Bettdecken, Blumendekor, dazwischen Schiff und Steuerrad, rote Fahnen und Darstellungen des industriellen Fortschritts, Ende der 60er Jahre. Museum für Völkerkunde Wien

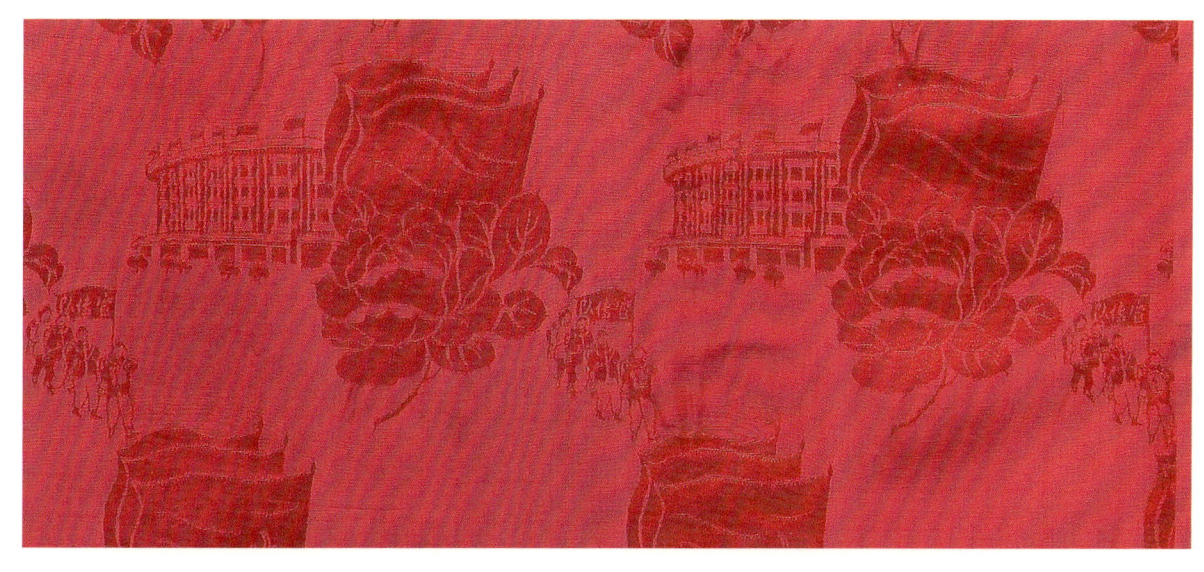

Abb. 320: Damast (Baumwolle, Kunstseide), *Rote Garden* tragen Fahnen mit Aufschrift „Langer Marsch" und „Propagandatrupp", dazwischen Darstellungen des Arbeiterstadions in Peking, *Seidenfabrik Peking*, um 1967. Museum für Völkerkunde Wien

Abb. 321: Polsterüberzug (Baumwolle, 30 x 50 cm) mit traditioneller Handstickerei, Schriftzeichen „Der Osten ist rot".
Museum für Völkerkunde Wien

Abb. 322: Polsterüberzug (Baumwolle, 30 x 60) mit traditioneller Handstickerei, Zeilen aus dem Mao-Gedicht *Ode an die Winterkirsche:* „Mit Wind und Regen ging der Frühling fort, Wirbelnder Schnee empfing des Frühlings Wiederkehr"
(nach Mao Tsetung, Gedichte. Peking: Verlag für fremdsprachige Literatur, 1978, 43). Museum für Völkerkunde Wien

Abb. 323: Traditionelle Nackenstütze zum Schlafen (Steinzeug, L. 16 cm) mit Darstellung von aufs Land verschickten städtischen Jugendlichen, Slogan „In der weiten Welt, da kann man viel bewerkstelligen", um 1970. Museum für Völkerkunde Wien, Inv.-Nr. 183.583

Abb. 324: Türvorhang (Baumwolle, 190 x 80 cm), bestickt mit traditionellem nordchinesischen Blumendekor und Spruch „Das rote Herz ist der Partei zugewandt", Mitte der 60er Jahre. Museum für Völkerkunde Wien

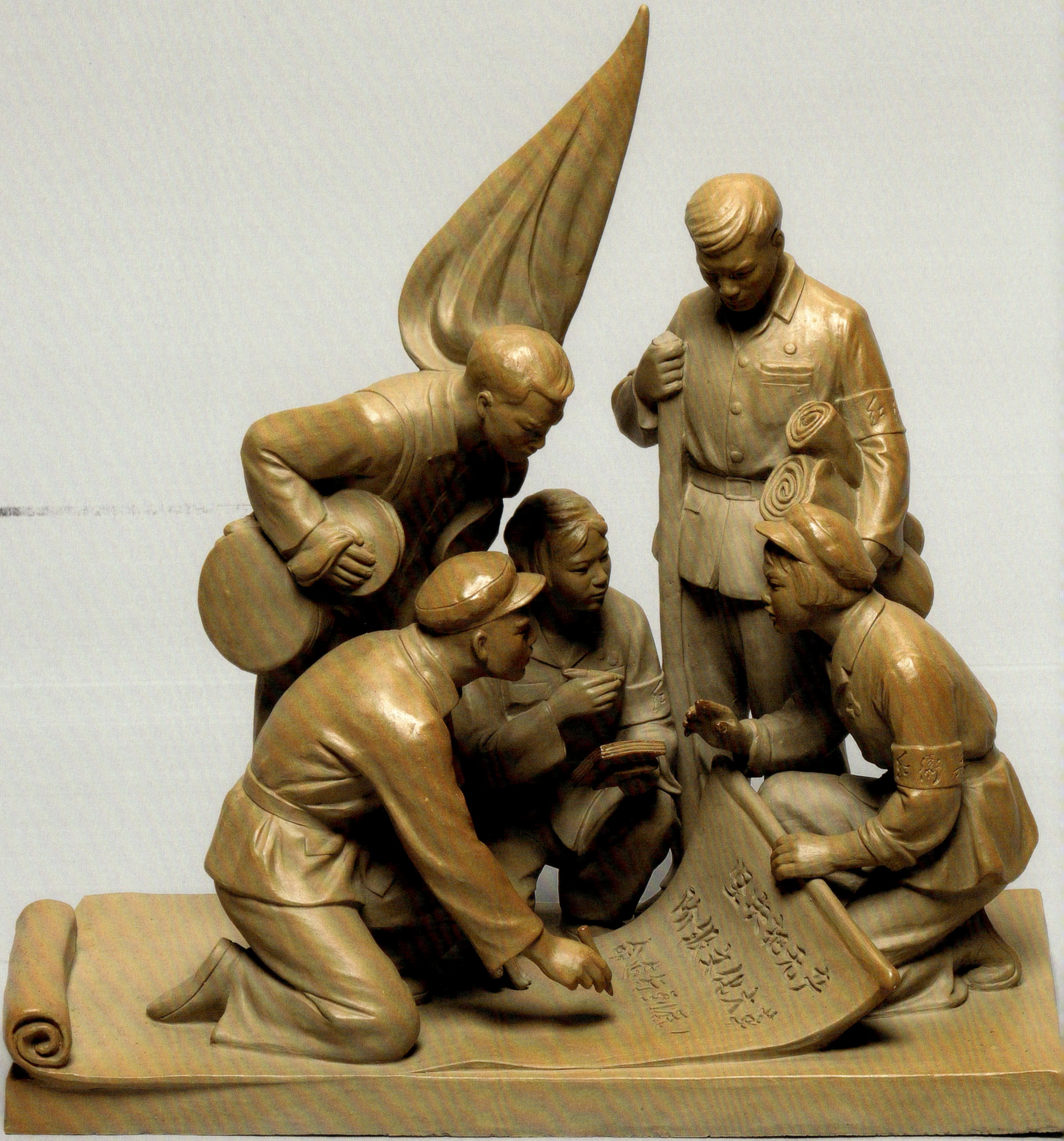

WANG MINGXIAN

FÜR EIN „KUNSTMUSEUM DER KULTURREVOLUTION"

Aus heutiger Sicht zählt Chinas *Große Proletarische Kulturrevolution* zu den wahnwitzigsten politischen Geschehen des 20. Jahrhunderts, und die in der Kulturrevolution produzierte Kunst ist in der Geschichte beispiellos. Man kann die Kulturrevolutionskunst in zwei Abschnitte gliedern. Da ist einerseits die Kunstbewegung der *Roten Garden*: Diese Jugendbewegung wurde im Sommer 1966 von Mao ins Leben gerufen, gleich danach entstand die Kunst der *Roten Garden,* 1967 erreichte diese Kunstbewegung ihren Höhepunkt. Große Plakate, auf denen Kritik geübt wurde, Kampfblätter der Rotgardisten, Poster, Karikaturen und Mao-Abzeichen überfluteten das Land und prägten die neue „Kunstlandschaft der Kulturrevolution" *(Abb. 326).* Ein besonderes Phänomen der chinesischen Kunstgeschichte sind dabei die unzähligen Kunstpublikationen der *Roten Garden.* 1967 fanden zahlreiche Ausstellungen zur Rotgardisten-Kunst statt, die auch die politischen Auseinandersetzungen und Kämpfe der *Großen Proletarischen Kulturrevolution* widerspiegelten, wobei diese Erzeugnisse erfüllt waren *„vom berauschenden Schießpulver-Geruch beim Sturm auf das Hauptquartier der Kapitalisten-Klasse"* und *„den großen Sieg der revolutionären Linie des Vorsitzenden Mao enthusiastisch [priesen]",* wie eine große Tageszeitung schreibt (Loblied 1968). Auch die Karikaturen wurden 1966 und 1967 zu einem speziellen Phänomen der chinesischen Kunstgeschichte: Ihr politisches Ziel bestand darin, Staatspräsident Liu Shaoqi herabzuwürdigen. Viele Rotgardisten, aber auch Karikaturisten selbst empfanden diese Werke durchaus als künstlerischen Ausdruck, sodass daraus eine Form der Populärkunst entstanden ist.

Den zweiten Höhepunkt der kulturrevolutionären Kunst bildeten die nationalen und lokalen Ausstellungen in der Spätphase der Kulturrevolution. Im Mai 1972 hielt die Kulturabteilung des *Staatsrates* eine „Ausstellung von Werken aus dem ganzen Land zum 30. Jahrestag der Rede Mao Zedongs bei der Aussprache über Literatur und Kunst in Yan'an " ab. 1973, 1974 und 1975 folgte jedes Jahr eine weitere nationale Kunstausstellung, die jeweils chinesische traditionelle Malerei, Ölbilder, Graphiken und gezeichnete Bildgeschichten zeigte. Diese Veranstaltungen wurden durchaus enthusiastisch aufgenommen und die ausgestellten Werke wurden zu modellhaften Vorbildern erklärt, die dann auf das künstlerische Schaffen in der Spätphase der Kulturrevolution

Abb. 325: Skulptur (Ton, H. 33 cm) einer Gruppe von Roten Garden beim Verfassen einer Wandzeitung: „Fest entschlossen, die Große Proletarische Kulturrevolution bis zum Ende zu führen."

Die sorgfältig gearbeitete Plastik eines anonymen Künstlers steht in der Tradition ähnlicher Serien „revolutionärer" Skulpturen wie etwa *Ein Lob den Roten Garden* oder *Hof für die Pachteinnahme* (s. Beitrag von Elisabeth Slavkoff). Diese Plastik wurde zu Beginn der 70er Jahre von einer Delegation österreichischer Maoisten in China erworben und in Wien zurückgebliebenen Genossen als Hochzeitsgeschenk mitgebracht.

Abb. 326: Wandzeitungen vor einer Kunstakademie in Peking (nach *China Reconstructs,* Peking, Dezember 1967: 46). Sammlung Jörg-M. Rudolph, Bad Homburg

Abb. 327: Gewebtes Bild (Seide, 42 x 28 cm), „Der Vorsitzende Mao auf dem Weg nach Anyuan", in der zweiten Zeile: „Im Herbst 1921 machte sich unser Großer Lehrer, der Vorsitzende Mao, auf den Weg nach Anyuan, um persönlich das revolutionäre Feuer von Anyuan zum Lodern zu bringen". Seidenweberei *Der Osten ist rot*, Hangzhou. Sammlung Opletal

Mit mehr als 10.000 Eisenbahn- und Kohlebergwerks-Arbeiter war Anyuan (Provinz Jiangxi) zu Beginn der 1920er Jahre ein Zentrum der chinesischen Arbeiterbewegung. Kurz nach der Gründung der *Kommunistischen Partei Chinas* (1921 in Shanghai) reisten führende Funktionäre, unter ihnen auch Mao Zedong, nach Anyuan, um die Bewegung zu unterstützen. Mao spielte allerdings nur eine untergeordnete Rolle, während sein späterer Widersacher Liu Shaoqi zu den Hauptorganisatoren zählte. Die Propagierung des berühmten Mao-Bildes während der *Kulturrevolution* diente daher auch der Manipulation der Geschichtsdarstellung.

großen Einfluss ausübten. Die Rhetorik der offiziellen Politik formte auch das Erscheinungsbild der neuen Kunst: Eine Art rote Utopie wurde zum Leitmotiv einer ganzen Epoche. Bei einer heutigen Betrachtung dieser Kunstwerke und einem erneuten Studium der Geschichte erzeugt dies naturgemäß eher gemischte Gefühle.

DIE LOBPREISUNG MAOS ALS HAUPTTHEMA DER KULTURREVOLUTIONSKUNST

Entsprechend der Parole „Die absolute Autorität des Vorsitzenden Mao ganz besonders hervorheben" bestand klarerweise das Hauptthema der revolutionären Kunst darin, Loblieder auf Mao anzustimmen. In der zweiten Jahreshälfte 1966 machten sich die „Volksmassen" ans Werk, 1967 war die Darstellung der Person Maos in der Kunst sowohl für die offiziellen Presse als auch für die inoffiziellen Kunstpublikationen ausgereift, und auf den Kunstausstellungen der *Roten Garden* stand nun gleichfalls die Darstellung der Person Maos im Mittelpunkt. Die meisten Werke in den Kunstzeitschriften und Ausstellungen, die Mao Zedong zum Thema hatten, stammten von hauptberuflichen Kunstschaffenden und Studenten der Kunstakademien, doch auch die Propagandaplakate und Wandzeitungen im Land, Publikationen, die sich nicht speziell mit der Kunst befassten, oder die hektographierten Propaganda-Flugblätter reproduzierten vorrangig Werke, die die Person Maos darstellten.

„Im letzten Jahr erhielten wir tausende leidenschaftliche Briefe von revolutionären Rebellengruppen aus dem ganzen Land, die eines der Kunstwerke bekommen möchten, die unseren großen Führer, den Vorsitzenden Mao, preisen. Dieses drängende Verlangen hat uns bestärkt und angespornt, diesen Bildband herauszugeben. Viele Kampfgenossen haben uns dabei sehr unterstützt und geholfen, sodass es durch gemeinsame Anstrengung gelungen ist, den Bildband noch am Vorabend des chinesischen Nationalfeiertages für alle zugänglich zu machen." Dieses Zitat stammt aus der Broschüre *Lang lebe der Vorsitzende Mao – Graphiken zur Darstellung des Vorsitzenden Mao*. Verfasserin des kleinen Bildbandes im Sexagesimo-quarto-Format war die *Der-Osten-ist-rot-Kommune* der *Zentralen Akademie für Kunstgewerbe*. Das Büchlein wurde zum Nationalfeiertag 1967 herausgegeben und sofort von den Kunstschaffenden des ganzen Landes akklamiert. Noch im selben Monat erfolgte ein Nachdruck durch das militärische Arbeitskorps „Das ganze Leben opfern" des Volksverlages Zhejiang, auch die oberste Leitung der 2. Abteilung des *Stahlwerks Wuhan* und der *Industriefachschule Hubei* produzierte im November 1967 einen Nachdruck. Das Heftchen umfasste eine Auswahl von 15 Holzschnitten mit Mao-Porträts aus der Zeit vor 1949, 11 Holzschnitte aus der Zeit von 1949 bis zur Kulturrevolution und 28 Mao-Porträts aus der

Kulturrevolution selbst. Es wurde zur *Bibel* der Kunstwelt und zur wichtigsten Quelle für Bilder von Mao Zedong. Auch der Großteil der in der Kulturrevolution verbreiteten Mao-Darstellungen wurde nach diesem Bildband kopiert *(Abb. 332)*.

Wenn wir über Mao-Darstellungen in der Kunst reden, kommen wir nicht umhin, Liu Chunhua zu nennen. Am 1. Oktober 1967 fand im Pekinger *Revolutionsmuseum* eine Vorbesichtigung der Ausstellung *Der Glanz der Maozedongideen erleuchtet die Arbeiterbewegung von Anyuan* statt, wobei der *Der Vorsitzende Mao auf dem Weg nach Anyuan* das am meisten beachtete Ölbild war. Betont wird darin die herausragende Gestalt des jungen Mao, der die Mitte des Bildes einnimmt; im oberen Bildhintergrund erhebt sich zart rosarot die Morgenröte, während unten wilde Wolken durchziehen *(Abb. 327)*.

Der Maler Liu Chunhua schrieb darüber im gleichen Jahr in einem Artikel: *„Was die Bildkomposition anbelangt, haben wir der Gestalt des Vorsitzenden Mao den dominanten Platz eingeräumt, seine hochgewachsene Figur begrüßt uns. Er schreitet auf uns zu, so wie eine glänzende Sonne, die vor uns aufgeht, bringt er uns Erleuchtung und Hoffnung. Jede seiner Bewegungen verkörpert die großartigen Maozedongideen, jeder noch so kleine Bewegungsablauf erhielt eine bestimmte Bedeutung: Die kleine Hebung des Kopfes und der leicht gewandte Hals zeigen, dass der Vorsitzende Mao keine Schwierigkeit und Gefahr fürchtet, keinen Gegner scheut und zum Kampf bereit ist, im siegreichen, furchtlosen Geist der Revolution. Die geballte linke Hand signalisiert, mit welcher Entschlossenheit und Gründlichkeit er vorgeht, kein Opfer riskieren will, allen Schwierigkeiten trotzt im Kampf für das große Ideal der Befreiung Chinas und im Glauben an den unausweichlichen Sieg. Unter dem rechten Arm hält der Vorsitzende Mao einen Schirm, Ausdruck für seinen beschwerlichen Arbeitsstil, durch Wind und Regen zu gehen, auf seinem Weg durchs Land für die Revolution keine Härte zu scheuen, Berge zu erklimmen und Flüsse zu durchwaten. Sein fester Schritt auf dem holprigen Pfad soll zeigen, dass der Vorsitzende Mao für uns alle Hindernisse forträumt, den Weg für uns ebnet, um uns nach vorne zum Sieg zu führen. Der Herbstwind bläst durch seinen abgenutzten Gehrock, zu dessen Ausbesserung ihm vor lauter Arbeit keine Zeit blieb. Der stürmische Wind, der in sein Gewand weht, deutet auf einen ungewöhnlichen Moment hin, den Moment, an dem der Sturm der Revolution sich erhebt. Und wir sehen, dass mit der Ankunft des Retters die Berge von Anyuan bereits in rötliches Morgenlicht getaucht sind."* (Liu 1968.)

Vom Tag der Ausstellungseröffnung an standen täglich viele Arbeiter, Bauern, Soldaten und Rotgardisten unter diesem großen Bild, betrachteten Maos Gestalt und konnten sich kaum von ihr lösen. Im aufliegenden Kommentarbuch machten sie Eintragungen wie diese: *„Wie großartig wurde dieses Bild doch gemalt"*, *„Die Betrachtung dieses Bildes hat*

Abb. 328: Nach *China Reconstructs* (Peking, Oktober 1968: 50). Die Zeitschrift gibt folgende Bildbeschreibung: „Die Arbeiter der Pekinger Fremdsprachen-Druckerei führten selbst komponierte Lieder und Tänze auf, nachdem sie die freudige Nachricht erhalten hatten, dass ihnen der glorreiche Auftrag zum Druck des Ölgemäldes *Der Vorsitzende Mao auf dem Weg nach Anyuan* übertragen worden war" (S. 1). Sammlung Jörg-M. Rudolph, Bad Homburg

Abb. 329: *Soldat der Schönen Künste*, Juli 1967, Pädagogische Akademie, Peking. Museum für Völkerkunde Wien, Inv.-Nr. 183.722_1

AUSSTELLUNGEN AM HÖHEPUNKT DER KUNST DER ROTEN GARDEN

Zu Beginn der Kulturrevolution stürzten sich die *Roten Garden* der Kunstwelt in Arbeit: Sie brachten ihre Wandzeitungen an, verteilten Flugzettel, trieben „reaktionäre Autoritäten der Kunst" durch die Straßen und verfertigten Propagandaplakate und Karikaturen. So richtig in Fahrt kam die Kunstbewegung der *Roten Garden* jedoch erst 1967, als unzählige ihrer Kunstpublikationen aufkamen und auch Kunstausstellungen der Rotgardisten abgehalten wurden, ein Ausdruck

unsere unvergleichliche Verehrung und den Respekt gegenüber unserem Großen Führer, den Vorsitzenden Mao, noch verstärkt." Ein Soldat schrieb: „Dies ist ein Kunstwerk von uns Bauern, Arbeitern und Soldaten, so wie wir Arbeiter, Bauern und Soldaten es gerne betrachten." (Loblied 1968.) Das Bild *Der Vorsitzende Mao auf dem Weg nach Anyuan* wurde auch als Farbdruck der *Volkszeitung*, der *Zeitung der Befreiungsarmee* und der Zeitschrift *Rote Fahne* kostenlos beigelegt und in unterschiedlichen Formen gedruckt und verbreitet, insgesamt in einer Auflage von mehr als 900 Millionen Exemplaren (Abb. 328). Es ist das Gemälde, das weltweit am häufigsten reproduziert wurde, und repräsentiert somit einen Angelpunkt der chinesischen Malerei.

Abb. 330: *Kampfzeitung der Schönen Künste*, Nr. 5, Juli 1967, gemeinsame Sonderausgabe mit der Zeitschrift *Proletarier*, Nr. 3, Peking. Überschrift: „Der revolutionären Linie des Vorsitzenden Mao für Literatur und Kunst folgend siegreich voranschreiten". Sammlung Opletal

Abb. 331: Zeitschrift *Karikaturen*, Nr. 8 (Sondernummer), Schlagzeile „Auf Liu Shaoqi, den umfassenden Drahtzieher der ‚Schwarzen Linie' in der Literatur und Kunst, mit aller Macht das Feuer eröffnen". *Pädagogische Akademie für Literatur und Kunst*, Hebei, um 1967. Sammlung Opletal

漫画 专刊 8

毛主席语录

要使文艺很好地成为整个革命机器的一个组成部分，作为团结人民、教育人民、打击敌人、消灭敌人的有力的武器，帮助人民同心同德地和敌人作斗争。

《在延安文艺座谈会上的讲话》

河北艺术师院 无产阶级文化革命红卫兵

向文艺黑线的总后台刘少奇猛烈开火

毛主席在一九六四年六月二十七日关于文学艺术的批示中写道："这些协会和他们所掌握的刊物的大多数 据说有少数几个好的，十五年来，基本上 不是一切人 不执行党的政策，做官当老爷，不去接近工农兵，不去反映社会主义的革命和建设。最近几年，竟然跌到了修正主义的边缘。"

建国十七年来，文艺界的黑线这样粗，这样长，并如此顽固的对抗毛主席关于文艺问题的一系列英明指示，这是为什么呢？

毛主席教导我们：凡是要推翻一个政权，总要先造成舆论，总要先做意识形态方面的工作。革命的阶级是这样，反革命的阶级也是这样。因此，文艺部门也就成了资产阶级同无产阶级争夺的一个极其重要的阵地。文化界的一小撮反革命修正主义分子陆定一、周扬等在党内最大的走资本主义道路的当权派刘少奇的支持下把文艺界搞的乌烟瘴气、毒草丛生、群魔乱舞、妖气弥漫，使若干文艺团体变成象匈牙利裴多菲俱乐部那样的团体，妄图把社会主义的文艺阵地变成他们复辟资本主义的前哨战场。

在毛泽东思想的光辉指引下，无产阶级文化大革命的熊熊烈火，烧毁了这一小撮反革命修正主义分子的美梦。毛主席关于文学艺术五篇文章的公开发表，吹响了向文艺黑线大举进攻的进军号。我们要坚决执行毛主席的革命文艺路线，彻底批判反革命文艺黑线的总后台——中国的赫鲁晓夫刘少奇，坚决把他打倒！批透！批臭！将无产阶级文化大革命进行到底！

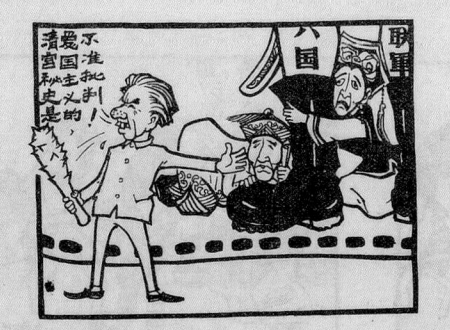

1. 一九五〇年，刘少奇对胡乔木等人一的说："这部影片（指清宫秘史）是爱国主义"，使这部彻底的卖国主义影片上演后，一直没有被批判，流毒全国。

数风流人物 还看今朝！

2. 反动影片《武训传》所宣扬的投降主义、奴隶主义正中刘少奇下怀。刘少奇在抗日战争爆发前夕指挥一批喽啰向敌人投降自首；在他的黑《修养》中大肆鼓吹的奴隶主义……与"武训精神"不谋而合，因此，解放后不久，《武训传》就被抬出上演，刘修更为之拍手叫好。

3. 1954年，刘少奇包庇反革命修正主义分子周扬一伙，阻拦、镇压、所谓"小人物"对俞平伯《红楼梦》研究的资产阶级唯心论的批判和斗争，给资产阶级反动学术"权威"撑腰，镇压无产阶级革命派。

4. 1954年到1955年，在毛主席亲自领导的肃清暗藏反革命分子胡风反革命集团的伟大斗争中，刘少奇却说什么："对胡风小集团，可以开一些会，根据政治原则对他们采取帮助的态度。对胡风，不是打倒他。"刘少奇对抗我们伟大的领袖毛主席，替反革命分子说话，其反革命嘴脸是何等露骨！

Abb. 332: Scherenschnitte (ø jeweils 12 cm), Mao in verschiedenen Lebensphasen und Abschnitten der Revolution, Nantong (Provinz Jiangsu), um 1972. Museum für Völkerkunde Wien, Inv.-Nr. 183.769

dafür, dass ihre Kunstbewegung einen Höhepunkt erreichte hatte. Diese Kunstbewegung wurde eine der wichtigen Ausdrucksformen kulturrevolutionärer Kunst; zusammen mit der vertonten Version der *Worte des Vorsitzenden Mao* und den *Modell-Bühnenstücken* bildet sie einen der drei großen Mythen der Kunst der Kulturrevolution.

Am 5. Februar 1967 öffnete im Pekinger Planetarium die Karikaturen-Ausstellung *Den reaktionären Weg von Liu Shaoqi und Deng Xiaoping zerschlagen,* die durch die Rebellenorganisationen von über zwanzig Universitäten und Fachschulen sowie der Armee gemeinsam vorbereitet worden war, die meisten Werke in dieser Ausstellung waren schon als Wandzeitungen publiziert worden. Ein Reporter der Agentur

Neues China schrieb dazu: „Die gesamte Ausstellung ist erfüllt vom großen Enthusiasmus für die Kulturrevolution. Sie versinnbildlicht die grenzenlose Verehrung der revolutionären Massen für den Vorsitzenden Mao. Sie drückt das ehrliche Gefühl aus, den revolutionären Weg des Vorsitzenden Mao auch unter Einsatz des Lebens verteidigen zu wollen. Sie besingt den großen Zusammenschluss der proletarischen Revolutionäre und die revolutionäre Entschlossenheit der Rebellen, die Macht an sich zu reißen. Wie spitze Pfeile und scharfe Dolche beschießen die

Karikaturen eine nach der anderen gnadenlos den reaktionären Weg der Bourgeoisie, sie entlarven die verhassten Gesichter einer Handvoll Machthaber auf dem kapitalistischen Weg, und sie zeigen die tiefe Bedeutung der Großen Proletarischen Kulturrevolution und die glänzende Perspektive eines Endsiegs, der letztlich errungen werden wird." (Den reaktionären Weg zerschlagen 1967.)

Im Mai 1967 beging man den ersten Jahrestag des Beginns der Kulturrevolution, und zu dem Anlass initiierten und organisierten 84 revolutionäre Rebellenorganisationen gemeinsam die Revolutionäre Gemäldeausstellung *Lang lebe der Sieg der Maozedongideen*. Am 23. Mai 1967 wurde diese umfangreiche Ausstellung in *Nationalen Kunstmuseum* eröffnet. Sie umfasste hunderte Grafiken, Karikaturen, Propagandabilder und Plakate mit den neuen Zitaten des Vorsitzenden Mao. In einem Bericht hieß es dazu: *„Die Werke sind voll des Respekts und der Verehrung für den Vorsitzenden Mao. Sie rühmen enthusiastisch den Sieg der revolutionären Linie des Vorsitzenden Mao. Weiters gibt es zahlreiche Karikaturen, die mit klugen Entwürfen und prägnantem Pinselstrich die Verbrechen des ‚chinesischen Chruschtschow' Liu Shaoqi demaskieren und attackieren. Die Werke sind erfüllt von Kampfeslust und einem rebellischen Geist, der weder Himmel noch Hölle fürchtet."* (Der große Zusammenschluss 1967.)

Am Nachmittag des 25. Mai 1967 wurde auf dem Tian'anmen-Platz feierlich eine Wanderausstellung *Lang lebe die Große Proletarische Kulturrevolution* eröffnet, die dann abwechselnd in Pekinger Vorortfabriken, dörflichen Volkskommunen und Armee-Einheiten gezeigt wurde. Diesmal waren über 150 Exponate ausgestellt, darunter Plakate mit Zitaten des Vorsitzenden Mao, Holzschnitte, Karikaturen und Scherenschnitte. Zur Ausstellung auf dem Tian'anmen-Platz wird ein Soldat der Volksbefreiungsarmee mit folgenden Worten zitiert: *„Diese Werke sind großartig, wie Bajonette oder Handgranaten, kraftvoll und handlich, genau wie wir es schätzen. Früher machten Experten Ausstellungen, wo alles ‚groß, ausländisch oder alt sein musste, und nicht Kunst für uns Arbeiter, Bauern und Soldaten."* (Die Wanderkunstausstellung 1967.)

Als nächstes fand am 2. Juni 1967 in der Pekinger Messehalle eine *Ausstellung der revolutionären Rebellion der Roten Garden der Hauptstadt* statt, veranstaltet von den Delegierten-Komitees der Rotgardisten aller großen Pekinger Akademien und Mittelschulen (Kurze Einführung 1967). Die Exponate erstreckten sich über das Foyer und vier weitere Hallen. In der Vorhalle stand eine riesige Statue von Mao Zedong in Militäruniform mit der Armbinde der *Roten Garden*, wie er gerade den Menschen zuwinkt. Auf den Wandbildern an beiden Seiten der Haupthalle sah man Bilder der hunderttausenden Rotgardisten und der revolutionäre Volksmassen, die Mao-Porträts hochhielten, die *Worte des Vorsitzenden Mao* schwenkten und auf den Platz des Himmlischen Friedens strömten. Ringsum in der Haupthalle hingen auch, in leuchtendem Rot, an die vierzig Kampfbanner der *Roten Garden*. Zusätzlich gab es in dieser Ausstellung noch Fotos und dokumentarische Gegenstände wie zum Beispiel die Uniform, die Rotgardisten-Armbinde und das rote Pionier-Halstuch, die Mao getragen hatte, als er zum ersten Mal die *Roten Garden* auf dem Tian'anmen empfing, sowie das Original der *Ersten marxistisch-leninistischen Wandzeitung des Landes*, die Nie Yuanzi und andere 1966 an der Peking-Universität angebracht hatten, ferner zahlreiche weitere Kunstwerke.

Bis jetzt habe ich nur Ausstellungen erwähnt, die von den Rebellengruppen der Pekinger *Roten Garden* organisiert waren, doch war im Oktober 1967 die Zeit reif für eine landesweite Kunstschau: Die Ausstellung *Lang lebe der Sieg der revolutionären Linie des Vorsitzenden Mao* wurde aus Anlass des 18. Geburtstags der Volksrepublik im *Nationalen Kunstmuseum* abgehalten, und eines ihrer wichtigen Exponate waren die Tonskulpturen *Ein Lob den Roten Garden*. Sie zeigen in aufeinanderfolgenden Szenen Maos „kleine Soldaten" als *Generäle der Kulturrevolution*, die sich in ihrem heldenhaften Kampf zur Verteidigung des proletarischen revolutionären Weges erfolgreich hervortun, etwa bei der Zerschlagung der „Vier Alten" und dem Aufbau der „Vier Neuen", wie man damals sagte. Eine Szene bleibt den Menschen besonders in Erinnerung: Ein als Mitglied einer „konterrevolutionären schwarzen Bande" denunzierter und in den Fraktionskämpfen verletzter Rotgardist schreibt mit Blut weiter Kampfaufrufe an die Mauer seiner Gefängniszelle.

KARIKATUREN: DIE WOHL VERRÜCKTESTE KUNST DER KULTURREVOLUTION

Die Verlautbarung vom 16. Mai, mit der 1966 die Kulturrevolution eröffnet worden war, erwähnte „Gestalten in der Art Chruschtschows", die sich unter dem Volk versteckt hielten und die gerade als politische Nachfolger aufgebaut würden. Diese Worte hatte Mao eigenhändig dazugeschrieben. Damals wussten die meisten Menschen in China noch nicht, gegen wen sich dieser Ausspruch wirklich richtete, vermutlich hat nicht einmal Liu Shaoqi daran gedacht, dass er selbst mit dem „chinesischen Chruschtschow" gemeint war. In diesem verbissenen „Kampf gegen Liu Shaoqi" war auch die Kunstwelt gefordert, Liu zu kritisieren *(Abb. 333)*. Die am 5. Februar 1967 im Pekinger Planetarium abgehaltene Karikaturenausstellung *Den reaktionären Weg von Liu Shaoqi und Deng Xiaoping zerschlagen* zeigte besonders viele gegen Liu Shaoqi gerichtete Karikaturen vom Beginn des Jahres 1967, denn in diesem Jahr war die Kritik an Liu auch zu einer der wichtigsten Aufgaben der

Abb. 333: Karikaturen von Liu Shaoqi und Deng Xiaoping (Ausschnitt), gemeinsame Ausgabe der Publikationen *Pekinger Arbeiter* und *Städtebau-Kampfzeitung* (13. Oktober 1967: 4). Liu wird mit einer großen Nase gezeichnet, Deng ist am schwarzen Anzug und typischen Haarschnitt erkennbar. Unter der letzten Karikatur (19) ist davon die Rede, die „konterrevolutionären revisionistischen Elemente" in „Stücke zu zermalmen". Sammlung Opletal

Kunst geworden. In enger Anlehnung an die politischen Entwicklungen bei der Kampagne gegen Liu spielten die unzähligen Karikaturen, die das Land überzogen, eine wesentliche Rolle. Auch die kleinen Kunstzeitungen der *Roten Garden* druckten Karikaturen, die Liu Shaoqi und seine „bourgeoise reaktionäre Linie" attackierten *(Abb. 331)*.

Die damals entstandene Karikatur *Prozession der Clowns (Abb. 334)* zeigt besonders deutlich, wie sich die Karikatur in der chinesischen Kunstgeschichte gewandelt hatte, von der satirischen Karikatur zu einer Waffe im Klassenkampf und in der Auseinandersetzung zwischen den politischen Linien. Die *Prozession der Clowns* hat in der Welt der politischen Karikatur in China wie eine Bombe eingeschlagen. Geschaffen wurde sie übrigens von Weng Rulan, die 1966 am *Institut für traditionelle chinesische Malerei* der *Zentralen Kunstakademie* promoviert hat. Sie ist die Tochter des berühmten Gelehrten und Harvard-Absolventen Weng Dujian. Aufgrund ihren Herkunft aus einer Intellektuellenfamilie besaß Weng einen starken eigenständigen Charakter, durch Freunde ihres Vaters kannte sie auch viele Details über die Lebensumstände hochrangiger Politiker, die dann zu einer wichtigen Grundlage für die *Prozession der Clowns* wurden, eine Karikatur, die im ganzen Land Beachtung fand und vielfach kopiert wurde.

Abb. 334: Karikatur *Prozession der Clowns*. Oben: „Niemals den Klassenkampf vergessen! Hinweg mit allen Rinderdämonen und Schlangengeistern". Links: „Wenn der Feind sich nicht ergibt, werden wir ihn vernichten!" (*Der Osten ist rot*, Nr. 21, 22. Februar 1967: 3). Sammlung Opletal

Diese berühmteste Karikatur der *Kulturrevolution* zeigt insgesamt 37 attackierte Spitzenfunktionäre, darunter Staatspräsident Liu Shaoqi (in der Sänfte), davor auf dem Fahrrad seine Frau Wang Guangmei. Deng Xiaoping (in der Rikscha) hält Spielkarten in der Hand, ein Hinweis auf seine Bridge-Leidenschaft. Vorne mit dem Gong geht der damalige Propagandachef Lu Dingyi, ganz hinten (mit Schnurrbart) steht der volkstümliche General He Long. Viele Vorwürfe gegen die Politiker sind auch bildlich dargestellt.

Neben den Gruppenkarikaturen wie der *Prozession der Clowns* gab es damals auch viele gezeichnete Bildergeschichten, die Liu Shaoqi und seine Frau, Wang Guangmei, attackierten. In ihren Memoiren berichtet die Tochter von Liu Shaoqi, dass Maos Gattin Jiang Qing gemeinsam mit anderen am 5. August 1967 am Regierungssitz *Zhongnanhai* Pläne für eine große Versammlung schmiedete, in der Liu Shaoqi, Deng Xiaoping und das Politbüromitglied Tao Zhu kritisiert werden sollten. Doch Rotgardisten-„Rebellen" zerrten Liu und seine Frau Wang Guangmei schon vor dem geplanten Datum zu einer Versammlung *(Abb. 335)*, auf der man ihre Köpfe nach unten drückte und sie zwang, sich vor zwei großen Rotgardisten-Karikaturen zu verneigen: „*Sie haben eine Karikatur genommen, auf der ein Galgenstrick und die Pinselspitze und Faust eines Rotgardisten gemalt waren, und stülpten diese über den Kopf meines Vaters. Unglaublich, diese Beschimpfung und Attacke mit einem gezeichneten Galgenstrick galt unserem von 800 Millionen Bürgern rechtmäßig gewählten Staatspräsidenten.*"

Öffnet man die Bildrolle der kulturrevolutionären Kunstgeschichte, so begegnet man einem Mythos von gestern. Diese Kunstwerke, die lange aus der Öffentlichkeit verbannt waren, rufen heute bei vielen von denen, die alles miterlebt haben, auch Erinnerungen an die despotischen und blutigen Zeiten von damals wach, während jüngere damit nur wenig anfangen können. Kunsthistoriker interessieren sich hingegen für die geschichtliche Bedeutung der Kunst der

Abb. 335: Liu Shaoqis Frau, Wang Guangmei, wurde am 9. August 1967 festgenommen und zu einer Kritikversammlung an der *Qinghua-Universität* gebracht. Man zwang sie u. a., sich eine „Kette" aus Tischtennisbällen um den Hals zu hängen, in Anspielung auf eine Perlenkette, die die meist modisch gekleidete *First Lady* bei einem Staatsbesuch im Ausland getragen hatte. Nach Yang 1995: 215

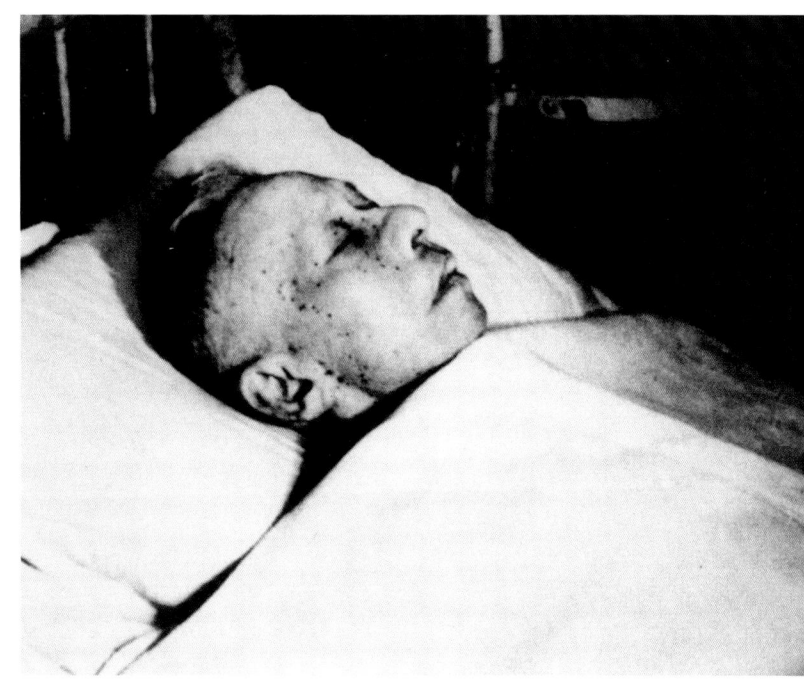

Abb. 336: Liu Shaoqi auf dem Totenbett. Der ehemalige Staatspräsident starb am 12. November 1969 in einem Gefängnis in Kaifeng (Provinz Henan). Nach chinesischen Quellen wurde Liu in der Haft misshandelt, zuletzt wurden ihm dringend benötigte Medikamente vorenthalten. Nach Yang 1995: 469

Kulturrevolution und ihre Querverbindungen zur gesamten Kunstgeschichte des 20. Jahrhunderts. Ich selbst habe vor über zehn Jahren einmal dazu aufgerufen, ein Museum für die Kunst der Kulturrevolution zu errichten. Auch heute stehe ich noch zu diesem Vorschlag. Sollte ein solches „Kunstmuseum der Kulturrevolution" entstehen, wäre dies eine wichtige Grundlage für die weitere Erforschung der kulturrevolutionaren Kunstgeschichte und der Kunstbewegung der *Roten Garden,* aber auch der gesamten chinesischen Kunst des 20. Jahrhunderts. Wir sollten heute schon damit anfangen, Exponate für ein solches „Kunstmuseum der Kulturrevolution" zusammenzutragen und zu analysieren.

(Übersetzung aus dem Chinesischen: Patrice Gruber.)

Weiterführende Literatur
- Kurze Einführung
  1967 *Shoudu Hongweibing Geming Zaofan Zhanlanhui jian jie – qianyan* [Kurze Einführung über die Ausstellung der revolutionären Rebellion der Roten Garden der Hauptstadt, Vorwort]. Peking.
- Liu Chunhua
  1968 *Gesong Weida Lingxiu Mao Zhuxi shi women zui da de xingfu* [Den Großen Führer, den Vorsitzenden Mao, zu preisen, ist unser größtes Glück]. *Renmin Ribao* [Volkszeitung], Peking, 7. Mai.
- Loblied
  1968 *Mao Zedong guanghui xingxiang de gesong* [Loblied auf die strahlende Gestalt Mao Zedongs]. *Guangming Ribao* [Guangming-Zeitung], Peking, 12. Juli.

Shoudu Hong Dai Hui Zhongyang Gongyi Meishu Xueyuan Dongfang Hong Gongshe de Hong Hua Bing [Kämpfer der Roten Kunst der Der-Osten-ist-rot-Kommune der Zentralen Akademie für Kunstgewerbe] (Hg.)
- Lang lebe der Vorsitzende Mao
  1967 *Mao Zhuxi wansui – Mao Zhuxi banhua xiaoxiang huibian* [Lang lebe der Vorsitzende Mao – Graphiken zur Darstellung des Vorsitzenden Mao]. Peking.

- Wang Mingxian
  2002 *From Street Art to Exhibition Art. The Art of the Red Guard During the Cultural Revolution. Yishu. Journal of Contemporary Chinese Art.* August, Taipei und Vancouver: 44–50.
- Wang Mingxian und Yan Shanchen
  2001 *Xin Zhongguo meishu tu shi 1966–1976. The Art History of the People's Republic of China* (chin.). Peking: Zhongguo Qingnian Chubanshe [Chinesischer Jugendverlag].
- Yang Kelin (Hg.)
  1995 *Wenhua Da Geming Bowuguan* [Ein Museum der Kulturrevolution] (1 und 2). Hongkong: Dongfang Chubanshe/Oriental Publishing House und Tiandi Tushu Youxian Gongsi/Cosmos Books, Ltd.
- Den reaktionären Weg zerschlagen
  1967 *Zalan zichanjieji fandong luxian* [Den reaktionären Weg der Bourgeoisie zerschlagen]. *Qian Junbang* [Tausend Knüppel]. Peking: *Xinhua She* [Nachrichtenagentur Neues China] 2, Februar.
- Der große Zusammenschluss
  1967 *Geming da lianhe, zhandou de xin meizhan* [Der große revolutionäre Zusammenschluss – eine neue Kunstausstellung des Kampfes]. *Man Jiang Hong* [Der Fluss ist rot] 3, Juli.
- Die Wanderkunstausstellung
  1967 *„Xunhui Meizhan" hao de hen!* [„Die Wanderkunstausstellung" ist sehr gut!]. *Xunhui Meizhan Huakan* [Illustrierte Zeitschrift zur Wanderkunstausstellung], Juni.

Wang Mingxian, Sammler, Kunsthistoriker und Künstler. Studienabschluss 1982 an der *Chinesisch-Abteilung* der *Universität Xiamen.* Stellvertretender Chefredakteur der Zeitschrift *Architektur* in Peking.

Abb. 337: Waschschüssel (Email, ø 37 cm), Aufschrift „Die Seefahrt vertraut auf den Steuermann", Shanghai, datiert April 1967. Museum für Völkerkunde Wien

Abb. 338: Seifendose (Kunststoff, 6 x 8 cm), Aufschrift „Die zur Sonne gerichteten Blumen öffnen sich", Ende der 60er Jahre. Museum für Völkerkunde Wien

Abb. 339: Seifendose mit Deckel (Porzellan, 13 x 10 cm), Mao-Spruch „Die politische Arbeit ist der Lebensnerv jeder wirtschaftlichen Tätigkeit", Ende der 60er Jahre. Museum für Völkerkunde Wien

Abb. 340: Waschschüssel (Email, ø 37 cm), „strahlende" *Mao-Bibel* und Aufschrift (außen) „Der Vorsitzende Mao ist die Rote Sonne in unseren Herzen", Shanghai, um 1967. Museum für Völkerkunde Wien

Abb. 341: Taschenspiegel (ø 7,5 cm) mit Aufschrift „Wenn man Mao folgt, wird die ganze Welt rot", um 1968. Museum für Völkerkunde Wien

Abb. 342: Toilettekästchen (Holz, Metallbeschläge, 18 x 23 x 11 cm), Aufschrift „Lebendiges Studium und lebendige Anwendung der drei ständig zu lesenden Werke [des Vorsitzenden Mao]", darunter „Unter Entbehrungen zäh kämpfen, mit Fleiß und Sparsamkeit das Land aufbauen, auf eigene Kraft bauen, hart arbeitend nach Erfolg streben", um 1969. Museum für Völkerkunde Wien, Inv.-Nr. 183.459

Abb. 343: Waschschüssel (Email, ø 22 cm), „Der Osten ist rot", Shanghai, datiert Dezember 1968. Museum für Völkerkunde Wien

Abb. 344: Handtuch (Baumwolle, 34 x 74 cm) mit Spruch „Die Seefahrt vertraut auf den Steuermann", um 1969. Privatbesitz Helga Hütter-Lux, Berlin

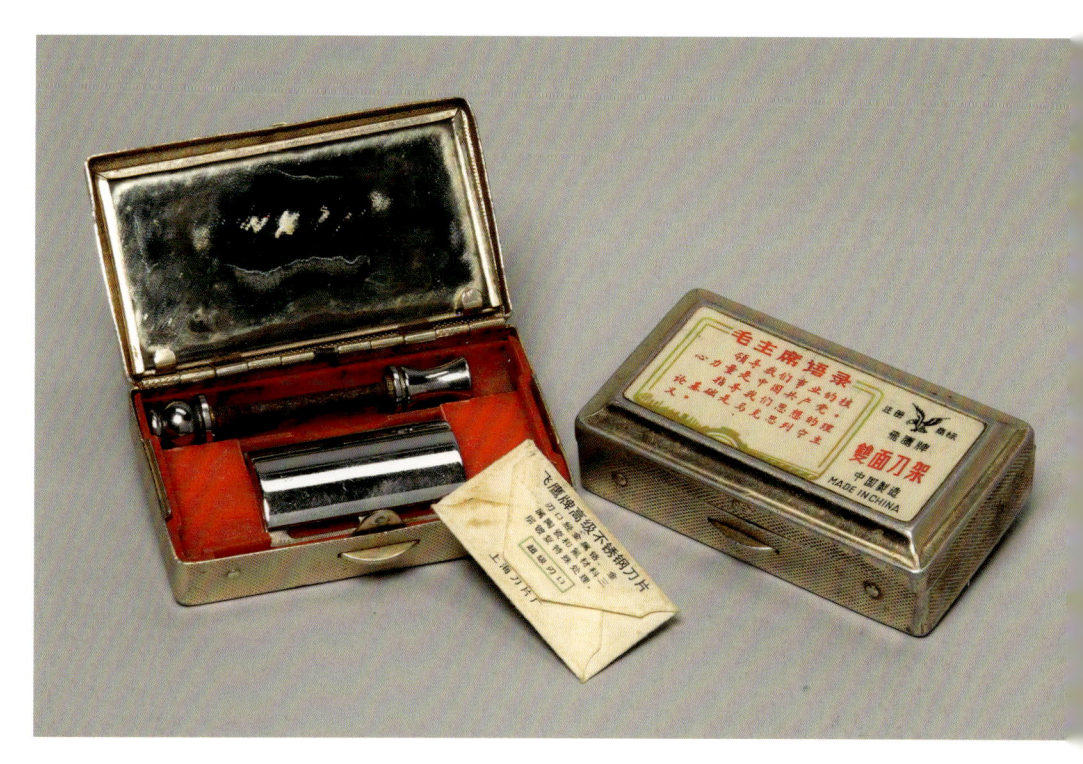

Abb. 345: Handrasierer in Metallbehälter (4,5 x 8 cm), Marke *Fliegender Adler*, mit Mao-Spruch „Die den Kern bildende Kraft, die unsere Sache führt, ist die Kommunistische Partei Chinas. Die theoretische Grundlage, von der sich unser Denken leiten lässt, ist der Marxismus-Leninismus", Ende der 60er Jahre. Museum für Völkerkunde Wien, Inv.-Nrn. 178.708, 183.429

Abb. 346: Spiegelkästchen (Holz, Perlmuttknöpfe, H. 62 cm) mit Parole „Der Vorsitzende Mao ist die rote Sonne in unseren Herzen", auf den Laden „Die Armee unterstützen, das Volk lieben", „Die Revolution anpacken, die Produktion, die Arbeit und die Kriegsvorbereitungen fördern" sowie „Schließen wir uns zusammen, um noch größere Siege zu erringen", um 1969. Museum für Völkerkunde Wien, Inv.-Nr. 183.456

Abb. 347: Wandspiegel im Holzrahmen (44 x 64 cm) mit Porträts von Marx, Engels, Lenin, Stalin und Mao und Parole „Ein langes Leben dem Marxismus-Leninismus und den Maozedongideen", davor ein Toilettekästchen (Holz, Metallgriffe, 23 x 18 x 11 cm), Aufschrift „Die Revolution anpacken, die Produktion fördern", Ende der 60er Jahre. Museum für Völkerkunde Wien, Inv.-Nrn. 183.455, 183.456

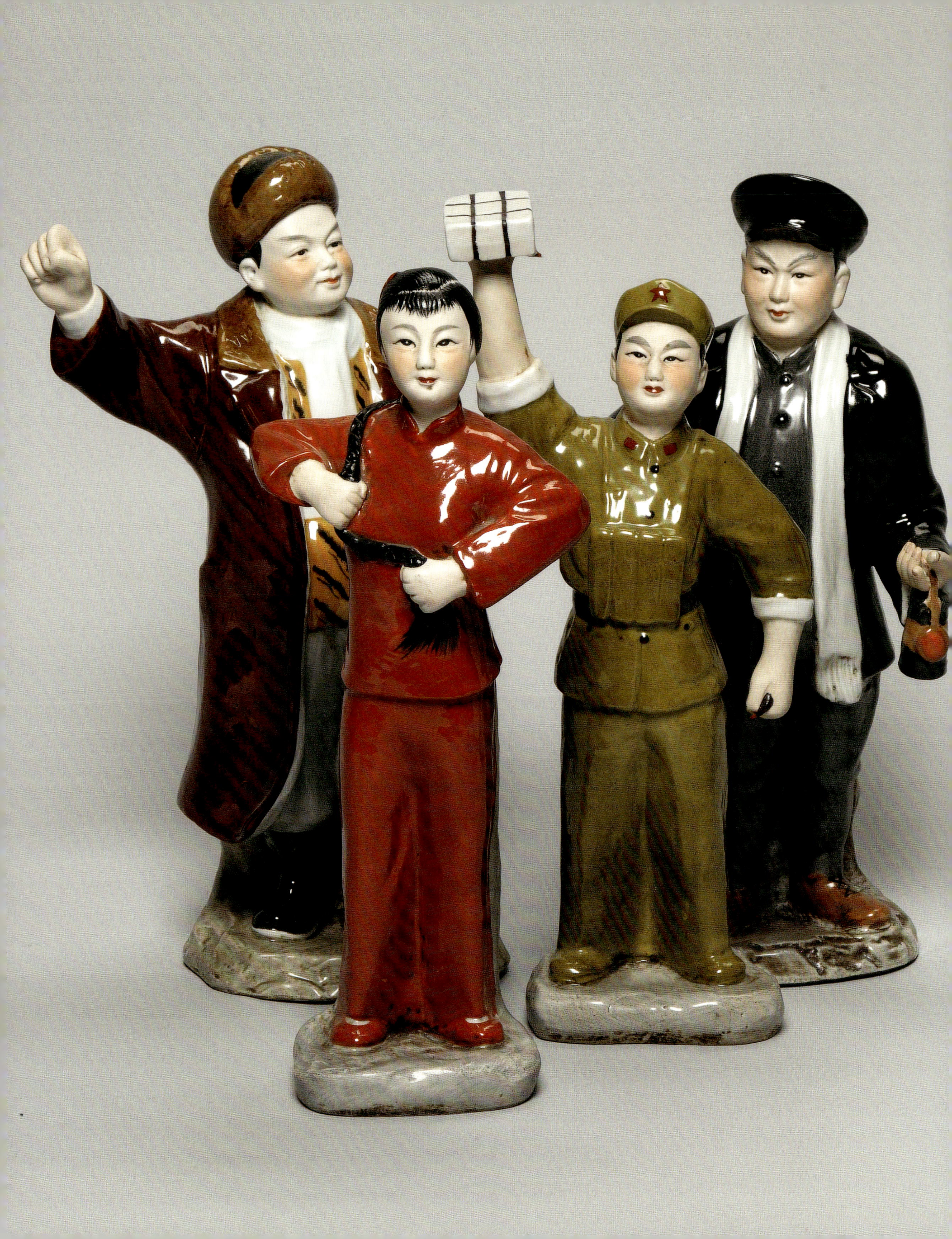

MICHAEL GISSENWEHRER

KLASSENKAMPF AUF DER BÜHNE – JIANG QINGS REVOLUTIONSTHEATER

In Relation zu den unbeschreiblichen Verlusten an Kulturgütern des alten China während der *Großen Proletarischen Kulturrevolution* ist die Tatsache, dass auch von dem in den Jahren 1966 bis 1976 neu Geschaffenen wenig geblieben ist, sicherlich von nur geringer Bedeutung. Während jedoch einiges davon als Memorabilia für chinesische Nostalgiker und für den touristischen Markt kopiert wird, mühen sich ehrenwerte Institutionen mit Gedenkprodukten der ganz anderen Art ab. Die *Pekingopern-Truppe der Hauptstadt* und das *Chinesische Nationalballett* führen auch heutzutage Stücke im Stil der Kulturrevolutionszeit auf. Sie waren nach 1976 für die Bühnen verboten gewesen, aber seit den frühen 90er Jahren bespielen die großen staatlichen Truppen damit wieder ausverkaufte Häuser.

Das seinerzeit als *Revolutionäres Modernes Ballettstück* bezeichnete Werk *Die Rote Frauenkompanie* wurde 1995 sogar in den USA gezeigt, später auch in Rom, Paris, London und Kopenhagen und schließlich im Kulturprogramm der Olympischen Sommerspiele in Peking, im neuen *Nationalen Zentrum für Darstellende Kunst* in unmittelbarer Nähe zur *Großen Volkshalle*. Für die Veranstalter wie auch das Publikum schien der Widerspruch vernachlässigbar zu sein, ausgerechnet in dem protzigen Verkaufsambiente für alles Teure und Theatrale die posthume Verklärung der *Kulturrevolution* zu inszenieren.

Für das schicke Hauptstadtpublikum bedeutete die an sich radikal linke Bühnendemonstration bloß ein kurzweiliges Stück Museumstheater. Man hatte den Zuschauern die so beliebten Spielzeuge Mobiltelefon und Digitalkamera sicherheitshalber gleich bei der Durchleuchtung am Eingang abgenommen, so hätten sie eigentlich genug Muße gehabt für ein wenig Auseinandersetzung mit dem Melodram der Revolution – es wurde aber nur zur Kenntnis genommen, nicht mehr.

Begeisterung war weder im Publikum noch auf der Bühne zu spüren. Die Vorstellung wirkte wie ein technischer Durchlauf, die ursprünglich fürchterlichen Posen der Rache waren zum kühlen Zitat verkommen, der – im Unterschied zur improvisierten und antiillusionistisch wirkenden Ausleuchtung vor 44 Jahren – perfekte und höchst anspruchsvolle Einsatz von Bühnenlicht leistete eine zusätzliche Weichzeichnung. Das Guerillacamp im Urwald der Insel Hainan glich einem Pfadfinderlager. Der befreundete chinesische Theatermann hatte mit seiner Warnung wohl Recht behalten: *„Den Geist der Kulturrevolution wirst du hier nicht mehr finden! Sie ballen zwar die Fäuste, aber es ist nichts dahinter, so bleibt eine leere Geste."*

Einige Wochen vorher, am 27. und 28. Juni, ergab sich im Pekinger *Chang'an-Theater* ein vollkommen anderes Bild. Zu den Vorstellungen der *Revolutionären Modernen Pekingopern* mit dem Titel *Die Rote Signallaterne (Abb. 349)* und *Shajiabang* waren vor allem Zuschauer gekommen, die sich die Karten für das „Entenei", wie die Pekinger das neue *Nationale Zentrum für Darstellende Kunst* nennen, nicht leisten konnten, obwohl zu Zeiten der kulturellen Marktwirtschaft und seit das alte, stimmungsvolle *Chang'an-Theater* abgerissen und als Riesenhalle in einem kalten Restaurant- und Büroblock wiedererstanden ist, auch hier die Theaterkarten empfindlich teuer geworden sind.

Und wieder glich die Vorstellung einer Pflichtübung und warf die Frage auf, ob es die jungen Schauspieler vielleicht gar nicht besser können. Doch das Publikum mit einem Altersdurchschnitt von weit über sechzig verfolgte tief gerührt die Geschichten des opferbereiten revolutionären Eisenbahners und der versprengten Rotarmisten in den Sümpfen, die von einer heldenhaften Teehauswirtin am Leben erhalten werden. Viele sangen mit. Der Schlussapplaus – in chinesischen Theatern eher eine Ausnahmeerscheinung – war lang anhaltend und durch Beifallsrufe verstärkt. War das etwa eine konspirative Versammlung von

Abb. 348: Porzellanfiguren (H. 28 – 32 cm), die bekannte Rollen aus den revolutionären Bühnenstücken verkörpern. Museum für Völkerkunde Wien, Inv.-Nrn. 178.753, 178.754, 178.755, 179.927

Die meisten solcher bunten Porzellanfiguren entstanden zu Beginn der 70er Jahre in den ehemals kaiserlichen Manufakturen von Jingdezhen (Provinz Jiangxi), viele wurden exportiert, in China waren sie zunächst wenig bekannt. Erst in der Nostalgie-Welle der 90er Jahre erreichten sie Popularität. Porzellanhersteller (auch die ursprünglichen Produzenten in Jingdezhen) kopierten die wenigen Originale und kreierten gleichzeitig neue Modelle, die es in der *Kulturrevolution* gar nicht gegeben hatte, wie etwa Darstellungen von Kritikversammlungen und Demütigungen. Originale und Kopien sind heute oft schwer zu unterscheiden.

Abb. 349: Teekanne (Porzellan, H. 16 cm), Szene aus *Die Rote Signallaterne*, um 1970. Museum für Völkerkunde Wien, Inv.-Nr. 183.536 a, b

Abb. 350: Streichholzschachtel mit einem Motiv aus der Modelloper *Am Hafen*, Xi'an, um 1970. Museum für Völkerkunde Wien, Inv.-Nr. 183.425

Ewig-Linken? Kaum, denn die Damen und Herren im Publikum erklärten offenherzig, diese Bühnenwerke hätten heutzutage nichts mehr mit Politik zu tun. Ihre Begeisterung und Hochschätzung gelte vielmehr der hohen Qualität der Modellopern. Sicherlich, sie waren ja während der *Kulturrevolution* jung gewesen, und für sie hatte es in dieser Zeit eines gewissen Programm-Minimalismus nur die acht Modellproduktionen gegeben, die damals unablässig in Radio, Fernsehen, als Film und über Lautsprecher selbst auf den Feldern verbreitet wurden. Noten und Textbücher sowie bunte Poster und Bilder in der Presse sorgten für eine lückenlose Bekanntheit. Die Zuschauer kennen noch immer jedes Wort und jede Note und jede Bewegung auswendig.

Mit Ausnahme der beiden Modellopern *Am Hafen (Abb. 350)* und *Die Ode an den Drachenfluss,* deren Handlungen nach der kommunistischen Machtübernahme von 1949 spielen, sind die alten „Modellstücke" neben chinesisch klassischen Arien wieder allgegenwärtig geworden – auf den Bühnen, in den DVD-Läden und bei den Schwarzhändlern, im Wunschkonzert im Radio und selbst im Rahmen eines Schulversuchs.

Auch in der heutigen wissenschaftlichen Diskussion sind sie ein Thema, allerdings mit Schwerpunkt auf Musik und unter vollkommener Aussparung des politischen Kontexts.

Es ist eine seltsame Praxis der Verharmlosung dieser Werke festzustellen. Denn selbst wenn „nur" die unmenschlichen Japaner, die tyrannischen Großgrundbesitzer und die unfähigen Soldaten Tschiang Kaischeks in den Geschichten der 30er und 40er Jahre besiegt und erschossen werden, bleibt dennoch die radikal politische und extrem brutale Aussage, dass alles zum „Feind" Erklärte bedingungslos zu vernichten sei. Der Austausch einer Waffenübungs-Szene in einem der acht Hass-Stücke durch einen Bändertanz ist nur Oberflächenkosmetik.

Als in einem Fall versucht wurde, einige Textzeilen der Revolutionsoper *Mit taktischem Geschick den Tigerberg erobert* abzumildern, verlachten die Zuschauer die Änderung und setzten die Wiedereinführung des Originaltextes durch. In der gegenwärtigen Zeit der Unsicherheit ermöglichen die Revolutionsstücke den verklärten Blick zurück, als vieles chaotisch und extrem, aber – nach Meinung des Fachpublikums der *Roten Signallaterne* – nicht alles schlecht war.

EIN CHINESISCHER THEATERSTREIT

Mao Zedong hatte 1942 im kommunistischen Stützpunktgebiet in Yan'an mit seiner Brandrede für die Unterwerfung der Kunst unter die Parteiinteressen zwar die neuen ideologischen Rahmenbedingungen festgelegt, doch konnten die kommunistischen Kulturkader bis zur Machtübernahme 1949 in der praktischen Theaterarbeit wenig Profil entwickeln. Als sie weit in das Lößhochland abgedrängt waren, wurden ihnen die so genannten „Pflanzgesänge" und Experimente mit lokalen Theaterformen noch abgenommen, aber spätestens mit der Machtergreifung in den großen Städten mit ihren etablierten Theaterszenen stockten die Reformen. Angesichts der Vertrautheit der Bevölkerung mit dem traditionellen Musiktheater blieb für die neue Herrschaft nur der Kraftakt: Überprüft wurden die Gesinnung der Theaterleute und der Inhalt der Stücke. Heraus kamen ein paar Auftrittsverbote und der Bann über einige Stücke mit allzu feudalem, abergläubischem und schlüpfrigem Inhalt.

Manche eifrige Schauspieler wollten vormachen, wie die revolutionären Tendenzen ausgewählter Stücke stärker herauszuarbeiten und Produktionen mit zeitgenössischen Inhalten zu gestalten seien. Sie hatten dabei aber wenig Erfolg, denn freiwillig wollte das Publikum nicht von seinem gewohnten Theater lassen. Vormals gefeierte Bühnenstars wie Mei Lanfang oder Ma Lianliang führten als Großverdiener weiterhin ihre privaten Theatertruppen, wurden von kommunistischen Kadern hofiert. Eine Statistik belegt, dass im Jahr 1960 in der Hauptstadt zu 97 Prozent traditionelle Peking-

Abb. 351: Plakat (35 x 39 cm), Jiang Qing mit *Mao-Bibel* in der Hand, Parole „Die sozialistische neue Literatur und Kunst erobert alle Bühnen", im Hintergrund Figuren aus den wichtigsten Literatur- und Bühnenwerken der *Kulturrevolution*. Rotgardisten-Organisationen der *Zentralen Kunstakademie*, Mai 1967. Museum für Völkerkunde Wien, Inv.-Nr. 183.797

Oper aufgeführt wurde, 1961 zu 83 Prozent und im Jahr 1962 zu 100 Prozent.

Den folgenschweren Umbrüchen im Theater Mitte der 60er Jahre ging eine verhängnisvolle politische Entwicklung voraus. Der liberalen *Hundert-Blumen-Bewegung* wurde die *Kampagne gegen Rechtsabweichler* entgegengesetzt. Eine radikale Landreform und ein überzogenes Industrialisierungs-Programm, der *Große Sprung nach vorn*, endeten in Wirtschaftsdesaster und Hungersnot. In der Folge verlor die Linke ihre Macht an die Pragmatiker und gemäßigten Reformer, unter ihnen Deng Xiaoping. Die Strategie der Gruppe um Mao, die dazu führen sollte, wieder die Oberhand zu gewinnen, schloss auch das Kampfmittel Theater mit ein.

In diesem Bereich konnte sich Mao Zedong auf die Erfahrungen seiner Gattin Jiang Qing verlassen, einer Film- und Bühnenschauspielerin vergangener Shanghaier Zeiten – sie war gleichermaßen Künstlerin und ehrgeizige Politikerin, die sich mit Nachdruck im Kulturbereich unentbehrlich zu

Abb. 352: Wecker (H. 10 cm) mit einer Szene aus der Modelloper *Die Rote Signallaterne*, um 1970. Museum für Völkerkunde Wien, Inv.-Nr. 183.371

ehrgeizigen Plänen Jiang Qings entgegenstellen. Mit Beginn der *Kulturrevolution* waren die Widersacher inhaftiert und alle Stücke des traditionellen Musiktheaters von den Bühnen verschwunden.

Auch der direkte Beginn dieser *Kulturrevolution* hatte wieder mit Theater zu tun. Der Historiker und Vizebürgermeister von Peking, Wu Han, verfasste ein Stück, das 1961 als Pekingoper mit dem Titel *Hai Rui wird seines Amtes enthoben* auf die Bühnen kam und schnell, wohl auch wegen der Besetzung mit Ma Lianliang in der Titelrolle, sehr populär wurde. Die Handlung erzählt von einem aufrechten Beamten der Ming-Dynastie, der seinen Kaiser wegen Unfähigkeit anklagte. Hai Rui wurde als Beamter entlassen und inhaftiert.

Es war nicht das erste Mal, dass im chinesischen Theater historische Figuren als Anspielung auf aktuelle Probleme eingesetzt wurden. In der Konstellation der frühen 60er Jahre lag es nahe, dass Hai Rui für den Verteidigungsminister Peng Dehuai stand. Dieser hatte im Sommer 1959 auf der *Lushan-Konferenz* wegen politischer Fehlschläge wie dem *Großen Sprung nach vorn* schwere Vorwürfe an Mao gerichtet, wor-

machen verstand *(Abb. 351)*. Ihre große Stunde schlug mit dem *Ersten landesweiten Festival der Pekingoper mit aktueller Thematik* im Juni und Juli 1964, für das sie bereits vier der so genannten „Modellstücke" *(yangbanxi)* produziert hatte. Mao stellte in seiner berühmt gewordenen Grußadresse an die 29 Truppen mit insgesamt 35 Stücken ein gewisses Missverhältnis fest, die Bühne sei bevölkert von „*Königen, Prinzen, Generälen, Ministern, Gelehrten und schönen Frauen und – an der Spitze von allen – von Geistern und Monstern! Es leben aber über 600 Millionen Arbeiter, Bauern und Soldaten in China und eine Hand voll Landbesitzer, reiche Bauern, Konterrevolutionäre, üble Elemente, Rechte und Bürgerliche. Soll das Theater nun für diese Minderheit da sein, oder für die 600 Millionen?"*

Die Mobilmachung im Bereich des Theaters war somit angelaufen. Nur noch für kurze Zeit konnten sich mächtige Männer aus dem Kultur- und Propagandaministerium den

Abb. 353: Keksdose (Metallblech, H. 22 cm) mit einer Szene aus der Modelloper *Mit taktischem Geschick den Tigerberg erobert*, Staatliche Volkswohl-Lebensmittelfabrik Nr. 4, Shanghai, um 1970. Museum für Völkerkunde Wien, Inv.-Nr. 178.445

auf er alle seine Ämter verlor. Der neue Verteidigungsminister hieß Lin Biao. Wenn also der unerschrockene Hai Rui mit Peng Dehuai gleichzusetzen war, dann konnte mit dem angeschlagenen Kaiser nur Mao Zedong selbst gemeint sein.

Jiang Qing konterte mit einem publizistischen Signalfeuer. Sie ließ ihren Protegé Yao Wenyuan, er wurde später der sogenannten *Viererbande* zugezählt, am 10. November 1965 eine denkwürdige Theaterkritik in der Shanghaier *Literaturzeitung* veröffentlichen – der Erstschlag gegen Maos Gegner und deren kulturell-politisches Ambiente. Es blieb jedoch, wie wir wissen, nicht bei Auseinandersetzungen in Fachmedien. Fanatische Rotgardisten „bewährten" sich bei der Auslöschung des alten China und der Vernichtung unzähliger Menschen, die im prolongierten Klassenkampf der Zugehörigkeit zur falschen Seite verdächtigt wurden.

Jiang Qings Modellstücke waren nicht nur Vorbild für Nachfolgeprodukte im propagandistischen Auftrag. Ihre exemplarischen Bühnenkonflikte zwischen kommunistischen Helden und deren Widersachern wurden in den alltäglichen Klassenkampf-Kampagnen der *Kulturrevolution* auch als Verhaltensmodelle verstanden.

FRAU MAOS HASS-DRAMATURGIE

Ab 1966 war Jiang Qing die mit Allmacht ausgestattete Alleinbeauftragte für die Produktion von „Revolutionstheater" *(gemingxi),* das aus den vormals bescheidenen Ansätzen des „Modernen Theaters" *(xiandaixi)* hervorgegangen war. Sie befehligte Hundertschaften herausragender Texter, Komponisten, Musiker, Schauspielerinnen und Schauspieler, Kostümbildner und Dekorateure, die ihrer radikalen politischen Ausrichtung voll zu entsprechen hatten. Der große Rest chinesischer Theaterschaffender teilte das bittere Los unzähliger Demütigungen mit allen als Konterrevolutionäre verdächtigten Landsleuten.

Die erste Staffel an neuen, revolutionären Bühnenwerken umfasste die *Fünf Revolutionären Modernen Pekingopern: Die Rote Signallaterne; Mit taktischem Geschick den Tigerberg erobert; Am Hafen; Attacke auf das Regiment vom Weißen Tiger; Shajiabang,* ferner zwei *Revolutionäre Moderne Ballettstücke,* und zwar *Die Rote Frauenkompanie* und *Das Weißhaarige Mädchen* sowie die Symphonie *Shajiabang.* Nach 1972 wurden zehn weitere Werke vorgestellt, die aber an Popularität hinter den *Großen Acht* zurückblieben.

Im Rahmen von Jiang Qings Großprojekt „Revolutionstheater" lohnt der genaue Blick auf das Ausgangsmaterial ausgewählter Werke und ihre allmähliche Ausgestaltung als Modellstück.

Die Rote Signallaterne (Abb. 352) etwa geht auf einen Roman von Qian Daoyuan aus dem Jahr 1958 zurück. Der Titel *Es werden immer welche nachfolgen* bezieht sich auf reale

Abb. 354: Briefumschlag (Rückseite) mit Szenenausschnitt aus der Revolutionsoper *Shajiabang,* Poststempel von 1971. Sammlung Opletal

Eisenbahnerstreiks und kommunistische Untergrundarbeit in den 20er Jahren. Diese Begebenheiten wurden in das Jahr 1939 verlegt und mit Aktionen gegen die japanischen Besatzer in Verbindung gebracht. Ein Film aus dem Jahre 1963 war das unmittelbare Vorbild für *Die Rote Signallaterne,* die populärste der revolutionären Pekingopern.

Das Stück *Mit taktischem Geschick den Tigerberg erobert (Abb. 353)* aus dem Jahre 1958 fußt auf dem ein Jahr zuvor erschienenen Bestseller *Spuren im Schneewald* von Qu Bo, in dem, in Anlehnung an die Figur des Wu Song aus dem Ming-Roman *Die Räuber vom Liangshan-Moor,* der Rotarmist Yang Zirong – quasi als Zitat – ebenfalls einen Tiger tötet und – als gegensätzlichen Handlungshöhepunkt – ein Räuberlager aushebt.

Die nach einem Marktflecken am Yangcheng-See in der Provinz Jiangsu betitelte Pekingoper *Shajiabang (Abb. 354)* hat ihren Vorläufer in einer Hu-Oper der Region Shanghai, die ursprünglich *Funken im Schilf* hieß. Als gleichnamige Peking-oper war sie auf dem Festival von 1964 Mao Zedong vorgeführt worden, der sehr begeistert gewesen sein soll.

Auch das Ballettstück *Die Rote Frauenkompanie (Abb. 355)* folgt einem Roman von Liang Xin und einem gleichnamigen Film des Jahres 1963, die von einer legendären Gruppe von Frauenkämpfern auf der Insel Hainan Anfang der 30er Jahre handeln.

An diesen vier Modellstücken fällt auf, was im Grunde für alle gilt. Die Exposition schafft eine nur leicht veränderte Figurenkonstellation und der Ort der Handlung wird von sehr negativ charakterisierten Gruppen beherrscht: der japanischen Armee *(Laterne)* und einem marodierenden

Haufen von Tschiang-Kaischek-Soldaten *(Tigerberg);* in *Shajiabang* haben japanische Soldaten und nationalchinesische Kollaborateure die kommunistische *Neue Vierte Armee* eingekesselt, und die Insel Hainan wird von der Clique eines Großgrundbesitzers tyrannisiert *(Frauenkompanie).*

Gegen diese als extrem brutal dargestellten Machthaber beginnen außergewöhnliche Figuren zu revoltieren. Ganz gleich, ob es der Weichensteller und kommunistische Agent Li Yuhe *(Laterne)* ist, der Befreiungssoldat Yang Zirong *(Tigerberg),* der Verbindungsoffizier Guo Jianguang mit der Agentin und Teehaus-Betreiberin A Qing *(Shajiabang)* oder der Politkommissar Hong Changqing gemeinsam mit der ehemaligen Leibeigenen und Soldatin Wu Qinghua *(Frauenkompanie):* Ihre Motivation zum Handeln entspringt dem umfassenden Sendungsbewusstsein der Kommunistischen Partei, China zu retten.

Vor diesem Hintergrund werden alle die positiven Figuren von einer gewaltigen Welle von Rache und Hass getragen. Die vorangegangenen fürchterlichen Handlungen der Gegner berechtigen die Helden zu einem mit äußerster Härte geführten Widerstand und zu erbarmungsloser Ver-

Abb. 355: Porzellanstatue (H. 37 cm) mit einer Szene aus dem Ballett *Die Rote Frauenkompanie,* Kopie aus den 90er Jahren. Sammlung Jörg-M. Rudolph, Bad Homburg

Abb. 356: Keksdose (Metallblech, H. 22 cm) mit den bekanntesten Rollen aus dem Modell-Bühnenstück *Die Rote Signallaterne. Staatliche Volkswohl-Lebensmittelfabrik Nr. 4, Shanghai,* um 1970. Museum für Völkerkunde Wien, Inv.-Nr. 183.461

nichtung, ja sie zwingen sie dazu. Kompromisse und Nachsicht sind vollkommen ausgeschlossen.

Diese Dramaturgie der extremen Konfrontation bestimmte die vielfältigen Bearbeitungen von Vorlagen und der unterschiedlichen Fassungen, die endgültigen Textversionen und Verfilmungen stammen ausnahmslos aus den frühen 1970er Jahren. Anfangs wurden die Stoffe hinsichtlich einer stark vereinfachenden Positiv-Negativ-Struktur um Gruppen von Helden und Verbrechern herum bearbeitet, die Guten entfernten sich mit den Jahren von jedem menschlich-gefühlvollen Ambiente und entwickelten sich zu stereotypen Kämpfern und Heilbringern, die makellos, bindungslos und vollkommen ergeben den Direktiven der Kommunistischen Partei folgten. Manchen Helden gelingt der Durchmarsch durch alle Widrigkeiten hin zum Sieg ohne größere Niederlagen. Der Rotarmist Yang Zirong gibt sich als Bandit aus und kann in einer an sich undramatischen Handlung die Erstürmung des *Tigerbergs* vorbereiten. Ein anderer Volksbefreiungssoldat schafft es sogar, mit einem Haufen versprengter und verwundeter Kameraden die Japaner und ihre Kollaborateure in Shajiabang zu vernichten.

Die Geschichte kann aber auch Opfer verlangen. Der Eisenbahner aus der *Laterne* gibt den Japanern den Kode selbst unter Folter nicht preis und wird deshalb erschossen. Der Politkommissar der *Frauenkompanie* hat den – schließlich zum Sieg führenden – Rückzug seiner Truppe gedeckt, schwer verwundet kann er dem Ansinnen des Tyrannen, ihn vor den anstürmenden kommunistischen Kämpfern zu retten, nur Verachtung entgegenbringen. Er wird lebendigen Leibes verbrannt. Als die Flammen lodern oder der Eisenbahner zur Richtstätte geführt wird, ertönt mit vollem Orchesterklang die *Internationale,* übertönt vom letzten Wunsch der Delinquenten „Lang lebe der Vorsitzende Mao! Lang lebe die Kommunistische Partei!"

Mit jeder Erhöhung der Helden geht eine Erniedrigung der Gegner einher, die mit grotesker Mimik und bizarr verrenkten Körpern die Grenze zum Komischen längst überschritten haben und – genau genommen – in ihrer Gegnerschaft für die Helden immer weniger überzeugend werden. Nur die anfängliche Übermacht und ihre Brutalität legitimiert sie noch als Auslöser für die Errettungsaktion der Roten im Sinne des Kommunistischen Ursprungsmythos und, im übertragenen Sinne, für den fortwährenden Klassenkampf, denn mit den Bearbeitungen über die Jahre konzentriert sich das strikte Bedeutungsangebot der Revolutionsstücke immer mehr auf Mao Zedong. Seine Schriften und Reden werden von den Helden stets überschwänglich zitiert. Und keine Handlung kann weit genug zurückliegen oder ursprünglich ganz andere Voraussetzungen haben, um nicht schlussendlich doch den Klassenkampf der Kulturrevolutionszeit zu propagieren.

Abb. 357: Schallplatte (Cover 26 x 26 cm) mit Ausschnitten aus dem Revolutionsballett *Das Weißhaarige Mädchen,* aufgeführt von der Ballettschule der Stadt Shanghai. *China Record Company*, M-938. Museum für Völkerkunde Wien, Inv.-Nr. 183.383

Für die Darstellung von Helden und ihren Taten stand Jiang Qing und ihrem Team die stark formalisierte Form der traditionellen Pekingoper zur Verfügung. Außer den Kostümen und der Dekoration musste hier nicht viel geändert werden, denn Gesänge und Typisierung der Handelnden erwiesen sich für die Kontrastierung und heldische Überhöhung als sehr förderlich. Das besondere Bewegungsspiel, die Bühnenwaffenkämpfe und die für Pekingopern so charakteristischen Standbilder von Figuren als Höhepunkte einer Sequenz boten den idealen Rahmen für die Zurschaustellung von Heroismus und Sieg. Mit der entsprechenden Zuordnung der Figurentypen und mit Klartext versehen, funktionierten die alten Vorlagen überzeugend gut als Propagandamedium.

In *Die Rote Signallaterne* (Abb. 356) agiert der Eisenbahner Li Yuhe hauptsächlich mit Ausdrucksmitteln von „Großen Bemalten Gesicht-Rollen" *(jing)*, ergänzt durch den Gesang von „Männer-Rollen" *(sheng)*, er trägt aber keine auffällige Schminkmaske und keinen langen Bühnenbart, sein japanischer Gegner, Hatoyama, wird durch die traditionelle Clown-Rolle *(chou)* charakterisiert.

Hatoyama: *Li Yuhe, es kann doch nicht sein, dass du von meiner Tätigkeit nichts weißt? Ich stelle die Passierscheine in die Hölle aus.*

Li Yuhe: *Du weißt noch nicht, dass ausgerechnet ich deine Hölle niederreißen werde? […]*

Hatoyama: *Li Yuhe, ich rate dir, kehr um, bevor deine Knochen zerbrochen sind!*

Li Yuhe: *Lieber habe ich meine Knochen zerbrochen, als dass ich umkehre!*

Hatoyama: *Die Gendarmen sind gnadenlos, hier kommst du nicht mehr lebend hinaus!*

Li Yuhe: *Ein Kommunist hat einen Willen aus Stahl. Er fürchtet den Tod nicht! […]*

Li Yuhe (auf dem Exekutionsplatz): *Das neue China wird leuchten wie die Morgensonne! Rote Fahnen werden flattern im ganzen Land! […]*

Revolutionäre fürchten nichts im Himmel, nichts auf Erden, sie werden immer vorwärts marschieren!

Abb. 358: Reisetasche aus Stoff (Baumwoll-Segeltuch, B. 50 cm), Marke *Funke*, mit aufgedruckter Darstellung aus der Modelloper *Die Rote Signallaterne* und Parole „Lang lebe der Sieg der revolutionären Linie des Vorsitzenden Mao in Literatur und Kunst!". *Pekinger Lederfabrik Nr. 2*, um 1970. Museum für Völkerkunde Wien, Inv.-Nr. 181.974

Die Partei hat mich erzogen, ein Mann aus Stahl zu werden. Die Leiden meines Volkes machen mich brennen vor Zorn.

Ich brenne darauf, wie ein aus dem Wind über den Gebirgen geborener Adler am Firmament zu schweben, die Millionen meiner Landsleute von ihren Leiden zu erlösen. Süß ist es, wenn für die Revolution mein Körper zermalmt wird und meine Knochen zersplittern. Ein Proletarier kämpft sein ganzes Leben für die Befreiung des Landes!

DAS ENDE IN WIEN

Unter den acht Modellwerken nehmen die Ballettstücke *Die Rote Frauenkompanie* und *Das Weißhaarige Mädchen* (Abb. 357) schon auf Grund der Verwendung eines gänzlich unterschiedlichen Darstellungsmaterials eine Sonderstellung ein. Im Gegensatz zum traditionellen Musiktheater war das europäische Handlungsballett erst in den 20er Jahren von russischen Flüchtlingen in Shanghai eingeführt worden. Im Rahmen der im Jahr 1954 gegründeten *Tanzakademie Peking* bot sich Ende 1959 die Gelegenheit, mit tatkräftiger Unterstützung sowjetischer Ballettexperten, darunter Pjotr Gusev, das *Chinesische Nationalballett* zu etablieren. Das aristokratische westliche Repertoire entsprach dem Geschmack der politischen Elite der jungen *Volksrepublik* – aber diente es auch den werktätigen Massen? Mit zunehmender Radikalisierung der Theaterszene musste schließlich entsprechend Revolutionäres geschaffen werden.

Die Rote Frauenkompanie ist mehr als ein Ballett im europäischen Sinne, hier werden wenige ausgewählte Techniken der Tanzform des 19. Jahrhunderts mit viel Pantomime, chinesischer Akrobatik und Kampfkunst sowie Folkloretanz vermischt. Das Resultat zeigt dann erstaunliche Bilder von Soldatinnen in Spitzenschuhen, die Handgranatenwürfe üben und die Schergen des Tyrannen mit Leichtigkeit besiegen. Die Frauen sollten attraktiv sein, ein damals jugendlicher Besucher gestand später in einem Interview, dass die tanzenden Soldatinnen in ihren kurzen Uniformhosen einen starken erotischen Reiz auf ihn ausgeübt hätten.

Da die Solotänzerin Xue Qinghua nach Meinung von Jiang Qing nicht dem Ideal einer wohlgenährten und starken jungen Bäuerin entsprach, musste sie während ihres Auftrittes ihren Mund mit Apfelspalten füllen, um ein rundes Gesicht mit Pausbäckchen vorzutäuschen. Ballerinen sind bekanntlich Kummer gewöhnt, aber diese Tortur konnte wohl nur mit revolutionärem Auftrag ausgetanzt werden.

Im Jahr 1972 wurde für den China-Reisenden Richard Nixon *Die Rote Frauenkompanie* aufgeführt. Von 28. September bis 2. Oktober 1976 gastierte das *Chinesische Nationalballett* mit dieser Produktion in der Wiener Stadthalle. Der ORF strahlte seine Aufzeichnung am 10. Oktober aus. Dieser Auftritt in Wien war die kulturelle Antwort auf ein Gastspiel der *Wiener Philharmoniker* im Jahr zuvor in China. In den österreichischen Kritiken war von „schütterem Beifall" und von „sordinierter Freundlichkeit" *(Die Presse)* bis hin zu „Begeisterung" *(Kurier)* zu lesen gewesen. Es herrschte Verwirrung in Hinblick auf Inhalt und musikalisch-theatrale Formen, die sich in folgenden Kommentaren äußerte: „Muss eigentlich die Revolution mit abgestandenen Klischees der bürgerlichen Kultur dargestellt werden?" oder „Der Bazillus des russischen Balletts verseucht weiterhin das chinesische Revolutionstheater" *(Arbeiterzeitung)*, „Propagandisten einer neuen Welt ungefähr in Salonmusik beheimatet!" *(Die Presse)* und „Nicht das Beste gewählt und integriert" *(Volksstimme)*.

Mao Zedong war am 9. September 1976 verstorben. Während das *Chinesische Nationalballett* in Wien seine Revolutionsschau präsentierte, wurden in China die Politik und die Aufgaben von Kunst und Theater neu definiert. Eine der letzten Aufführungen der *Roten Frauenkompanie* in ihrer original kulturrevolutionären Theaterzeit ging im Oktober 1976 in der *Wiener Stadthalle* über die Bühne.

Weiterführende Literatur

- Eberstein, Bernd
  1983   *Das chinesische Theater im 20. Jahrhundert*. Wiesbaden: O. Harrassowitz.
- Gissenwehrer, Michael
  2008   *Chinas Propagandatheater 1942–1989*. München: Herbert Utz Verlag.
- Mackerras, Colin
  1975   *The Chinese Theatre in Modern Times. From 1840 to the Present*. London: Thames & Hudson.
- Michel, Klaus
  1982   *Die Entwicklung der Peking-Oper im Spiegel der politischen Auseinandersetzungen um das Theater in der Volksrepublik China von 1949 bis 1976*. (Dissertation) Heidelberg.
- Mittler, Barbara
  2008   Popular Propaganda? Art and Culture in Revolutionary China. *Proceedings of the American Philosophical Society* 152(4), Dezember: 466–489.
- Roberts, Rosemary
  2010   *Maoist Model Theatre: The Semiotics of Gender and Sexuality in the Chinese Cultural Revolution (1966–1976)*. Leiden: Brill Academic Publishers.
- Snow, Lois Wheeler
  1972   *China On Stage. An American Actress in the People's Republic of China*. New York: Random House.

Prof. Dr. Michael Gissenwehrer, geb. 1957, Studium der Theaterwissenschaft, Musikwissenschaft und Sinologie an der *Universität Wien* und an der *Zentralen Theaterakademie* in Peking. Forschungen zur Pekingoper und zum chinesischen Schauspiel ab 1949. Professor für Theaterwissenschaft an der *Ludwig-Maximilians-Universität München*.

革命现代舞剧

红色娘子军

中国唱片
DM-6167

中国舞剧团乐队演奏

EIN GESPRÄCH MIT DER EHEMALIGEN PRIMABALLERINA LING PING

„ICH TANZTE FÜR DIE REVOLUTION"

Bei Ausbruch der Kulturrevolution waren Sie gerade ein Jahr als Balletttänzerin an der Pekinger Staatsoper tätig. Wie wurde die neue Bewegung für Sie spürbar?

Alles geschah sehr plötzlich, fast wie ein Schock. Gerade hatten wir noch Vorstellungen für Diplomaten gegeben, auf einmal gab es Stimmen, die meinten, wir bräuchten auch Veränderungen, wie sie in den Wandzeitungen der Peking-Universität propagiert wurden. Der Direktor des Balletts hingegen ließ die ersten Wandzeitungen bei uns entfernen und versuchte die von außen kommende Bewegung noch zurückzudrängen – wegen der Ausländer, die am Ensemble tätig waren, auch weil das Ballett einen Sonderstatus hätte und nicht wie die Universität sei. Doch im Radio und aus den Lautsprechern war überall von Maos Unterstützung für die Rotgardisten zu hören. Alles ging schnell, es gab keine Zeit darüber nachzudenken. Ich war politisch immer sehr zurückhaltend, verstand nicht, was los war. Doch die Rotgardisten machten auch vor dem Staatsopernballett nicht Halt, auch wir waren mit unserer Tätigkeit deren Feindbild. Das machte mir Angst.

Welche Rolle spielte Ihre familiäre Herkunft aus großbürgerlichen Verhältnissen?

Ich hörte von den Plünderungen durch die Rotgardisten. Doch meine Familie hatte Glück. Sie waren keine Bauern oder Arbeiter, hatten aber eine reine Weste, weil sie durch Arbeit und Fleiß so weit gekommen waren. Meinem Vater konnten sie nichts anhaben, er war als Ingenieur für die gesamte Wasseraufbereitung Shanghais zuständig. Im Ensemble vermied ich es, unseren Wohlstand hervorzuheben oder zu viel Stolz zu zeigen. Mich traf es nicht so wie viele meiner Kolleginnen und Kollegen mit kapitalistischem Familienstand, denn ich betrieb „Selbstkritik".

Wie empfanden Sie diese Form ideologischer Umerziehung?

Alle hatten entlang einer Linie zu gehen. Wer abwich oder stehenblieb, musste Selbstkritik üben. Diesen Druck hat man sich auch selbst auferlegt. Ich bekam das schon in der Schule anerzogen, aber während der Kulturrevolution war der Druck am stärksten.

Maos Frau, Jiang Qing, positionierte das Ballett ab 1966 als Instrument der Propaganda, nicht mehr der individuellen Karriere und des persönlichen Ruhms. Wie ist es Ihnen damit ergangen?

Dieser Übergang geschah nicht plötzlich. Neben Schwanensee wurde schon 1964 Die Rote Frauenkompanie *ins Programm aufgenommen. Im Jahr darauf wurde nur noch letzteres Stück inszeniert, die neue Richtung der Revolution wurde spürbar. Mit dem Schock der Kulturrevolution dachte dann niemand mehr an klassisches Ballett. Frau Mao wurde unsere Chefin, und wir machten, was sie verlangte.*

Welchen Einfluss nahm Jiang Qing auf das Ensemble?

Sie hatte große Macht, und es hatte schon Maßnahmen gegen sogenannte Konterrevolutionäre gegeben. Wir waren damals überzeugt, was sie sagt, sei richtig. Aber wir hatten auch Angst und verhielten uns unauffällig in dieser sensiblen Zeit. Jiang förderte das Ballett und wollte die beiden Revolutionsstücke Die Rote Frauenkompanie *und* Das Weißhaarige Mädchen *perfektionieren. Aufgrund ihrer eigenen Vergangenheit als Schauspielerin hatte sie eine Ahnung von darstellender Kunst, nicht alles, was sie uns aufgetragen hat, war schlecht. Andererseits verlangte sie irrsinnig aufwendige Veränderungen, die sie immer wieder revidierte.*

Wie hat sich damals der Beginn der Kulturrevolution auf Ihre persönliche Arbeit ausgewirkt?

Als Künstlerin muss ich mich selbst spüren, um beim Choreographieren kreativ zu sein. Unter dem Druck der Kulturrevolution konnte man sich nicht mehr ausdrücken. Aber es war unsere Arbeit, wir hatten keine andere Wahl und mussten dankbar sein, dass es uns vergleichsweise gut erging. Wir konnten unseren Beruf behalten und wurden nicht aufs Land geschickt wie viele andere. Doch Jiang Qing sagte zum Beispiel, unsere Schminke sei zu sanft für die Revolution, Soldaten hätten sich durch Strenge auszuzeichnen. So mussten wir unsere Haut dunkel färben.

Haben Sie das Tanzen, nach dem Verlust der russischen und westlichen Vorbilder, weiterhin als anspruchsvoll empfunden?

Ich war für die Förderung des traditionellen chinesischen Tanzes, aber sah die Zukunft in der Kombination westlicher und östlicher Elemente. Diese Entwicklung war richtig. Vom künstlerischen Standpunkt her war auch Die Rote Frauenkompanie *qualitativ sehr hochstehend. Bis heute wird das Stück übrigens vor ausverkauftem Haus aufgeführt.*

Abb. 359: Plattencover (31,5 x 31,5 cm) „Modernes Revolutionsballett *Die Rote Frauenkompanie*". China Record Company, Peking, Aufnahme von 1971. Ling Ping ist auf dem Cover als Dritte von rechts (in der hinteren Reihe) abgebildet. Privatbesitz Ling Ping

Abb. 360: Mao-Gattin Jiang Qing bei der Abschlussgala der Ballettschule in Peking (1965). Ling Ping steht in der zweiten Reihe, 2. v. l., mit dem langen Zopf im Kostüm der Sklavin aus der *Roten Frauenkompanie*. Foto: privat

Abb. 361: Ling Ping als *Mädchen mit den Weißen Haaren* mit Chen Yonggui, dem Parteisekretär der landwirtschaftlichen Musterbrigade Dazhai (um 1971). Foto: privat

Abb. 362: Rasierspiegel (Metallständer, H. 19 cm) mit Szene aus *Die Rote Frauenkompanie*, um 1970. Museum für Völkerkunde Wien, Inv.-Nr. 183.452

Für diese Rolle mussten Sie ja eine militärische Ausbildung absolvieren. Wie dürfen wir uns das vorstellen?

Es war schon vor der Kulturrevolution üblich, für die unterschiedlichen Rollen gewissermaßen Feldforschung zu betreiben. Einmal mussten wir einen Monat in einer Textilfabrik arbeiten. Diese Methode geht auf Maos Rede in Yan'an über Kunst und Literatur zurück.

Am 20. Jahrestag der Gründung der Volksrepublik gab es 1969 eine große Parade, in der Sie die Hauptrolle des Stücks *Das Weißhaarige Mädchen* verkörperten. Mao soll den vorbeiziehenden Künstlern extra zugewinkt haben?

Ja, Fernsehdokumentationen zeigen mich noch heute bei diesem Auftritt auf dem vorbeifahrenden Wagen. Wie alle jungen Menschen sah ich Mao als unseren großen Führer. Ich war stolz, auch auf die anderen Tänzer auf der Straße, denn ich habe die Choreographie für sie gemacht.

Sie haben auch vor dem amerikanischen Präsidenten Richard Nixon getanzt, als er 1972 Peking besuchte. Wie haben Sie das erlebt?

Es waren gemischte Gefühle. Stolz war ich sicher, ganz China beobachtete uns. Die Vorstellung wurde auch erstmals per Satellit in die ganze Welt übertragen. Auf uns Tänzern lastete der Druck, keinen Fehler zu machen, damit China nicht das Gesicht gegenüber den USA verliert. Als sich unser Bus dem Theater in der Großen Volkshalle näherte, waren schon alle Straßen abgesperrt. Ich ging die Treppen hinauf, hinter mir ein menschenleerer Tian'anmen-Platz. Mein Herz schlug ganz stark, niemand vom Ensemble sagte ein Wort. Ich musste in der ersten Szene auf die Bühne, vom Vorhang aus sah ich alle hochrangigen Politiker eintreffen, auch Jiang Qing und Zhou Enlai waren da. Und wir haben so gut getanzt wie nie zuvor.

Auf den Reisen des Balletts durch China, und zweimal auch nach Europa, haben Sie unterschiedliche Lebensumstände kennengelernt. Haben Sie da auch Widersprüche zu den propagierten Idealen bemerkt?

Am Anfang glaubten wir, was uns von oben gesagt wurde. Als wir später selbstständiger zu denken begannen, fiel uns auf, dass vieles nicht stimmte. Jugoslawien war deutlich reicher als China, auch der Unterschied zu Westeuropa war enorm. Was war nun der Kommunismus? Warum sind wir alle so arm und unglücklich? Das war ein innerer Kampf für uns.

Wie haben Sie dann das Ende der Kulturrevolution erlebt?

Ein Machtwechsel war absehbar, schon Ende 1975 waren kritische Stimmen zu hören. 1976 war auch für mich persönlich ein trauriges Jahr. Mao starb, dann mein Vater, und kurz darauf meine Großmutter. Als Jiang Qing im Oktober des Jahres stürzte, schien auch unsere berufliche Position gefährdet. Andererseits war es eine Befreiung, dass dem Ganzen ein Ende gesetzt und der permanente Druck von uns genommen wurde. Ich bin wohl ein wenig wie eine Yin-Yang-Kugel. Alles hat zwei Seiten. Vieles ist zerstört worden, wir haben unsere Jugend durch politische Kämpfe verloren. Andererseits war es für mich ein Vorteil, keine politische Person, sondern eine Künstlerin zu sein. Natürlich hätten mehr neue Stücke choreographiert werden können, jedoch muss man anerkennen, dass während der Kulturrevolution die Qualität unserer beiden Ballettstücke immens gesteigert wurde, all unsere Energie floss in diese hinein.

(Das Gespräch führte Fariba Mosleh.)

Weiterführende Literatur
- Maderbacher, Ilse
  1998   *Spitzentanz und Rote Bibel. Eine Biographie.* Wien: Im Selbstverlag.

Ling Ping, geb. 1945 in eine wohlhabende und weltoffene Familie aus Shanghai. 1956–80 Tänzerin, Choreographin und Lehrerin beim Nationalballett und an der staatlichen Oper in Peking. 1981 Übersiedlung nach Österreich, dann fünf Jahre beim *Wiener Staatsopernballett*. Betreibt heute mit ihrer Familie ein Taiji-Studio in Wien.

Fariba Mosleh, geb. 1985, Studentin der Kultur- und Sozialanthropologie und der Sinologie. Nach Südostasien- und China-Aufenthalten forscht sie derzeit zur *China-Town Vienna*.

Abb. 363: Zeitungsausschnitt (Kurier, 30. September 1976) über den Auftritt in der *Wiener Stadthalle*, an dem auch Ling Ping mitgewirkt hat (auf dem Bild rechts unten). Privatbesitz Ling Ping

Das „revolutionäre" Programm der chinesischen Balletttruppe stieß in Österreich nicht nur auf Zustimmung. Der Autor der Schlagzeile versuchte offenbar, seine Abneigung versteckt zum Ausdruck zu bringen.

Ballettgrüße von Mao Tsetungs Großem Marsch

Bild: Harald Kragora

Applaus gab es am Schluß der Galavorstellung des Tanzdrama-Ensembles der Volksrepublik China für die Liebenswürdigkeit der fernöstlichen Gäste. Bundespräsident Rudolf Kirchschläger – Bild: das Präsidentenehepaar mit den Haupttänzern – wohnte am Dienstag in der Wiener Stadthalle dem Revolutionsballett „Die Rote Frauenkompanie" bei (S. 31).

Abb. 364: Plattenhülle (26 x 26 cm), Logo *China Schallplatten*, mit Schellackplatte „Die Völker der ganzen Welt werden siegen", um 1967. Museum für Völkerkunde Wien, Inv.-Nr. 183.376

Abb. 365: Plattenhülle (26 x 26 cm) mit Parolen zum Lob Maos, der KP und der *Kulturrevolution*, Schellackplatte „Tanzweisen der Orontschen", um 1967. Museum für Völkerkunde Wien, Inv.-Nr. 183.379

Abb. 366 a und b: Radiogerät (16 x 34 x 15 cm) der Marke *Arbeiter, Bauern, Soldaten* (Logo vorne und hinten) Modell 403-1, mit Aufschrift „Die Seefahrt vertraut auf den Steuermann [...]" in der Handschrift von Lin Biao, *Shanghaier Rundfunkgerätefabrik Nr. 2*, um 1969. Museum für Völkerkunde Wien, Inv.-Nr. 183.363

Abb. 367: Plattenhülle (26 x 26 cm), Aufschrift „Höchste Weisung: Die Einheit des Landes, die Solidarität des Volkes und der verschiedenen Nationalitäten sind eine grundlegende Garantie für den unausweichlichen Sieg unserer Sache", mit Schellackplatte „Heiterer Abend", um 1969. Museum für Völkerkunde Wien, Inv.-Nr. 183.377

Abb. 368: Zweiäugige Mittelformat-Spiegelreflexkamera (16 x 10 x 11 cm) der Marke *Hai'ou* (Seemöwe) in Ledertasche mit Trageriemen, um 1969 (chinesischer Nachbau einer *Rolleicord*), dazu Etui zur Aufbewahrung von Negativen (Papier, Karton, 10 x 8 cm) mit Mao-Spruch „Dem Volke dienen". Privatebesitz und Museum für Völkerkunde Wien

Abb. 369: Diaprojektor (H. 24 cm), Marke *Der Sonne zugewandt*, mit Projektionslinse, Gebrauchsanleitung und großformatigen Dias, auf der Klappe der Mao-Spruch „Fest entschlossen sein, keine Opfer scheuen und alle Schwierigkeiten überwinden, um den Sieg zu erringen", *Fotogerätefabrik Tianjin*, 1968. Museum für Volkerkunde Wien, Inv.-Nr. 183.390 a, b, c

Abb. 370: Fotoalbum (13 x 18 cm) aus der Zeit der *Kulturrevolution*. Museum für Völkerkunde Wien, Inv.-Nrn. 73.438–73.442

Abb. 371: Schwarzweiß-Dia (7,5 x 10 cm) aus einer Volksschule der Stadt Tianjin, um 1970. Museum für Völkerkunde Wien, Inv.-Nr. 73.499

Abb. 372: Zigaretten und Streichhölzer aus der Kulturrevolution, Aschenbecher (Kunststoff, ø 12 cm) mit Aufschrift „Dem Volke dienen". Museum für Völkerkunde Wien

Abb. 374: Feuerzeug mit Darstellung von Flugzeugen und (Phantasie-) Raketen, Marke *Arbeiter und Bauern*. Feuerzeugfabrik Tianjin, um 1968. Museum für Völkerkunde Wien, Inv.-Nr. 183.426

Abb. 373: Verpackungspapier mit Mao-Spruch „Aus einem Funken kann ein Steppenbrand entstehen" (chin./engl.), *Nanking Friendship Store*, Ende der 60er Jahre. Museum für Völkerkunde Wien, Inv.-Nr. 183.774

Abb. 375: Propagandabild aus Metall (34 x 40 cm), Mao mit Zigarre, Aufschrift „Unser Großer Führer, der Vorsitzende Mao, und sein engster Kampfgefährte, der Stellvertretende Vorsitzende Lin Biao, auf der Achten Erweiterten Tagung des 12. Zentralkomitees der KPCh. Der Vorsitzende Mao hält gerade eine äußerst wichtige Rede", um 1969. Museum für Völkerkunde Wien, Inv.-Nr. 183.309

Abb. 376: Zigarettendose (Aluminium, 8 x 6 cm) mit Lin-Biao-Spruch „Lest die Werke des Vorsitzenden Mao […]", um 1968. Museum für Völkerkunde Wien, Inv.-Nr. 178.730

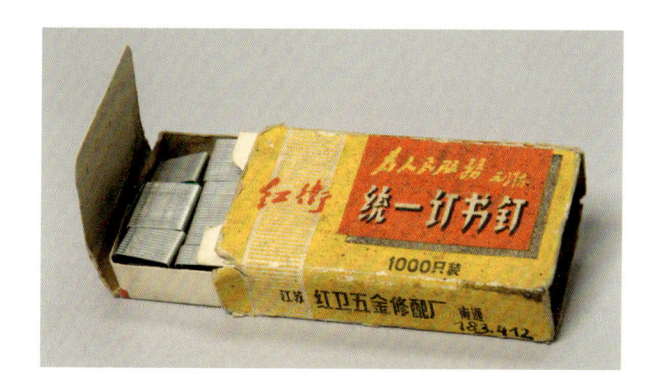

Abb. 377: Heftklammern mit Verpackung (7 x 4 cm), Marke *Rote Garden,* Mao-Spruch „Dem Volke dienen", Ende der 60er Jahre. Museum für Völkerkunde Wien, Inv.-Nr. 183.412

Abb. 378: Abakus (13 x 26 cm), Herstellerplakette der *Holzwarenfabrik Peking* mit Mao-Spruch „Dem Volke dienen", um 1970. Sammlung Opletal

太原市购物券
要节约闹革命
壹张券
1975
青岛市购货券 1
为人民服务
山西省布票
贰市寸
为人民服务
农业学大寨
湖南省粮食指标划拨票
拾市斤
1969
山西省粮票
拾市斤
1974
要节约闹革命
山西省布票
后期
贰市尺
自己动手丰衣足食
山西省布票
后期
壹市尺
新疆维吾尔自治区地方粮票
贰市两
1971
浙江省布票
最高指示
备战、备荒、为人民
壹市尺
样张
河北省地方粮票
壹市斤
1975
成都市粗粮供应券
厉行节约,严禁浪费粮食。
壹两
1971年
浙江省布票
伍市尺
样张
黑龙江省地方粮票
壹市斤
1970
新疆维吾尔自治区地方粮票
拾市斤
1971
毛主席语录 自力更生,艰苦奋斗。
江苏省布票
伍市
河南省细粮券
细
贰公斤
(肆市斤)
许昌市
一九九一年
湖北省通用粮票
伍市斤
1971
江苏省布票
贰市寸
1971年
最高指示 阶级斗争一抓就灵
艰苦奋斗 勤俭建国
浙江省奖售布票
壹市寸
为人民服务 毛泽东
壹市斤
广东省通用粮票
1968
辽宁省地方粮票
贰市两
1980
邵阳地区工种专用粮票
叁市斤
1975
成都市粗粮供应券
厉行节约,严禁浪费粮食。
壹斤
1970年
最高指示 为人民服务
浙江省化纤布票
样张
壹市寸
1971年
最高指示 认真搞好斗批改。
安徽省布票
壹市寸
安徽省布票
贰市尺

JOHNNY ERLING

SAMMELN STATT VERGANGENHEITSBEWÄLTIGUNG. „ROTE KUNST" ALS CHINAS NEUES MILLIONENGESCHÄFT

In seinem letzten Lebensjahr packte Staatsgründer Mao Zedong die Angst, mit seinen permanenten Revolutionen zur Schaffung einer egalitären Gesellschaft am Ende versagt zu haben. Sein Neffe Mao Yuanxin schrieb bei mehreren Treffen zwischen Oktober 1975 und Januar 1976 die selbstquälerischen Grübeleien des 83-Jährigen mit, der darüber nachdachte, warum sich das neue sozialistische China von der alten Gesellschaft „kaum unterscheidet". Mao grämte sich, dass es ihm zu Lebzeiten nicht gelungen sei, Chinas Planwirtschaft mit ihrem achtstufigen Lohnsystem und der Geldwirtschaft abzuschaffen, eine ständige Quelle für Ungerechtigkeit und zur Erzeugung der neuen Bourgeoisie. „Warum benutzen wir immer noch Geld?"

33 Jahre später hätte Mao, wenn er noch lebte, eine Antwort von Unternehmern, Bankmanagern oder Werbechefs bekommen können. Sie würde ihn zutiefst verstören, und dies nicht nur, weil sie von Personen kommt, die er als Klassenfeinde ansah und mit denen er zu seinen Lebzeiten kurzen Prozess gemacht hätte. Auf der Pekinger Herbstversteigerung von *Guardian,* einem der heute größten Kunst-Auktionshäuser der Volksrepublik, hätten sie ihm gesagt: „Wir nutzen unser Geld, um uns kulturrevolutionäre Kunst als Geldanlage zu kaufen."

Zur *Guardian*-Spezialauktion *Revolutionskunst von 1949 bis 1978* kamen am 22. November 2009 die Sammler und Investoren sogar aus Kanton und Shanghai. Auf Fragen, warum sie sich für Malerei, Agitprop und Mao-Verherrlichung aus einer Zeit interessierten, in der es keine künstlerische Freiheit gab, in der während der *Anti-Rechts-Bewegung* 1957, dem *Großen Sprung nach vorn* 1960 oder in der *Kulturrevolution* 1966 bis 1976 Millionen Menschen grausam bis in den Tod verfolgt wurden, hatten sie eine verblüffende Antwort parat: „Weil diese Exponate immer seltener werden. Die ‚Rote Kunst' jener Zeit ist heute ein abgeschlossenes Sammelgebiet, zu dem nichts hinzukommt." Die Kaufobjekte seien inflationssicher, sagte eine Reihe der Interessenten, die sich im *Convention Center* des *International Hotel* in Peking einfanden: „Für die Werke jener Zeit gibt es nur eine Preisrichtung: nach oben."

Die Auktion dauerte bis in die tiefe Nacht. Den Anfang machte das 1950 entstandenes Bild *Der Osten ist rot.* Es versetzte die Bieter in Kauflaune. Mao schaut darauf in seiner klassischen Funktionärstracht auf eine unberührte Flusslandschaft. Das Bild löste unter den 300 Interessenten ein Bietgefecht aus. Für 750.000 Yuan (fast 90.000 Euro), den fünffachen Ausrufpreis, fand es schließlich seinen Käufer. Dabei ist es nur eine Skizze für das in der Nationalgalerie aufbewahrte Ölbild des Malers Li Zongjin (1916–1977).

Über eine Millionen Euro, den vierfachen Ausrufpreis, erzielte dann das erste Ölbild in der Versteigerung von Werken aus der Zeit der *Kulturrevolution*. Sun Zixi hat es zwischen 1968 und 1974 gemalt und ihm den Titel *Vor dem Tian'anmen* gegeben. Auf einen Rekord steigerten die Sammler dann das 133 x 251 Zentimeter große Bild *Vorsitzender Mao inspiziert Fabrik Nr. 3 von Shanggang.* Es brachte 20,2 Millionen Yuan (rund 2,3 Millionen Euro). Der 1934 geborene Maler Jin Shangyi arbeitete 1969 an der Pekinger *Akademie der Schönen Künste,* als Maos Arbeiter-Propagandateams alle Kulturinstitutionen übernahmen. Er bekam den Auftrag, für die geplante Pekinger U-Bahn ein Industriebild von Mao zu malen. Zwei Monate lang machte er sich im Shanghaier Stahlwerk die Skizzen dazu. Sein Bild, so schrieb er für die Versteigerung, „spiegelt den Geist der Ära wider".

Die meisten der fünfzig Revolutions-Exponate fanden Käufer und bescherten *Guardian* einen Umsatz von 138 Millionen Yuan, über 15 Millionen Euro, als Preis für eine Kunst aus einer Zeit der Kulturzerstörung. *Guardian*-Präsidentin Wang Yannan macht ihre Hauptumsätze mit klassischen Auktionen kaiserlicher Jade, Porzellan oder Kalligraphie. Aber auch bei der „Roten Kunst" als Sammelname für die Objekte der *Kulturrevolution* klingeln die Kassen immer lauter. Wang sieht keinen Widerspruch: „Es ist der Markt. Wir haben es heute immer schwerer, Bilder aufzutreiben. Wirklich gute Stücke, die die Zeit repräsentieren und von Künstlern gemalt sind, lassen sich kaum noch finden."

Abb. 379: Rationierungsmarken für Industriegüter, Getreide, Futtermittel und Baumwolle aus der Zeit 1968–1991. Erst in den 90er Jahren wurde das System begrenzter Zuteilungen abgeschafft. Die Rationierungscoupons der *Kulturrevolution* trugen oft Mao-Zitate, die zu Sparsamkeit und Bescheidenheit aufriefen. Museum für Völkerkunde Wien, Inv.-Nr. 183.655

Abb. 380: Briefumschlag „Der Vorsitzende Mao auf dem Weg nach Anyuan", Briefmarke mit dem gleichen Motiv, Poststempel vom 27.1.1969. Sammlung Opletal

Die Hype mit dem Handel von Revolutionskitsch und dessen Umwandlung in international anerkannte Revolutionskunst hatte fünfzehn Jahre zuvor unter anderem mit einer Versteigerung von *Guardian* am 7. Oktober 1995 begonnen. Im *Kunlun Hotel* in Peking kam zum ersten Mal eine Ikone der *Kulturrevolution* zum Verkauf, die der Pekinger Kunstakademie-Absolvent Liu Chunhua im September 1967 als Auftragsarbeit gemalt hatte. Sein Gemälde zeigt den jungen Mao im wallenden Gewand des Gelehrten auf der Suche nach der Revolution. Mao steht mit einem chinesischen Schirm unter dem Arm auf dem Hang eines Berges hoch über Gipfel und Wolken, so ähnlich, wie man es von Bildern Moses' kennt, als er die Gesetzestafeln erhielt. Der Titel *Der Vorsitzende Mao auf dem Weg nach Anyuan* erinnerte prosaisch an einen Kohlearbeiterstreik der zwanziger Jahre in der zentralchinesischen Stadt Anyuan. Das Bild wurde Ausdruck für eine Ära, in der alles, was mit Mao zu tun hatte, pseudoreligiösen Charakter bekam. Während der *Kulturrevolution* wurde es 900 Millionen Mal als Einzelplakat nachgedruckt. Am 1. August 1968 wurde es zum Briefmarkenmotiv, in einer Auflage von 50 Millionen *(Abb. 380)*.

So ein Bietergefecht wie um dieses Bild hatte noch keine Auktion in China erlebt. Das Original (ein Ölbild auf Leinwand, 220 x 180 Zentimeter) wurde zum Startpreis von 1,8 Millionen Yuan ausgerufen. Für etwas mehr als 6 Millionen Yuan (700.000 Euro) ersteigerte es die Kantoner Zweigstelle der staatlichen *China Construction Bank*. Dort hängt das Bild heute. *Guardian*-Chefin Wang Yanan sagt: „Wenn ich das Bild heute wieder bekommen könnte, würde es ein Vielfaches dieses Preises erzielen." Die Auktion machte weltweit Schlagzeilen. Während westliche Kommentatoren genüsslich von der „Rache der Kapitalisten" sprachen, reagierten zehntausende Chinesen pragmatisch. Was dachten und machten wohl Beamte in Behörden, Lehrer in Schulen, Arbeiter in Staatsfabriken? Sie durchwühlten Abstellkammern und Archive, kehrten bei Altwarenhändlern das Unterste zuoberst: „So was haben wir doch auch noch irgendwo." Die Zeugnisse einer barbarischen Zeit wurden plötzlich zur „Kultur der Kulturrevolution", die einen Marktwert erhielt.

Ein Jahr später konnte *Guardian* unter dem Titel *Bedeutende Kunst des Neuen China 1949 bis 1979 (Abb. 36)* die erste wirklich umfangreiche Auktion kulturrevolutionärer Agitprop-Bilder zum Aufruf bringen. Ein Drittel der erfolgreichen Bieter auf der Versteigerung am 19. Oktober 1996 waren Ausländer oder Chinesen aus dem Ausland. Danach explodierten die Preise. Bei der Herbstauktion 2005 von *Guardian* erzielte das Ölbild *Der Vorsitzende Mao inspiziert das Bauernland in Guangdong* einen neuen Rekord: knapp 10 Millionen Yuan (1,2 Millionen Euro). Das 1972 gemalte Propagandawerk von Chen Yanning stellt die Zeit von 1958 dar, als Mao Chinas Bauern zwang, sich in *Volkskommunen* zu organisieren, der Vorstufe zum Kommunismus. Mindestens 20 Millionen Bauern verhungerten dabei.

Abb. 381: *China Guardian Newsletter* (Nr. 53, Peking, 2007), in dem die Versteigerung des Ölbilds *Lied auf den Gelben Fluss* angekündigt wird. Sammlung Opletal

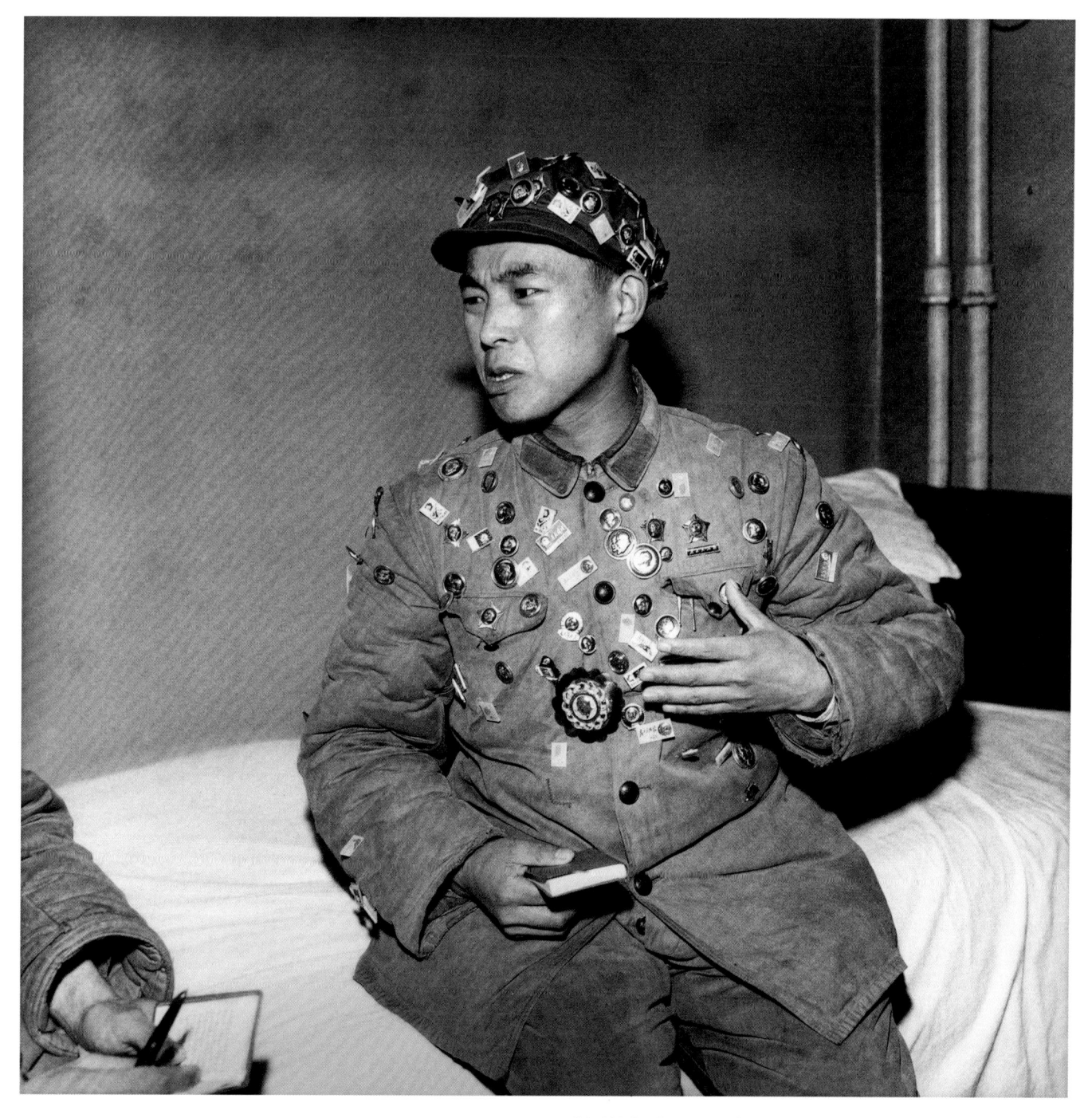

Abb. 382: Der Soldat Wang Guoxiang auf einem der berühmtesten Fotos aus der *Kulturrevolution* (Harbin, 16. April 1968). Foto: LI ZHENSHENG (Contact Press Images)

Noch höhere Preise erzielen berühmte moderne Künstler, die während der *Kulturrevolution* malten. In ihren Landschaftsbildern wehen dann notgedrungen rote Fahnen, es steht darin eine Fabrik, oder sie haben eine bekannte Revolutionsstätte zum Sujet. Den höchsten Preis für solche „Kunst" erzielte *Guardian* im Mai 2007, als es das 1972 entstandene Bild Chen Yifeis *Lied auf den Gelben Fluss* für über 40 Millionen Yuan (4,8 Millionen Euro) an eine Pekinger Versicherungsgesellschaft versteigerte *(Abb. 381)*. Es war dies das Dreißigfache des Preises, den das Bild 1995 bei einer Hongkonger Auktion von Sotheby's erzielt hatte.

Selbst Fotografien werden Kunst. Der Soldat der *Volksbefreiungsarmee* Wang Guoxiang wurde 1968 zum „Aktivisten der revolutionären Brigade für das lebendigen Studium und zur Anwendung der Maozedongideen in der Praxis" gewählt. Bevor Wang in die Dörfer zog, um die Flamme der Revolution in den roten Herzen der Bauern zu entzünden, steckte er sich 170 Mao-Abzeichen an Armeejacke und Kappe. Er gruppierte sie um ein rotes Herz aus Plastik und hielt in seiner rechten Hand die rote Mao-Bibel. So fotografierte ihn der für seine Aufnahmen in der *Kulturrevolution* bekannt gewordene Li Zhensheng am 16. April 1968 *(Abb. 382)*. Das Foto von Wang wurde in dem Moment, als Li die Kamera auslöste, zur Ikone der Revolution, ein Schnappschuss über den in Wahnsinn umgeschlagenen Personenkult.

Abb. 383 a und b: Mao-Plakette (Porzellan, ø 11 cm), auf der Rückseite: „Respektvoll wünschen wir dem Vorsitzenden Mao ein ewiges Leben, China, Jingdezhen", um 1973. Museum für Völkerkunde Wien, Inv.-Nr. 183.262

Am 23. November 2006 wurde ein vom Fotografen signierter Schwarzweiß-Abzug auf der Versteigerung des Pekinger Auktionshauses *Huachen* nach wildem Bietgefecht für 198.000 Yuan zugeschlagen. Mit Aufgeld waren es 25.000 Euro. Dem Fotokunstwerk tat es keinen Abbruch, dass seine Entstehungsgeschichte doch etwas anders war als die für die Auktion verbreitete Legende, der zufolge das Foto in Wirklichkeit während der *Kulturrevolution* nicht veröffentlicht werden durfte und erst 1988 gezeigt werden konnte.

Soldat Wang und Fotograf Li berichteten gemeinsam in der zentralchinesischen *Jangtse-Tageszeitung* vom 10. April 1998, wie es zu dem Foto gekommen war. 1968 sei er 25 Jahre alt gewesen, schrieb Soldat Wang. Als er vier Jahre war, musste er mit den Eltern betteln gehen. Sein Vater starb, als er sechs war. Maos Revolution ermöglichte es dem Kind, auf die Schule zu gehen. „Ich war von klein auf dankbar und trat 1963 der Armee bei." Wang wurde zum Aktivisten und während der *Kulturrevolution* in die Dörfer geschickt. Fotograf Li, der 1968 für die *Heilongjiang-Zeitung* in Harbin arbeitete, traf Wang im Dorf. Er erlebte mit, wie Bauern und Funktionäre den Soldaten beim Abschied mit Mao-Abzeichen beschenkten und seine Jacke vollpinnten. Der Soldat hatte sich die Abzeichen gar nicht selbst angesteckt. Li fotografierte Wang in diesem Aufzug, seine Zeitung aber wollte das Foto nicht haben, verbot gar, es zu drucken. Der Grund: Soldat Wang lacht auf dem Bild nicht. Kulturrevolutionäre Bilder oder Fotos mussten aber „revolutionären Optimismus" ausstrahlen. Arbeiter, Bauern und Soldaten hatten auf ihnen immerzu glücklich zu wirken, außer wenn sie gegen den Klassenfeind kämpften.

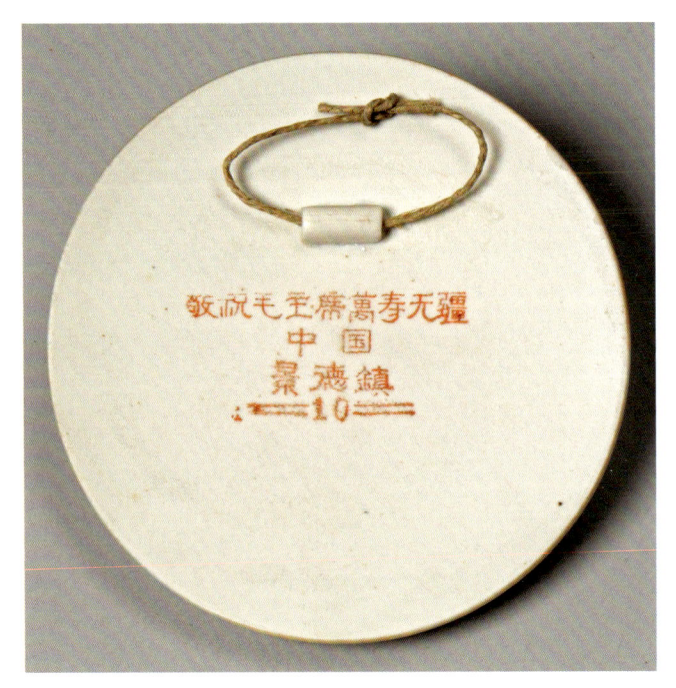

Kunstwerke und Fotos bekamen so oft operettenhafte Züge wie die Pekinger Revolutionsopern. Für die Sammler erheben dennoch drei Kategorien ein kulturrevolutionäres Machwerk in die Höhe eines Kunstwerks und bestimmen seinen Marktwert: Dies ist dann der Fall, wenn es als Symbol der Zeitgeschichte Bestand hat, wenn es von einem zeitgenössischen berühmten Maler gemalt wurde oder wenn es aus einer berühmten Werkstatt oder Manufaktur stammt, wie etwa Porzellanobjekte aus den Brennereien von Jingdezhen *(Abb. 383 a und b)*, die einst für Chinas Kaiserhöfe arbeiteten.

Gesammelt wird heute alles, und alles gewinnt an Wert. Dies gilt sogar für Mao-Abzeichen, obwohl die Buttons aus der *Kulturrevolution* noch in riesigen Mengen vorhanden sind und obwohl der Staat schon 1970 erstmals versucht hat, sie einzusammeln. Doch die meisten Chinesen versteckten und behielten ihre Sammlungen, auch als der Staat erneut nach 1980 die Abzeichen von Altwarenhändlern zum Recycling abholen ließ. Dutzende Preiskataloge *(Abb. 384)* bewerten inzwischen die nach insgesamt zehn Kategorien unterteilten Abzeichen je nach den dargestellten Motiven: Maos Gedichte, Maos Worte, Wünsche zu Maos Geburtstag, revolutionäre Ereignisse, Revolutionsopern usw.. Bei den unzähligen Varianten zählen auch Seltenheit, Herkunft, Verwendung und das Material. Die Bandbreite reicht von Porzellan (teuer, je nach Manufaktur, die an dem eingebrannten Namen auf der Innenseite erkennbar ist) über Aluminium (billig) bis zu

Eisen, Bambus, Perlmutt, Silber und sogar Gold (unbezahlbar). Auch Wechselbilder von Mao, fluoreszierende Bilder, mehrfarbige und bewegliche Bilder auf den Buttons machen einen Anstecker teuer. Die Aufschriften auf der Rückseite, wann und zu welchem Zweck er geschaffen wurde, zählen ebenfalls. Gesammelt wird auch die kleine rote *Mao-Bibel*, für die es ebenfalls Kataloge gibt.

Die *Kulturrevolution* belegte das öffentliche und alltägliche Leben der Menschen, ließ keinen Privatraum zu. Ihre Absurdität bestand darin, dass sie jeden noch so profanen Bereich der Gesellschaft in den Dienst ihrer politischen und klassenkämpferischen Mission stellte. Die totale Durchdringung und Politisierung des Alltags wurde am Ende zum Zweck an sich. Daraus gewinnen ihre Objekte heute Kultcharakter. Chinesische Sammler haben sich Rotgardisten-Zeitungen und Flugblättern zugewandt, Hass- und Hetzkarikaturen, Fahrscheinen und Zigarettenschachteln *(Abb. 385)*, den Libretti von Opern, Schellack-Schallplatten aus der Zeit, mit Parolen bedruckten Industriegütern *(Abb. 386)* bis zu Porzellantöpfen oder Blechtassen.

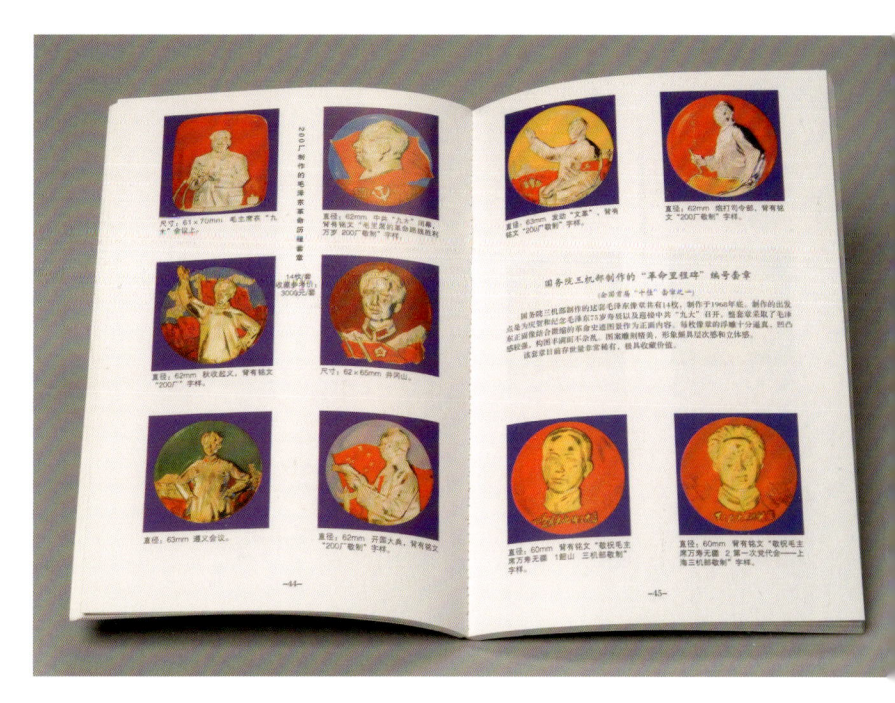

Abb. 384: Ming Lin, *Bebildeter Katalog von Mao-Zedong-Abzeichen*. Hainan: Wenxuange-Verlag, Juni 2008. Sammlung Opletal

Abb. 385: Zigaretten, Marke *Erster Mai*, um 1973. Museum für Völkerkunde Wien, Inv.-Nr. 183.420

Abb. 386: Verpackung für eine Gasmaske (14 x 19 x 8,5 cm), Marke *Der Osten ist rot*, Mao-Zitat „Wir müssen bescheiden und sorgsam, nicht arrogant und aufbrausend, sein und aus ganzem Herzen dem Volke dienen", um 1970. Museum für Völkerkunde Wien

Abb. 387: Findige Souvenirhändler haben einen Wecker aus den 80er oder 90er Jahren (H. 11 cm) zu einem „Kulturrevolutionsobjekt" umgebaut, indem sie eine Fotokopie des Rotgardisten-Zifferblattes und Bilder von Mao und Lin Biao aufklebten. Um 2000. Sammlung John Marshall, Wien

Heerscharen von Kopisten produzieren heute Nachschub *(Abb. 394)*. Vielfach nachgeahmt wird die tickende Revolutionsuhr, auf deren Zifferblatt Rotgardisten mit der *Mao-Bibel* winken *(Abb. 387)*. Besonders clevere Fälscher erfinden sogar die Revolutionskunst neu, erschaffen Porzellanfiguren mit Motiven, die es damals nie gegeben hat *(Abb. 389)*, oder bronzene Schuhlöffel mit eingravierten Mao-Slogans, als ob es möglich gewesen wäre, mit den Füßen auf Mao zu treten *(Abb. 388)*. Das hätte damals zumindest Kritik, wenn nicht viel Schlimmeres eingebracht.

Aus Chinas einstiger Mangelgesellschaft ist eine Sammlergesellschaft geworden, die seit Mitte der neunziger Jahre selbst Rationierungskarten wie kostbare Briefmarken sammelt. Für die 3500 verschiedenen Arten von Getreide-Rationierungsmarken gibt es eigene Kataloge, wie auch für die Coupons für Baumwolle, Stoffe oder Industrieprodukte *(Abb. 379)*. Die Kommerzialisierung von Gegenständen der *Kulturrevolution* als Sammelobjekte treibt skurrile Blüten. In TV-Verkaufssendungen, etwa des Werbefernsehens von *Fujian TV 7,* dem Wirtschaftskanal der Provinz, werden im Nachtprogramm auch solche Rationierungsmarken als Sammelobjekte zum Kauf angeboten. In einer Show am

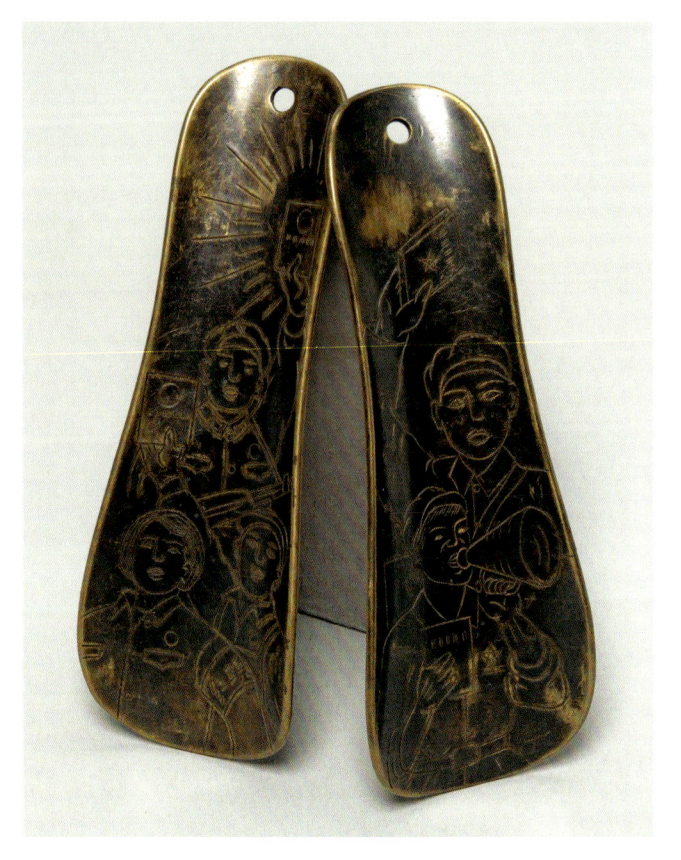

Abb. 388: Schuhlöffel (Messing, H. 13 cm). Imitation von Kulturrevolutionsmotiven, um 2000. Museum für Völkerkunde Wien

Abb. 389: Porzellanfigur (H. 32,5 cm), ein Rotgardist tritt auf eine Person, die ein Schild „Reaktionäre akademische Autoritäten" um den Hals trägt – so wurden in der Kulturrevolution Lehrer und Hochschulangestellte verunglimpft. Porzellanstatuen mit Motiven dieser Art wurden erst ab den 90er Jahren geschaffen. Sammlung Jörg-M. Rudolph, Bad Homburg

Abb. 390: Rationierungsmarken aus der Provinz Guangdong: 5 Jin Getreide (1968), mit Mao-Zitat „Vermeidet große Trink- und Essgelage, achtet auf Sparsamkeit"; 30 Jin Getreide (2 Jin = 1 kg) für Bewohner von Hausbooten (1969), mit Mao-Zitat „Auf Sparsamkeit pochen, Verschwendung von Getreide streng verbieten". Sammlung Opletal

16. Oktober 2010 verkaufte der Moderator in nur 45 Minuten hundert in einem Schuber aufbereitete Sammlungen für jeweils 3800 Yuan (430 Euro). Angeboten wurden Konvolute mit je 228 Getreidecoupons für Nahrungsmittel und 124 Stoffmarken für Textilien. Die mit Echtheitszertifikat versehenen Zeugnisse der Knappheit und Hungerzeit *(Abb. 390)*, besonders die Coupons mit Motiven und Parolen aus der *Kulturrevolution,* pries der TV-Verkäufer als „wertsteigernde Anlage".

Unter den heute geschätzten 200.000 Sammlern von Revolutionskunst und den vielen Millionen Liebhabern von kulturrevolutionärem Allerlei, vom Abzeichen bis zu Zigarettenschachteln der Mao-Ära, sind allerdings nur wenige

Abb. 391: Satire-Tasse (Email, H. 10 cm) mit Spruch „Ich liebe das Volksgeld", erworben 2010 in Peking. Museum für Völkerkunde Wien

Abb. 392: Notizheft mit Werbung für eine Tourismus-Zeitschrift, Slogan „Reisende aller Länder vereinigt euch!", erworben 2010 in Peking. Museum für Völkerkunde Wien

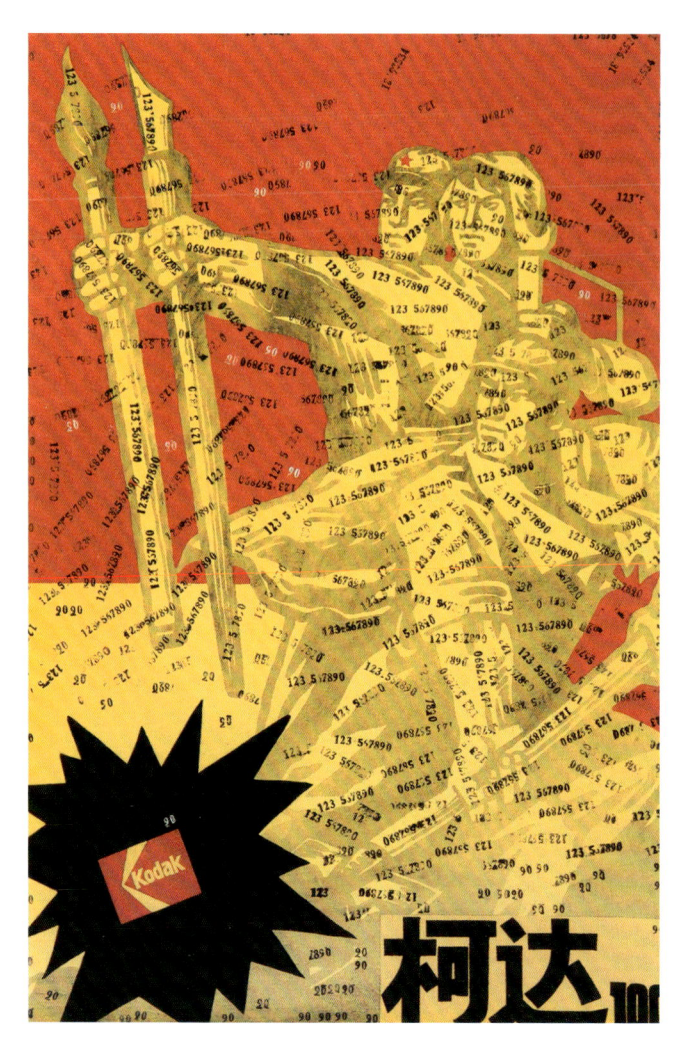

Abb. 393: Postkarte nach einem Motiv von Wang Guangyi, *Große Kritik – Kodak* (1990). Sammlung Opletal

echte Nostalgiker, die der vermeintlich guten Zeit ohne Korruption und Ungleichheit nachtrauern. Die meisten sind Geschäftemacher, Investoren, Designer, ferner Restaurant- oder Barbesitzer, die ihre Kneipen ausstaffieren wollen. Mao-Devotionalien sind seit Jahren auch als Amulette und Glücksbringer bei Taxifahrern begehrt, Mao-Büsten stehen auf Hausaltären. Werbeagenturen verfremden Rotgardisten-Parolen der *Kulturrevolution* und plakative Arbeiterfäuste für ihre Kampagnen *(Abb. 392)*. Die Symbole sind Blickfang, um in Zeitungen oder an Plakatwänden etwa für Immobilien zu werben.

Die in Hongkong registrierte *iMatsch&Paradise*-Ladenkette hat zwei Dutzend Ableger in Chinas Großstädten, in deren Shops verfremdete Mao-Bildchen und -Sprüche auf Notizbüchern oder Tüchern verkauft werden. „Macht Revolution – stellt den Frauen nach", kann man da lesen. Anstatt der Losung „Ich liebe das Volk" *(wo ai renmin)* drucken sie auf Mauspads und Blechtassen das Wortspiel: „Ich liebe das Volksgeld" *(wo ai renminbi) (Abb. 391)*. Die verpoppten Ver- sionen folgen dem Trend, den Avantgardekünstler wie Wang Guangyi in den neunziger Jahren mit Fotomontagen, Bildern und Objekten vorgaben. Sie versetzten Mao in die moderne Konsumwelt von Coca Cola, Kodak und McDonald *(Abb. 393)*. Doch was damals Provokation war, wirkt heute als billiger Abklatsch im kommerzialisierten Kulturbetrieb.

Schon 1997 beleuchtete die Kulturzeitschrift *Huaren* (Chinesen) das Phänomen, dass Pekings Behörden es tolerierten, wenn die Bürger als Hobby Gegenstände der *Kulturrevolution* sammelten, dass es aber verboten sei, sie öffentlich kritisch aufzuarbeiten. „Nostalgie, Kitsch und Geschäft prägen Chinas Art der Vergangenheitsbewältigung", schrieb der Autor damals. „Die Geschichte der Kulturrevolution darf nicht geschrieben und analysiert werden. Sie darf nur gesammelt werden."

Die Widersprüche in der offiziellen Haltung beschäftigen auch den Kulturkritiker Xu Ben, einen ehemaligen Professor der *Universität Suzhou,* der heute an einer kalifornischen Hochschule lehrt. In einem Essays über die kulturrevolutionäre Kunst (Xu 2006) kritisierte er die „Doppelmoral in Chinas offizieller Politik": Während die gesellschaftliche Debatte tabuisiert wird, erkennen die Behörden die kulturrevolutionären Objekte als Teil des modernen Kunstbetriebs an. „Politik und Markt werden künstlich getrennt und politisch unterschiedlich behandelt." Für Xu Ben ist die sogenannte Kunst und Kultur der *Kulturrevolution* „profane Massenkunst", die sich daher auch nicht in Einzelstücken, sondern nur in großen Mengen verbreiten konnte. Das entsprach ihrer Zeit, einer Ära, die alles Materielle bekämpfte, menschliche Wünsche und Sehnsüchte unterdrückte, und in der Knappheit und Mangel herrschten.

Die Besitzer der Stücke waren nach dem Ende der *Kulturrevolution* zunächst froh, sie loszuwerden, und so landeten die meisten Objekte im Abfall. Kunstgegenstände der *Kulturrevolution* seien Xu Ben zufolge an ihren Aufschriften, Zeichnungen oder Losungen erkennbar, die wichtiger als das Objekt selbst sind. Grotesk sei, schreibt Xu Ben, wenn heute Sammelstücke aus der *Kulturrevolution* bei Antiquitätenhändlern neben Kulturgütern längst vergangener Jahrhunderte stehen, denn gerade die *Kulturrevolution* hatte mit ihrem Kampf gegen die „Vier Alten" und der Parole „Zerschlagt das Alte, um Neues aufzubauen" alle historischen Kulturgüter zerstören wollen. In China sei von Anfang an jede Aufarbeitung der *Kulturrevolution* verdrängt und verboten worden. Sammeln aber sei erlaubt worden, weil es bloß zu einer „oberflächlichen Erinnerung" führe, die nicht in die Tiefe eindringe. Der Sammler blicke wie ein unbeteiligter Dritter auf die vergangenen Ereignisse, obgleich er an ihnen teilgenommen hat.

Weiterführende Literatur

- Erling, Johnny
  2002 *Der große Sprung ins Ungewisse. Ein Report.* Freiburg im Breisgau: Herder.
- Li Zhensheng
  2003 *Roter Nachrichtensoldat: Ein chinesischer Fotograf in den Wirren der Kulturrevolution.* Berlin: Phaidon.
- Mao Ze Dong Stamps
  1991 *Mao Zedong youpiao quan ji/A Complete Collection of Mao Ze Dong Stamps.* Peking: Yanshan Chubanshe [Yanshan-Verlag].
- Pictorial Handbook
  1993 *Mao Zedong xiangzhang shouzang tujian/Pictorial Handbook of Couloured Badge Patterns of Mao Zedong.* Peking: Beijing Chubanshe/Beijing Publishing House.
- Xu Ben
  2006 *Wenge wenwu shouzang he huaijiu de dazhong wenhua* [Das Sammeln von Kulturrevolutions-Relikten und nostalgische Massenkultur], Blog von Xu Ben (chin.), 23. Juni 2006
  (http://www.aisixiang.com/data/detail.php?id=11402)

Johnny Erling, geb.1952, studierte in Frankfurt und Peking und hat als Journalist und in verschiedenen anderen Funktionen über 20 Jahre in China gelebt. Heute ist er Korrespondent für *Der Standard* und *Die Welt* in Peking.

Abb. 394: Kulturrevolutions-Kitsch, Fälschungen und Imitationen auf dem Panjiayuan-Markt in Peking. Foto: Helmut Opletal, 2010

为人民服务 毛泽东

吾岷山重宫

EIN GESPRÄCH MIT DEM MUSEUMSGRÜNDER FAN JIANCHUAN

„SAMMELN, UM LEHREN FÜR DIE ZUKUNFT ZU ZIEHEN"

Herr Fan Jianchuan, wie haben Sie eigentlich mit dem Sammeln von Objekten der Kulturrevolution angefangen?

1966 war ich neun Jahre alt, ich war noch in der Unterstufe der Mittelschule. Mein Vater kam aus Shanxi, er hatte sich schon früh der Revolution angeschlossen und kam so auch nach Sichuan. In der Kulturrevolution wurde mein Vater als Rechtsabweichler kritisiert und gedemütigt. Ich wollte wissen, warum man meinen Vater damals verfolgt hat, denn ich war überzeugt, dass er ein guter Mensch war. Deswegen habe ich damals angefangen, Flugblätter und Zeitungen aus der Kulturrevolution zu sammeln, später kamen Mao-Abzeichen dazu. Dann habe ich immer weitergemacht, bis heute. Meine Sammlung hat jetzt 8–10 Millionen Objekte, vielleicht sogar noch mehr, genau kann ich das selbst nicht mehr sagen. Ich habe über 300.000 Stück Propagandamaterial gesammelt, 150.000 Schallplatten, einige zehntausend Filme, 20 Tonnen Manuskripte der Kritik und Selbstkritik; 500.000 Briefe aus der damaligen Zeit, dazu noch einige Millionen Mao-Abzeichen und Rationierungsmarken für Baumwolle und Getreide. Es sind ganz riesige Zahlen. Ich besitze auch 50.000 Porzellan-Objekte aus der Kulturrevolution. In der Ausstellung stehen nur ein paar tausend Stück davon, der Rest ist im Depot.

Haben Sie die Dinge am Anfang geschenkt bekommen, oder haben Sie damals schon Geld dafür ausgegeben?

Am Anfang habe ich nie Geld für die Sachen gezahlt, sondern ließ sie mir von den Leuten schenken. Heute hilft mir ein ganzes Netzwerk von Mitarbeitern, nicht nur in Sichuan, sondern in ganz China, die Sammlung weiterzuführen. Sie kaufen überall im Land Objekte, oft mehrere Container auf einmal. Manchmal konzentriere ich mich auf bestimmte Dinge, eine Zeitlang suchte ich nur Mao-Abzeichen, da konnte ich in einem Jahr einige Hunderttausend zusammentragen. Auch an die 50.000 Wandspiegel mit Kulturrevolutionsmotiven habe ich gesammelt, ich habe damit eine eigene Ausstellung gemacht. Oder zehntausende Stempel und Armbinden der Rotgardisten. Und wir kaufen immer noch weiter, erst gestern haben wir wieder einige große Säcke mit Dokumenten gekauft. Die Kulturrevolution ist aber nur ein Teil meiner Sammlungen, ich sammle noch andere zeitgeschichtliche Objekte aus den letzten hundert Jahren.

Abb. 395: Der Geschäftsmann und Museumsdirektor Fan Jianchuan vor seinem Verwaltungsgebäude, das ebenfalls im Stil der *Kulturrevolution* dekoriert ist. Foto: Helmut Opletal, 2010

Welche Museen gibt es hier sonst noch neben dem Museum über das „Rote Zeitalter"?

Wir haben hier allein fünf Abteilung zum Krieg gegen die Japaner, zum kommunistischen Widerstand, zum Widerstand der nationalistischen Guomindang, über das Militär der Provinz Sichuan, zur Unterstützung, die die US-Armee gegeben hat, und ein eigenes Kriegsgefangenen-Museum. Das sind alles Museen, die es anderswo in China gar nicht gibt. Nächstes Jahr will ich noch ein Museum über die chinesische Kollaboration mit Japan eröffnen, und eines über das japanische Militär in China.

Und speziell zur Kulturrevolution?

Man hat uns gesagt, wir dürfen unser Museum nicht „Kulturrevolutions-Museum" nennen, daher sagen wir „Museum des Roten Zeitalters". Das hat jetzt schon drei Abteilungen: In einer zeigen wir Gebrauchsgegenstände aus dem „Roten Zeitalter", weiters gibt es ein Porzellan-Museum und ein Museum für Abzeichen, Stempel und Uhren. Nächstes Jahr wollen wir noch ein Museum zu den aufs Land verschickten Jugendlichen eröffnen, auch für die Kulturrevolutions-Spiegel und die Rationierungsmarken wollen wir fixe Museumshallen. Dazu planen wir noch eigene thematische Ausstellungen, die allerdings politisch derzeit noch zu brisant sind, zum Beispiel über die Gewalttaten, die Durchsuchung von Wohnungen durch die Roten Garden sowie über Selbstmorde und bewaffnete Kämpfe während der Kulturrevolution. Aber vielleicht braucht es noch zwanzig Jahre, bis wir das wirklich machen können.

Ist Ihr Museum eine rein private Initiative, oder ist auch der Staat beteiligt? Wie viel hat das gekostet, und woher kommt das Geld?

Das ist alles privat. Die Sammlung habe ich im Wesentlichen selbst zusammengetragen, auch das Geld habe ich zu hundert Prozent selbst aufgebracht, insgesamt etwa eine Milliarde Renminbi (über 100 Millionen Euro). Wir sind das größte und beste Privatmuseum in China, auf einer Fläche von 30 Hektar sind 15 Teilmuseen schon fertig. Die Hauptthemen sind der Zweite Weltkrieg, das „Rote Zeitalter", ein Erdbebenmuseum und ein Volkskunde-Museum. Selbst vom Staat sind wir als eines der größten und besten Museen eingestuft worden. Von den acht Millionen Objekten, die wir haben, gelten 121 Stücke als nationale Kulturgüter der höchsten Kategorie. Ein Ziel von mir ist, eines der besten Museen der Welt zu werden.

Wenn Sie vom „Roten Zeitalter" sprechen, gehört doch mehr dazu als nur die Kulturrevolution?

Abb. 396: Im „Museum des Roten Zeitalters" werden mit lebensgroßen Figuren Szenen aus der *Kulturrevolution* nachgestellt. Foto: Helmut Opletal, 2010

Abb. 397: Im Depot des Museums warten noch hunderttausende Objekte und Dokumente, um klassifiziert, gereinigt und ausgestellt zu werden. Foto: Helmut Opletal, 2010

Ja, auch der „Große Sprung nach vorn" oder die Anti-Rechts-Kampagne und andere politische Säuberungen. Aber die Zeit ist noch nicht reif für Ausstellungen darüber, obwohl wir schon eine unfangreiche Sammlung und konkrete Pläne haben, sogar die Gebäude sind schon konzipiert. Aber es gibt politische Probleme, obwohl die Regierung unsere Kleinstadt Anren ausdrücklich zu einer „Museumsstadt" ernannt hat.

Nochmals zur Kulturrevolutions-Sammlung, welches Ziel verfolgen Sie eigentlich damit, wollen Sie auch etwas bewirken?

Unsere Sammlung soll einerseits an eine bestimmte Entwicklung der Geschichte erinnern, es ist ein Bodensatz, den eine konkrete Kultur hinterlassen hat. Das ist nicht für alle eine gute Erinnerung, weil sie auch an die Gewalttätigkeit damals zurückdenken lässt. Die Kommunistische Partei hat die Kulturrevolution als reaktionäres Geschehen und als eine Katastrophe bezeichnet. Diese Erfahrungen sollten als Lehre für das chinesische Volk und die gesamte Menschheit dienen und aufzeigen, was wir nicht wiederholen dürfen, weil es in eine Sackgasse, eine Gesellschaft ohne Demokratie und Freiheit, führt. Die Leute sind damals verarmt, die Volkswirtschaft stand am Abgrund. Wir haben für diese Sammlung das Motto gewählt: „Sammeln, um Lehren für die Zukunft zu ziehen".

Interessieren sich die jungen Leute eigentlich für Ihr Kulturrevolutions-Museum?

Viele interessieren sich für das, was ihre Vätergeneration erlebt hat. Die Geschichte liegt auch noch nicht so lange zurück, und manche Formen der Politik existieren bis heute weiter. Es gibt eine direkte Linie von Mao Zedong über Deng Xiaoping zu Jiang Zemin und Hu Jintao, also den verschiedenen Parteiführern. Auch wenn sich durch die Öffnungs- und Reformpolitik einiges verändert hat, gibt es diese ungebrochene Erbfolge. Daher interessieren sich auch die Jungen dafür, das ist Teil ihres Lebens. Wir haben jedes Jahr eine Million Gäste, einige hunderttausend davon sind Schüler und Jugendliche. Schulen und Universitäten organisieren auch Besuche.

Wie sehen Sie persönlich aus heutiger Sicht die Kulturrevolution?

Dass die Kulturrevolution eine schlimme Katastrophe ist, steht außer Frage. Aber diese Katastrophe war irgendwie unvermeidbar. Hätte es Mao nicht gegeben, wäre es auch zu einer Kulturrevolution gekommen, dann hätte das wer anderer gemacht. China war eine Feudalgesellschaft, die direkt in die heutige Zeit gesprungen ist, ohne das Stadium des Kapitalismus zu durchlaufen. In der Kulturrevolution sind diese feudalistischen Elemente wieder aufgebrochen. Gott sei Dank kam dann die Ära der Reform und Öffnung, und China hat sich in die globale Entwicklung eingefügt. Aber die Kulturrevolution war sehr feudalistisch. Wenn man „Lang lebe Mao" rief, war das eine Parole aus der Feudalzeit, und dass alles von einer einzigen Person bestimmt wurde, ging in die gleiche Richtung. In der Kulturrevolution wurde auch viel denunziert, man konnte niemandem mehr trauen, und es gab viele Brutalitäten. Dennoch glaube ich, dass es für ein abschließendes Urteil noch zu früh ist. Für eine historische Perspektive muss man das Ganze sehen und braucht daher etwas Abstand. Sinn eines Museums ist es, historische Objekte sprechen zu lassen, nicht selbst zu sprechen. Auch ich möchte es in dem Museum so halten und nicht selbst allzu viel urteilen. Denn ich bin auch selbst ein Produkt der Kulturrevolution und daher nicht sehr objektiv.

Hat die Kulturrevolution für Sie auch positive Seiten gehabt?

Vielleicht in dem Sinn, dass ein Mensch, der Gift in seinem Körper trägt, dieses herausschwitzen muss. Für die chinesische Gesellschaft ist dieses Gift der mehrtausendjährige Feudalismus. Da gab es sehr grausame Arten, Menschen zu töten und zu quälen, so wie auch im europäischen Mittelalter. In der Kulturrevolution ist das wieder zum Vorschein gekommen. Vielleicht war das unvermeidbar, aber dennoch bleibt es ein Verbrechen. Auf der anderen Seite waren damals die Unterschiede zwischen Arm und Reich nicht so groß, die Leute hatten Ideale, auch die Sicherheit und die Disziplin in der Gesellschaft waren höher. Es gab kaum Diebe, keine Spielsucht, keine Prostitution und keine Drogen, selbst die Umwelt war weniger verschmutzt. Das wäre etwas Positives. Die Kulturrevolution war insgesamt sicher ein Fehler von Mao, aber ein Gutes war, dass er versucht hat, Bürokratismus und Korruption zu verhindern. Seine Methode war allerdings falsch, es war eine feudalistische, keine demokratische. Aber vielleicht ist unser heutiges Urteil über die Kulturrevolution noch nicht endgültig.

Und wenn Sie versuchen, ein erstes Urteil über die Persönlichkeit Mao Zedongs zu sprechen, wie fällt das aus?

Nochmals, sein größtes Problem war, dass er sehr feudalistisch agierte. Dennoch erscheint er aus der Sicht der chinesischen Geschichte als großer politischer Führer mit Visionen, wie Napoleon oder Stalin oder auch Roosevelt. Er wünschte sich ein wohlhabendes und starkes China, keines, das nach unten sinkt und verarmt. Maos Absichten sind unbestritten, er wollte sich für die Interessen des Landes einsetzen, und hatte ganz bestimmt das Wohl der Menschen im Sinn. Aber er beging eben auch Fehler, um nicht zu sagen Verbrechen, durch seine feudalen Methoden. Mao hatte wenig aufgeklärtes Denken kennengelernt, er war in eine feudale Gesellschaft geboren, auch seine Eltern waren sehr traditionell, und er selbst hat keine höhere Bildung genossen und nie im Ausland studiert. Er wollte ein Held werden und seine eigene Gesellschaft bauen, um dort eine Art Kaiser zu sein. Als sich dann die Welt weiterbewegt hat, zettelte er immer neue Kampagnen an, um seine Ziele zu erreichen. Dabei hat er viele Menschen getötet oder in Mitleidenschaft gezogen, glaubte aber, dass dies im Interesse des Staates und des Volkes notwendig ist. Trotzdem muss man auch zu Mao Zedong das letztendliche Urteil der Geschichte überlassen.

(Das Gespräch führte Helmut Opletal.)

Weiterführende Literatur
- Fan Jianchan
2002 *The Cultural Revolution Porcelain Wares – „Wenge" ziqi tujian* [Abbildungen von Porzellan aus der „Kulturrevolution"]. Peking: Wenwu Chubanshe [Verlag für Kulturgüter].

Fan Jianchan, geb. 1957 in Sichuan, ging 1976 zur Armee und studierte an der *Politischen Akademie* in Xi'an. Er war Lehrer und Lokalbeamter, wechselte 1996 in die Privatwirtschaft und betätigte sich vor allem im Immobiliengeschäft. 2005 gründete er in der Kleinstadt Anren, 40 km südlich von Chengdu, das private *Jianchuan Museum*.
http://www.jc-museum.cn/en/

Abb. 398: Mit Originalgegenständen dekoriertes städtisches Wohnzimmer während der *Kulturrevolution*. Foto: Helmut Opletal, 2010

Abb. 399: Ausstellungshalle mit Gebrauchsgegenständen aus dem Alltag der *Kulturrevolution*. Foto: Helmut Opletal, 2010

Abb. 400 a und b: Behälter für Tuschepinsel mit Mao- und Lin-Biao-Zitaten, Porzellanmarke „Zur Erinnerung an die Errichtung des Revolutionskomitees der Stadt Jingdezhen, 23.4.1968" H. 11 cm. Fälschung/Kreation aus den 90er Jahren. Museum für Völkerkunde Wien, Inv.-Nr. 183.579

Abb. 401: Porzellanfigur eines Rotgardisten (H. 32 cm) mit *Mao-Bibel*, in den 90er Jahren kreiertes „Kulturrevolutions-Souvenir". Museum für Völkerkunde Wien, Inv.-Nr. 179.927

Abb. 402: Vase (H. 24 cm) und Teller (ø 11,5 cm) mit den Porträts der zehn Marschälle in der Geschichte der Volksrepublik China, in den 90er Jahren kreiertes „Kulturrevolutions-Souvenir". Museum für Völkerkunde Wien, Inv.-Nrn. 183.312, 183.313

Abb. 403: Zweisprachige (chin./engl.) *Mao-Bibel* (13 x 9 cm), Nachahmung für Touristen, 1996. Sammlung John Marshall, Wien

Abb. 404: Mao-Flaschenöffner (H. 10 cm), Souvenir aus der *Großen Volkshalle* (Sitz des Parlaments) in Peking, erworben 2010. Museum für Völkerkunde Wien

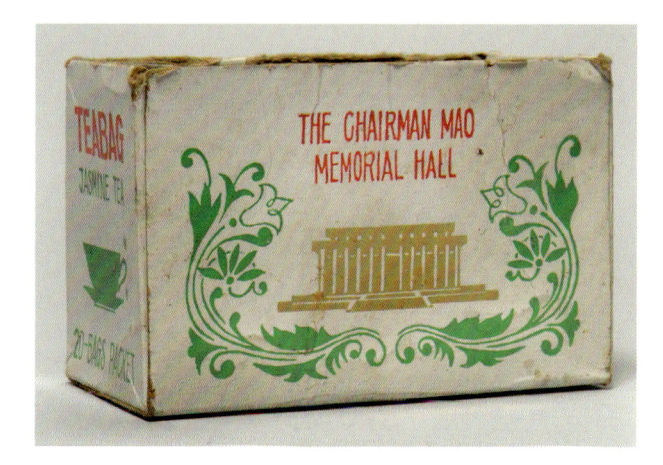

Abb. 405: Packung (Karton, 8 x 12 x 6 cm) für 20 Teebeutel, Souvenir aus dem Mao-Mausoleum in Peking. Museum für Völkerkunde Wien, Inv.-Nr. 183.470

Abb. 406: Teetasse mit Deckel (Porzellan, H. 13 cm) mit Winterkirschendekor im Geschenkkarton, aus der Porzellanmanufaktur *Hongguanyao* in Liling (Provinz Hunan), erworben 2010 in Shaoshan. Museum für Völkerkunde Wien

Die 1905 gegründete Manufaktur stellte ursprünglich Porzellan für den kaiserlichen Haushalt her, nach 1949 für Maos Privatgebrauch und für Staatsgäste, später – laut Beschreibung – auch für die Spitzenpolitiker Deng Xiaoping, Jiang Zemin und Hu Jintao. Heute werden originalgetreue Reproduktionen als Souvenirs angefertigt. Auf dem Aufkleber auf der Tasse ist eine Telefonnummer vermerkt, an die Fälschungen gemeldet werden können.

Abb. 407: Stofftasche, 32 x 33 cm, mit Aufschrift „Der Vorsitzende Mao lebt ewig in unseren Herzen", erworben 1995 in Shaoshan. Museum für Völkerkunde Wien, Inv.-Nr. 182.002

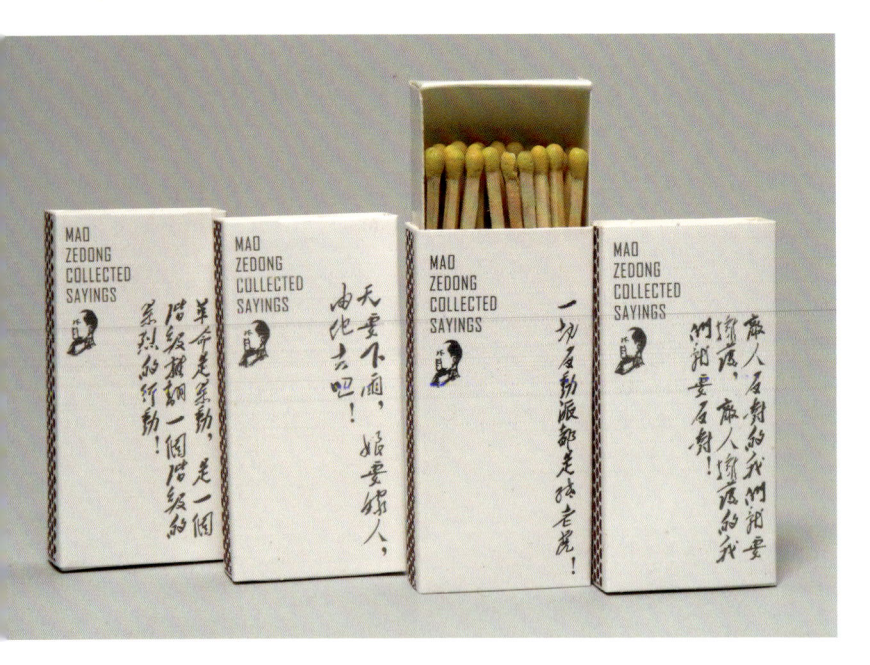

Abb. 408: „Gesammelte Mao-Sprüche" auf Streichholzschachteln, erworben 2010 in Peking. Museum für Völkerkunde Wien

Abb. 409: Spielkarten mit Mao-Abzeichen und Mao-Bildern, nach 2000. Museum für Völkerkunde Wien

Abb. 410: Werbung der französischen Bücher- und Elektronik-Kette *fnac*, Slogan „Die grünen Preise. Warum grüne Preise? Weil Rot ausgedient hat". *Le Monde*, Paris, 13. Oktober 1995. Sammlung Opletal

Abb. 411: „Schneekugel" (H. 10 cm) mit Maos Geburtshaus sowie symbolischen Goldbarren und US-Cent-Münzen, Aufschrift: „Ein guter Mensch – das ganze Leben Friede", um 2000. Museum für Völkerkunde Wien

Abb. 412: Mao-Stoffpüppchen (H. 17 cm), erworben in Peking 2009. Sammlung Jörg-M. Rudolph, Bad Homburg

Abb. 413: Enver-Hoxha-Büste (Gips, H. 19 cm) aus Albanien. Sammlung Thomas Lösch, Wien

Abb. 414: Plattencover (19 x 19 cm), Albanerin mit Mao-Abzeichen und *Mao-Bibel* und chinesische Rotgardistin, Aufschrift „Wir sind echte Freunde". Auszug aus dem Programm der Laienkunsttruppe *In der einen Hand die Harke, in der anderen das Gewehr* bei ihrem Besuch in China, *China Record Company*, um 1970. Sammlung Opletal

Abb. 415: Ho-Chi-Minh-Büste (Gips, H. 46 cm) aus Vietnam, spätes 20. Jahrhundert. Sammlung Thomas Lösch, Wien

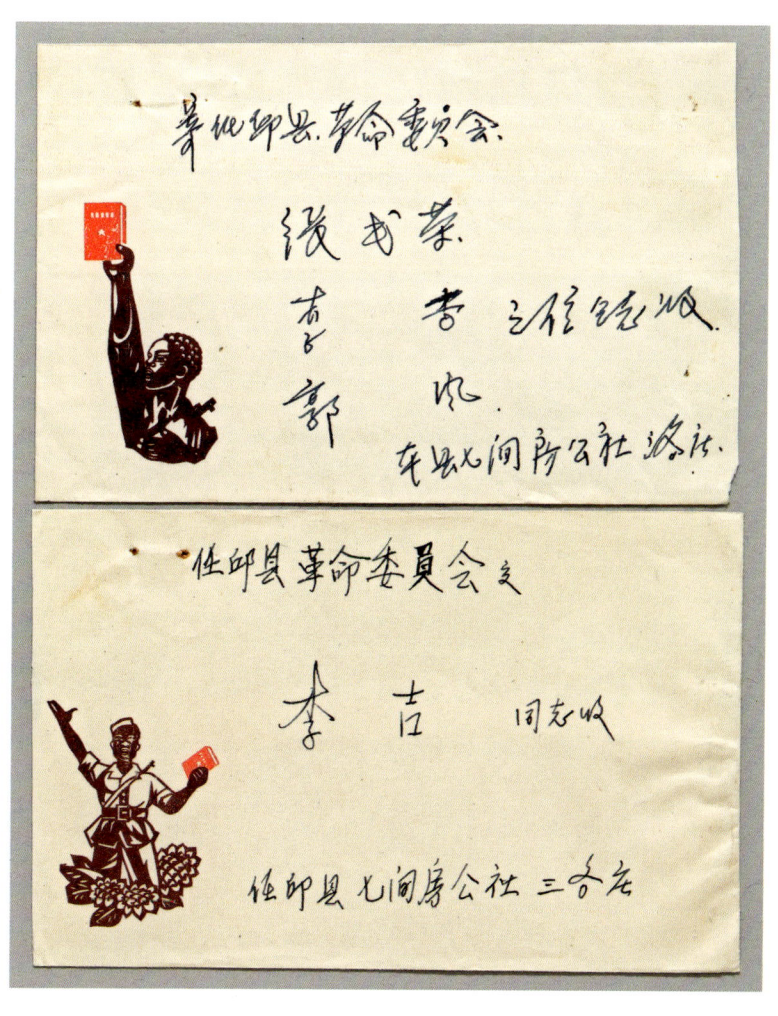

Abb. 416: Briefumschläge mit afrikanischen Guerillakämpfern, die *Mao-Bibeln* hochhalten, China, datiert 1968. Sammlung Opletal

世界人民热爱毛主席著作。
The peoples of the world love the works of Chairman Mao.

七月一日　中国共产党成立四十七周年
July 1　The 47th Anniversary of the Founding of the Communist Party of China

1968 / 7 July

星期日 SUN	星期一 MON	星期二 TUE	星期三 WED	星期四 THU	星期五 FRI	星期六 SAT
	1 初六	2 初七	3 初八	4 初九	5 初十	6 十一
7 小暑	8 十三	9 十四	10 十五	11 十六	12 十七	13 十八
14 十九	15 二十	16 廿一	17 廿二	18 廿三	19 廿四	20 廿五
21 廿六	22 廿七	23 大暑	24 廿九	25 七月	26 初二	27 初三
28 初四	29 初五	30 初六	31 初七			

中国纺织品进出口总公司　CHINA NATIONAL TEXTILES IMPORT & EXPORT CORP.

KARL-PETER SCHWARZ

SCHIFFBRUCH MIT GROSSEM STEUERMANN: MAOISMUS IM WESTEN

„Die revolutionären Theorien vergewaltigen die Geschichte, ohne sie zu schwängern" (Nicolás Gómez Dávila)

Deutsche und Österreicher, Russen und Chinesen haben eines gemeinsam: Aus ihrer Mitte sind die größten Ungeheuer des von Monstern bevölkerten 20. Jahrhunderts hervorgegangen. Die Dimensionen der Verbrechen Hitlers, Lenins, Stalins und Maos überragen bei weitem jene der Verbrechen, die von den auf ihren Spuren wandelnden Sekundär-Monstern begangen wurden: von Mussolini, Paveli und Antonescu, von Tito, Hoxha und Gheorghiu-Dej, von Rákosi, Dimitrov und Gottwald, von Kim Il Sung, Pol Pot, Ceaușescu, Castro, Che Guevara und ihresgleichen. Stéphane Courtois schätzte die Opfer der totalitären Regime des 20. Jahrhunderts auf rund 125 Millionen. 25 Millionen fielen demnach dem NS-Terror und dem Holocaust zum Opfer, 100 Millionen den verschiedenen kommunistischen Parteien und Regimen. Und die mit Abstand zahlreichsten Verbrechen gehen zu Lasten Mao Zedongs.

Wer Mao unterstützte, und das tat ich, machte sich mitschuldig. Von ehemaligen Maoisten kann verlangt werden, was zu Recht von ehemaligen Nationalsozialisten verlangt wird: dass sie wenigstens Auskunft geben über ihre persönliche Verstrickung in (Selbst-) Täuschung, Anmaßung und Niedertracht. Das gilt nicht nur für die ehemaligen Rotgardisten, die sich als Schüler und Studenten am Terror der *Kulturrevolution* beteiligten. Es gilt auch für die Maoisten im Westen, die diese Verbrechen ignoriert, geleugnet oder gerechtfertigt haben. Ihre Energie entlud sich zwar vorwiegend im Imaginären, weil sie nie an die Macht gelangten, aber als Entschuldigung taugt das nicht. Während in Deutschland in der Debatte über die Aufarbeitung der DDR-Vergangenheit gnadenlos über kleine Zuträger der *Stasi* gerichtet wurde, konnten ehemalige Maoisten, die für die eigene politische Biographie größtes Verständnis aufbringen, Minister (Jürgen Trittin, Ulla Schmidt) und Vizepräsidenten des Bundestages (Antje Vollmer) werden. Was rot war, wurde grün, alte Freundschaften überdauerten die Zeitenwende. Der kolumbianische Schriftsteller Nicolás Gómez Dávila hatte Recht mit einem Aphorismus, dem zufolge „jede totale Revolution […] in der Philosophie des Rotary Club" endet.

Ein Meister biographischer Beschönigung ist Hans-Gerhart („Joscha") Schmierer, den Joschka Fischer in den Planungsstab des deutschen Außenministeriums hievte. Schmierer will immer schon ein „Demokrat" gewesen sein, aber halt einer, der aufgrund der Brutalität der Staatsgewalt „zu allzu grundsätzlicher Kritik der Staatsgewalt und der Legitimität der Bundesrepublik" verleitet wurde (Schmierer 2001). Dieser Euphemismus stammt von einem Mann, der 1973 die größte und einflussreichste maoistische Sekte in Westeuropa gründete (den *Kommunistischen Bund Westdeutschland*) und sie bis 1983 als Sekretär des *Zentralkomitees* eisern im Griff hatte. Von ihm hätte man gerne mehr darüber erfahren, warum junge, gebildete Angehörige einer Generation, die in Frieden und Wohlstand aufwuchs, sich dazu hinreißen ließen, für einen Massenmörder und dessen Herrschaftsideologie einzutreten.

Diese Frage stellt sich natürlich allen Protagonisten und Mitläufern des „roten Jahrzehnts", die zwar nur eine Minderheit in ihrer Altersgruppe ausmachten, aber schlagkräftig und bedenkenlos genug waren, um einer ganzen Generation den Stempel des linken Radikalismus zu verpassen. Die Anlässe der „berechtigten Rebellion" der siebziger Jahre nehmen sich im Rückblick lächerlich geringfügig aus. Es ging nur vordergründig um Straßenbahntarife und Studienpläne, um Kollektivverträge und Arbeitsverfassungsgesetze. Jede politische Intervention wurde vor allem daran gemessen, ob sie „revolutionäres Bewusstsein" schuf. Und alle – Maoisten wie Trotzkisten, Spontis wie Anarchisten – wären jederzeit bereit gewesen, Frieden und Wohlstand in einer Revolution hinwegzufegen, wenn es die Umstände erlaubt hätten. So sehr sich die strategischen Rezepte der einzelnen Gruppierungen voneinander unterschieden, waren sich doch alle darin einig, dass der Kapitalismus die Ursache allen Übels sei und dass er nur durch einen gewaltsamen Umsturz der bürgerlichen Eigentumsordnung überwunden werden könne.

Abb. 417: Kalenderseite mit Bildunterschrift „Die Völker der Welt lieben die Werke des Vorsitzenden Mao". *China National Textiles Import & Export Corp.* (Juli 1968). Museum für Völkerkunde Wien, Inv.-Nr. 148.478_8

Abb. 418: Verlage der westdeutschen Maoisten (bei denen es mehrere rivalisierende Organisationen gab) druckten aufwendige Broschüren über die chinesische *Kulturrevolution* und vertrieben die aus Peking kommenden Propagandamaterialien. Sammlung Opletal

Auf die 68er des 20. Jahrhunderts traf zu, was der französische Publizist und Politiker Alexis de Tocqueville im 19. Jahrhundert über die 48er schrieb: Sie „wärmten ihre Hände in der Asche der Leidenschaften ihrer Großväter", wobei sie der Gegenwart den Rücken zuwandten und in ihren Linien- und Fraktionskämpfen, Schauprozessen und Parteispaltungen die totalitären Praktiken imitierten, die die kommunistische Bewegung von Anfang an kennzeichneten – mit dem Unterschied, dass sich die europäischen Tragödien der ersten Hälfte des 20. Jahrhunderts in der zweiten Jahrhunderthälfte in Westeuropa als Farce wiederholten.

Unter den konkurrierenden Zukunfts- (besser: Vergangenheits-) Entwürfen, die in den siebziger Jahren angeboten wurden, erwies sich der marxistisch-leninistisch-maoistische in Deutschland und in Österreich als der attraktivste. Das lag einerseits daran, dass die Maoisten ihre aus der Studentenbewegung hervorgegangenen Sekten straffer durchorganisierten und strenger disziplinierten als die anderen Gruppierungen. Diese Disziplinierung war vor allem eine ideologische. In der Kunst der Reduktion von Komplexität waren die Maoisten am Ende kaum noch zu schlagen. Der Weg, den sie zurücklegten, zeigt sich vielleicht am besten daran, dass er mit Arbeitskreisen über *Das Kapital* begann und mit Schulungen endete, in deren Mittelpunkt Stalins *Kurzer Lehrgang der Geschichte der KPDSU(B)* stand. Wir glaubten so sehr an Marx, dass wir uns bald die Lektüre seiner Werke ersparten und zu härteren ideologischen Drogen übergingen.

Maos Schriften wurden in den Kanon aufgenommen, und wenig später haben wir allen Ernstes den erst noch ironisch imitierten Jargon der chinesischen Kommunisten übernommen. Bei jeder Gelegenheit wurden aus Maos Werken Offenbarungen wie „Eins teilt sich in Zwei" oder „Naht der Sturm, pfeift der Wind durch die Burg" zitiert, ob es nun um einen Konflikt in einer Wohngemeinschaft ging oder um den „Volkskrieg" in Zimbabwe. Sogar die *Peking Rundschau,* die man bis etwa 1972/73 noch belächelt hatte, wurde schließlich wie eine heilige Schrift gelesen.

Kritik an den chinesischen Texten konnte gar nicht mehr aufkommen. Wer (noch) Zweifel hatte, behielt sie für sich. Wer sie äußerte, wurde als „bürgerliches Element" denunziert. Verstöße gegen die Regeln wurden mit sozialer Ausgrenzung sanktioniert. Das Verhältnis zu den Schriften Lenins, Stalins und Maos war ein durchwegs religiöses. Da sich in ihnen die Wahrheit der Geschichte offenbarte, konnte jede Kritik an ihnen nichts anderes sein als ein Ausdruck mangelnden Klassenbewusstseins und einer bürgerlichen Gesinnung. Wer Kafka oder Flaubert las, tat dies heimlich oder unter dem Vorwand, Kritik an der bürgerlichen Literatur zu üben. Grundsätzlich war alles verpönt, was schön war. Als die chinesische *Kulturrevolution* 1973 die Losung „Kritisiert Beethoven" ausgab, erschienen in den verschiedenen maoistischen Postillen Artikel, die dazu aufforderten, die Musikgeschichte umzuschreiben.

Anders als die Trotzkisten, die „Luftmenschen dieser ganzen neorevolutionären Bewegung", die „in einer vierten Dimension der Geschichte" lebten (Koenen 2001: 279), und anders als die Spontis und die Anarchisten konnten sich die Maoisten auf einen real existierenden Sozialismus berufen, der als Projektionsfläche der eigenen Ambitionen dem sowjetischen um einiges überlegen war. Er war weit genug weg, man wusste über die wirklichen Zustände in China daher wenig bis nichts, und was man dennoch erfuhr, ließ sich leichter als feindliche Propaganda abtun; er war ungleich exotischer als der graue Funktionärs-Sozialismus der Breschnjew-Ära, wie man ihn von Budapest, Prag und Bratislava kannte; er war ungleich revolutionärer, weil er die permanente Revolution bis zum Ende der Geschichte propagierte, bis zum Eintritt der Menschheit in die klassenlose Gesellschaft; und schließlich schlug er die Brücke hin zur *Dritten Welt,* in der sich der Endkampf zwischen den revolu-

Abb. 419: Deutschsprachige Propagandahefte aus Peking. Sammlung Opletal

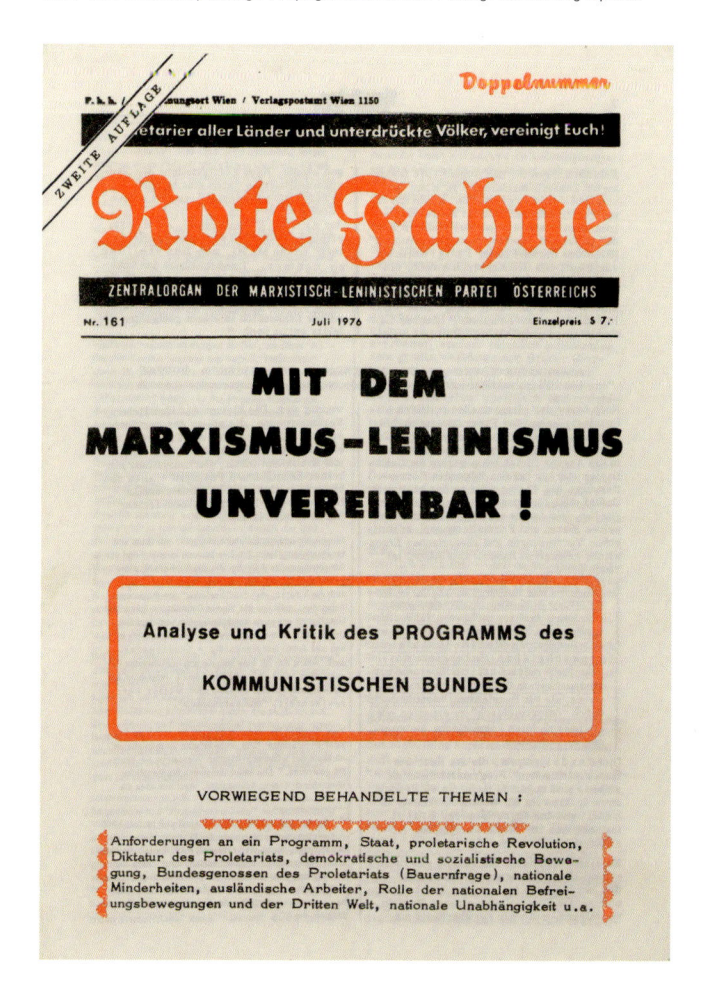

Abb. 420: Die *Rote Fahne* aus Wien wurde auch in Pekinger Fremdsprachen-Buchhandlungen verkauft. Zeitschriften der Maoisten waren als einzige westliche Publikationen damals in China frei erhältlich. Sammlung Opletal

tionären Völkern auf der einen, dem amerikanischen *Imperialismus* und dem sowjetischen *Sozialimperialismus* auf der anderen Seite abzuzeichnen schien. Die Maoisten waren zutiefst überzeugt davon, im Strom der Geschichte zu schwimmen. *„Die Welt schreitet vorwärts, die Zukunft ist glänzend, und niemand kann diese allgemeine Tendenz der Geschichte ändern"*, lehrte der Große Vorsitzende. Es kam nur darauf an, den Marxismus-Leninismus und die *Maozedongideen* richtig zu verstehen und auf die gesellschaftliche Praxis anzuwenden.

Wer in diese intellektuelle und moralische Falle ging, war selber daran schuld. Den ersten Maoisten sah ich auf den Stufen des Apollo-Kinos in einer österreichischen Kleinstadt. Er hatte schwarze Schnürstiefel, Hemd und Hose im schlichten Grün des österreichischen Bundesheeres und trug ein schwarzes Barett. Man hätte ihnen für einen Neonazi halten können, wäre da nicht der große, rotgoldene Mao-Button gewesen. Im Kino lief Lindsay Andersons „If …", es muss also 1968 oder 1969 gewesen sein. „If …" hatte Kultstatus. Der Film zeigte die wilde Schülerrebellion in einer britischen *Public School,* die mit einem blutigen Massaker auf dem

Schulgelände endete. Zweifellos kamen Schüler, die an einem sonnigen Nachmittag die Vorstellung besuchten, als Objekte revolutionärer Agitation in Frage. Der junge Mann verteilte die *Rote Fahne (Abb. 420)*, das Zentralorgan der Marxistisch-Leninistischen Partei Österreichs (MLPÖ), die aus ihrem Vorsitzenden und höchstens einem Dutzend Mitgliedern bestand, aber das Wohlwollen der Chinesen genoss, weil sie zu den ersten maoistischen Formationen gehörte, die nach dem kommunistischen Schisma in den frühen sechziger Jahren in Westeuropa aus Abspaltungen der prosowjetischen kommunistischen Parteien entstanden waren.

Die Sekte war für linke Schüler, die am Gymnasium eine Schülerzeitung herausgaben, alles andere als attraktiv. Ihr „Zentralorgan" bestand hauptsächlich aus langen Grußadressen verschiedener ML-Parteien, pathetischen Aufrufen zum Kampf gegen den Imperialismus und Fotos, auf denen junge Chinesen drohend die Fäuste schüttelten. Den jungen Mann, der dieses Zeug verteilte, hielt ich für einen Idioten. Wenige Jahre später war ich selbst für den *Klassenkampf (Abb. 425)*, ein maoistisches Blatt des *Kommunistischen Bundes Österreichs (KBÖ)*, verantwortlich, das ähnlichen Unsinn verbreitete.

Wir waren hilf- und verständnislose Zeugen einer friedlichen Revolutionierung der Lebenswelt, wie sie noch keine Generation des 20. Jahrhunderts erlebt hatte. Nichts davon war der radikalen Linken geschuldet, welcher Richtung auch immer; sie hat keine einzige politische Idee hervorgebracht, die die Zeiten überdauert hätte oder auch nur der Erinnerung wert wäre. In den sechziger und siebziger wurde Westeuropa technisch, kulturell und sozial so gründlich umgewälzt wie nie zuvor in den zwei Jahrhunderten seit dem Beginn der Industriellen Revolution. Die Ursachen dieses jähen Wandels lagen in der gewaltigen Dynamik des Kapitalismus, den wir in den letzten Zügen wähnten. Noch hatte das Informationszeitalter nicht begonnen, es gab keine Computer, kein Internet, keine Mobiltelefone. Aber fast jede Familie hatte bereits ein Auto und ein Fernsehgerät, man trug Jeans und fuhr auf Urlaub, die Pille war da, die Babyboomer drängten in die Schulen und Universitäten. Die Arbeiterklasse löste sich auf, während wir sie zum revolutionären Subjekt erklärten. Mit den herkömmlichen kleinstädtischen und ländlichen Milieus verschwanden alte Gewissheiten. Die Familien, die Schulen und Verbände waren nicht mehr in der Lage, Werte anzubieten, die dauerhaften Anspruch erheben konnten, und fürchteten Kontrollverlust. Konflikte entbrannten an lächerlichen Äußerlichkeiten. In unserer kleinen Stadt riskierten junge Leute, die lange Haare trugen, auf der Straße verhöhnt oder bespuckt zu werden.

So gefährlich wie während der chinesischen Kulturrevolution war es in der österreichischen Kleinstadt allerdings mitnichten: *„Wer lange Haare, Röcke oder Schuhe trug, die auch nur im Entferntesten einen hohen Absatz andeuteten, wurde auf der Straße angegriffen und von Scheren schwingenden Teenagern geschoren. Von da an gab es nur noch flache Schuhe und uniformähnliche, schlecht sitzende Jacken und Hosen in unauffälligen Farben"* (Chang 2005: 673).

Das Jahr 1968 hatte viele Facetten. In China prügelte der Mob der *Roten Garden* Lehrer, Schriftsteller und andere „bürgerliche Machthaber" mit Holzstöcken zu Tode; in Prag stellten sich Arbeiter, Schüler und Studenten den sowjetischen Panzern in den Weg; in Paris und in Berlin demonstrierten Studenten unter roten Fahnen und Mao-Bildern (Abb. 424) für die echte, die wahre, die permanente Revolution.

In Deutschland änderte sich das Klima der öffentlichen Meinung. Axel Springers Zeitungen verloren die Meinungsschlacht, *Zeit* und *Spiegel* rückten nach links, der *Rowohlt Verlag* veröffentlichte in der Reihe *rororo aktuell* Bücher von Dutschke und Cohn-Bendit, die nun in jeder kleinstädtischen Buchhandlung zu haben waren. Wir stellten sie neben Sartre und Camus in unsere Regale. Auf Cohn-Bendit folgte Lenin, ausgewählte Werke in einem Band. Das Gefühl, einer weltweiten Avantgarde anzugehören, machte sich breit. Größer hätte dieses Missverständnis gar nicht sein können, denn in Wirklichkeit verliehen wir einer rückwärtsgewandten, antimodernen Reaktion auf den rapiden gesellschaftlichen Wandel Gestalt.

Zu Recht hat Götz Aly die Rebellion der roten Studenten mit jener der braunen Studenten gegen das „System" in den dreißiger Jahren verglichen (Aly 2008: 169ff.). Der Vergleich tut manchen heute noch weh. Das Erscheinen seines Buches löste einen Sturm der Empörung im linken Blätterwald aus.

Mein Weg in den Maoismus begann 1970 an der Wiener Universität. Dass die Revolution eine „Partei" benötigte, hatte ich schon bei Lenin gelesen, dass die KPÖ dafür nicht in Frage kam, war offensichtlich. Eine echte, eine revolutionäre, eine leninistische Partei musste es sein. Die arroganten linken Studenten, die in ihren Arbeitskreisen Adorno und Habermas lasen, interessierten mich nicht mehr. Aus dem Zerfall eines wenige Dutzend Mitglieder umfassenden Kerns einer Studentenorganisation der KPÖ gingen in Wien Maoisten und Trotzkisten hervor und reproduzierten den Stadt-Land-Gegensatz, den die Revolution zu überwinden versprach: Die Trotzkisten kamen vorwiegend aus dem großbürgerlichen Wiener Milieu, die Maoisten waren kleinbürgerlicher und provinzieller Herkunft. Die Trotzkisten nannten sich „revolutionäre Marxisten", wir nannten uns „Marxisten-Leninisten", sie gingen um zehn ins Kaffeehaus, wir verteilten um sechs Flugblätter vor den Fabriken. Die Kinder der KPÖ-Bourgeoisie waren in beiden Gruppierungen etwa gleich stark vertreten.

Abb. 421 a und b: In Paris wurde 1975 eine zweisprachige (französisch-chinesisch) und illustrierte Luxus-Ausgabe der *Mao-Bibel* verlegt (geprägter Ledereinband, 21 x 15 cm). Sammlung Opletal

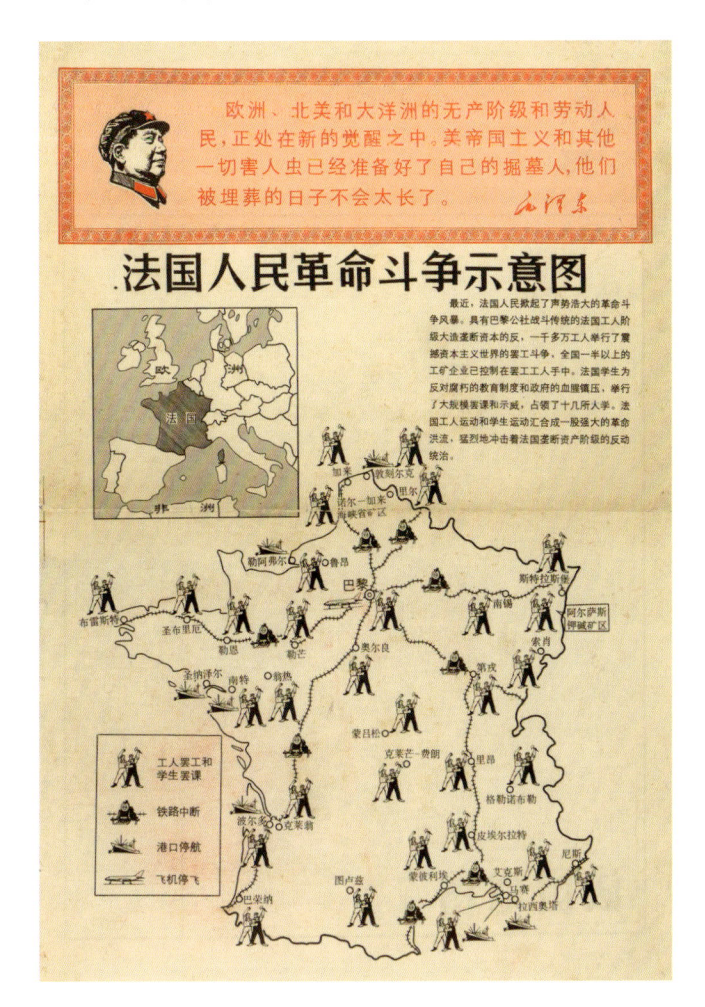

Abb. 422: „Übersichtskarte der revolutionären Kämpfe der französischen Volkes" zu Streiks und Arbeiterprotesten, darüber das Mao-Zitat: „Das Proletariat und das werktätige Volk von Europa, Nordamerika und Ozeanien erlebt gerade ein neues Erwachen. Der US-Imperialismus und alle anderen Schädlinge sind schon dabei, ihr eigenes Grab zu schaufeln, es kann nicht mehr lange dauern, bis sie das Zeitliche segnen." Sammlung Wang Mingxian, Peking

Abb. 423: *L'Humanité rouge,* Untertitel: „Kommunistische Zeitung für die Umsetzung des Marxismus-Leninismus und der Maozedongideen in Frankreich". Parolen der moskautreuen Kommunisten wurden leicht verändert: Statt „Proletarier aller Länder, vereinigt euch!" heißt es „Proletarier aller Länder, Nationen und unterdrückten Völker, vereinigt euch!". Sammlung Opletal

Das Gefühl, den Wind der Geschichte im Rücken zu haben, war gewaltig. Den dialektischen Verrenkungen, die uns die Realpolitik der *Volksrepublik China* abverlangte, unterzogen wir uns gerne in dem Bewusstsein, gemeinsam mit einer Milliarde Chinesen für den Sozialismus zu kämpfen. Je besser man die Dialektik beherrschte, desto größer war das Ansehen, desto höher die Stellung in der Hackordnung, desto größer die Chance im sexuellen Wettbewerb. Die Sekte unterwarf das Individuum dem kollektiven Willen, aber sie schützte es auch vor den Zumutungen der Außenwelt, sie schmeichelte seinem Ego und befriedigte seine narzisstischen Bedürfnisse.

Davon, wie es in China wirklich zuging, wussten wir wenig, und wir wollten es eigentlich auch gar nicht wissen. Im Juni 1974 nahm ich als Mitglied einer kleinen österreichischen Delegation an einer Reise teil, die vom chinesischen *Büro für Freundschaft mit dem Ausland* organisiert wurde. Das Büro unterstand Geng Biao, der im Zentralkomitee der *Kommunistischen Partei Chinas* für die Beziehungen mit den „Bruderparteien" zuständig war.

Drei Wochen lang besuchten wir Vorzeigeeinrichtungen wie die *Textilfabrik Nr. 17* in Shanghai, den *Rote-Fahne-Kanal*, die *Qinghua-Universität,* Schulen und Volkskommunen. Dabei wurden wir von einem schweigsamen pensionierten Richter begleitet, einer Dolmetscherin, die in der DDR studiert hatte, und einem gesprächigen jungen Arbeiter, der das „proletarische Element" zu verkörpern hatte. Es war die Endphase der *Kulturrevolution*, drei Jahre nach dem Sturz von Maos Stellvertreter Lin Biao, der auf der Flucht in die Sowjetunion bei einem Flugzeugabsturz ums Leben gekommen war und nun in einer landesweiten Bewegung beschuldigt wurde, gestützt auf konfuzianische Rezepte die Rückkehr der „Diktatur der Bourgeoisie und der Grundbesitzerklasse" angestrebt zu haben. Mao war noch überall präsent, aber die Zügel der Macht waren ihm bereits entglitten. Deng Xiaoping und andere in der *Kulturrevolution* gestürzte „bürgerliche Machthaber" hatten wieder Führungspositionen inne. Der an einer fortschreitenden Muskellähmung leidende und fast blinde *Große Steuermann* stieß auf immer stärkeren Widerstand, besonders in der Armee, auf die er kaum mehr Einfluss ausüben konnte. Die Machtverhältnisse hatten sich geändert, aber solange Mao lebte, gab immer noch die kulturrevolutionäre *Viererbande* um seine Frau Jiang Qing den Ton an.

Abb. 424: Demonstration gegen den Vietnam-Krieg, Berlin 1968. In den westeuropäischen Hauptstädten demonstrierten linke Studenten gerne mit Mao-Porträts, so wie sie es auf den Propagandabildern aus China gesehen hatten. Foto: ddp images/AP Photo/Kurt Strump

Abb. 425: Aus einer Nummer der Zeitschrift *Klassenkampf* des *Kommunistischen Bundes* in Wien. Die Wendungen und Windungen der chinesischen Politik der 70er Jahre wurden in der Regel kritiklos nachvollzogen. Sammlung Upletal

Die Vorträge, die wir in China hörten, folgten einem Fünf-Phasen-Schema: Elend unter der Herrschaft der Kapitalisten und Grundbesitzer – Befreiung durch die Revolution – neuerliche Versklavung durch die Machtergreifung der Revisionisten in der Partei – Sturz des bürgerlichen Hauptquartiers in der *Kulturrevolution* – riesige Fortschritte beim Aufbau des Sozialismus. Wir waren begeistert. Genau das wollten wir hören. Uns faszinierte gerade die *Kulturrevolution,* der Triumph des Totalitarismus, die völlige Entgrenzung der revolutionären Gewalt, die Befreiung von allen moralischen, rechtlichen und institutionellen Beschränkungen im Namen der Geschichte. Nach drei Wochen kehrten wir begeistert nach Wien zurück. Von China hatten wir viel gesehen und nichts verstanden.

Um endlich ganz aufzugehen im historischen Strom, waren die Maoisten bereit, sich nahezu jeder ideologischen Gängelung und organisatorischen Schikane zu unterwerfen. Die Bolschewisierung ihrer Sekten wurde von der Bolschewisierung der Köpfe und der Herzen begleitet. Auch in der Kunst, sich den Spaß an der eigenen Jugend zu verderben, waren die Maoisten kaum zu schlagen. Erst nach Maos Tod (9. September 1976) und dem „Sturz der Viererbande" endete allmählich auch der maoistische Spuk in Westeuropa.

Damals machte ich die einzige wertvolle politische Erfahrung meiner frühen Jahre. Als in China die *Viererbande* liquidiert wurde, spielte der *Kommunistische Bund* mit und inszenierte die „Zerschlagung der Liquidatorenfraktion in der Wiener Ortsgruppe", zu der unter anderen auch ich zählte. Der Vorwurf lautete auf „Fraktionsmacherei". Dem Konflikt war ein „Kampf um die richtige Linie" vorausgegangen, der von beiden Seiten mit gleich absurden Argumenten bestritten wurde. Das „Zentralkomitee" ahndete unsere Kritik mit einem regelrechten Schauprozess, der mit Ausnahme der Haft, der Folter und der physischen Vernichtung so ziemlich alle Register zog, mit denen solche Inszenierungen zu Stalins Zeiten aufgewartet hatten. Der Höhepunkt war eine Versammlung in einem Gewerkschaftshaus am Wiener Karlsplatz vor etwa vierhundert erregten Maoisten, bei der ein Redner nach dem anderen die „bürgerliche Linie" der Angeklagten anprangerte. Joscha Schmierer, der Chefideologe der deutschen Maoisten, wurde eingeflogen, um dem intellektuell überforderten „Zentralkomitee" zur Seite zu stehen.

Das Spektakel endete mit dem Ausschluss der „Fraktionierer" und der dringenden Empfehlung des „Zentralkomitees", die Genossen sollten nun Stalins *Fragen des Leninismus*

Abb. 426: Weltkarte mit dem Motto „Die alles überstrahlenden Maozedongideen tauchen die ganze Welt in Rot" und Lin-Biao-Zitat „Die Maozedongideen sind der Marxismus-Leninismus jener Epoche, in der der Imperialismus dem totalen Zusammenbruch und der Sozialismus seinem weltweiten Sieg entgegengeht. Die Maozedongideen sind eine mächtige ideologische Waffe im Kampf gegen den Imperialismus, gegen Revisionismus und Dogmatismus." Gedruckt als Nr. 9 der *Landkarten-Kampfzeitung*, November 1967. Sammlung Opletal

---

lesen, um ihre ideologische Widerstandskraft zu stärken. Wenn ich nach dem Ausschluss Mitgliedern begegnete, wandten sie sich ab oder taten so, als ob sie mich nicht sehen würden. Einmal verließen einige sogar das Lokal, weil sie mich an einem Tisch entdeckten. Erfahrungen dieser Art lösen auch in sturen Schädeln Denkprozesse aus. Mit dem Schauprozess begann der Zerfall der Organisation. Von einer Handvoll ideologischer Einpeitscher abgesehen erlebten die meisten ihre schließliche Auflösung als Befreiung von einem Albtraum.

Anders als der sowjetische Parteichef Leonid Breschnjew hatte Mao viele Freunde gehabt. „Maoisten" im weiteren Sinn des Wortes waren auch Frankreichs gaullistischer Kulturminister André Malraux und US-Präsident Richard Nixon, sein Sicherheitsberater Henry Kissinger und Bayerns CSU-Ministerpräsident Franz Josef Strauß. In bürgerlichen Kreisen war die Ansicht weit verbreitet, dass Mao gut für die Chinesen sei, aber halt nur für sie. Der Propagandalüge, dass es ihm gelungen sei, das Land vom Hunger zu befreien und ein ordentliches Gesundheitswesen aufzubauen, wurde nicht widersprochen. Die antikommunistischen Publikationen der fünfziger und der frühen sechziger Jahre wichen den philomaoistischen Büchern von Edgar Snow und Jan Myrdal, von Han Suyin und Joachim Schickel, von Charles Bettelheim und Claudie Broyelle. Maos Lehre vom Widerspruch fand Eingang ins philosophische Seminar.

All das kann nicht als Milderungsgrund herhalten. Wer wirklich wissen wollte, was in China vorging, hätte sich darüber schon in den siebziger Jahren informieren können. Auch wir Maoisten ahnten und wussten mehr, als wir uns eingestehen wollten. Ich war vierzehn, als ich den Bericht des belgischen Missionars Dries van Coillie über seine dreijährige Haft in Peking las. Van Coillie beschrieb ausführlich und präzis die physische und psychische Gewalt, der er ausgesetzt war. Den revolutionären Alltag schilderte er so: „Der eine bespitzelt den anderen, man übt Verrat, man beschuldigt und erstattet Anzeigen. Keine Freundschaft mehr, es sei denn auf politischer Basis. Keine Intimität, es sei denn auf ‚marxistischer Grundlage'. Keine Familienabende mehr, es sei denn, die kommunistische Partei habe sie eingespielt. Kein Besitz oder Geld, es sei denn um den Preis absoluter Folgsamkeit. Bürgerrecht nur noch im Pferch der ideologischen Sklaverei, Sicherheit nur noch gegen blindes Ducken unter die diktatorischen Befehle der Volksregierung. Auch keine Lebenssicherheit mehr, es sei denn, du zerstörst dich selbst durch gefügiges Nachsagen, Denken und Tun, ganz wie die Partei es sagt, will, denkt und tut. Moralische Selbstmörder!" (Coillie 1965: 281.)

Unsere intellektuelle und moralische Selbstaufgabe vollzog sich nicht unter dem Druck äußerer Gewalt wie in China, sondern freiwillig in der Puppenstube des westeuropäischen Maoismus. Vierzig Jahre später nimmt sich dieses Versagen um nichts geringer aus.

Weiterführende Literatur

- Aly, Götz
  2008 *Unser Kampf 1968 – ein irritierter Blick zurück.* Frankfurt am Main: S. Fischer Verlag.
- Chang Jung und Halliday, Jon
  2005 *Mao. Das Leben eines Mannes. Das Schicksal eines Volkes.* München: Pantheon Verlag.
- Coillie, Dries van
  1965 *Der begeisterte Selbstmord. Im Gefängnis unter Mao-Tse-tung.* Freiburg: Herder.
- Courtois, Stéphane; Werth, Nicolas et. al. (Hg.)
  1998 *Das Schwarzbuch des Kommunismus. Unterdrückung, Verbrechen und Terror.* München und Zürich: Piper Verlag
- Dikötter, Frank
  2010 *Mao's Great Famine: The History of China's Most Devastating Catastrophe.* London: Bloomsbury Edition.
- Koenen, Gerd
  2001 *Das rote Jahrzehnt. Unsere kleine deutsche Kulturrevolution 1967–1977.* Köln: Fischer Verlag.
- Schmierer, Joscha
  2001 Demokratie ist kein Deckchensticken. In: *Tagesspiegel,* Berlin, 15.1.2001.

Mag. Karl-Peter Schwarz, geb. 1952, berichtet als Korrespondent der *Frankfurter Allgemeinen Zeitung* über mehrere ostmittel- und südosteuropäische Länder. 1970 hatte er sich in Wien den maoistischen Studenten angeschlossen.

Abb. 427: Abzeichen (ø H. 2,4 – 7,3 cm) zum Thema „Völkerfreundschaft". Neben dem Globus symbolisieren auch Menschen unterschiedlicher Hautfarbe die weltweite Verehrung für Mao. Das Abzeichen rechts oben trägt die Aufschrift „Die rote Sonne in den Herzen der Völker der ganzen Welt". Museum für Völkerkunde Wien